森田 洋司 著

「不登校」現象の社会学

学文社

まえがき

　いずれの社会問題でも，それが人々の大きな関心を呼ぶのは，一つには，その被害の大きさと痛ましさであり，被害者を擁護する社会正義の叫びである．しかし，そこに人々がこれまで信じてきた既存の社会の秩序や規範や価値の解体の兆しを嗅ぎとったとき，その問題は，単なる被害者だけの問題から国民を巻き込んだ「モラル・パニック」へと展開する．子ども達の世界で起こった「いじめ」問題が，かつて国を挙げての大合唱となったのは，こうした社会問題の二つの様相が「いじめ」という一つの現象の中に重ね合わされたからであろう．

　ドキュメントや論評や研究書が扱う「いじめ」問題には，直接には，いじめに苦しむ子ども達の叫びや稀薄化する子ども達の人間関係，みてみぬふりをする傍観者の姿が描き出されている．しかし，人々は，「いじめ」をめぐる子ども達の姿の中に，非情な競争の論理とむき出しのエゴイズムがぶつかり合う現代社会の人間模様を重ね合わせ，そこに，どこからともなく吹きつけてくる肌寒い一抹のすきま風が忍び寄る気配を感じ，これまで人々の心を温めてきた人間関係のぬくもりが徐々に失われ，たとえ幻想といわれようと信じていた人々の共同性がひび割れるきしみの音を聞きつけていた．

　さらに，「いじめ」問題には，社会集団がもっている異質性や逸脱性の排出と排除のメカニズムが影を落とし，日本社会が抱えている独特の集団圧力と関係性の軛（くびき）とが相俟って，事態をよりいっそう陰湿なものとしている．しかし，このひび割れた共同性や人間関係に忍び寄るすきま風は，一面では，人々に不安と孤独を感じさせるものではあるが，他面では，人々が好んで選びとった道でもあった．それは，共同体の絆や組織の呪縛や人間関係のしがらみが，一面では，共同体に秩序をもたらし，人々の関係に温もりと安心感を与えるものではあるが，他面では，現代人にとってそれらが重苦しくまた忌まわしいものとなりつつあったからであろう．著者がこれまで「いじめ」による被害

者の叫びに耳を傾け,「いじめ」問題を追いかけてきたのは,そこに,現代社会の人々を無意識の内にいやおうなく呑み込む時代の流れと人々や社会が直面するジレンマを読み取るためであった.

そして,いま,再び「不登校」問題が,子ども達の世界でクローズアップされてきている.しかも,この問題は,私たちの調査が明らかにしたように,きわめて広い裾野の広がりをもち,これまで語られてきたような神経症的傾向をはじめとする情緒障害による不登校は現象のごく一部でしかない.「いじめ」問題がそうであったように,不登校現象は,ほとんどの子ども達を覆う問題となってきており,むしろ誰しもが不登校に陥ってもおかしくはないともいえるほどの広がりを示している.

周知のように,不登校研究の歴史は古く,現代の研究水準もきわめて高くまた専門化されている.そのため,これまでにも意義のある多くの研究が内外で蓄積されてきていることはたしかである.しかし,専門化されてはいるものの,不登校に関しては,いまだ全国的な実態調査すら不十分であり,公表されている各種の統計も長期の欠席児童・生徒に限定され,不登校現象の全容やその裾野の広がりすら定かでないことも事実である.それは,これまでの研究が,医療機関や相談機関に来訪した子ども達や長期にわたる不登校児童・生徒を対象とした医療・相談領域からの研究に著しく偏っており,学校教育の視点から実証的なデータに基づく研究の蓄積がほとんどみられないという研究状況によるものである.そのために,医療・相談サイドから導き出された知見は,分析対象の範囲では妥当する有意義な知見でありながらも,現代の不登校問題のような多様な現われ方をしつつ多くの子ども達を巻き込んでいく現象に対して,全体の見取図すら明らかにすることができず,また,なぜこれほど多くの子ども達が学校へ行くことをいやがるのかについての説明や不登校現象全体に通底する要因の析出にさえも至っていない段階である.不登校が病気であるという説も,その研究の範囲を限定すれば一部の登校拒否現象には妥当する見解ではあるが,その言説が巷間に流布して一人歩きをし不登校現象全体に妥当するかのように解釈され,不登校児童・生徒を抱える家族にいらざる不安感を掻き立て

ることにもなっている．それも詰まるところは不登校現象の全貌がいまだ解明されていないという研究状況によるものである．

もちろん，不登校の概念を，本書のように短期の不登校欠席児童生徒や遅刻・早退にまで拡大して考えることについて，いたずらに現象の本質を不明確にすることだという批判もあろう．しかし，ここでの関心は，重篤な不登校に陥っている子ども達も，そうでない子ども達も，また，欠席日数が長期であれ，短期であれ，あるいは遅刻や早退であっても，彼らが等しく感じている学校へ行くのが嫌だという学校への回避感情にある．この感情は，欠席や遅刻・早退に至らず一見なんの問題もなく毎日登校している子ども達の多くにも共通してみられる感情である．

ところが，その感情は，直接には学校という場をめぐって形成されたものではあるが，その感情自身は学校だけに向けられたものではない．むしろ学校社会や家庭までもを呑み込むより大きな社会の動向とメカニズムに基盤をもつ感情ともいえよう．それだけに，子ども達が学校へ行くのが嫌だという感情は，彼らの学校生活全般を覆う不定型な倦怠感や無気力感となって現われているのである．それは，一面では，感情をぶつける対象を見失い彼ら自身すら感情の実体を確定できない不定型なものである．

しかも，このことは子ども達だけの状況ではない．不登校問題に日夜真剣に取り組んでいる学校の先生や医療・相談機関の人々や，あるいは不登校に陥っている子ども達をもつ親達までもが，しばしば厚い壁にぶつかりどうしようもない思いにかられるのは，現代の不登校問題が，学校をめぐって現われる問題でありながらも，学校，家庭をも含み込んだより大きな社会の流れの深層の表面に波立つ渦のような性格をもっているからである．したがって，現代の不登校問題を解明するためには，学校社会だけでなく，これを取り巻くより大きな社会の深部に分析のメスを入れ，現代の子ども達が共通して直面しつつ，しかもこれほどまでに多くの子ども達を不登校へと巻き込んでいく状況を明らかにする必要がある．もちろん，それは容易な作業ではないし，そこから導き出される解決策には粘り強い地道な努力が必要となろう．しかし，不登校を含めた

現代の子ども達の問題行動のより根本的な解決を探るためには，時間はかかろうが，最も堅実な近道であり，不可欠な作業である．

ところで，子ども達の問題行動を，このように子ども達や学校社会を呑み込むより大きな社会構造の視点から分析するというとき，すぐさま脳裏に浮かぶのは，学歴社会や受験競争であり，高度産業化社会からの視点であろう．もちろん今日の教育問題を考える場合，その背景には，学歴社会や受験競争をはじめとするこれらの問題が影を落していることは否定できない．しかし，本書では，あえてこうした安易な教育批判や産業社会批判に視点を求めようとするものではない．むしろ，人々が豊かさを求め，社会の安寧と福祉を実現し，これまで人々が縛りつけられていた人間関係や共同体のしがらみから解放され自由になる歩みを積極的に評価する立場をとっている．

しかし，日本社会に限らず，いずれの社会においても，社会構造は，その安定と経済の繁栄をもたらし，人々の豊かな生活を創り出す反面で，社会構造がわれわれを柔らかく包み込む安定化ないし秩序化の作用とこの社会構造のシステムのダイナミズムにあえいだり，はじき飛ばされる部分が現われてくる．不登校が不適応行動とされたり，問題行動と呼ばれるのは，こうしたシステムからはじき飛ばされたり，自ら飛び出る行動をシステムの側から名付けた名称である．

また，社会構造のこうした安定化や秩序化の作用の中で，人々は時代や社会の様相によってその姿を変えるものの，いつの時代においても，共同体や人間関係の呪縛から逃れ自由と解放を希求している．近代社会の歩みは，人々のこの願いをよりよく実現するための方策への模索であった．しかし，こうした社会の近代化の流れが，他方では，人と人との結びつきを希薄なものとし，人々の集団や組織や地域社会の共同性空間へのつながりを弱める方向に作用してきたことも事実である．この現代社会の底に流れる大きな変化の方向軸は，大人の世界では人々の企業や組織への関わり方を変え，人間関係の結びつきに変化を与え，人々のライフ・スタイルを変えようとしている．「新人類現象」「生活保守主義」「会社離れ」「自分さがし」「ミーイズム」などはこうした現代社会の

動向の一つの現われを表現するキーワードである．この現代社会の風潮は，当然のことながら大人の世界だけでなく，子ども達の世界にも広がってきている．これを学校の場面で考えてみると，学校が個々の子ども達を組み込みにくくなった状況として現われてこようし，この動向を子ども達の側からみると，現代の子ども達はかつての子ども達がもっていたほどには学校に意味を見出さなくなってきている現象となって現われている．

　学校へ登校するのが嫌だという子ども達の問題を考えるとき，こうした伝統的に人々を繋ぎとめていた人間関係や学校社会という共同生活の場についての人々の意味づけと価値観に大きな「ゆらぎ」が現われてきたことを見逃すことはできない．しかし，不登校問題は，学校や人間関係から後退する傾向の現われとして短絡的に結論づけることができるほどに単純な現象ではない．学校に組み込みにくくなった子どもを再び組み込み，家庭からも押しだそうとする力は当然のことながら起こってこよう．あるいはあまりにも組み込まれすぎたために自分を見失い押し潰された子ども達もいよう．不登校問題は，意味を求めようとして見失い，離れようとして引き戻される複雑な相反する力のからまりの中で発生している．それも，つき詰めれば社会構造という巨大なシステムの営みであり，社会内存在としての人間の実相の中で発生する出来事である．それは文明化や社会の近代化のパラドックスでもある．しかし，人間の精神史の歩みは，このパラドックスをいかに乗り越えるかへの挑戦でもあった．教育という営為は，その精神史の営みの一つである．

　したがって，問題の根が社会構造の深層にあるからといって，単なる社会批判に終始したり，視線を学校の外に拡散させていたのでは，問題は解決されない．大切なことは，外に向けた視線をもう一度学校の内部へとフィードバックさせることであろう．もとより，本書が学校社会に目を向けるとしても，それはいたずらに学校批判を繰り返したり，声高に教師批判をするためではない．むしろ，それは，変わりゆく社会や子ども達とともにこの近代化が胚胎するジレンマをいかにして乗り越えつつ今日の学校教育を再構築していくかを考える作業の一環として位置づけなければならない．教育がいかに望ましい価値の実

現をめざす制度であるとしても，社会を創りこれを支える一つの制度体であるかぎり，社会や人々の動きと切り離して存在することはできない．明日の私たちの社会をどのように作り上げていくかは，学校が社会や人々の動向を組み込みつつ，あるべき望ましい教育理念をどのように創造していくかにかかっているといっても過言ではない．それは，学校社会が社会や人々の動きにおもねることではなく，社会と学校がともに明日の教育を創造する営みともいうべきものであろう．

　本書は，文部省の「科学研究費補助金」(課題番号 63410003, 研究題目「児童・生徒の問題行動とプライバタイゼーションの進行に関する総合的研究」研究代表者森田洋司)の交付を受け，1989年3月に全国の大都市部にある中学校及び生徒の協力を得て「問題行動」の総合的な実態調査を実施した研究成果の一環である．また，刊行については，文部省科学研究費補助金「研究成果公開促進費」の交付を受けている．したがって，本書の研究成果も，総合的研究チームのメンバーである磯部卓三 (大阪市立大学文学部教授)，片桐雅隆 (大阪市立大学文学部助教授)，清水新二 (国立精神神経センター研究員)，本村汎 (大阪市立大学生活科学部教授)，山縣文治 (大阪市立大学生活科学部講師)の各氏 (50音順) や，不登校研究チームの松浦善満 (大阪市教育センター研究員)，森田一男 (同)，荒川茂則 (奈良大学社会学部助手)，島和博 (鳴門教育大学学校教育学部講師)，田村雅夫 (同志社大学非常勤講師)，竹川郁雄 (愛媛大学法文学部助教授)，竹村一夫 (大阪市立大学大学院博士課程)，韓美賢 (同)，羅東耀 (同) の各氏との度重なる討議と支援の賜である．

　また，本研究の調査・分析にあたっては，多くの方々からのご協力，ご教示をいただいた．とくに調査の実施にあたっては，本研究が生徒の年間出欠状況に関する調査を含むため，中学校としては学年末の最も忙しい時期にお願いしなければならなかったが，その多忙な時期にもかかわらず，調査に快く応じて惜しみないご協力をいただいた学校の先生方や子ども達，また，調査の至らぬ点についてさまざまご教示をいただき，調査の実施にあたっても，遠方の不自

由な私達に代わって一方ならぬご協力をいただいた大阪市教育センター，東京都立教育研究所，札幌市教育研究所，仙台市教育委員会，川崎市総合教育センター，横浜市教育センター，名古屋市教育センター，京都市立永松記念教育センター，神戸市立教育研究所，広島市教育センター，北九州市立教育センター，福岡市教育センターの方々に，厚くお礼申し上げる次第です．

　また，ささやかながら，本書をこのような形で世に問うことができたのは，恩師上子武次大阪市立大学名誉教授のおかげです．いつも温かい励ましのまなざしで見守りながら，堅実な実証的研究の中から社会学の理論構築の可能性を探る厳しい研究態度を身をもって示す上子教授との出会いがなければ，本書はなかったことでしょう．深く感謝する次第です．

　また，この本の出版を学文社の田中千津子社長にお願いしたのは，永年の同氏との約束を果たすためです．とかく商業主義にながれ，研究書の刊行にはためらいの見られる出版界において，同氏は，かねてからよい本が書けたら出しましょう，十年でも二十年でも待ちますと約束してくれていました．本書がその期待に応えるものかどうかは，読者の判断に待つより他にありませんが，同氏の本づくりへの誠意と熱意に感謝する次第です．

　最後に，本書が，不登校に陥っている子ども達や両親に対して，あるいは，これから学校に復帰しようとしている子ども達にとって，少しでも解決の道を開くことにつながればと願ってやみません．また，この研究が，不登校の子ども達とかかわり，その子ども達の抱えている問題の解決に尽力されている学校の先生や医療・相談機関の方々に対して少しでも役にたつ書となることができれば幸いです．

平成2年9月17日

森　田　洋　司

目　次

序章　社会現象としての不登校問題……………………………………1
　第1節　「不登校」と「登校拒否」………………………………1
　第2節　社会的定義過程と不登校現象……………………………6
　第3節　不登校の概念………………………………………………13

第Ⅰ部　学校社会の可視化のメカニズム

第1章　不登校実態調査と教師の不登校判定……………………………20
　第1節　公式統計のもつ意味………………………………………20
　第2節　広がる「不登校」のグレイゾーン………………………23
　第3節　実態調査の限界……………………………………………33
　第4節　教師による不登校の見え方………………………………38
第2章　集団の可視性と社会制御のメカニズム…………………………55
　第1節　はじめに……………………………………………………55
　第2節　実態調査に接合される社会過程…………………………56
　第3節　可視化のメカニズム………………………………………63
　第4節　パノプティコンのジレンマ………………………………73
第3章　現代社会の可視性と私秘化………………………………………85
　第1節　可視化への防御機制の発達………………………………85
　第2節　現代社会と私秘化…………………………………………89
　第3節　個人主義化の契機としての私秘化………………………91
　第4節　集団の可視性の関数としての私秘化……………………97
　第5節　重層化する可視化のメカニズム…………………………106

第II部　不登校生徒の実態

第4章　現代型問題行動としての不登校問題 …………………………120
　第1節　「現代型」の意味…………………………………………………120
　第2節　「逸脱性」の判断と罪障感………………………………………125
　第3節　現象の広がりとしての一般化 …………………………………131
　第4章　不登校現象における神経症的傾向群の位置 …………………134
第5章　不登校への行動化と不登校の理由 ………………………………146
　第1節　登校回避感情 ……………………………………………………146
　第2節　行動化と不登校理由 ……………………………………………149
　第3節　不登校理由と欠席日数の関係 …………………………………154
　第4節　不登校理由の基底要因 …………………………………………167
第6章　不登校の発現パターン ……………………………………………177
　第1節　学校教育からみた不登校の経過パターン ……………………177
　第2節　不登校の発現パターン …………………………………………180
　第3節　不登校の再発現率 ………………………………………………189
第7章　問題行動の重複性 …………………………………………………193
　第1節　いじめ問題と不登校 ……………………………………………193
　第2節　非行・問題行動への衝動性との関係 …………………………198
　第3節　問題行動の複合の仕方と不登校行動 …………………………201

第III部　現代社会と不登校問題

第8章　学校社会の私事化 …………………………………………………212
　第1節　社会の近代化と私事化現象 ……………………………………212
　第2節　第一次私事化過程 ………………………………………………218
　第3節　第二次私事化過程 ………………………………………………224
第9章　ボンド理論による不登校生成モデル ……………………………234

第1節　意味を求める子ども達 …………………………………234
　第2節　ボンド理論 ……………………………………………238
　第3節　対人関係 ………………………………………………242
　第4節　手段的自己実現 ………………………………………248
　第5節　コンサマトリーな自己実現と離脱の回路 …………252
　第6節　規範的正当性への信念 ………………………………257
第10章　学校社会における「私」性の存立構造 ………………266
　第1節　日本社会における「公」と「私」の関係 …………266
　第2節　学校社会の中の「私」性 ……………………………272
　第3節　残された課題 …………………………………………281

付　調査方法と調査結果集計表 …………………………………287
　Ⅰ　調査の方法と標本 …………………………………………288
　Ⅱ　調査結果集計表 ……………………………………………295

索引 …………………………………………………………………390

序章　社会現象としての不登校問題

第1節　「不登校」と「登校拒否」

　「不登校」ないしは「登校拒否」には，さまざまなタイプが含まれ，一義的に定義づけることは困難であるといわれてきた．そのため，無気力や非行までをも含めて広く「不登校」としてとらえる立場から，狭く神経症に限定して把握する立場まで，研究者によってさまざまであり，これまでのところ一致した見解や包括的な定義が行われていない．また，用いられる概念も，研究者によって「不登校」が採用されたり，「登校拒否」を用いたりするために混乱が生じている．行政機関でも，文部省は「登校拒否」ないし「学校ぎらい」を用い，法務省は「不登校」を用いるというように統一されていない．
　このような混乱が起こるのは，「不登校」ないし「登校拒否」が，学校へ登校しないあるいはできないという「ひとつの状態」をさす概念にすぎないところからもたらされている．仮に，その状態概念をさらに病因論が行うように原因によって定義づけようとしても，複数の多様な原因が，それぞれ登校不能状態を引き起こすために，それぞれの原因がもたらす症候群に共通して観察される「一つの症候」にすぎないからである．たとえば，非行を原因とするさまざまな行動群の一つに不登校行動があるが，非行傾向がなくとも怠けからもあるいは意欲を欠いた無気力からも起こることである．また，神経症的傾向による症候群の一つに不登校行動がみられるが，なんらかの不安障害の場合にも，また分裂病の場合にも境界型人格障害にも現われる症候群の一つである．あるいは，非行や無気力や不安障害や情緒障害がなくとも，学校に行く意義を認めず登校しない子どももいる．また，いじめなどにみられるように，生徒間関係に問題があったり，対教師関係のこじれなどによる避難行動としての登校不能もある．

このように，一口に「不登校」ないし「登校拒否」といっても，そこにはきわめて質的に異質な多様な要因によって発生するものが含まれている．しかも，それぞれの要因が必ずしも不登校行動を引き起こすわけではなく，さまざまな行動へと発展する可能性の一つにすぎないところに不登校概念の混乱の原因がある．不登校にはさまざまなタイプがみられるといわれているのもそのためである．

したがって，本書では「不登校」概念を，特定の原因ないしは病因によって形成された行動であるとか，特定の行動特質を備えた行動であるという解釈はせず，単に学校へ登校することが不能となる「状態」をさす概念として広く解釈することとする．もちろんこれだけではあまりにも広い概念となるため，後述するように登校不能となる「状態」に対して「動機構成」という社会過程が加わった「現象」として不登校を定義している．

そこで，「不登校」概念の定義に入る前に，「不登校」と「登校拒否」の概念の異同について行われた論議を簡単に整理して紹介し，本書の立場を明らかにしておく．したがって，個々の研究がそれぞれに主張する微細な差異や文献学的検討はここでは行わない．

「登校拒否」の研究史は，周知のように，アメリカの「学校恐怖症（school phobia）」研究に端を発しているといわれている．また，日本では，戦後の経済復興期に多くみられた貧困や家庭の無理解による「不就学」と区別される一種の精神医学的な行動異常児研究から始まったといわれている．しかし，それは，不登校ないし登校拒否を一種の精神疾患と見なす立場からの研究史の位置づけであって，今日の不登校研究の全領域にわたる源流ではない．既述のように，不登校ないし登校拒否には多様な原因と形態があり，一種の「状態」概念である．したがって，かりに形態に着目するとすれば，それぞれの形態にはそれぞれなりの研究の源流を見いだすことが可能である．たとえば，現在日本では，精神医学的な立場にたつ人々さえもが不登校ないし登校拒否の一形態に含めて考える「怠学（truancy）」行動は，アメリカでは，「虞（ぐ）犯」としての補導要件になるため，伝統的に非行問題の領域に位置づけられ，犯罪学，社会学，

教育学，心理学，社会福祉学の分野でさまざまな研究が蓄積され，社会的方策も講じられてきた経緯がある．

　もとより，ここで精神医学が偏狭だなどというつもりは毛頭ない．むしろ精神医学の視点からは，その研究史の源流を「学校恐怖症」という精神疾患研究に求めることは当然のことであり，妥当なことでさえある．日本の登校拒否研究は，主として精神医学や臨床心理学などの領域からのアプローチによって進められ，多くの有効な知見が蓄積されてきたという経緯をもち，その努力は高く評価されるべきものである．問題は，社会学や教育学，社会福祉学などが，この説を鵜呑みにし，それぞれの研究領域からの定義づけと研究史の発掘およびその知見の累積を怠ってきたことにある．

　日本では，こうした研究事情があるため，これまでの「登校拒否」の概念は，主として精神医学や臨床心理学からのアプローチの中で用いられることが多く，そのため，神経症的傾向をはじめとする情緒障害や不安障害などの精神医学上の行動特性や病因論あるいは心的機制に着目した研究が中心となっている．しかし，その後，登校拒否が，単純な機制や精神疾患だけで説明できないことが明らかになるにつれて，原因論も本人の性格特徴や親の養育態度，親子関係だけでなく，学校の状況や社会的要因にまで拡大され，研究分野も多様な学問領域によるアプローチが試みられるようになってきた．「不登校」の概念は，こうした研究領域の広がりに伴う研究対象や原因の拡大の中から生まれてきた概念であるといえる．したがって，あえて「登校拒否」と「不登校」との両概念を併用するとすれば，「不登校」を「登校拒否」よりも広義の上位概念として位置づけ，精神疾患以外の多様な形態をも包括し，登校不能「状態」を指す用語として用いることが妥当である．

　しかし，社会学の立場から，学校教育の問題として登校不能「状態」を分析する場合，両概念を併用することはなまじ概念に混乱を来すだけでなく，「登校拒否」の概念を用いることによる弊害すら認められる．それは，「拒否」という用語が，もともと心的機制の拒絶反応を意味するものであり，精神医学や臨床心理学の分野に限定すればそれなりの意義の認められる概念であるが，社会学

の視点からは，医療・相談機関が個々の生徒を診断し，判定する行為とそれがもたらす社会的結果現象をも分析の対象とするため，特定の研究領域に固有の用語法から離れて，この用語が日常生活の中で及ぼす負の烙印効果にも注意を向ける必要があるからである．

しばしば指摘されているように，「拒否」という言葉には，学校や登校することを拒否するという「反」学校的な響きがある．たしかに不登校の一部には，こうした「反」学校的な対立価値に基づく拒否行動もないではない．また，一部のマスコミや教育評論などでも学校教育が抱えている問題性を強調するために，不登校現象の本質を対抗価値の表現として好んで描写する傾向がみられる．しかし，これらのタイプの不登校は，現象のごく一部にすぎず，すべての不登校の子ども達が学校教育の問題性を告発する動機に基づいて行動していると見なすことはできない．社会学では，一部のマスコミや教育評論が構成する動機を子ども達に付与する行動それ自体がむしろ分析の対象となる．

しかも，不登校行動をこのような「反」学校的価値に基づく行動と見なすことは，現実の子ども像を歪めるだけでなく，学校や教師と子ども達とを対立関係の中に位置づけて理解することにもなる．登校しないという行動は，たとえそれが人間関係のこじれやいじめなどによる避難行動であったとしても，負の価値づけを伴い逸脱した問題行動として認識される傾向がある．逸脱行動とは学校社会の中では，校則や規範を遵守しない行動であり，教師の指導に従わない生徒として認識されることを意味している．そのため，逸脱した問題行動に伴う負の烙印は，「拒否」という用語がもつ学校や教師との対立関係と容易に結びつき，教師の指導観を誤らせることにもなる．

また，「拒否」という用語が，現代の不登校問題を考える場合には現実にそぐわない概念であるという理由から「不登校」の概念を使用しているのは，行政官庁では法務省である．同省の人権擁護局では，「不登校」を「何らかの心理的，環境的要因によって，登校しないか，登校したくともできない状態」としている．同省では，近年，不登校児から，この「登校したくともできない」という訴えが多いとして，子供の人権の角度から調査を実施している[1]．これらの

子ども達は，学校や教師への反価値や拒否的動機を示す生徒ではなく，むしろ学校へ行かなければならないという義務感の重みに喘いでいる子供が少なくない．法務省が，これらの子ども達の背景にある「いじめ」，体罰，教師による行きすぎた指導，注意などの子供の人権侵害の状況に調査の目的を設定している問題意識は，学校教育としても真摯に受け止めるべきところであろう．それとともに，学校教育としては，「登校したくともできない」子供や「登校しなければならないと思いつつできない」子ども達の教育の場や登校の保障をどう解決するのかという問題を，単なる学校への適応という枠組みではなく，人権保障という枠組みで再検討する段階にきていることを法務省の問題意識の中に読み取ることができる．

　「拒否」という用語が，現実の不登校生徒に妥当しないという点では，上記の子ども達に加えて，もう一つのタイプ，つまり学校を休んだり，遅刻することに何の抵抗感もなく，ただ気が向かないから学校を休んだり，ずるずると遅れてしまう子ども達についても触れておく必要がある．彼らの中には，欠席しても別段なんとも思わない生徒が多く，さりとて学校に意義を認めず反学校価値を掲げるほどの積極的な訴えもない子ども達である．本書の第4章では，これらの生徒を「現代型」不登校として位置づけているが，彼らの姿勢の中には，拒絶反応の対象としての学校や対立項としての学校という意識はなく，むしろ登校価値それ自体を無化した意識構造がみられる．第Ⅲ部で詳しく述べるように，彼らの意識や行動は，価値や規範が要請する善悪の観念や義務の感情や論理に基づくものではなく，むしろ好みや気分といった感性的基準に左右されたものであることを特徴としている．いわば，面白いか面白くないか，好きか嫌いか，したいかしたくないかという情動性の優越した行為準則に沿って行動化されたものと見なせよう．それは，情緒障害や不安障害，あるいは学校のイメージがあまりにも大きく重いために生じる圧迫感などの「伝統型」不登校ではなく，現代社会を背景として生じる義務的制度体系や価値・規範観念のゆらぎとして現われてきた「現代型」不登校問題の一つである．

　以上に考察してきたように，社会学的視点から学校教育における登校不能状

態を分析するためには「登校拒否」の概念はいくつかの問題点を含んでいる．したがって，以下の分析では，「不登校」の概念を用いることとする．

第2節　社会的定義過程と不登校現象

社会学が逸脱行動や問題行動を考察する場合に，その現象の本質的な規定をどこに設定するかについては，これまでのところ大きく分けて二つの立場がある．一つは，逸脱視され問題とされている行為の原因や行為の特徴によって現象を規定する方法である．この方法は，社会学のみならず，従来の不登校研究が踏襲してきた伝統的な規定の仕方である．この立場からの研究課題は，不登校行動の発生過程，行為の特徴と法則性の発見及びこの問題への対応と解決策などが中心となる．しかし，この場合には，逸脱視したり問題視する側の判定の枠組みや規定される側との判定をめぐる相互作用の側面には触れることなく，特定の行為が逸脱や問題として規定されていることを自明視した上で分析を始めるという欠点をもっている．それは，社会生活を営む人々が行う逸脱性や問題性の判定基準をコンセンサスの成立した揺るぎない絶対的事実として固定化して把握し，アプリオリなものとして承認する立場であるといってよい．

これに対して，もう一つの立場は，逸脱や問題という事象が社会の中に現われるのは，特定の行為に基づくものではなく，人々が特定の行為を逸脱なり問題的行為として意味づけ定義づけていく過程に由来するという考え方である．たとえば，非行や犯罪という現象は，法規範や人々のコンセンサスに反する行為であるから非行・犯罪となるのではなく，社会ないしその成員が特定の行為を非行や犯罪として定義づけ確定するからこそ非行や犯罪という現象が社会の中に存在するという立場をとる．いいかえれば，誰も問題にせず定義づけなければ，社会の中に非行や犯罪は現われることはないというのである．こうした立場を鮮明に打ち出したのが，1960年代後半に登場してきたベッカー(H.S.Becker)をはじめとするラベリング理論による犯罪学の主張である．もちろん，逸脱や社会問題が社会的反作用の所産であるという考え方は，既にデュルケム(E.Durkheim)やタンネンバウム(F.Tannenbaum)，フューラーとマイヤーズ(R.C.Fuller & R.R.Meyers) などにもみられるものである．しかし，ラベリング理論は，社会的定義（social or societal definition）という社会の営みを逸脱や社会問題の本質的な規定要素と見なした点では，従来の社会学の発想と著しいコントラストを示しており，しばしばミニパラダイム革新とも呼ばれている．この立場からの研究課題は，どのような行為が不登校とされるか，また，どのような生徒が不登校とされるのか，これらの過程で主要な働きをする判定基準や価値観は何か，また，規定される側はどのような抗告過程をとったのか，ラベルづけの影響は何かなどが主要なテーマとなる．

　したがって，このような視点から不登校という現象を理解するとすれば，特定の不登校生徒ないし登校拒否生徒は，その生徒の欠席，遅刻・早退などの出欠に関する行動を契機として，この行動に生徒本人ないしは周囲の人間が不登校というカテゴリーラベルを付与することによって産み出されてくることになる．つまり，不登校とは，社会的定義過程という現象の所産として理解することになる．ここで，その現象を一種の社会「過程」と見なしているのは，そこにラベルを張る側と張られる側との相互作用過程が介在していることを意味している．この相互作用過程は，一方的なカテゴリーラベルの張りつけの過程ではなく，張りつけられる生徒や保護者の側のラベルの回避，抵抗・抗告，偽装，正当化などのさまざまな対抗行動が介在しつつ進行する相互作用過程である．

　また，この相互作用に含まれる定義主体は，教師だけではない．広くは，マスコミや社会全体の人々あるいは教育行政機関，評論家，研究者などが含まれてくる．生徒が直接相互作用を結んでいる学校社会や家庭，地域社会の場面では，教師，医療・相談機関の医師，カウンセラー，出欠行動を目撃する地域住民，家庭の中の家族のメンバー，学校社会の子ども達もが定義主体として登場してくる．また，欠席や遅刻・早退をする子ども自身さえもが自分の行動を定義づけ，自己規定するという点で，本人自身さえも定義主体に含まれてこよう．

　したがって，学校社会に限定した場合，不登校現象が生成する場の構造は，図序－1に示すように，基本的には定義主体の「不登校生徒というカテゴリーの

付与」と被定義主体の「登校回避感情」及び「欠席，遅刻・早退などの行動」の三つの円の広がりの場として表現できる．この円の広がりは，当然のことながら重なり合う部分とずれる部分とに分かれる．

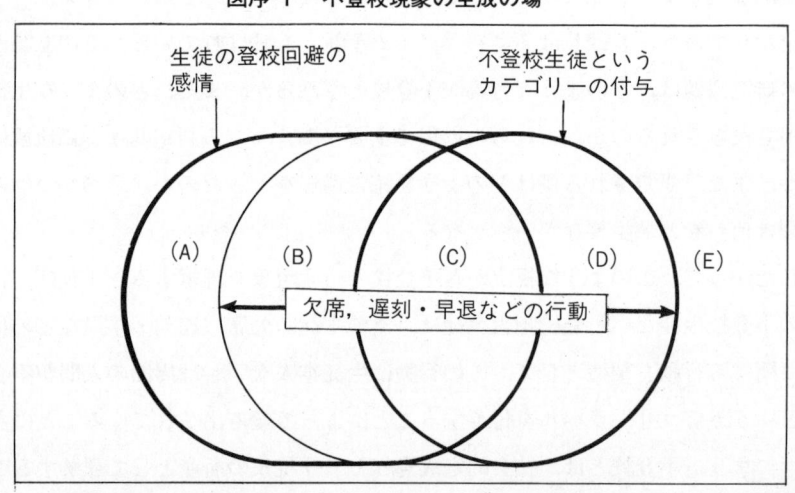

図序-1　不登校現象の生成の場

まず，被定義主体の側についてみてみよう．不登校現象は，生徒の「学校へ行くのが嫌だ」という登校回避感情を基礎的な感情動機として，欠席や遅刻・早退行動へと具体化され，それが本人ないしは周りの人間によって不登校として解釈されることによって生成される現象である．しかし，この登校回避感情は，欠席も遅刻・早退も示さない出席生徒にもみられる感情である．これらの生徒は，学校へ行くのは嫌だという感情を抱きつつも登校している生徒である．彼らは出欠行動だけから判断すれば，たしかになんら問題とすべき生徒ではないため，不登校としてカテゴライズされない生徒である．しかし，学校教育の視点からみれば，彼らが示す「学校へ行くのが嫌だ」という登校回避感情は，不登校生徒の基礎的な動機感情を形成するものであり，彼らが欠席や遅刻・早退へと行動化していないとしても，彼らの提起する問題性を学校教育として汲み上げなければならないことはいうまでもないことである．加えて，彼らは，なんらかのきっかけでこの登校回避感情を不登校行動へと具体化させる可能性をもっている生徒である．その意味で，彼らは不登校現象のグレイゾーンを構

成する生徒であり，不登校現象の裾野の広がりの中に含めて考察する必要がある．図序−1では，(A)の部分に相当する．この部分に含まれるグレイゾーンの研究の意義については，第1章で詳しく述べることとする．

なお，「学校へ行くのが嫌だ」という登校回避感情は，不登校行動へと具体化される前駆状態であって，その感情へと至る過程では，「学校へ行くのが嫌だ」という回避感情と，「学校へ行かなければならない」という義務感や「学校へ行きたい」という欲求との葛藤状態が心の中で交錯している生徒も多い．したがって，今日の不登校問題を考える場合には，子ども達が学校を欠席したときに感じる後ろめたさを考慮する必要がある．しかし，第4章で検討するように，現代の不登校問題には，評論や俗説が語るような学校への義務感の重みに喘ぐ子ども達という一面的な見方では説明できない新たな要素が入ってきている．それは欠席してもなんとも思わない生徒や当然のことと考える生徒が登場してきたことに象徴されるように，学校を絶対視する価値観のゆらぎと見なすことができる．本書では，こうした価値観のゆらぎの下で発生する問題行動を「現代型」問題行動と呼んでいる．「学校へ行くのが嫌だ」という登校回避感情の概念は，こうしたさまざまな生徒の意味づけや心の葛藤を含んだ用語であり，調査上の必要から操作的に設定された概念である．

(C)に含まれる部分は，登校回避感情から欠席や遅刻・早退に至り，本人も周りの人々が不登校生徒と見なしている生徒から成っている．また，(B)に含まれる部分は，登校回避感情から欠席や遅刻・早退行動へと至った生徒でありながら，不登校生徒であるとは見なされていない生徒から成っている．(C)の重なりの部分の広さは，一つには，不登校の社会的な定義のあり方や人々の理解の仕方によって決ってくる．たとえば，文部省をはじめとする教育行政が不登校を指導するにあたって，長期にわたる欠席生徒を中心に指導を進める方針をとっていたり，神経症などの情緒障害を中心として不登校ないし登校拒否を理解する考え方が強ければ，(C)の部分は狭くなる．逆に短期欠席や遅刻・早退などの生徒までをも含め，また情緒障害に限定せず広く不登校を理解し，指導を実施していく考え方が強くなれば，(C)の部分は広くなり，(B)および場合によって

は(A)の部分に含まれる生徒は(C)に包摂されて少なくなろう．

　この不登校の範囲をどこまで広げるかは，現象面での不登校の現われ方の多寡を決定する重要な要素である．なかでも，教育行政および研究者の規定の仕方は，学校社会への影響力が大きく，教師の不登校判定と指導のあり方を左右するだけに，看過できない問題である．そこで，従来の研究がとってきた範囲の取り方に含まれている不登校の認識の仕方についてここで簡単に触れておく．

　まず，不登校現象を最も狭く解釈し神経症的なものに限定する立場や，さまざまなタイプの存在を認めた上で神経症的傾向の生徒を中核群とする立場に共通していることは，治療的な関心に重点があり，精神医学や臨床心理学の領域からのアプローチの中で主流をなす視点である．このような治療的な視点に立てば，「神経症」は「登校拒否」の子どもたちの一部ではあるが，重篤な病いとして発展する最終的な段階と見なされ，こうした病いに発展していくことを防止し，治療することに研究の主眼がおかれることになる．そのために「神経症」へと発展するかどうかが定かではない段階にある「不登校」の子どもたちであったとしても，治療的視点からすれば，「神経症」への発展の可能性を含んだ子どもたちとして対処することになろう．

　これに対して，本研究のように「不登校」現象を学校教育の立場から考察し，学校へ行かない行動をどう理解し，これらの現象の背景とその要因を明らかにしながら学校教育としてどう対処すればよいかについての方策を求めようとする立場からすれば，アプリオリに「神経症的傾向」を中核群とする立場を踏襲することはできない．短期であれ長期であれ，また，神経症的傾向などの情緒障害であってもそれ以外の子ども達であっても，学校へ行くのが嫌だという登校回避感情を抱きつつ学校を欠席，遅刻・早退するという事実を子ども達の声として学校教育では等しく受け止め，対処していく必要がある．学校教育の立場からすれば，精神医学的治療はむしろ学校教育外の専門的諸機関に子ども達を委譲したり，その協力を仰ぐ領域であり，学校教育にとっては中核群どころかむしろ辺縁的位置にあるといえる．もちろん，ケースによっては，学校外の医療・相談機関へ委ねなければならない場合もあり，その措置を講じることも

学校側の重要な対応の一つであることはいうまでもない．しかし，学校教育として取り組むべき課題は，こうした子ども達の不登校ないしは登校拒否の背景に学校生活に起因する要因があるかどうか，またあるとすればこれにどう対処して行くかにあるといえる．この作業は，神経症的傾向などの情緒障害による欠席生徒だけでなく，それ以外の欠席生徒にも共通する課題であり，また，欠席には至らずとも学校へ行くのが嫌だという生徒をも視野に入れて検討しなければならない課題である．第1章で詳しく考察するように，現代の不登校問題は多くの子ども達を覆う問題となってきていることを考え併せれば，不登校問題は，もはや一部の特定の子ども達に対処する方策を考えるだけで事足りる段階ではない．もし，学校教育が医療・相談機関の視点からの不登校理解にとどまり，多くの子ども達を登校回避感情へと駆り立て不登校へと陥らせる問題状況に正面から取り組むことを放置するとすれば，学校教育は子ども達を医療相談機関へと切り捨て排除しているというそしりも甘んじて受けなければならないといえる．

　(B)の部分には，上記のような不登校の社会的定義から漏れている子ども達の他に，仮に教師の指導の範疇に入る子どもとして位置づけられていても教師の認知から漏れる生徒も含まれている．認知漏れというと，すぐさま教師の指導力の不十分さが思い浮かぶが，子ども達や保護者からの欠席などの届け出の仕方にも認知漏れを引き起こす原因がある．通常，学校へ行くのが嫌だというような妥当な理由のない欠席や遅刻・早退はよくないことだとする社会通念があり，そのため，ごく短期の欠席であれば，生徒本人あるいは保護者が，病気などの妥当な理由をたてて教師に届け出ることが多いからである．

　なお，ここで注意しておくべきことは，小学校段階で生じる登校回避感情である．もちろん，小学校段階での登校回避感情や不登校欠席が中学生や思春期になって重篤な不登校へと発展するケースもないではない．しかし，第6章でさらに詳しく分析するが，多くの子ども達は一過性の不登校である．また，公式統計による小学校の発生率もきわめて低い．そのため，ともすれば教師をはじめとする学校関係者の間に不登校問題は小学校ではたいした問題ではないと

いう認識を作り出すことがある．しかし，たとえ期間が短く，また，現われ方が軽微だとしても，そこには学校教育として正面から取り組まなければならない多くの問題や課題を抱えている点では，中学校や高校と共通している．あるいは，中学生の不登校の一つの大きな原因である勉強のつまずきなどは，むしろ小学校段階の勉強のつまずきをきっかけとしている場合も少なくない．したがって，たとえ一過性の生徒や短期で軽微な不登校が多くとも，小学校として子ども達の学校へ行くのが嫌だという感情には耳を傾け，その背景と要因に小学校としてどう取り組んでいくべきかは今後とも検討すべき課題である．

　最後に図中の(D)の部分について触れておく．この部分は，生徒本人が登校回避感情から欠席や遅刻・早退したわけではないが，それにもかかわらず教師や周りの人間から不登校と見なされる場合に生じる．この部分は，一つには，教師や周りの人間の誤認によって生じる．たとえば，日頃から問題行動などで目をつけられていた生徒がたまたま風邪などの軽い病気で欠席した場合にずる休みと見なされ，叱責を受ける例などはこの場合である．これに対して，もう一つの場合は，子供自身が自分の登校回避感情や欠席動機を明確に意識できないが，教師や周りの人間からみて明らかに不登校と判定する場合である．たとえば，なんらかの心理的な原因が身体症状となって現われ，頭痛，下痢，発熱，嘔吐感，虚脱感や無気力感などを伴う場合がある．もしも，この身体症状を教師や周りの人間が不登校によるものと気づいて理解すれば，(D)の部分に含まれる．しかし，本人も周りの人間もそれに気付かない場合には，不登校とはならず図序-1では，円外の空集合(E)に位置することとなり問題は潜在化した状態となる．

　以上の論議は，不登校が現象として生成される相互作用の場を，子ども達が直面する直接的な関係性に限定したものである．しかし，社会的定義過程は，それにとどまらず，学校社会外のさまざまな定義主体が接合され，学校社会内の不登校という全体現象を成り立たせていることはいうまでもないことである．たとえば，教育関係雑誌やマスコミの不登校ないし登校拒否の理解の仕方や学習塾などの学校や授業への価値のおき方などは，学校社会内の教育行政関係者，

教師，生徒及び保護者などの不登校定義に直接間接に影響を及ぼしている．しかも，こうした社会内のさまざまな機関や人々の社会的定義過程によって，学校社会や全体社会の中に何が問題のある事態であり逸脱なのかについての道徳的意味が結晶化し，問題のある事態という意味をめぐる道徳的ないし規範的空間が再編成され，この問題に直面したときの人々の反応パターンを形成したり，一定の対応や治療システムを社会構造内に組織化するという「構造化」の過程という一連の社会過程が生成されてくる．本書のタイトルが不登校行動でも不登校生徒でもなく，不登校「現象」の社会学と題している理由は，不登校問題をこうした社会過程の所産として理解するという点にある．

第3節　不登校の概念

　不登校ないし登校拒否とはいったいどんな行動なのかと説明を求められたとき，研究者であれ教育担当者であれ，戸惑いを感じる人は多いことであろう．戸惑いの一つは，今日のこの領域の研究が多様な学問的領域からのアプローチによって試みられていることによる．近年では，精神医学，精神衛生学や臨床心理学，教育学だけでなく，社会福祉やさまざまな運動団体からのアプローチが試みられている．そのため，それぞれの研究領域の方法論的関心に沿って定義や理解の仕方が異なり，用語の混乱を来しているのが実状である．加えて，そこで考察される対象は，現象の全容についての共通理解を欠いたままそれぞれの学問的な関心によって切り取られるために，現象の外延すら定かではない．「登校拒否は病気である」という説は，こうした研究事情及び個別の研究領域の方法論と対象規定についての無知からもたらされたものである．

　一般に不登校ないし登校拒否と呼ばれているものにはさまざまなタイプがあり，その発生原因や心的機制も多様である．そのため，何が不登校かについての定義ともなれば，研究者の間でも意見の分かれるところである．タイプに着目すれば，さまざまなタイプの中から研究者の問題関心に沿って中心的なタイプが選び出され，そのタイプの特徴によって定義づけが行われよう．医療・相

談領域における中核群・辺縁群という分類に基づく定義づけや神経症などの情緒障害に限定した定義づけなどはその例である．また，治療的な問題関心からは，特定の病因に着目した定義づけが行われようし，分離不安説などにみられるように，特定の心的機制に着目した定義づけも可能であろう．

問題は，こうした多様なアプローチが，それぞれの学問的基盤からのアプローチの妥当性を主張することにのみ固執したり，現象全体における位置づけを明確にしないままに個別の問題関心からのみ現象を切り取っていることにある．もとより，これらのアプローチが無意味な研究であったということをここで主張しているのではない．それぞれの領域での試みには有意義な研究が含まれていることは当然のことであるが，それ以上に，多様なアプローチをすることは，現象をさまざまな角度から切り取ることによって，現象の全体像と多面的な特徴づけを可能にすることは確かである．それは地球の姿をさまざまな異なった図法による地図で描き出すことによって特徴づけ，地球の全体像を正確に把握することができることと同じである．しかし，アプローチ相互の関連づけを欠き，研究対象として迫る現象の全容がわからないままに集積される研究は，断片化された知識のモザイクでしかない．

もちろん，社会学がこの現象の見取図を書くことのできる学問であるというわけではないし，それを主張するつもりも毛頭ない．しかし，不登校ないし登校拒否をそれぞれの個別科学の視点から分析する場合には，そのアプローチが現象の全容のどの部分をまたどのような角度から分析するのかについては明確にしておく必要がある．

本書では，第1節で述べたように，「不登校」を特定の原因や心的機制や特定のタイプに限定せず，「状態」を指す概念とし，不登校現象の裾野までをも含めた全容を明らかにするために，さまざまなタイプを含めた広義の「不登校」という概念を採用し，次のように規定する．

　　「不登校とは，生徒本人ないしはこれを取り巻く人々が，欠席ならびに遅刻・早退などの行為に対して，妥当な理由に基づかない行為として動機を

構成する現象である」

　これまでの不登校ないし登校拒否研究では，欠席だけが考察の対象とされてきた．たしかに，学校へ行くのが嫌で遅刻する生徒と欠席する生徒とでは，行動上の違いはある．しかし，欠席であれ遅刻・早退であれ，その基底にある登校回避感情は共通しており，学校教育としては問題にすべき点を含んでいる．加えて，既述のように，不登校現象の裾野までをも含めた全体像の解明が必要であることから，ここでの定義では，「不登校」現象を「欠席，遅刻・早退など」と幅広く規定した．なお，ここで「遅刻・早退など」としたのは，登校しながらも特定の授業だけ欠席したり，遅れたり，途中で抜け出す「怠業」をも含めるためである．これらは「不登校」の裾野の部分を構成する行動であり，遅刻・早退とともに，不登校現象を考察するときには視野に入れておかなければならない行動である．

　ここで注意しておくべきことは，第2節で述べてきたように，不登校が生成されるのは，これらの「欠席」「遅刻・早退」「怠業」ではなく，これらの行動に妥当な理由がないとされることによっている．したがって，不登校とは，これらの欠席や遅刻・早退などの行動に対して，その行動の動機が妥当なものかどうかを判断する解釈図式に根拠をもつ現象となる．いいかえれば，不登校とは，行為の動機に「妥当ではない」という意味を付与する社会過程の所産である．

　この妥当でないという意味を付与する主体は，「生徒本人ないしはこれを取り巻く人々」である．「これを取り巻く人々」の中には，既述のように，教師，両親，友人だけでなく，医師，相談機関のカウンセラーなども含めて考えなければならない．そうすることによって，生徒自身や親は下痢や発熱があるために病気だと思っていても医師などがこれを不登校の症候だと判断するケースも掬い上げることができる．また，研究者，教育行政機関，マスコミ，教育評論家などもこの社会的定義過程に組み込まれてくる定義主体である．

　不登校現象は，このように社会的定義過程の所産であるため，人々が現実を

解釈し，彼らなりの現実を構成する解釈の枠組みは，人によって異なり，時間的な流れの中で変化する．「不登校」についての情報量の変化によって，教師の「不登校」判定が変化するという現象もこうした社会的定義過程の所産として現象を把握することによって掬い上げることが可能になる．また，社会的定義過程として不登校現象を把握することによって，生徒本人とその本人の行為動機を解釈し判定する側との間に発生する事態の認識の「ズレ」の問題も「不登校」現象の考察の対象とすることが可能となる．「不登校」現象を考察する場合には，不当な「烙印」の問題や強制的な入院措置やむりやり相談機関へ連れて行かれたり，誤って「不登校」と判断されるケースも常に考慮しておかなければならない．これらの問題はときとして「不登校」を悪化させたり，子どもの人権を著しく侵害することにもつながりかねないからである．また，逆に子どもたちが不登校に陥り，なんらかの援助を必要としているにもかかわらず，教師や親がこれを「不登校」と判断しなければ，これらの子どもたちに対しては，なんの援助の手も差し伸べられないことになろう．

　最後に，「妥当な理由に基づかない行為」という用語であるが，それは生徒であれ，まわりの人々であれ，彼らの解釈枠組みの中で，制度上認められており，妥当な欠席理由であるという枠組みからそれた欠席動機を意味している．具体的には，「妥当な理由」とは，病気，けが，事故，忌引き，家庭の事情，出席停止など，教師が出欠記録をとる際に用いられる「欠席取扱事項」に認められた事由がこれにあたる．

　以上は，本研究における基本的な定義であるが，調査の段階ではこれを操作的に再規定し，経験的に確認可能な定義に移し変える必要がある．そこで，本研究の調査では，まず「学校に行くことが嫌になったことがある」という学校からの回避傾向によって「不登校」への傾向性を析出し，次いで，これらの生徒の中で，登校回避感情から具体的に「欠席ないし遅刻・早退」行動を示した生徒を「不登校生徒」と規定している．なお，不登校現象の全体像を把握するためには，既述のように「怠業」も含むべきであるが，実態の把握と集計上に問題が生じるため，本書の統計数値から「怠業」は除かれている．

注

1) 法務省人権擁護局『不登校児の実態について』1989年, 1頁.
2) Becker, H. S., 1963. *Outsiders: Studies in the Sociology of Deviance.* New York: Free Press. 村上直之訳『アウトサイダーズ』新泉社, 1978年.
3) Durkheim, E., 1893. *De la division du travail social.* 井伊玄太郎・寿里茂訳『社会分業論』理想社, 1957年. Tannenbaum, F., 1938. *Crime and the Community.* New York : Columbia University Press. Fuller, R. C. & Meyers, R. R., 1941. "The Natural History of a Social Problem," *American Sociological Review*, vol. 6, pp. 320-328.

第Ⅰ部

学校社会の可視化のメカニズム

第1章　不登校実態調査と教師の不登校判定

第1節　公式統計のもつ意味

　新聞やテレビの報道を見ていると，さまざまな子ども達の問題についての実態統計の数値が官公庁統計として，毎年きまって報道される時期がある．総理府，文部省，法務省，厚生省，警察庁など青少年行政に関わる官庁では，統計法に基づいた調査や実務上必要な調査を実施し，その結果を公表している．なかでも教育問題はニュースバリューの高い記事として扱われることが多いが，それは教育問題にはとかく神経質なまでに反応するわが国の社会風潮を反映してのことであろう．ともあれ報道する側もこれを受ける側もが，毎年公表される数値を見て一喜一憂し，「いじめ」は沈静化したと発表されれば安堵し，「登校拒否」が急増していると公表されれば，深刻な事態だと受け取っている．

　もちろん，ここで公式統計の数値が虚構で，現実を反映したものではないというつもりはないし，これらの数値が作為的に操作された結果であるというつもりもない．現実から切りとられてきた数値は，その範囲で現実を反映する妥当な数値である．しかし，数値としてデータが提供されているだけに，受け取る側にとっては無機的なように見え，それが統計を取る者の現実表現の一形式であることを忘れがちになる．ときにはデータの範囲を越えて現実のすべてを反映し表現したものと見なすこともある．そこに数量データを見るものの落し穴が覗いている．

　しかし，数量で表わされたデータが統計を取るものの表現形式であると解釈すれば，それは表現されるにいたる過程をもち，表現のされ方があるということは理解できよう．データは，いわば生い立ちと性格をもっており，それぞれの顔をもった人格のようなものである．しかも，それは現実に起こっている社

会現象の一つの表象物であり，切りとられたデータそのものが社会学的分析の素材ともなる．このことは公式統計であっても，民間統計であっても同じである．

たとえば，非行統計では，さまざまな罪種別に統計が公表され，その数字の継年的な動きによって非行が増加したとか，悪質になったとか，校内暴力は沈静化したと解釈されている．もちろん数値が現実を反映した数字ではあるが，非行統計が集めてきたのは，検挙・補導人員の数である．したがって，数字は非行を犯した者の人数という形を取っているが，実際には警察がどれだけ少年を検挙・補導したかという実績に関する数字である．この数字は，当然の事ながらそのときどきの警察の取締り方針によって変化することは否定できない．暴走族に重点を置けば暴走族が増加し，窃盗に重点を置けば窃盗が増加することになる．

もちろん実際の発生数が多ければ，それだけ警察の取締りの網にかかってくる人数が多くなるのだという論議もあろう．それについては否定しない．しかし，ここで強調したいことは，検挙・補導された人数をわれわれはそのまま犯罪の発生の実態として読み替えているが，この数字だけで発生の実態やその変化を読みとることはできないということである．むしろ，このデータは，大村英昭が指摘したように，警察が何を重点的に取り締まり，実績はどうであったかという社会統制に関する指標として直接的には読むべきであろう[1]．

このように，データを正確に読むということは，単に数字を正確に見るということだけでなく，まずその生い立ちとその性格を理解し，データが現実のどのような現象を表象したものかを読みとることから始めなければならない．さもないと，いたずらに数字に振り回され，現実を過大に評価したり，逆に過小に見積ることになる．ときには問題の本質を見誤ることにもなる．

それでは，不登校に関するデータはどうであろうか．ここでは日本で唯一の全国的なデータである文部省の実態調査を取り上げ，これを読むことから始めてみよう[2]．

文部省の実施した調査によれば，1988年度の登校拒否児童・生徒の数は，1966

年度の調査開始以来最も多く，小・中学生をあわせると42,385人である．増加率も近年では著しく，十年前に比べて，3.1倍の伸び率である．しかし，中学校などに調査に出かけても，「増えているとは聞いていますが，いまのところ私の学級にはいません」とか，「確かに多くなっていますが，私の学年では1人か2人ぐらいです」という声をしばしば耳にする．マスコミで報道されるほどの急増ぶりが伝わってこないのである．

それでは学校側の事態の認識が間違っているのだろうか．そこで，文部省のデータをもう少し詳細に読んでみると，教育現場での認識にもうなずけるところがあることがわかる．たとえば，中学校の登校拒否発生率を見てみると，全生徒の0.61％にすぎない．また，登校拒否生徒が1名以上在籍する中学校は，62.4％である．この数値ならば，教師の声もあながち認識不足であるとはいえず，むしろ現実に即した認識と見なすことができよう．

それでは，マスコミや世論の過剰反応であろうか．ニュース価値を要求されるマスコミには，話題性を強調するあまり，ときには騒ぎすぎる場合もないではない．しかし，彼らの時代の動向に対するアンテナの鋭さには評価すべきものがある．不登校に対するマスコミの反応が的外れでないとすれば，いったい事実はどこにあるのだろうか．

この謎を解く鍵は，データの生い立ちにある．データの生い立ちは，まず調査する側が現象をどのように定義するかということから始まる．調査であるかぎりは，対象を厳密に定義し，現実のどこかに線引きをしなければ，正確な結果は得られない．それは現実を掬い上げる網のようなものである．しかし，調査の数字を読む場合には，この線引きがどこに引かれているかについて理解しておかなければ，事実を正確に認識することはできない．

文部省では，公式統計としての「学校基本調査」での登校拒否は，「年間50日以上」の欠席日数を基準としている．また，これと並行して，「児童・生徒の問題行動の状況等の調査」という一連の実態調査の中でも，登校拒否は，学校ぎらいを理由として「年間50日以上」欠席した場合と見なし「学校基本調査」と一貫性を保っている．そのため，年間50日に満たない場合には，登校拒否であ

っても統計数値に上ってこないことになる．つまり，登校拒否という現象には，「線引き」によって漏れるために統計では把握できない「暗数」部分が存在するのである．こうした「暗数」部分は，なにも登校拒否調査に限ったことではない．調査する対象が正確に定義され，厳密に操作的定義が施された調査であれば，必ず「線引き」によって排除される部分が出てくるのは当然である．

この統計上の「線引き」によって生じる問題は，掬い上げられる現象が実態とかけ離れている場合に起こる．もし，線引きによって切り捨てられる現象があまりにも多い場合には，得られた結果データは現象の氷山の一角を覆うにすぎず，現実の全体像を正確に反映した数値ではなくなってしまう．逆に実態の範囲を越えて線引きをすれば，掬い上げられるデータは現実の現象よりもはるかに多くなる．そのために，定義そのものが曖昧となり，現象の本質を不明瞭にしてしまうことになる．対象となる現象が社会問題である場合には，現象よりも多く見積られることによって，いたずらに社会不安を引き起こしたり，過剰な反応を呼び起こしかねない．

第2節 広がる「不登校」のグレイゾーン

現代の不登校に関する研究水準は，きわめて高く，専門化され，研究領域も精神医学，精神衛生学，臨床心理学，精神分析学，教育学，社会福祉学など多岐にわたっている．それは不登校研究の歴史が古く，多くの研究がこれまで内外で蓄積されてきたことによっている．しかし，専門化されてはいるものの，不登校に関しては，いまだ全国的な実態調査すら未整備であり，公式統計も50日以上の欠席児童・生徒に限定され，不登校の全容やその裾野の広がりすら定かではない．

そのために，多くの研究が蓄積されてきたとはいえ，既述のように，研究対象は病院や各種相談機関で受理したケースであったり，50日以上の不登校を中心とした長期欠席児童・生徒であり，そこから導き出された知見はその範囲では妥当するものの，多様な現われ方をする不登校現象に通底する要因や多様性

を説明する要因の析出には至っていない段階である．まえがきでもふれたように，「登校拒否」が病気であるという説も，その研究の範囲を限定すれば一部の不登校現象には妥当する見解であるが，その学説が巷間に流布して一人歩きをし不登校全体に妥当するかのように解釈され，不登校児童・生徒を抱える家族にいらざる不安感を掻き立てることにもなっている．また，これらの調査結果に制約があるにもかかわらず，その制約を自覚しないでこれをそのまま実態と見なしてしまうために，学校側の対応にも混乱をきたしたり，ときには子供たちの実態とかけ離れた対応策が講じられることにもなる．それも詰まるところは不登校現象の全貌がいまだに解明されていないという研究状況によるものである．

そこで，できる限り暗数部分を少なくし，不登校現象の全容をつかむために，大阪市立大学社会学研究室では，全国の11政令指定都市および東京都区部の12都市の公立中学2年生の生徒約6,000名を対象として，1988年度を調査年次とする不登校の実態調査を実施している[3]．

この調査は，これまでの公式統計が，教師の眼で把握された数字のみに依拠していることへの反省に立ち，子ども達の眼から見た不登校の現実を組み込んでいるところに特徴がある．この経緯を島和博は次のように述べている．「教師の報告が"信用"できないというのではない．もしそれが"信用"できないとすれば，それと同じかもしくはそれ以上に生徒の報告も"信用"できないだろう．そうではなく，"現場"の教師にとってさえも見えない，あるいは見えにくい生徒の学校生活における諸現実というものが無数に存在し，また教師という立場のゆえに現実があるバイアスを伴って彼らに見えてくる場合が少なくない，ということなのである．このことのもたらす問題に無自覚なまま，たとえば"登校拒否"の"実態"が語られ，その"解決"と"処方"が計られるとすれば，それらは，生徒たちの学校における日々の生活実感や経験とはおそろしくかけはなれた，抽象的で，時には生徒，児童にとって抑圧的でさえある"解決"となりはしないだろうか[4]．」

そこで，この調査では，一方では，学級担任によって報告された，生徒の年間出欠状況調査（不登校実態報告を含む）を実施し，他方では，生徒自身が報

告した不登校による欠席状況調査を実施し，集計段階でこの二方向からの調査を接合した結果に基づいて不登校の全体像を作成している．

なお，生徒報告調査では，調査対象をすべての生徒に拡大し，(a)学校へ行くのが嫌になったことがあるという「登校回避」の感情経験（巻末調査票・質問25）をもっている生徒をまず拾い出し，次いで，(b)「登校回避」の感情を抱いたとき，どのような「出欠行動」（巻末調査票・質問25-2）として感情が具体化されたのかという二段階の設問を組み合わせることによって不登校生徒を描き出そうとしている．その結果，不登校現象の全体像は，(1)登校回避感情は示すが，がまんして登校する生徒，(2)登校回避感情を示し，遅刻・早退行動をとる生徒，(3)登校回避感情を示し，遅刻・早退を含めて欠席行動に至る生徒の三群から構成されることになる．なお，欠席行動は，「年間50日以上」に限定せず，広く「年間50日以下の欠席」生徒も含めて考察している．また，この欠席群は，さらに(3-1)遅刻・早退もなく，いきなり欠席行動に至る生徒と，(3-2)遅刻・早退を伴いつつ欠席行動に至る生徒との二つの下位類型に分けられている．

こうした操作を加えることによって，教師からは見えない，あるいは見えにくい不登校生徒や，公式統計をはじめとする既存のさまざまな実態調査には登場せず，それだけに問題視されることの少ない不登校生徒をトータルに把握するとともに，いまだ欠席に至っていない潜在的な不登校現象のグレイゾーンについても考察の俎上に載せることができることになる．なお，ここで潜在的なグレイゾーンという用語は，一つには，教師の認知や学校統計に含まれない「暗数」を意味しているが，もう一つには，「遅刻・早退」や「がまんして登校する」という二つのタイプに対して用いられている．これらのタイプは，欠席に至るかどうかは分からないが，調査時点では，ともかくも欠席には至っていない段階である．しかし，これらのタイプの中には，欠席行動へと発展する可能性をもった生徒も含まれており，その生徒にとっては欠席行動への前駆形態となるという意味で潜在的なグレイゾーンである．また，これらのタイプは，欠席には至っていないだけに「問題」とされざる部分という意味でも潜在的なグレイゾーンである．不登校現象への実態調査は，このように長期には至らない欠席

生徒，および潜在的不登校生徒を組み込むことによって，その裾野の広がりを明らかにし，現象の全体像に接近することができる．

そこで，これらの不登校タイプの分析に入る前に，これらのタイプに通底し，出欠行動の基盤となっている「登校回避」の感情について見ておこう．表1-1は，生徒にこの1年間に学校へ行くのが嫌になったことがあるかどうかについて尋ねた結果である．

表1-1 「登校回避感情」の経験

	学校へ行くのが嫌になったことがあるか					計
	よくある	ときどきある	たまにある	まったくない	無答	
実数	604	903	2694	1654	79	5934
%	10.2	15.2	45.4	27.9	1.3	100.0

表からも明らかなように，なんらかの頻度で「学校へ行くのが嫌になったことがある」と答えた生徒は，全体の70.8％に達している．このように，現代の生徒たちの中には，登校への回避感情ないしは忌避感情を感じたことのある生徒が，幅広く分布している．不登校による欠席や遅刻・早退などの行動は，こうした生徒の日常生活の中で形成される登校への回避感情を背景として現実化されたものである．その意味では，「登校回避感情」は，「不登校への傾斜」過程ということができる．

不登校は，ずる休みであるとか，病気であるといわれることがある．ところが，この調査で見るように，現代の中学生では，7割の子供たちが，この1年間に学校へ行くのを嫌だと感じたことがあったと答えている．彼らのすべてが欠席に至るわけではないが，嫌だけれども我慢をして登校している子ども達と欠席や遅刻・早退の子ども達とは，登校回避という感情を共有した世界にいることはたしかである．その意味では，彼らは，登校していようが欠席に至ってい

ようが共に連続した世界に住んでいる子供たちである．不登校というと，われわれはとかく欠席行動に眼を奪われがちになるが，その背後にあって，これを規定している登校回避感情の広がりにまず注目すべきである．欠席や遅刻・早退という行動は，こうした感情を基盤としながら，なんらかの条件が付加されて具体化されたものである．つまり，彼らは，出席していようが欠席，遅刻・早退していようが，感情面ではすべて不登校といってよく，その点では一線に並んでいる．欠席と出席の行動の差は，付加される条件の差にすぎない．

　不登校生徒の中には，たしかに精神的疾患による病気もなくはない．しかし，これだけの広がりをもつ不登校感情を，すべてずる休みや病気というカテゴリーで安易にくくってしまうのは暴論といってよい．短絡的なステレオタイプを作り上げる前に，われわれは，欠席や遅刻行動の基盤にある現代の子ども達の登校回避の感情を正面から取り上げて検討してみる必要がある．登校していても，教室に入らないで校舎のものかげにいる．教室に入っても座席に居つかない．座席に座っていてもうつろな眼で授業に臨んでいる．こうした子ども達と不登校生徒との境界はきわめて薄く，わずかなきっかけで越えられてしまうほどのものでしかない．

　もちろん，登校への回避感情が広がっているといっても，そのすべてが学校生活に起因していることを意味するものではない．家庭などの学校外生活になんらかの問題があり，それが登校回避という形で感情形成されたり，行動化されることもある．しかし，その場合でも，問題を「学校への登校回避」という形で感情形成したり，問題解決や適応の方法として「登校回避」という行動に訴えかけている意味については，検討しなければならない．

　それでは，不登校現象の全体像はどのような分布を示しているのであろうか．ここでは上記のように調査対象学級の担任による不登校生徒の欠席日数調査と生徒の「登校回避」感情に基づく出欠行動報告とを組み合わせ，重なる部分を差し引いた和集合によって全体像を作成している．結果は図1-1に示した通りである．

　まず，公式統計に対応する部分について見てみると，学校へ行くのが嫌にな

って50日以上欠席した生徒は，中学2年生の0.9%であった．この調査は都市部を対象としているため，同年次の文部省による実態調査の中学生平均発生率0.61%に比べて高い出現率となっている．しかし，いずれにしても1%に満たない数値である．既述のように，学校の教師が担任学級や自分の学校では，世間やマスコミが騒ぐほどに急増もせず，おびただしい発生率ではないという認識をもっていることはあながち的外れでもない．しかし，そこには教師の不登校についての現実認識が，統計を取るための手段である「50日以上」という「線引き」によって型どられ，「線引き」によって切りとられた部分が「問題」であるという意識を形成しているという側面があることには注意すべきである．

　もちろん，報告を求めている文部省では，50日未満の欠席が不登校ではないなどと考えているわけではない．ところが，報告を求められる教師の方は，50日という日数を一つの重要な判別基準に用い，個々の児童・生徒について不登校かどうかを判断をすることになる．加えて，不登校と判断された生徒は「問題行動」をもつ生徒として位置付けられ，指導の対象となる．そのために，教育現場では，厳密に50日とは考えないとしても，長期にわたる不登校だけが問題であるという認識や錯誤ができあがってしまう恐れがある．これにたいして，50日未満の不登校生徒の方は，さほど問題とはならない部分として軽視されたり，切り捨てられる恐れがある．いずれにしても，50日という基準は，あくまでも公式統計を取るための手段としての基準であって，必ずしも不登校の深刻さを測定する基準ではない．長期不登校には，たしかに深刻なケースが多いが，長期に至らなくとも心の傷が深く，容易に立ち直れないケースは存在しているのである．

　次に，50日未満の欠席生徒について検討してみよう．この部分の生徒は，調査対象生徒の16.2%を占めていることがわかった．したがって，50日以上と50日未満との両者を合わせると，不登校による「欠席群」に含まれる生徒は調査対象生徒全体の17.1%に達している．不登校をかりに欠席行動に限定したとしても，50日以上という統計基準では掬い上げることのできない「暗数」部分がきわめて多い現象であることが，図1-1から読み取れよう．かりにここで調査対

象としている生徒を母集団として50日以上の「線引き」を施し公式統計と同様の処理を行なったとすれば、不登校による欠席生徒の886分の46、つまり5.2%が実態統計として掬い上げられるにすぎない．

さらに、「欠席群」については、教師による報告と生徒の自己報告とのズレの問題がある．図1-1では、二重線の上にある部分が教師による報告であり、二重線から下にある部分が生徒の自己報告に基づいて作成された不登校の現実である[5]．図からも明らかなように、教師によって把握された不登校生徒は「欠席群」の22.6%である．現象の性質から考えれば、一概に教師の認知率が低いかどうかをこの資料だけで判断することは危険であるが、いずれにしても教師報告にも「暗数」部分が存在していることはたしかである．

それでは、かりに「暗数」部分を把握できたとしても、不登校現象の全体像を欠席生徒だけによって理解することは十分な理解といえるだろうか．欠席生徒の外側には、学校へ行くのが嫌で遅刻・早退をする子ども達がいる．図1-1に示したように、欠席はしないが、遅刻・早退をする生徒が、全体の8.0%を占めている．不登校現象を「欠席群」だけに限定せず、「遅刻・早退群」にまで拡大すれば、不登校現象の全体像はさらに膨らみ、調査対象生徒全体の25.1%におよぶことになる．いいかえれば、登校回避感情を抱き、それを欠席や遅刻・早退行動へと具体化する生徒は、全体の4人に1人の割合で発生していることになる．

この4分の1という数字がどのような特徴をもつ生徒から構成され、不登校現象をどのように規定しているのかについては、ここでの分析課題ではないのでさておくとしても、ここに現われてきた数字は、いくつかの調査や公式統計が明らかにしている数値よりもはるかに大きい広がりであることだけは確かである．不登校研究は、こうした公式統計からは漏れ落ちたり、教師の認識からは見えにくい部分があることを確かめた上で分析していく必要がある．ここでは、不登校の全容を明らかにし、全体を規定している要因を究明することが研究の主要な目的であるため、これらの漏れ落ちた部分を組み込んで分析している．しかし、統計操作上漏れ落ちたり、報告者の目から見えにくい部分を分析

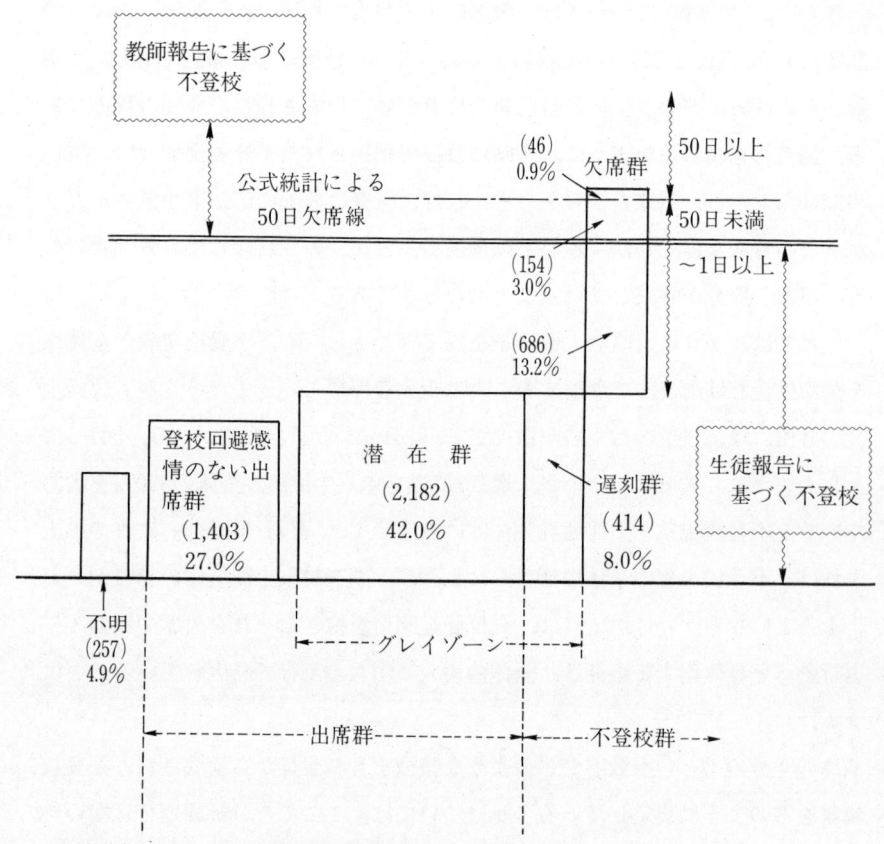

図1-1 不登校現象の広がり

教師報告に基づく不登校

公式統計による50日欠席線

50日以上
50日未満
〜1日以上

(46) 0.9% 欠席群
(154) 3.0%
(686) 13.2%

登校回避感情のない出席群 (1,403) 27.0%

潜在群 (2,182) 42.0%

遅刻群 (414) 8.0%

生徒報告に基づく不登校

不明 (257) 4.9%

グレイゾーン

出席群 ──── 不登校群

注） 母数は，学級担任から生徒の年間出欠状況調査表の得られなかった学級の生徒を除いた5,193人である．
図中の（ ）内の数字は，実人数を示す．

に組み込むかどうかは，研究の目的によって異なることは言うまでもない．必要なことは，研究上発生する現象のこのような取捨選択について，研究する側もこれを受け止める側もが，ともに無自覚であってはならないということであ

る.

　ところで，不登校現象を「登校回避」の感情に基礎づけられたものと考えるとき，その感情が潜在化されたまま行動として外部化されないグループ，つまり「がまんして登校」する生徒についても視野におさめておく必要がある．もちろんこのグループを不登校と見なすことには異論もあろう．前章の定義で示したように，本研究では「不登校」を欠席や遅刻・早退行動として具体化した生徒に限定している．その意味では，この「がまんして登校」した層は，一見したところ欠席行動には至っていないグループであるため行動面で類型化すれば，「出席群」に属することになる．しかし，後に分析するが，このグループは，「遅刻・早退群」や「欠席群」へと転化する可能性があり，また，「登校回避」の感情を「遅刻・早退群」や「欠席群」と同じように共通してもっている．したがって，不登校現象の全体像を構成するにあたっては，このグループを「潜在群」として不登校現象の裾野の広がりの中に含めて考察する必要がある．

　図1-1に示したように，「潜在群」は，調査対象生徒の42.0%を占めている．したがって，不登校現象を欠席や遅刻・早退という行動として具体化する層だけでなく，この「潜在群」という裾野まで拡大すると，調査対象生徒全体の67.1%にまで及ぶことになる．この数字は，もはや不登校現象が，特別な傾向をもったごく一部の子供たちに起こる現象ではなく，中学生活の日常的な身のまわりの出来事として現われていることを示している．

　これらの生徒の多くは，これまで問題だとされてきた50日以上の長期不登校児童・生徒を基準にすれば，軽微な不登校生徒であろう．なかには，欠席していたとしても，ごく短期間の一過的なものであるため，教師からは見えにくかったり，あるいは問題にもされてこなかったケースも多い．事実，これらの子ども達の多くは，病気でもなく，また深刻な問題を呈しているわけでもない．ましてや，欠席に至らないグループである「遅刻・早退群」や「潜在群」は，公式統計ばかりでなく，多くの実態調査からも問題にされてこなかった生徒である．そのために，教師の指導も一般的な遅刻・早退のための指導は行なわれるとしても，「不登校」という視点からの対応はないままに放置されてきた部分

である。かといって彼らが問題や悩みを全く抱えていない生徒でもない。「遅刻・早退群」であっても、「潜在群」であっても、「学校へ行くのが嫌だ」という意識は、「欠席群」と共通している。その意味では、「遅刻・早退群」「潜在群」は、欠席行動を基準として「不登校」を考えるとすれば、現象の灰色の部分、つまり「グレイゾーン」を構成しているといえる。しかも、この「グレイゾーン」は、予想を上回る膨大な広がりを示している。不登校問題の考察にあたっては、各種の統計には表われてこないこの「グレイゾーン」を含んだ膨大な裾野の広がり組み込んだ上で再検討する必要がある。それが、本書の分析の出発点にある問題意識の一つである。

　不登校現象を「グレイゾーン」にまで拡大することの意義は、単に現象のカバリッジだけの問題ではない。「グレイゾーン」の生徒と不登校による欠席生徒が共通して抱いている「学校へ行くのが嫌だ」という感情が、現代の中学生の間にかくも広く浸透している背景を明らかにすることは、今日の不登校問題を解明し、対応策を講じて行くために不可欠な作業である。今日の不登校が、学校社会からの引きこもりであれ、拒否であれ、いずれにしても今日の子供たちが学校社会に対して抱いている広範な「回避感情」とその感情が学校社会に向けられている意味を考えずに、不登校の問題を理解することはできない。不登校現象を「グレイゾーン」にまで拡大して分析する意義の一つはここにある。

　さらに、分析を「グレイゾーン」に拡大するもう一つの意義は、潜在的補給層の解明にある。「欠席群」の子ども達のなかには、欠席日数の長短にかかわらず、いきなり欠席してしまう子どももいるが、多くの「欠席群」の子ども達は、「グレイゾーン」のいずれかの段階から発展しているケースであり、「グレイゾーン」は、いわば不登校欠席の潜在的な供給群としての性格をもっている。したがって、不登校の形成メカニズムを解明するためにも、また不登校を早期に発見し、予防するためにも、この「グレイゾーン」の存在を把握し、理解することは重要な戦略ポイントとなる。

　さらに、この研究のもっとも基本的な視点と関わることであるが、「グレイゾーン」は、不登校の分析をより広い現代社会の状況へと拡大してくれる接合点

としての役割を果たしてくれる．不登校現象の「グレイゾーン」がこれほどまでに大きく広がり，かくも多くの子ども達を巻き込んで学校社会の中に一般化しているということは，もはや「不登校」の問題が，特別な傾向をもったごく一部の子供たちに起こる現象ではなく，中学生活の日常的な身のまわりの出来事として現われていることを示している．このことは，不登校の問題の根が一部の限られた生徒にだけあてはまる固有の問題だけでなく，広く一般児童・生徒にも共通した要因に根ざしていることを示している．しかも，問題の根は学校社会の中だけにとどまるものではない．家庭はいうまでもないが，この広がりの大きさは，さらには彼らを取り巻く社会状況とも深く関わりつつ現代社会の問題として現われてきていることを予想させるものである．従来の不登校研究は，その原因を子ども本人や家庭ないしは学校に求めることが多かった．もちろん，これらの研究によって，有意義な知見が産み出されてきたことは大いに評価すべきである．事実，本研究も，これらの研究の蓄積の上に成り立っている．しかし，今日の不登校現象の裾野の広がりと一般化の傾向を併せて考えるとき，不登校の研究は，子供本人や家庭，学校をも含み込んだ広く現代社会の問題として再検討する必要がある．グレイゾーンの広がりは，こうした分析視点の広がりを図る必要があることを示唆している．さらに，グレイゾーンが字義通り境界的な領域に位置しているだけに，問題を呈している領域と呈していない領域とをリンクさせつつ，今日の子ども達を広く覆っている現代社会の状況へともリンクしてくれる役割を果たすことになる．

第3節　実態調査の限界

　登校拒否ないしは不登校に関する調査では，しばしば教師の観察報告をもとにして結果データを作成している．われわれは，その結果データを登校拒否の「実態」と呼び，あたかも客観的な事実であるかのように考えている．しかし，「実態」といっても，それは生徒の行動を教師という限られた立場から観察した結果であり，教師が経験し構成した社会的現実にすぎない．もしも，不登校

の現実を生徒自身の報告に基づいて再構成すれば，結果は全く異なったものになる．事実，前節の図1-1で示したように，教師が認知している不登校欠席生徒の実人数は，生徒報告のそれよりも大幅に下回っている．そのため，教師がカバーしている不登校欠席生徒は，全欠席生徒の22.6%にすぎない．

　それにもかかわらず，われわれが教師報告を「実態」と見なしてしまうのは，一つには，教師の報告を，教師が私的に経験した世界であるとは認識せず，むしろ学校社会の中で社会的経験を共有している人間ならば，生徒であれ教師であれ相互に見とおしているだろうという「可視性」への「思い込み」があるからである．なお，教師報告を「実態」と見なすもう一つの原因は，教師という職業役割に対する人々の暗黙の期待にあるが，ここでは，まず第一の「可視性」への「思い込み」について，若干検討しておこう．

　もちろん，社会的経験を共有していても，経験した事実に対する認知の仕方や解釈に違いがあることは，指摘するまでもない．いまさら何を検討するのかという思いはあるだろう．しかし，調査では，この当然ともいうべき事実がしばしば無視されることが多い．非行行動の原因を，一般市民に聞いて，それを非行原因調査のように公表したり，錯覚して受け止めたり，生徒の意識に関する実態調査が目的であるにもかかわらず，教師の観察や印象を調査し，生徒の実態調査とされることがある．もちろん，こうした調査が無意味であるとか，信頼できないというのではない．問題は，データの制約を無視したり，限界を越えて結果を解釈することにある．とりわけ，学校調査では，第二の要素である教師役割への期待が加わって，同じ集団を構成している当事者であれば，お互いに「見えている」はずであるという「思い込み」が入りやすくなる．

　立場や経験の違いによる認識の不一致があるにもかかわらず，教師からの可視性が確保されているかのような「思い込み」が成立するのは，シュッツによれば，次のような「思い込み」によるとされている．その一つは「見方の互換性という思い込み」であり，もう一つは「意味の適切性の体系が一致しているという思い込み」である．シュッツは，「思い込み」を日常生活の中で人々が互いの認識の不一致を乗り越え，共通世界を作り上げるときに使う日常的思考法

として分析している．つまり，「思い込み」とは，われわれの日常生活を成り立たせているさまざまな日常的知識の一つであり，文法規則であるというのである．

　日常生活の中でも学校社会では，教師には生徒が見えているという「思い込み」が，教師の職業役割への要請という役割期待と結びついて現われるところに特徴がある．可視性への「思い込み」があるということは，人々の間に「可視性」への暗黙の了解が成立していることを意味している．この暗黙の了解が職業役割についても出来上がる時，単なる「思い込み」を越えて，期待される行動とされ，その行動は履行されて当然であるという観念を作り出す．履行されなければ，役割の担い手に対して否定的な反作用が人々の間から起こることにもなる．

　「可視化」への役割期待とは，教師は学校社会を預かる直接の担当者であり，学級集団の責任者でもあり，したがって，学級内で起こる逸脱に関しては熟知し，個々の生徒についても完全に把握していなければならないというロジックによって構築されている．見えにくいといわれている「いじめ」問題でさえも，深刻な事件が発生すれば，いつも教師や学校側は「いじめ」の事実を知っていたのかどうかが問題とされ，もし把握していなかったときには学級担任に対してマスコミや世間から厳しい批判を浴びせかけられるのも，教師に対する役割期待の中に学級内の一切の事柄について「可視性」を確保しておかなければならないという強い役割期待と遂行への圧力があるからである．教師の報告した事実が，生徒の現実であるという錯誤は，学校社会の中では期待された役割に沿った教師の行動によって「可視性」が確保されているものだという「思い込み」やそうあるべきだという「思い入れ」があるからである．

　一般教師や生徒指導担当教師を対象とした問題行動に関する研修会・研究会が各地の教育委員会や教職員組合などで実施されているが，それらは，こうした職業役割を社会化し，「可視性」を高めるための装置として機能している．「見方の互換性」への要請は，教師に対して「生徒の立場にたって」とか「生徒たちの眼の高さ」から「生徒たちの眼に沿って」生徒を理解するという要請とな

って表われる.「意味の適切性」は,現象が明確に定義され,共通のステレオタイプをイメージアップすることが可能であるときに確保される.つまり,ある生徒に「登校拒否」というカテゴリーをあてはめるときには,あてはめる社会的文脈が決まっていて,多様に解釈される余地がなければ,「意味の適切性の体系が一致」しているというのである.問題行動についての研修では,「見方の互換性」は生徒指導の原理の一つとして強調され,「意味の適切性」は,生徒理解の課題としてしばしば取り上げられている研修課題である.いいかえれば,研修は,日常的思考法と職業役割による思考法との認知的ギャップを埋める装置ともいえよう.

しかし,現実には「見方の互換性」も「意味の適切性の体系の一致」も完全に確保されることはない.たとえば,不登校問題では,「怠学」や「無気力」といわれるグループについては多少なりとも経験に照らして理解することができる点はあるが,「神経症」といわれるグループになると理解の及ばないところが多くなる.また,不登校については,専門家の間ですら意見の一致がなく,教師の間にも意味のコンセンサスはない.前節でみたように,教師による不登校生徒の実人数が生徒報告による実人数と大幅にズレているということは,「可視性」への「思い込み」が,まさに字義通り虚構の「思い込み」であるということに他ならない.現実認識が立場や経験の違いによって異なることは,むしろ当然のことであって,この事実だけによって教師の見え方が狭すぎるとか,教師の役割不履行であると非難することはできない.生徒の抱えている問題解決のために教師が生徒の状態を充分理解し,完全に把握しておく必要はあろうが,それは努力目標である.教師が非難されるとすれば,こうした努力を怠ったときであろう.したがって,不登校現象を考える場合,教師を非難することには何の意味もない.むしろ教師と生徒の認知の不一致を事実として承認し,そのズレについて分析をすすめていくべきであろう.

学校社会の中で,教師の「可視性」を高める努力は,教師自身の努力と教育委員会や組合による研修・研究などによって絶えず行なわれてきている.この努力は,児童・生徒の問題行動への取り組みとして評価できよう.しかし,も

し，完全な「可視性」が確保されるとすれば，そこにはさまざまな問題が生じてくる．それは，集団内に過度にわたる「可視性」を確保することが，集団にたいしても，児童・生徒に対しても，また，教師自身に対してもジレンマ問題を提供するからである．このジレンマ問題については，次章で分析することとする．

それでは，教師の認知に基づく不登校報告は，信頼できないデータなのであろうか．教師が学校社会の中で子供たちの問題の現実に最も近い立場にあるとしても，教師がカバーしうる領域は限られている．また，教師であるがゆえに現実の見え方にバイアスがかかることもある．しかし，そうだからといって，教師の報告が信頼できないデータであるということにはならない．問題は，教師の視点によって切りとられた現実でありながら，それをあたかも現実のすべてを汲み上げたデータであるかのように錯覚して認識するわれわれの方にある．したがって，われわれが，教師の報告をデータであるというのは，教師が現実を切り取り，彼が構成して描き出した現実像についてのデータであるという意味である．いくら結果データを「実態」と呼んだところで，それは報告主体が認識し，解釈した現実であり，報告主体によって構成されたリアリティである．

このことは，生徒自身による報告データについても同じことである．不登校はたしかに生徒自身の意識と行動に基づくが，生徒の報告はやはり生徒によって現実から切り取られた断片である．たとえ，生徒自身によって彼の意識や行動が正確に報告されたとしても，あるいは彼自身が意識していない部分を一定の分析技法を施すことによって抽出できたとしても，「不登校」のラベルは，ときには彼を取り巻く周囲の人々によって，彼の意識や行動とは無関係に外部から張りつけられることもある．この場合，「不登校」という現象は，生徒の意識や行動に契機をもつとしても，むしろ「不登校」として定義づける側と定義づけられる生徒との相互作用の所産という性格をもつ．

調査が，質問紙法に基づくものであっても，あるいは直接面接や観察によって実施されたものであっても，そこから得られた結果データは，常に誰かによって認識され，解釈された報告であるという制約を免れることはできない．し

かし，制約はあるとしても，報告されていることは，虚偽の報告ではなく，まぎれもなく一つの現実であり，事実である．したがって，制約はあるとしても，学校社会の中で現象化している不登校を，そこで生活している当事者の視点にたち，彼らに見えている現実から捉え，現象を再構成していくことは有効なことである．

　社会学的分析の基本的な出発点は，あくまでも学校社会で生活し，そこで人々が経験する世界である．社会調査は，社会生活を営んでいる当事者の観点を理解しつつ現実を再構成するための科学的な手段であるが，これに対して過剰な期待を寄せることは危険である．かといってその用具性を否定することも危険なことである．われわれは，現象に含まれる当事者が報告するデータのもつ制約を考慮しつつ，いかにしてトータルな現実に近い像を再構成することができるかを考えていく必要がある．

　したがって，第2節に図示した不登校の全体像は，あくまでも教師によって経験された世界と生徒によって経験された世界とを組み合わせて構成した現実である．それは一つの実態ではあるが，この再構成された現実が客観的な現実であるという意味ではない．構成された現実がどの程度彼らの生活世界を把握できているのかどうかについては，問題にしなければならないところである．ただし，ここで採用した方法が，既存の教師報告だけに依拠した調査や生徒だけの報告に基づく調査に比べれば，カバリッジは広く，教師という立場にあるがゆえにかえって見えなくなっている実態を明らかにすることができるという長所がある．調査の過程で介在してくるさまざまな非標本誤差をできる限り少なくし，学校社会を構成している当事者双方の認知を組み込むことができれば，近似的ではあるが学校社会の現実をより広く掬い上げ，再構成することが可能となる．

第4節　教師による不登校の見え方

　大阪市立大学調査では，個々の生徒の欠席を担任教師によって不登校による

ものかどうか判定してもらい，併せてその状態をも分類してもらった．分類カテゴリーは，「怠学」「神経症的登校拒否」「いじめ・暴力からの避難」「家庭の事情」「理由不明」の五つのカテゴリーである．ここでは，従来登校拒否の中心的タイプとされてきた「怠学」と「神経症的登校拒否」とを取り上げて，教師の不登校の見え方について検討することとする．この調査では，「怠学」には，「学校嫌い」「無気力」を含むものとして例示されている．

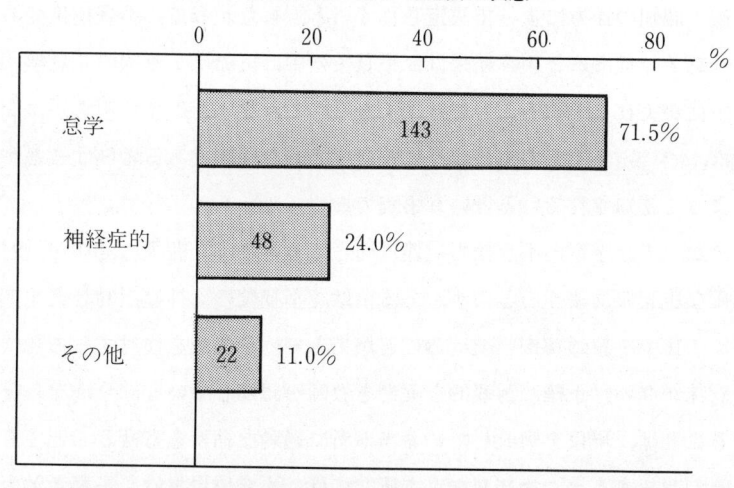

図1-2 教師判定による不登校の状態

カテゴリー	実人数	割合
怠学	143	71.5%
神経症的	48	24.0%
その他	22	11.0%

注）教師判定による不登校生徒総数は，200名である．
　グラフ中の数字は実人数を示す．
　なお，判定は複数のカテゴリーにまたがっているため計は100％を越える．
　「その他」は「いじめ・暴力からの避難」「家庭の事情」「理由不明」の3カテゴリーが入っている．

教師によって判定された不登校生徒は，五つのカテゴリーを総計すると200名であった．既述のように，この数値は，不登校による欠席生徒全体の22.6％にすぎない．この教師によって判定された不登校生徒のうち，「怠学」によると判定された生徒は143名であり，全体の71.5％を占めている．つまり，「怠学」タイプが，教師判定による不登校の中心的な傾向を占めていることになる．これに対して，「神経症的」タイプは，24％であり，分布の上では中心的な傾向では

ない．「神経症的」タイプは，しばしば「登校拒否」の中核群といわれることがあるが，人数の分布からのみ判断すれば，大勢を占める中核的な存在ではない．

不登校ないしは登校拒否のタイプは，定義の仕方や調査対象によって分布の集中の仕方が異なってくる．臨床的な視点から定義したり，病院などの医療機関に集まるケースを分類すれば，「神経症的」タイプが増加することが予想される．しかし，ここでの分布の差は，研究・調査する側の視点や定義によって規定されたものではなく，あくまでも教師の判定に依拠したものであり，教師の不登校の認知の仕方によって決定されている．したがって，不登校生徒の7割強が「怠学」であるという結果は，不登校の中に実際に7割強の「怠学」タイプの生徒が実在していることを意味するものではない．ここで明らかになったことは，「怠学」タイプの生徒が不登校の中心的な傾向であるということが，教師によって認知されているという事実である．

したがって，序章の不登校の定義に即して考えれば，教師の認知が，どれだけ正確な現実の反映であるのか，あるいは，不登校の「神経症的」タイプのどれだけの比率を教師が掬い上げることができているのかを検討することにはあまり意味がない．正確に客観的な実態を教師が認知していなければならないと考えることは，現象を構成している当事者に過剰な期待を寄せることであり，むしろ幻想であろう．なぜなら，本研究では，不登校現象は，当事者が生徒の欠席行動を「妥当な理由がない」と判定する主観的な認知の仕方に依存する現象と見なしているからである．したがって，問題とすべきことは，教師が正確かどうかにあるのではなく，むしろ教師の認知の仕方，いいかえれば，教師が特定の生徒の欠席行動を「怠学」ないしは「神経症的」と判定する見方にある．

そこで，まず，教師の判定が，どれだけ生徒の意識や行動を掬い上げた結果であるのかについて検討することとする．繰り返して強調するが，この検討は，教師の認知が正確かどうかを検討することではない．教師と生徒の認知や行動を突き合わせ，現実を両者の認知によって再構成するための作業である．いいかえれば，教師の認知が生徒の意識や行動とズレていたとしても，そのズレた状態が現実に起こっている現象の実態なのである．

表1-2は、過去1年間に、妥当な理由であれ不登校であれ、1日でも欠席したことのある生徒（3,631人）だけを全体集団から選びだし、分析集団としたものである。教師による「怠学」および「神経症的」判定の記載は、欠席日数を記入するように求めているが、ここでは、個々の生徒をこれらのカテゴリーに類別判定したかどうかによって再集計し、相関係数を算出している。また、「問題行動への衝動性」尺度は、さまざまな問題行動に関する生徒への質問（巻末所収「生徒調査票」質問番号38）に含まれている10項目への反応数を得点化したものである。また、「サイコソマティック」尺度は、神経症的傾向を示す不登校生徒の初期の段階に表われる症候を8項目掲げ、反応数を得点化したものである。また、「遅刻日数」および「早退日数」は、日数をそのまま使用し、教師判定との相関を求めている。

まず、「怠学判定」と「問題行動への衝動性尺度」との関係について見てみよう。これまでの学校現場からの研究や事例報告では、一般に不登校を「怠学」と「神経症的」とに分類して考える傾向があった。「怠学」タイプは、さらに2種に区分され、「怠けて非行などに走る」タイプと「怠けて引きこもる」タイプとに区別する考え方がある。前者は、「非行」型、後者は「無気力」型とも呼ばれている。しかも、この「怠学」というカテゴリーは、日常用語としては、「怠け」「ずる休み」という意味を含んでおり、否定的な語感をもつ概念である。そのため、学校では、非行型の不登校は、ほとんど「怠学」カテゴリーに含まれるものとして解釈され、類別される傾向があった。そこで、ここでは、まず、生徒の非行などの問題行動が、教師の「怠学」判定にどの程度影響しているのかを検討することとする。

表1-2では、教師の「怠学」判定と生徒の「問題行動への衝動性」との間に緩やかながら有意な相関が検出されている。この相関関係の「緩やかさ」は、一つには、問題行動への衝動性尺度のすべての項目が教師の「怠学判定」と相関していないことによっている。表1-3は、「問題行動への衝動性」尺度の各項目が、教師の「怠学判定」とどの程度関連しているのかを調べた結果である。有意な相関を示している項目を相関係数の高い順に見てみると、「他校生との喧嘩・

争い」,「喫煙」,「無断外泊」,「怠業」,「深夜徘徊」「校内での金品の恐喝」の順に並んでいる．これらの項目は，「怠業」を除いていずれも，ぐ犯行為ないしは「恐喝」のような犯罪行為として検挙・補導の対象となる行為に関連している．いいかえれば，少年法や刑法に抵触する行為が中心であり，学校の内部秩序として処置できる限界を越え，学校外の人々によって通報されたり，指導が入る行為である．いわば，「校外型非行・問題行動」を多く含むカテゴリーである．これに対して，有意な相関を示さない項目は，「服装・髪型違反」,「校内での器物損壊」,「授業で人の邪魔」,「校内での喧嘩，争い」の項目であり，これらは，いずれも学校の内部秩序に関連する「校内型非行・問題行動」が中心となっており，一部の器物損壊を除けば，これらの行為があったからといって，それだけで非行行為として検挙・補導に及ぶことのない領域である．

表1-2に現われている「怠学判定」と「問題行動への衝動性」尺度全体との相関の緩やかさは，尺度内部の項目の中でも「校内型非行・問題行動」については教師が「怠学」と判定しない傾向があることに起因している．このことは，裏を返せば，「校外型非行・問題行動」と欠席行動とが結びついたときには，教師は，欠席行動を，「怠学」と類別する傾向があることを示している．

「怠学」という用語が，既述のように，「怠け」「ずる休み」という負の烙印を帯びていることに加えて，「非行」行動と結びつけられて教師に認知されているということは，生徒指導上注意を要するところである．「怠学」と「非行」とが，教師の認知の中で連合概念として形成されているということは，ともすれば，「怠学」が「非行」の現われであるという観念を形成したり，「怠学」が「非行」の原因となるという観念を形成する可能性があることを意味している．この観念は部分的には妥当しているが，すべての「怠学」にこの観念をあてはめることは，生徒の不登校をこじらせることにもなりかねない．不登校の初期や欠席していた子どもが学校への適応を図る回復過程で，遅刻や早退をしたり，登校はしていても保健室などで過ごしたりして授業に出ない子ども達がいる．もちろん，不登校の現われ方や経過について充分な理解をもっている教師もいるが，「怠業」や「早退・遅刻」行動を，ともすれば，「さぼり」,「怠け」とし

表1-2 教師の「怠学判定」と尺度値および遅刻・早退日数との相関

	問題行動への衝動性尺度値	サイコソマティック尺度値	遅刻日数	早退日数
教師判定による「怠学」的不登校	.1570*	.0749*	.3419*	.2132*

注）＊印は，0.1％以下の危険率で有意であることを示す．

表1-3 教師の「怠学判定」と生徒の「問題行動への衝動性」項目との相関

喫煙	.1099*
無断外泊	.0970*
服装・髪型違反	.0207
校内での金品の恐喝	.0635*
校内の器物損壊	.0322
怠業	.0930*
授業で人の邪魔	.0324
校内での喧嘩・争い	.0224
他校生との喧嘩・争い	.1138*
深夜徘徊	.0899*

注）＊印は，0.1％以下の危険率で有意であることを示す．

て否定的に考え，「問題行動」や「非行」行動として指導する傾向があることも否定できない．

　表1-2では，教師の「怠学判定」が，生徒の「遅刻日数」や「早退日数」と有意な相関を示し，「問題行動への衝動性尺度」や「サイコソマティック尺度」に比べて高い相関関係を示している．ここでの「遅刻日数」や「早退日数」は，不登校によるものだけではなく，「妥当な理由」によるものを含めさまざまな理由による遅刻・早退行動の頻度を調べたにすぎない．ところが，表にみるように，「遅刻日数」や「早退日数」が，問題行動やサイコソマティックな反応より

も高い相関を示しているということは，教師の「怠学判定」が，生徒の日常生活の中で現われる問題行動やその内容よりも，遅刻や早退日数の多さにより強く反応して決められていることを意味している．すなわち，教師の「怠学判定」は，「非行」などの問題行動が影響してはいるものの，それ以上に「遅刻」「早退」という事実の方が，判定の根拠としてより大きな比重を占めているといえる．いいかえれば，遅刻や早退が多くなれば，教師からはそれだけ「怠け」や「ずる休み」あるいは「問題行動」と見なされる可能性が高くなることになる．

特に「遅刻」は「早退」よりも強い規定力をもっている．表にみるように，「早退日数」の相関係数（.2132）に比べて，「遅刻日数」の相関係数（.3419）は高く現われている．しばしば，登校時の校門での遅刻指導が生徒指導の重点課題として掲げられることがあるが，それは，「遅刻」する生徒は，規則正しい生活習慣のない生徒，いいかえれば「怠け心からずるずると授業に遅れる生徒」というイメージが強く形成されていることを意味している．このイメージは，「遅刻」が「怠け心」の現われであるという認識の仕方や「怠け心」を原因として起こるという理解の仕方に基づくものである．

不登校問題では，不登校に陥る直接の要因ないしはきっかけによって起こる問題状況を第一次的問題と見なし，教師や医療・相談機関のこれに対する対処の仕方によって発生した新たな問題状況や第一次的な問題がこじれて増幅された状態を第二次ないし第三次的問題状況と呼んで区別する考え方がある．「怠学」という認識カテゴリーがもっている「負の烙印」の問題は，こうした派生的な問題状況を不登校生徒にもたらす一つの要因である．「怠学」というカテゴリーの場合に起こる「負の烙印」の問題は，一つには，「遅刻・早退」や「怠業」が，怠惰な性格や生活習慣だけによって起こるものではないにもかかわらず，その他の要因を捨象して，「怠け」という負の価値づけを与えて認識し，生徒に対応することによって発生する．

もう一つの問題は，「欠席」，「遅刻・早退」，「怠業」が，学校生活に起因する登校回避感情に基づいている事例であるにもかかわらず，これを「怠惰」という本人の性格や態度の問題として認識してしまうことによって，問題のすべて

の責任を本人もしくはその保護者に押し付けてしまうことによって発生してくる．これらの「負の烙印」は，本人にとっては見当違いの認識のされ方であるばかりでなく，むしろ屈辱的なことでもある．また，対応策も，本人の性格の矯正や家族への指導を中心として策定されるため，学校生活内に抱えた問題への対策はなおざりにされ，不登校問題への対応を誤ることとなる．もとより，「欠席」「遅刻・早退」「怠業」が「非行」ないしは「怠け」などの「問題」行動と関連して現われてくることをここで否定しているわけではない．しかし，生徒指導にあたっては，生徒の「欠席」「遅刻・早退」「怠業」行動を，頭から「怠け」「ずる休み」「問題」行動と価値づけて決めつけないで，生徒の置かれている状況を充分考慮した上で，第一次的問題状況をこじらせたり，深刻な状態に追いやらないよう慎重に対処していく必要があることをこのデータは示している．

　ところで，「怠学」的不登校のもう一つのタイプといわれている「無気力」タイプについての教師の認知はどうであろうか．「非行」型が，活動的で，どちらかといえば，休んでも家に閉じ込もらないタイプが多いのに対して，「無気力」型は，活力がなく，学校や勉強に興味がもてない生徒が多いといわれている．また，「無気力」型は「非行」型に比べて，最近では増加し，「怠学」タイプの不登校の多くを占めているともいわれている．しかし，「無気力」や「怠学」の概念が不明瞭なことに加えて，不登校の全体像についての正確な実態調査がない段階で主張されたこれらの傾向については，改めてその当否を問う必要があろう．ともあれ，ここでは，教師の「怠学判定」に生徒の「無気力」がどの程度組み込まれているのかを検討することとする．

　調査では，教師が「怠学」を判定するにあたって，「怠学」のカテゴリーに，「無気力」タイプを含めて考えることができるよう調査票に例示してある．この「無気力」は，さまざまな現われ方をするが，ここでは，まず，「体がだるい」「気分がぼんやりする」「よく眠れない」「朝起きられない」などの生徒が訴えているサイコソマティック反応と関連づけて検討してみよう．既述の表1-2に示したように，教師の「怠学判定」と生徒が訴える「サイコソマティック」反応

との間には,わずかではあるが,有意な相関が検出されている.しかし,生徒が訴える「サイコソマティック」反応は,前記の「遅刻日数」「早退日数」「問題行動傾向」に比べて,著しく相関が低く,これらの変数に比べれば,教師の判定に占める「サイコソマティック」反応の比重は小さいといえよう.このように,心理的な活気の無さや身体的な不調として現われる兆候については,「遅刻・早退」や「非行・問題行動」のように行動として現われる兆候より判定が困難であり,判定の基準とはされているが,そのウエイトは低い.

図1-3 教師の不登校判定に組み込まれた生徒の不登校理由

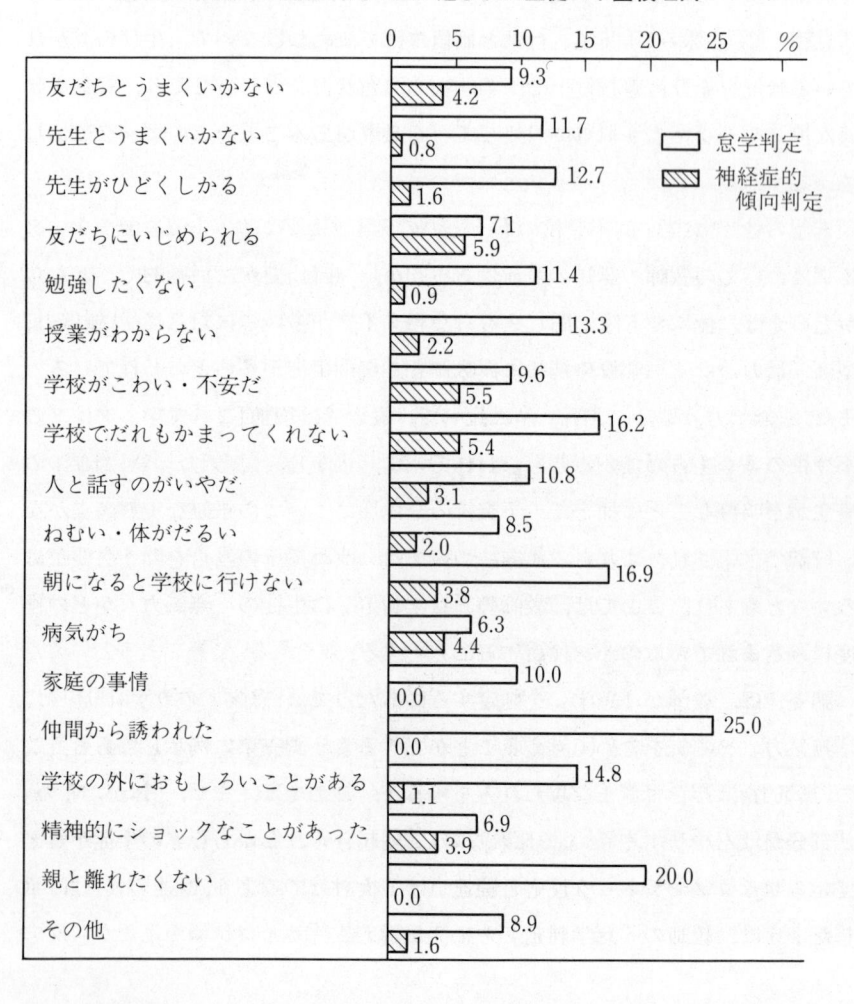

不登校理由	怠学判定 (%)	神経症的傾向判定 (%)
友だちとうまくいかない	9.3	4.2
先生とうまくいかない	11.7	0.8
先生がひどくしかる	12.7	1.6
友だちにいじめられる	7.1	5.9
勉強したくない	11.4	0.9
授業がわからない	13.3	2.2
学校がこわい・不安だ	9.6	5.5
学校でだれもかまってくれない	16.2	5.4
人と話すのがいやだ	10.8	3.1
ねむい・体がだるい	8.5	2.0
朝になると学校に行けない	16.9	3.8
病気がち	6.3	4.4
家庭の事情	10.0	0.0
仲間から誘われた	25.0	0.0
学校の外におもしろいことがある	14.8	1.1
精神的にショックなことがあった	6.9	3.9
親と離れたくない	20.0	0.0
その他	8.9	1.6

この傾向は，生徒の訴える不登校理由を教師がどれだけ汲み上げて判定しているのかを調べた図1-3の結果にも現われている．なお，この図は，全調査対象者から不登校による欠席生徒だけを選び出し，彼らの欠席理由を再集計したものである．図中の構成比は，それぞれの理由項目を訴えている生徒の内，どれだけの生徒が教師によって「怠学」と判定され，「神経症的」と判定されているのかを算出した結果である．[9]

　まず「怠学判定」であるが，もっとも高い判定組み込み率を示しているのは，「仲間から誘われた」という不登校理由であり，この理由をあげた生徒の4分の1が教師によって「怠学」の判定を受けている．この項目は，おうおうにして「校外型の非行・問題行動」と関連し，それだけに教師からの可視性も高く，生徒を特定化することも容易である．また，「学校の外におもしろいことがある」という欠席理由も，「校外型の非行・問題行動」と少なからず関連している．[10]この項目の「怠学」判定率（14.8％）も上位グループに属しており，第5位に位置している．

　これに対して，「朝になると学校に行けない」ために，不登校になる生徒の判定率は，16.9％であり，第3位に位置している．この理由は，「サイコソマティック」反応から起こることもあり，また，不活発で「ずるずると休む」無気力型の反応としても解釈できる項目である．この項目は，上位グループに属しながらも，「非行・問題行動」関連項目である「仲間から誘われた」という項目よりも下位に位置していることは注意しておく必要がある．

　また，「怠学」タイプの「無気力」は，しばしば学校や勉強に興味がもてないことから発生するという指摘がなされているが，[11]「勉強したくない」という理由で不登校に至った生徒の内，教師が「怠学」に類別した生徒は，11.4％である．また，これと関連する「授業がわからない」という理由については，教師の判定組み込み率は13.3％である．このように勉強への意欲を欠いて不登校に陥る生徒や，勉強のつまづきから欠席する生徒を，教師が「怠学」と判定する率は，中位群に属し，「非行・問題行動」型と関連する項目に比べると低位に位置していることがわかる．このように，教師が「怠学」と判定するにあたって，

学校や勉強に興味がもてないという生徒の特性は，汲み上げられていないわけではないが，「非行・問題行動」に関連する項目に比べてウエイトは小さい．

　ここで注意すべきことは，これまで検討してきた「遅刻・早退」，「非行・問題行動」が，ここで検討している勉強への意欲喪失や授業のつまずきの結果現象でもあるという点である．教師が生徒の欠席を不登校による怠学と判定するときに，勉強への意欲や授業のつまずきよりも「遅刻・早退」「非行・問題行動」に依拠して判断しているということは，要因群よりも結果現象により多く着目していることを意味している．生徒の日常行動を観察する場合，「遅刻・早退」などの結果現象への着目は，問題行動理解の重要なポイントとなることはいうまでもない．しかし，問題行動の背景を理解し，それに適切な指導を加えていく視点は，それと同等もしくはそれ以上に重要なことである．もし，「遅刻・早退」や「非行・問題行動」をもたらしている背景に着目せず，表面に現われた結果行動だけをなくそうとすれば，指導はいきおい加罰的な方向に流れていくことになろう．このように，不登校の視野に要因群の汲み上げが相対的に少ないことは，不登校の指導上問題を残すところである．

　なお，図1-3には，上位群に「親と離れたくない」（判定組み込み率20.0％）という項目が入っている．この項目は，従来から心理学や精神医学などで登校拒否の主要因とされてきている「分離不安」説に関連している．これらの研究の多くは，親からの「分離不安」に焦点を当て，「分離不安」を「独立することへの不安」と同義的にとらえ，未成熟性の一つの現われと見なしている．「分離不安」説に対しては，さまざまな反論が提起されている[12]．しかし，ここでの検討課題は，この理論の妥当性を問うことではなく，教師の判定の基準にある．「親と離れたくない」という理由をあげる生徒について，教師の「怠学」判定率がこのように高いということは，教師の「怠学」の判定基準の一つとして生徒の「未成熟性」への着目がみられることを示唆している．しかし，この点については，さらに実証的に検討しなければならない．子ども達の行動に対して教師の解釈枠組みが大きな影響を及ぼすにもかかわらず，現段階では，この方面の研究の蓄積がない．今後の研究が望まれるところである．

それでは，教師の不登校に関するもう一つの類別カテゴリーである「神経症的」不登校についてはどうであろうか．ここでも，まず，前記の表1-2で検討したように，「問題行動への衝動性」尺度値，「サイコソマティック」尺度値，及び遅刻・早退日数の各変数と教師の判定との相関から見てみよう．表1-4は，その結果である．

まず，「問題行動への衝動性」尺度値との相関であるが，表からも明らかなように，有意な相関はなく，相関係数も負の値をもっている．このことは，教師が「神経症的」と判定する場合に，生徒の問題行動とはほとんど関わりなく判定しており，むしろ排除的でさえあるということを意味している．

次に，「サイコソマティック」尺度値との相関であるが，ここでも有意な相関は検出されなかった．「サイコソマティック」反応は，一般に「神経症的傾向」

表1-4 教師の「神経症的」不登校の判定と
尺度値及び遅刻・早退日数との相関

	問題行動傾向尺度値	サイコソマティック尺度値	遅刻日数	早退日数
教師判定による「神経症」的不登校	−.0107	.0302	.0336	.0748*

注）＊印は，0.1％以下の危険率で有意であることを示す．

を示す不登校の初期症状と考えられている．ところが，教師の「神経症的」という判定と「神経症的傾向」の症候である「サイコソマティック」反応との間に相関が見られないということは，教師の判定が，生徒の神経症的傾向を反映したものではないということになる．このことは，前記の図1-3にも現われており，生徒が訴える不登校理由を，教師が「神経症的」と判定する比率は，すべての項目で低く，一桁の前半で分布しているにすぎない．また，「神経症的」という判定は，「怠学」判定に比べて，すべての項目で下回っている．つまり，生徒の不登校理由を「神経症的」という判定に，ほとんど組み込めていないのである．

また,「遅刻日数」との間にも有意な相関はなく,わずかに「早退日数」との間に有意性が検出されたにすぎない.既述のように「遅刻日数」と「怠学」判定との間には高い相関があったことを考え併せると,「遅刻」が多いことは,「神経症的」な不登校の徴候ではなく,「怠学」の徴候として教師に認識されていることを意味している.つまり,「遅刻」が多いことは,「怠け」と見なされる傾向が強いことになる.

　不登校ないし登校拒否を診断する場合,「神経症」の判定は,専門医の間でも容易ではないといわれている.もとよりほとんどの教師は,「神経症」について専門的な教育を受けた経験もなく知識も持ち合わせていないだろうし,また,診断のためのインベントリーを用いて分類したわけでもない.相関が検出されないのはむしろ当然であろう.教師が判定した不登校生徒の中で「神経症的」と判定された生徒が24.0%と「怠学」判定に比べて少なかったのは,一つには,判定の困難さに起因しているものと考えることができよう.しかし,原因はともかくも,重要なことは,ここで「神経症的」と判定された24.0%の不登校生徒が,必ずしも「神経症的」な徴候を示す生徒ではないことは確かである.

　以上,本節で検討した結果を簡単に要約してみよう.
　(1)教師の認知によって構成された不登校の実態は,「怠学」タイプの判定については,生徒の意識や行動をある程度組み込んだ結果となっている.
　(2)理由のいかんにかかわらず,「遅刻・早退」の日数の多い生徒が欠席した場合,教師はその生徒を「怠学」と判定する傾向がきわめて強い.つまり,「遅刻・早退日数」が「怠学」判定の重要な判断基準となっている.
　(3)特に「遅刻」は「早退」よりも強い規定力をもっている.それは,「遅刻」生徒にたいして「怠けてずるずると授業に遅れる生徒」というイメージが強く形成されていることを意味している.
　(4)また,教師の「怠学」判定には,生徒の日常の非行・問題行動が判定基準として組み込まれている.しかし,その規定力は,「遅刻・早退日数」ほど強くない.
　(5)非行・問題行動の中では,学校の内部秩序として処置できる限界を越え,

ぐ犯ないし犯罪行為として検挙・補導の対象となる「校外型非行・問題行動」の生徒については，学校を休むことが，「怠学」と判定される傾向がある．

(6)これに対して，学校の内部秩序に関連する「校内型問題行動」，つまり，検挙・補導の対象とならない段階の問題行動を起こす生徒では，学校を休んでも，教師はその生徒を「怠学」と判定しない傾向がある．

(7)「怠学」には，非行・問題行動と結びついたタイプとともに「無気力」タイプの存在が指摘されている．教師の「怠学」判定と無気力・不活発な身体反応を伴う「サイコソマティック」尺度値との間には，有意な相関が検出されている．しかし，教師の判定基準に占める「サイコソマティック」反応の比重は，「遅刻・早退」「非行・問題行動」に比べて小さいといえよう．

(8)「無気力」タイプの怠学の要因ともいわれる勉強への意欲喪失，授業のつまずきについては，教師の判定に組み込まれてはいるものの，「遅刻・早退」「非行・問題行動」に対するウエイトの置き方に比べて低い．「遅刻・早退」や「非行・問題行動」は，勉強への意欲喪失や授業のつまずきの結果現象でもある．結果現象への着目も大切ではあるが，不登校の視野に要因群の汲み上げが相対的に少ないことは，不登校指導上問題を残すところである．

(9)教師の「怠学」判定には，さらに生徒の社会性や独立心に関する「未成熟性」への着目がある．

(10)上記の「怠学」タイプの判定に対して，「神経症的」タイプの判定は，生徒の「神経症的傾向尺度」である「サイコソマティック」反応とは相関がなく，また，生徒の不登校のきっかけとなった理由についても，「怠学」判定に比べて充分汲み上げた判定とはなっていない．つまり，教師による「神経症的」という判定は，生徒の傾向とは一致せず，また，ここで扱った変数からは判定基準にも一貫した分類軸が検出されなかった．

これらの結果から判断すると，図1-2で示した＜不登校生徒には「怠学」タイプが多く，「神経症的」タイプは少ない＞という教師の判定結果は，必ずしも生徒の実状をすべて汲み尽くした「実態」と呼ぶことができない．それは，生徒の欠席という事実をあくまでも教師の解釈枠組みによって構成した結果であり，

教師の不登校の見え方によって規定された現実像にすぎない．しかし，教師による実態報告が，生徒の報告した現実と合致していないとしても，このことによって教師の報告が信頼できないということを意味するものではない．社会学にとっては，これも一つの貴重なデータであり，学校社会で生活している当事者としての教師が，現実をどのように認識し，意味づけつつ生活しているのかを知るための重要な資料である．それは，生徒の報告についても同じことである．

　これまでにも繰り返し述べてきたように，社会調査は，こうした学校社会で生活している当事者によって切り取られ構成された現実をデータとして扱ってはいるものの，その目的は生活当事者の観点をそのまま分析者の観点として取得したり，彼らの経験をそのまま再現することにあるのではない．社会調査の目的は，生活当事者の観点から切り取られたデータを素材として，社会科学の概念や分析技法を用いて，いかにして彼らの生活世界を正確に再構成し，表現するかにある．したがって，調査によって導き出された実態は，やはり研究者によって構成された現実であり，社会調査は，このリアリティを構成する方法である．社会調査の正確さを判断する一つの基準に「妥当性」という概念があるが，それは調査をする側が，どれだけ生活している当事者たちの世界を正確に把握できているかどうかについての基準である．社会調査の歩みは，今日にいたるまで，いまなおさまざまな技法の開発・改良に意を砕いているが，それは構成されたリアリティの妥当性を高める歩みといってよい．

　しかし，本章で，教師の現実構成の枠組みを取り上げたのは，それが単にデータのもつ性格を社会学的に明らかにするというためではない．むしろ，教師の現実構成の仕方によっては，不登校生徒の一次的な問題状況をこじらせたり，その認識の仕方が問題の本質を見誤らせ，そのために間違った対応策を導き出させたり，根本的な対応策に至らないという問題が発生するからである．さらには，その結果として，不登校問題は，いっそう増幅されてゆくとともに，学校生活に起因するさまざまな他の問題行動をも増幅することになるからである．

注

1) 非行問題の公式統計の解読については，大村英昭『新版・非行の社会学』世界思想社，1989年，2〜18頁に詳しく論じられている．
2) ここでいう「文部省の実態調査」とは，「児童生徒の問題行動の状況等を調査し，今後の指導の充実に資する」ために，毎年実施される一連の調査の中で，「公立の小学校，中学校における登校拒否の状況等の調査」をさす．また，その結果については，『児童生徒の問題行動の実態と文部省の施策について』（文部省初等中等教育局中学校課編）として公表されている．
3) 調査時点は1989年3月であるが，不登校に関する出欠状況調査は過去1年間の状況を調査したものであり，1988年度としている．また，この調査のサンプリング等，調査方法については巻末の「調査の方法と標本」で詳述されている．なお，この調査の報告書は，森田洋司編『「不登校」問題に関する社会学的研究』大阪市立大学社会学研究室，1989年として刊行されている．
4) 島和博「"不登校"の実態」森田洋司編『「不登校」問題に関する社会学的研究』大阪市立大学社会学研究室，1989年，12頁．
5) 図1-1の「欠席群」については，教師報告に基づく不登校生徒と生徒による自己報告とが重なっている部分は，教師報告に組み入れて処理し，その数は生徒報告から差し引いている．
6) シュッツによれば，「見方の互換性という思い込み」とは，「もし，私が隣人と立場を交換して彼の場に立ったとしても，おそらく私は彼と同じ距離から彼が用いたと同じ類型を用いて事物を眺めるであろう——と私は思い込み，また隣人もそのように思い込むだろうと私は思い込む」こととされている．また，「意味の適切性の体系が一致しているという思い込み」とは「反証のないかぎり，私たちの個別的な生いたちや環境から生まれる異なった視点は，当座の目的にとっては，些細なことである——と私は思い込み，また隣人もそのように思い込むだろうと私は思い込む」こととされている．Schutz, A. 1962. *Collected Papers 1 : The Problem of Social Reality. The Hague : Martinus Nijhoff*, pp.11-12．（渡部光他訳，『アルフレッド・シュッツ著作集1』マルジュ社，1983．邦訳59〜60頁）．なお，ここではシュッツの用語をわかりやすくするため，K.ライター（高山眞知子訳）『エスノメソドロジーとは何か』で引用されているシュッツの記述の訳語と訳文を記載した．
7) 調査に対して，生徒調査は協力を得られたが，教師による「生徒の欠席理由別年間集計」調査及び不登校判定については回収できなかった学級があるため，母数は，5,550（回収率91.9％）である．したがって，ここでの分析集団は，回収された「生徒の欠席理由別年間集計」調査票から皆出席の生徒1,919人を除いた生徒3,631人（65.4％）を対象としたものである．
8) 稲村博『登校拒否の克服』，新曜社，1988年，20頁．
9) もちろん，ここで示した結果は，生徒の訴えている不登校理由と教師の判定がどの程度噛み合っているのかという事実関係を示すだけであって，教師が判定に際して

その理由をどれだけ考慮したかどうかを直接検討できるデータではない．いいかえれば，生徒は生徒の考えで欠席し，教師は教師の判断で判定しているにすぎない．しかし，結果的にではあれ，教師の判定に大きく組み込まれている理由とわずかしか組み込まれていない理由が現われており，ここに現われている差は教師の不登校理由の見え方と判定の枠組みに起因するものであることは確かである．

10) ここで「関連する」という表現を取っているのは，「非行・問題行動」生徒の欠席理由の多くが，この項目と重なるとしても，この欠席理由が，すべて「非行・問題行動」と重なっているわけではないからである．不登校生徒の中には，学校や勉強に興味がもてないため，自分の好きなことをしながら自宅で過ごしたり，主体的に関われるものを探し求めて欠席する子どもも多くはないが含まれている．彼らまでをも，「非行・問題行動」というカテゴリーでラベルづけすることには問題がある．しかし，いずれにしても，何事にも興味がわかず，ずるずると欠席してしまう「無気力」型とは異なり，活動的である点では「非行・問題行動」型と共通している．

11) 桝田登『怠学の心理とその指導』学事出版，1978年，13-18頁．

12) 高木は，登校拒否を母子分離不安説のような単純な心理機制で割り切れるものではないとし，「もし，彼らが〈分離不安〉をいだくとすれば，それは〈母親との分離不安〉ではなく，〈学校仲間（school community）との分離不安〉なのだ」としている．分離不安説のなかでも，この高木の説は，本書の第5章で検討する不登校理由の第1因子として抽出された「友人関係性不安」軸と符号している点で注目すべき考え方である．高木隆郎「登校拒否の心理と病理」，内山喜久雄編，『登校拒否』金剛出版，1983年，38頁．

第2章 集団の可視性と
社会制御のメカニズム

第1節 はじめに

　社会調査が著しい発達を遂げ，生活のさまざまな分野で実施されるようになったのは，近代国家の形成が進み政治上の要請が生まれてきた後のことであり，同時に，近代社会の産業化とともに現われてきたさまざまな社会問題が深刻な様相を帯びてきてからのことである．社会調査の歴史は，当初からこうした実践的な目的が先行している．社会学をはじめとする社会科学における調査の歴史も，社会をよりよいものにするための科学的な認識をめざす営みから出発している．もちろん現代の社会調査には，実践に直接役立つことだけを目的とせず，科学的な理論構成を目的とした調査もある．しかし，これらの調査も，その結果が直接実践と結びついていないだけであって，究極的には社会をよりよいものにする営みに結びついている．社会調査の科学化は，一方では，社会に有用な結果をもたらすという実績に裏づけられつつ，他方では，有用性に対する社会からの要請や期待をバネとして進められてきた．

　いずれの社会においても，教育は，個人の発達だけでなく，その社会の統合・存続，創造・発展にかかわる基本的な機能を果たしている．そのために，学校社会を対象とした調査は，教育指導上の要請に応えるという目的だけでなく，こうした社会的要請にも応えるという実践的性格を備えている．また，それとともに，現代社会に対応した教育体系が整備され，そこにさまざまな教育問題が噴出してくるにつれて，調査は，問題の解決に資するという実践的目的をも担うことになる．児童・生徒を対象とした問題行動に関する実態調査は，直接には子ども達の抱えている問題の解消や教師のこれに対する指導上の問題解決を目的としつつ，広く社会的要請にも応えるという実践的性格を担っている．

調査技法の著しい改良,発達に支えられ,問題行動調査の科学化が促進されるとともに,その実践的効果の故に,一層さまざまな形で活用されることになる.

しかし,社会調査は科学化にともなって,一方では,分析能力が著しく向上し,それとともに,ますます活用への期待が広がってくるが,他方では,それに伴うリスクを抱え込むことになる.それは科学的な知の集積と発達に伴うアンビバランスであり,人間の精神史のジレンマとも呼ぶことができよう.たかが調査ごときに大袈裟な表現を用いるという批判もあろう.社会全体の構造からみれば,学校社会のごく一部で実施され,特定の一部の生徒を対象とした小さな範囲の調査である.しかし,たとえ小さな範囲であろうとも,精緻化されているだけに,科学化された調査の目は子ども達を見透す力を強め,実用性が高いだけに,その結果は教育行政から日常の教室指導に至るさまざまな教育指導に結びつけられている.見透されることのリスクと指導に従い社会化されることのリスクは,調査の科学化と実践への寄与が高まるにつれて,ますます子ども達の肩にのしかかっている.しかも,調査がもたらす実践的効果とリスクは子供たちだけでなく,学校社会にかかわる当事者のすべてが程度の差はあっても否応なく巻き込まれていくジレンマである.研究者も例外ではない.

問題行動調査という覗き穴はたしかに小さな穴である.この小さな穴から直接見えてくる光景は,調査の科学性と実践性という二つの基本的要素である.しかし,その光景の背後には,科学知の堆積された岩盤に支えられた集団構造や社会構造が抱えるジレンマ状況が立ちはだかる壁となって見えてくる.このジレンマ状況が,今日の子ども達の問題行動に微妙な影を落とし,教師の生徒指導に迷いをもたらす壁ともなっている.本章では,こうした俯瞰図の下に分析を進めることにする.そこで,まず問題行動実態調査という小さな穴からそこにリンクされる社会過程を覗いてみよう.

第2節 実態調査に接合される社会過程

社会調査の限界の一つは,人間と社会を対象にしていることだといわれてい

る．こうした限界を打ち破り，高らかに社会調査の科学性を主張したのがランドバーグ（G.A. Lundberg）であった．彼は社会調査の基幹科学として自然科学の方法論を導入し，社会現象の数量的把握の必要性を最も明確に主張することによって今日の社会調査の方法論的基礎を構築したことで知られている．「人間社会の複雑性は，一般にわれわれのそれに対する無知の関数である」[2]と断罪したランドバーグの調査観は，その後のアメリカの経験主義的社会学の歩みと調査技術の改良を支える科学信仰の表明でもあった．

しかし，彼の主張は社会調査を科学化することだけにあったのではない．科学的分析と理論構成を課題とする科学的調査といえども，究極的には社会をよりよい状態にするための手段であるという認識が明確に認められる．たとえば，アメリカ社会学会の雑誌論文で当時の世論調査の動向について論評した中で，ランドバーグは，社会調査を民主主義の救世主と位置づけ，次のように述べている．

「世論調査が適切に行なわれれば，専門的訓練を受けた公務員は，今日権威主義的であるとか中央集権的であるとして批判されている行政機関を効率的なものにし，さらにまた彼らは，伝統的な民主主義的手続きというすべての技術的にみれば古めかしい装置によって提供されるもの以上に，いつの時代にも行政というものは民意のより微妙なバロメーターの指示に従うべきものであるという考えをもつようになるであろう」[3]．

ランドバーグがここで想定している社会調査とは，政治・行政上の目的から客観的な統計的基礎資料を得ようとする調査や，社会的な問題の実態を調査しその解決を目的としたり，法律などの社会制度や社会組織を改廃するための社会調査を意味している．ここでは，彼は，社会調査の機能を政策決定者と調査される側である国民との関係に見られるものに限定している．その場合，社会調査は，政策決定者に対して民意を反映する手段として位置づけられ，民主主義の確保とその実現にとって欠くことのできない社会装置と見なされている．そこには民主主義の基本原則である国民中心主義の原理が掲げられているといってよい．

ここで，ランドバーグの指摘からわれわれが読み取るべきことは，この原理が正しいかどうかではない．社会調査は，それだけを取り出して眺めてみれば，単に現象を記述，分析する道具でしかない．しかし，それがひとたび社会制度の中に位置づけられたり，調査の目的である実践と結びつけられたとき，そこにさまざまな社会過程がリンクされてくる．ランドバーグが見たのは，社会調査がひとたび社会構造の政治過程に組み込まれたときに付与される社会調査の社会的意味である．しかも，その意味が付与されているからこそ，社会調査は社会構造の中で制度化された位置を占めることが可能になるのである．いいかえれば，付与される意味とは，社会調査が社会構造の中で果たしている機能に着目してこれを正当化するロジックといってよい．

　それでは，教育行政に組み込まれた問題行動実態調査にはどのような社会構造上の機能が付与されているのであろうか．もちろん，教育行政に組み込まれた調査といっても，さまざまなレベルの組み込まれ方がある．(1)「学校基本統計」のように，統計法に指定された高度に制度化された「指定統計」，(2)統計法の規定を受けるが，行政管理庁に届け出を行なうことによって実施できる「届出調査」，(3)統計調整法の規定を受けるが，行政管理庁の承認を受けるだけの「承認統計」(4)文部省で毎年実施される「問題行動実態調査」のように，統計法の規定を受けないが，文部省，地方自治体の教育委員会が行政実務上の必要から管轄の学校を対象として実施する調査，(5)学校もしくは教師が，教育指導上の必要から任意に実施する調査，などさまざまである．しかし，いずれにしても，問題行動調査の果たす機能に正当性が認められることが前提となっている．調査の目的は，それぞれの調査によって多様であるが，問題行動調査そのものが一般的に担っている機能は次のように整理できる．

　第一の機能は，子ども達の行動を「可視化」することである．このメカニズムは，(1)個々の成員の行動と彼らの規範の遵守の仕方を明確に把握し，(2)個々の成員を「問題のある生徒＝ない生徒」などのカテゴリーに類別する装置として機能している．不登校問題では，個々の生徒の欠席，遅刻・早退について観察，記録され，それが分析され，「不登校」生徒，「学校不適応」生徒などとし

て類別される一連の過程である．もちろん学校社会の可視化のメカニズムが，問題行動調査だけによって担われているわけではない．当人はどんな人間か，どのような家族で育っているのかなどは，教科指導，部活動などにおけるさまざまな観察や記録が援用されようし，問題をいかに見分けるのか，どのようにして問題行動への可視性を高め，観察をより正確に継続することができるのかなどは，教育システム全体の中で周到に練り上げられていく．その意味では，問題行動調査は，学校社会の中に埋め込まれたさまざまな可視化のメカニズムの一つにすぎない．

なお，ここで注意しておかなければならないことは，可視化されるのは，子ども達だけではないということである．問題行動は，確かに子ども達が引き起こす現象であるが，その発生要因は，子ども達本人や家庭の問題ばかりでなく，学校全体の教育・指導体制や教師の学級運営のあり方にも求めることができる．さらには，問題行動の発生が，ときには文部省，教育委員会を含めた教育行政および学校への管理指導の反映と解釈される場合もある．そのため，問題行動調査は，子どもばかりでなく，教育システム全体の構成員をも可視化するメカニズムとして機能することにもなる．

第二の機能は，生徒指導という社会制御機構への移送機能である[4]．問題行動の可視化は，さまざまなジレンマ問題をはらんでいる[5]．それにもかかわらず可視化のメカニズムが学校社会の中で制度化され，正当化されているのは，それが観察された逸脱行動に適切なフィードバックをかけ集団の維持・安定をはかるとともに，問題を抱えた子どもの問題状況を克服し解決を図るための教育指導装置へと接合されているからである．この問題事態とは，(1)問題行動を引き起こしている当人の窮状と，(2)問題行動によって被害を蒙っている生徒の窮状，および(3)学校社会の機能障害，および秩序維持という集団レベルでの問題事態を意味している．調査による可視化のメカニズムは，学校社会における「問題事態」を明確にし，どの個人によって問題行動が行なわれているかを特定化するだけで完結するものではなく，むしろ可視化された問題行動を，教育システムがもっている指導システムへと移送し，これらの問題事態の解決を図ること

によって機能は完結するといってよい．

　第三の機能は，構造化のメカニズムである．それは，可視化された学校社会の問題事態が外部化される過程でもある．本章では，問題行動調査の中でも最も構造化の進んだ文部省による「問題行動実態調査」によって構造化の意味するところを検討することにする．「問題行動実態調査」は，学校から各地方自治体の教育委員会を経て文部省へと汲み上げられ，広報やマスメディアを通じて国民に公表される．文部省をはじめ，教育委員会，学校，教職員組合，関係諸機関，医療・相談施設などは，調査結果によって問題行動をどう理解すればよいのか，それぞれの職務に応じてどう行動すればよいのか，既存の制度化された対応策や指導法をどのように修正し，新たな対応策を制度化すればよいのか，などが模索されることになる．これらの活動は，調査を契機として，問題行動への人々の行動パターンを構造化し，制度を修正，構築していく過程であり，学校，教育委員会，文部省などの教育・行政システムや関係諸機関・団体などを問題行動について組織化していく過程でもある．また，マスメディアや国民は，公表された調査結果に基づいて，問題行動に対する一定の反応パターンを形成し，自分が親としてあるいは一市民として問題行動に遭遇したときの行動パターンを形作っていくことになる．こうして，社会全体に及ぶ人間やさまざまな制度，組織などが問題行動をめぐって組織化されていくことになる．

　したがって，構造化とは，ここでは次のような意味をもっている．(1)意味の構造化．つまり「何が問題性のある行動か」について共通した意味を教師や学校行政担当者，マスメディア，市民の間に形成させ，その意味を洗練し規格化していく過程である．(2)反作用パターンの構造化．つまり問題行動に直面したときの規範的反応の仕方に共通性を形成していく過程であり，世論形成もこの過程に含まれる．(3)役割の構造化．教育行政職，管理職，教師，生徒指導担当，報道機関従事者，親，市民などそれぞれの職務や役割に応じた問題行動への対応の仕方（権利と義務の体系）を確定していく過程であり，問題行動へとそれぞれの社会的役割を組織化していく過程である．(4)資源の構造化．組織化された職務や役割へと人的資源，物的資源，法や制度をはじめとする秩序化のため

の情報資源が動員され,組織化されていく過程である.

ところで,上記の三つの機能を円滑に作用させるためには,「正当性」を主張する「神話コード」を調査の装置として組み込んでおく必要がある.問題行動調査に備わっている上記の機能が円滑に作用するためには,調査が正当なものだと見なされ社会的に承認されていなければならない.それは,(1)問題行動調査が常に個人や集団にとって機能的であるとは限らず,そこには逆機能的な作用が胚胎しているからである.そのために逆機能を正当化する「神話」が制度的装置として必要となるからである.(2)「神話コード」は,調査を受ける生徒や保護者および実施を代行する教師が納得するような説得的な価値資源となるからである.(3)「神話コード」は,調査を社会構造の社会統制装置の一つとして機能させるとともに,これに接合される社会過程を組織化しつつ制度化を図っていくためにも必要な価値資源であり,調査結果を公表して世論形成を行なう場合にも不可欠な要素ともなるからである.正当化の資源は,ランドバーグがデモクラシーに訴えたように価値や理想に依拠する場合もあろうし,調査対象者やその関係者が納得する理由に訴える場合もある.もちろん,正当化の試みがいつも成功するとは限らない.調査が掲げる正当性に対して異議の申し立てもある.したがって,正当化の局面自体が,「神話コード」をめぐるコンフリクトを含んだ社会過程である.

問題行動調査の機能を考える場合,考慮しておくべきことは,機能的メカニズムが「神話コード」と結びつくことによって,そこにさまざまな社会過程が産出されることである.この社会過程は,それぞれの機能的メカニズムがシステムの中で実現しなければならない「課題」ともいえる.しかも,この機能的課題項目は,正当性の「神話コード」に裏打ちされて現われてくるものだけに,構成員にとっては避けることのできない課題であり,彼らを機能的メカニズムの中に巻き込んでいく圧力となる.もし,システムがこの課題の対処に失敗したり,対処を怠った場合には,社会システムそのものの活動水準が低下し,ついには崩壊状態をもきたすことになる.しかし,システムの機能的課題項目といっても,その課題をすべての成員が認識しているわけではない.また,「神話

図2-1　問題行動調査に接合される社会過程

機能的メカニズム	制度化のための正当性の神話コード	機能的課題	派生するジレンマ問題
可視化	児童・生徒中心主義 問題行動の実状の把握 指導の実効性の把握	技術の科学化 可視化資源の動員	不可視性の消失 稠密な視線の作用
移送	個別的対応と個の尊重	類別化	差異化と烙印
社会制御	個人的被害の防止 問題生徒の問題の克服・解決 道徳的意味空間の維持	保護 社会化 安定化	いらざるお節介 訓育の処罰化 拘束と抑圧
外部化			
構造化	対応策のアセスメント 新たな制度的方策の策定 社会構造の道徳的境界の確定 役割構造の確定 学校・家庭・地域・社会の連携と社会づくり	規範過程の活性化 制度化 外部反作用の動員 社会化の組織化 資源の動員と目標設定	管理化 規格化 モラル・パニック 視線の包囲網

コード」が常に成員の納得を得たものではないのと同じように，機能的課題についても全員のコンセンサスが成立しているわけではない．しかし，それが正当化され，制度として確立し構造化されていくにつれて，成員を無意識の内に課題目標へと動員する圧力を獲得することになる．

　そのために，機能的メカニズムは，さまざまなジレンマを抱えることになる．このジレンマは，機能的課題が過度に強調されることによって起こってくる場合もあるが，機能的課題や「神話コード」にもともと含まれていたアンビバラ

ンスが機能遂行とともに表面化する場合もある．前者は，機能的に最適度な状態を越えた場合に発生するジレンマであるが，後者では，その遂行が最適度であるかどうかに関係なく，機能それ自体に当初から内包されている背反的な作用である．

以下，本章では，三つの機能的メカニズムに沿って，正当性の「神話コード」，「機能的課題」，これらの社会過程に含まれる「ジレンマ問題」について検討することとする．図2-1は，これらの分析を要約し整理したものである．

第3節　可視化のメカニズム

心理学における「可視性」の概念は，社会的知覚として使われているが，社会学では，社会構造上のメカニズムを意味している．この概念が社会構造分析にきわめて有効であることを見い出したのはマートン（R.K. Merton）である．「可視性（visibility or observability）」とは，マートンによれば，「社会組織の構造上からみて，この構造の中でさまざまな地位を占める人々が現に組織のなかで行なわれている規範やこの組織を支持する人々の役割遂行の特質を知覚する機会を与えられている程度」を示す概念として定義され，「それは，社会構造の属性を示すものであって，諸個人がたまたま持ち合わせている知覚をさすのではない」とされている．つまり，「可視性」とは，集団のなかで，どのような規範が行なわれ，集団成員はどの程度この規範にしたがっているのかを知る難易度を示す概念である．[8] いいかえれば，それは個人の知覚能力ではなく，社会構造が見透し易くなっているのかどうか，そのために社会構造はどのような装置を備え，どのようなメカニズムを作り出しているのかに関する概念である．

学校社会も，教育を目的としているとはいえ集団や組織である以上，構造的安定化のために，常に成員を「可視化」するさまざまな作用が働いている．もし，「可視性」が阻害され，いわゆる問題行動に「潜在化」が生じて逸脱が蓄積されれば，集団秩序は混乱し，学校社会の主要機能である教育機能さえもが麻痺状態に陥る．「非行」「校内暴力」「いじめ」などは，「可視性」がなければ，

被害状況すら把握できず，業間・放課後や校舎の物陰など校内の不可視空間はますます野蛮状態に陥ろう．他方，加害者に対しては，可視化し個人を特定化できなければ，彼自身の抱えている問題事態に対して適切な援助の手を差し伸べることができない．しかも，彼の加害行動が野放しのまま放置され続ければ，教室の他の生徒から疎外され，発覚したときには，もはや学校社会のなかで受け入れつつ人間関係の中で立ち直らせることが不可能な状態に陥ることにもなる．また，このことは，加害＝被害関係を生じない「不登校」でも同様であって，「可視性」が確保されていなければ，その要因への適切な処置が行なえないまま「不登校」を重篤なものにしてしまうことになろう．

このように，集団内の「可視性」を集団機能として確保しておくことは，集団の安定に寄与するという「社会制御」のメカニズムを果たすことになるが，「可視化」のメカニズムが教育システムの中に位置づけられている以上，問題事態を抱えている生徒にとっての機能が，正当性の神話としては第一義的な意味をもっている．したがって，調査によって生徒を「可視化」するという行為は，図2-1に示したように，(1)あくまでも子ども達のために行なうものであるという「生徒中心主義」に則り，(2)個々の生徒がそれぞれに抱えている個別的な事情に則して，問題の有無や深刻さの程度を弁別して認識するという「個別化の原則」に立ち，(3)学校ないしは学級集団の教育機能が，問題行動によってどの程度阻害されているのかという「機能障害の把握」を目的とし，(4)あわせて，教師の問題行動への対処がどの程度実効性をあげているのかを把握し今後の指導の参考とするという「教師の指導状況の把握」，を大義名分とする正当化の神話の下で遂行されることになる．

(1)技術の科学化と可視化のための資源の動員

今日では，調査が実態の把握と理解にとって不可欠な手段であり，その意義と必要性は自明のこととして暗黙の合意が成立しているかのように見受けられる．それは，今日の調査が，ランドバーグの時代に比べてはるかに精度を高め，さまざまな分析技法を開発することによって，現象を正確に再構成する能力を

飛躍的に向上させてきたからである．問題行動に関する実態調査も例外ではなく，現代の調査技術からみて，適切に運用され，児童・生徒の現実を汲み上げることができれば，その結果を問題行動の施策へと反映させることが可能となり，ランドバーグが指摘したように，政策決定の基本調査としての有効性をいかんなく発揮できるであろう．そのため，科学知の集積と発展による「調査の科学化」は，子ども達のために必要なシステム課題となる．

ところが，可視化のメカニズムは，より正確に細部まで把握する手段として調査を活用するだけではなく，生徒を可視化するためにさまざまな資源が動員される．その一つは，教師によって既に可視化された生徒の日常生活での行動や成績，家庭環境などに関する記録，データ，観察経験などである．もう一つは，学校社会の不可視な空間や時間を可視化する努力である．たとえば，教師の目の届かない校舎の物陰やトイレなどの不可視空間は，問題行動が発生しやすい場所であるだけに，可視化しようとする努力が払われる．休み時間や放課後にも教師の視線を埋め込んでおくことは，不可視な時間を可視化するための視線の動員である．可視化するために動員されるもう一つの資源は，生徒の視線である．問題行動生徒について級友からの情報を集める．欠席をすれば，級友が家庭を訪れて問い合わせさせる．場合によっては，さまざまな班や係を編成し，忘れもの，宿題，服装点検などの校則やきまりの遵守状況を記録させたり，報告させることもある．こうして，可視化のメカニズムは，生徒の日常生活の中にさまざまな視線のネットワークを形成させることになる．

ところが，学校内の問題行動への「可視性」が拡大されることは，一面では生徒の抱えている問題の解決にそれだけ寄与するにもかかわらず，他面では，「可視性」が拡大され，問題行動がより正確に細部にわたって把握されることが必ずしも子供達に好ましい結果をもたらさないことも起こる．可視化のメカニズムのジレンマ問題とは，このようにあくまでも生徒のためという「生徒中心主義」の原理に立ちながらも，その目的をより一層効果的に遂行しようとするとかえって問題行動を増幅し，生徒のために好ましくない結果をもたらす作用を意味する．このジレンマ問題は次のような局面で顕著に現われてくる．

第一の局面は，不可視空間の縮小・消失である．われわれの日常生活の中には，さまざまな「離脱」の回路が埋め込まれている．コーエン（S.Cohen）は，現象学的社会学の「飛び地」の概念を援用し，日常生活のルーティン化された現実の中に埋め込まれた相対的に自由な空間を「活動＝飛び地（activity=enclaves）」と呼んでいる[9]．この「離脱」の回路は，(1)日常活動の中に埋め込まれ，(2)かりに規範から反れた行動であったとしても許容されたり，ときには制度化され承認された行動であり，(3)日常のルーティン化された活動を円滑に進めたり，そこからもたらされる心理的ストレス，倦怠感を癒し，(4)集団の秩序維持に寄与する，という点で「逸脱」とは異なっている．

　学校社会にも，こうした制度化された抜け道やガス抜きの場が存在している．教師のいない業間や放課後などは，制度化された「離脱」空間であろうし，かりに教師がいても保健室などが生徒のアジール空間として機能している場合には，そこが「離脱」空間として作用することになる．あるいは，校舎の物陰なども「離脱」空間として機能している．これらの空間は，担任からは不可視性が保たれているがゆえに「離脱」空間として機能する．羽目を外したり，ときには些細な逸脱行動も現われようが，その行動も「離脱」にとどまり，ガス抜きやアジール空間として作用している限りは，学校社会の秩序維持や子ども達にとって不可欠な空間である．不登校生徒が，学校社会に戻ってきて適応を図っていくときに，教室にいきなり入れずに保健室や校庭などを活用することがあるのは，これらの空間が不可視なアジール空間として機能するからである．

　これらの事例に見られるように，「離脱」の回路を提供する不可視空間は，逸脱への傾斜行動を吸収し，集団構造に弾力性を与え，柔構造として集団を機能させる装置となっている．しかし，これらの不可視空間までもが，問題行動の把握に意を注ぐあまりに教師の視線の作用する場となれば，学校社会の弾力性は著しく衰退し，生徒の活動空間は「離脱」すら吸収できない硬化した構造になってしまう．

　第二の局面は，規範の不可視性の縮小・消失である．可視性という考え方は，既述のように集団の属性である規範そのものについても適用することができる．

この場合，可視性とは，規範が逸脱をどれだけ掬い上げることができるかについて問題にすることとなる．そこで，規範の可視性を高めるために，一方では，規範を厳密に明文化したり，細則化する方向が現われる．それは，逸脱が発生しても，規範に明確に規定されていなければ，逸脱行動として可視化されないからである．また，規定を明確にし厳密に適用するために，規定はさまざまな行為を細部にわたって明確に逸脱かどうか判定できるように入念に仕立て上げられていくことにもなる．頭髪の長さやスカート丈の適切さに，物差しが導入されたり，靴下の柄や線の入り方までもが校則や生徒心得で厳密に規定されるのは，こうした規範の明確化と細則化の結果である．

　規範の可視性は，また，規範の許容性を縮小することによっても高めることができる．問題行動の把握に神経質になるあまりに，これまで黙認されていた行動までもが，処罰の対象とされるのは，規範がもっている許容性の幅が狭くなることによる．規範が逸脱統制だけを目的としたものではなく，教育的指導に重点をおいた校則のような場合には，許容性の幅は不可欠な要素である．それは，逸脱が起こる状況や個人的事情を考慮し柔軟な指導的対応をもたらすことができるからである．しかし，規範の許容性の幅が狭くなれば，逸脱は厳密に掬い上げることができようが，他方では，厳密な画一的な処罰体系が整い，校則のもつ教育的指導という性格は後退し，処罰的な性格が全面に押し出されることになろう．

　第三の局面は，稠密な視線の網の目形成による「万人の万人に対する闘争」状態の出現である．可視性を集団の中に高めるために，さまざまな資源が動員されることは，教師と生徒との信頼関係を損なうだけでなく，ときには生徒間の関係さえもが分断され，相互の視線の作用によって生徒相互が規制し合う関係に置かれることにもなりかねない．不登校問題では，欠席した生徒を級友が訪れて事情を聞いてくる．遅刻の多くなった生徒には，級友が登校時に誘い合わせて登校するようにさせる．これらの方法は，場合によっては，不登校に陥りかけている生徒を押しとどめたり，不登校から立ち直らせるのに効果的なこともある．しかし，ときには，この方法が不登校生徒には抑圧的に見えたり，

学校や級友への反感や不信感を増幅することもある．不登校生徒のためを思い善意から教師や級友が働きかけてはいても，不登校生徒にとっては，そこに教師や級友からの秩序化の視線を感じ，統制への圧力にさらされていると感じさせ，かえって事態を悪化させる場合もある．

　稠密な視線の網の目とは，このように可視化のメカニズムを，上から下へという縦の支配関係だけでなく，ときには横どうしの間で，また，限界はあるものの逆に下から上へと，あるいは保護者やマスメディアなどのように学校社会の外から内部へと視線の作用を動員し，網の目のように張り巡らせていくメカニズムであり，全員参加によって構造の秩序を維持し安定化を図るシステムとなるところに特徴がある．

　以上のように，「可視性」を確保する社会装置は，学校社会の安定に寄与し，生徒を問題行動から立ち直らせる装置として機能しているが，他方では，「可視性」の機能の仕方によっては，逆にさまざまな問題的事態を抱え込むことになる．このことは，集団やそこで生活する個人にとって「可視性」と同時に「不可視性」もが不可欠な要素であることをわれわれに教えてくれている．たしかに，マートンが指摘したように，不十分な「可視性」も過度にわたる「可視性」もともに社会構造にとって逆機能的である．このことは，個人にとっても社会構造にとっても「機能的に最適度な可視性」が不可欠であるとともに，同時に「機能的に最適度な不可視性」が不可欠であることをも示唆している．いいかえれば，「種々さまざまな社会構造が十分に機能しようとすれば，すっかり明けっぱなしに見られないように隔離する装置」がなければならない[10]．もし，集団内に適切な不可視性が確保されていなければ，集団の規範的活動は硬化し，完全に可視化された成員は萎縮し，人間関係は分断され切り裂かれる．制度化された離脱の回路は閉ざされ，ガス抜きもできないままに緊張やフラストレーションが集団内に蓄積されることにもなる．

(2) 類別化の過程

　可視化のメカニズムには，もう一つの重要な遂行課題がある．それは可視化

された観察結果を生徒指導システムへと媒介する「類別化」の過程である．教師は，「非行」「いじめ」「登校拒否」「校内暴力」というさまざまな問題行動について，ひとりひとりを，規律や規範からの逸脱という尺度の中で序列づけ階層化する．普段の宿題，成績，品行などの観察結果による序列化がさらにこれに関連づけられつつ，序列は多様に細分化されている．それは，フーコー(M. Foucault)が指摘した「差異化」のメカニズムであり，有罪と無罪というような「刑事裁判で識別されるような，禁止（排除，でもある）を中心にした単純な分割のかわりに，肯定面の極と否定面の極の間で［問題の行為，成績が］配分されるのであって，行為はすべてにわたって良い評点と悪い評点，良い点数と悪い点数の領域へ振りわけられる」社会過程である．生徒指導にあたる教師や担任教師は，これらの多様な評価を総合化し，「問題生徒――普通生徒」という類別カテゴリーによって生徒を篩い分け区分する．それは，可視化のメカニズムによって「精神的に問題のある生徒――問題のない生徒」，「怠惰な生徒――勤勉な生徒」，「規律を無視する生徒――規律に従う生徒」として多様に層化された生徒について，教育指導上の分割点を導入し，「生徒指導の対象となる生徒――そうでない生徒」という類別カテゴリーを創り出していく過程である．

この類別化は，問題行動実態調査の中でも行なわれる．調査では，教師が，個々の生徒を問題行動生徒かどうか判定しつつ，問題生徒の数とその行為を集計していくことを求められている．それは学校社会の中にある生徒の層化された序列を総合化する過程であるとともに，特定の生徒を「問題行動生徒」として類型化する過程でもある．いいかえれば，問題行動実態調査は，学校社会の中にあるさまざまな層化序列を洗練し，固定する働きをもっている．それは一種の「問題行動生徒」という「烙印」を生成する過程でもある．

この問題行動の有無という一見したところ行動上の特徴に着目した類別とも思われる「分割と烙印の配分様式」は，教育システムの中に埋め込まれた配分様式であるため，一般の逸脱の判定による「類別化」とは異なった反作用を呼び起こすことになる．たとえば，非行行動は，規範からの逸脱行動を可視化のメカニズムの中で観察し，逸脱の軽重によって層化された生徒を「問題生徒――

普通生徒」に類別している．この場合，次節でさらに詳しく検討するが，教育システムにとっての「問題性」という判断には，単に規範からの逸脱という視点だけではなく，生徒が規範的行動を行なう「能力の無さ」という視点が加えられてくる．「能力の無さ」は後述するフーコーの「訓育」を成立させる重要な特性であり，この特性が付加されているからこそ，学校社会では問題生徒に対する処罰ではなく教育的指導という作用が施されることになる．つまり，「問題生徒――普通生徒」という類別化は，処罰のために個々の生徒を分割する配分様式とはならず，生徒指導の対象へと移送されるための配分様式として機能することになるのである．このように，教育システムにおける類別化のメカニズムは，単に可視化された逸脱行動の序列を，個々人の教育目標の達成水準における問題性という価値尺度へと質的に転換するところに特徴がある．

不登校問題では，欠席，遅刻，早退，怠業という時間領域に関する規範への行動を，まず可視化し，個々の生徒を層化することから出発する．その結果，すべての生徒は，外面に現われている出欠時間量によって層化されることになるが，同時に，出欠行動に暗黙の内に想定された生徒の道徳性，態度，精神作用，体力，知力など内的能力特性に関する価値を尺度として序列化され，時間に関する規律・規範の社会化到達度や発達水準に関する能力評価として層化されることになる．つまり，逸脱という規範的行動による層化は，教育システムの中に位置づけられることによって，「能力不足」に変換される結果，規範からの反作用は，行動ではなく，個人の内面に向けられ，能力を向上させるための指導の対象となるのである．「不登校」問題が教育行政では学校「不適応」と呼ばれる所以である．

以上のような問題行動調査の「類別化」の機能は，既に学校内に固定した「類別化」のメカニズムが存在している場合には，その結果を調査で掬い上げるかあるいは補強することになろう．これに対して，「類別化」のメカニズムが体系化されていない場合には，調査を契機として「類別化」のメカニズムが学校内に装置化されることになる．もちろん，問題行動調査といっても，さまざまな内容のものがあり，すべてが「類別化」の機能を促進するものではない．しか

し，調査内容にどの生徒が問題行動をしているのかを確定する「類別化」のカテゴリーが含まれていたり，あるいは問題行動の定義づけが含まれている場合には，学校内の「類別化」のメカニズムを強化する方向に作用することになる．

　調査がしばしば生徒に悪影響を及ぼすことはこれまでにも教育関係者の間で知られていたことである．たとえば，性行動に関する調査によって，教育上好ましくない知識を生徒が知ってしまったり，ようやく収まりかけていた学級内の「いじめ」問題が，調査によって再燃し，かえって事態を悪化させたり，ソシオメトリー調査の反発関係を調査することが学級内の反発関係を固定化させるなど，設問の仕方によって生徒にさまざまな悪影響を及ぼすことがある．したがって，「類別化」に関しても，その影響は生徒にも及ぶことは考慮しておく必要があろう．しかし，調査が生徒に及ぼす影響については，配慮されてきたにもかかわらず，教師に対する影響はさほど注意を喚起されてこなかった．本節で扱っている調査の「類別化」の機能は，こうした側面に焦点をあてるものである．とりわけ，調査の実施主体が，監督官庁や大学の研究機関など指導的立場にある場合には，そこに含まれる問題行動の定義や「類別化」のカテゴリーは，教師の子供を見る目に少なからず影響を与えることがある．

　不登校調査では，たとえば文部省が毎年実施する実態調査などはその典型例であろう．この調査では，既述のように統計基準として「50日線」を設定し，年間50日以上の学校嫌いで欠席した児童生徒を「登校拒否」として報告するよう求められている．おそらく文部省では，50日以上の登校拒否だけが問題であるなどと考えているわけではないだろう．しかし，問題行動の「類別化」の区分点として調査に50日以上という基準を設定することによって，統計をとるための手段であるはずの基準がひとり歩きし，問題行動の「類別化」の基準となり，たかだか操作的定義にすぎない基準が抽象的な普遍性をもった構成的定義として受け止められ，教師や市民が現象を理解するときの枠組みとなったり，教師の指導的対応を義務づける基準となってしまうことがある．

　「50日以上」というのは，あくまでも長期のケースを掬い上げる基準でしかない．ところが，報告を求められる学校側，ないし教師は，50日という日数を一

つの重要な類別基準に用いて，個々の生徒を「登校拒否」かどうか判断することになる．そのために，教育現場では，厳密に50日とは考えないとしても，長期にわたる「登校拒否」だけが「問題である」という認識や錯誤が出来上がってしまう恐れがある．しかし，「50日以下」の生徒にも深刻なケースは含まれており，現実には「長期」という基準と問題の「深刻さ」とは必ずしも同義的ではない．さらには，長期という期間に目を奪われるあまり，問題の本質を見誤り，長期不登校生徒のケースがそのほとんどを占めている医療相談機関の事例のなかに問題の本質を見い出してしまうこともある．登校拒否は病気であるという社会的な理解の枠組みが一部に横行したのは，こうした医療相談機関による調査に含まれる「類別化」の基準がもたらした弊害である．もちろん問題性の所在やその定義は，既述のように，研究者や調査実施主体の問題意識や学問的背景によって異なることは言うまでもない．しかし，学校教育にとって何が問題であるのかという視点から問題性を考えるとき，問題を長期の「登校拒否」生徒に限定してしまうことによって，前章で指摘したように，たとえ短期であっても，多くの子供達が学校への回避感情という形で突きつけている現代の学校教育への問題性を汲み取ることができなくなってしまう．

　さらに問題なのは，「類別化」の基準が監督指導にあたる機関から出された場合には，単に調査のための分類基準として機能するだけでなく，指導的対応を義務づける基準点として機能することにある．それは，実態調査が，調査は調査，生徒指導は生徒指導として切り離されたものではなく，調査の結果を生徒指導や子供たちの問題解決に役立てることを目的として実施されているからである．そのため，「問題」生徒として選別された生徒を学校側は報告するだけではなく，「問題」事態へのなんらかの対応を求められることになる．このことは，逆に教育現場の中に，報告を義務づけられた50日以上の欠席生徒だけが生徒指導の対象であるという義務感や錯覚を生みかねない．

　こうしたことが起こるのは，問題行動に関するさまざまな実態調査が，一方では，子ども達の問題を解決するための技術であると同時に，他方では，子ども達を「可視化」し，「類別化」する配分様式を規格化し，調査によって類別さ

れた生徒を教育指導という社会制御システムへ移送する装置として機能しているからである．いいかえれば，調査は，学校社会に埋め込まれた社会制御システムに連動する一つのシステム装置として機能するという側面をもっているからである．このように，問題行動調査は，力による秩序化ではなく，観察，記録，分類という「視線の作用」を教育指導という制御システムへと移送することによって学校社会を秩序化するためのシステム要素の一つとなっている．

第4節　パノプティコンのジレンマ

マートンが「可視性」の概念を集団組織の分析で強調したのは，この要素が，社会構造の秩序維持や構造的安定にとって重要な機能を果たしているからである．もし「可視性」が容易であれば，成員が集団から期待された役割や規範からはずれていくときに，すぐにこれに対して適切なフィードバックをかけ，規範に立ち返らせることができるからである．反対に，「可視性」が阻害されれば，集団内に逸脱が蓄積され，集団機能が円滑に果たせなくなったり，ときには，集団の構造変動や崩壊を余儀なくさせる事態ともなる．したがって，分析的には可視化のメカニズムと社会制御のメカニズムとは区別することができるが，現実には可視化のメカニズムは，社会制御のメカニズムとセットになってはじめて十全な機能を果たすものとなる．

フーコーは，可視化のメカニズムをこうした社会制御の視点から分析するために，ベンサムの考えた「パノプティコン（一望監視装置）」という概念を援用し，近代社会の教育システムに潜む秩序化の問題を明らかにしている．少々長くなるが引用してみよう．

一望監視施設は，「建築学的な形象である．その原理はよく知られるとおりであって，周囲には円環状の建物，中心に塔を配して，塔には円周状にそれを取巻く建物の内側に面して大きい窓がいくつもつけられる．周囲の建物は独房に区分けされ，そのひとつひとつが建物の奥行をそっくり占める．独房には窓が二つ，塔の窓に対応する位置に，内側へ向かって一つあり，外側に面するもう

一つの窓から光が独房を貫くようにさしこむ．それゆえ，中央の塔の中に監視人を一名配置して，各独房内には狂人なり病者なり受刑者なり労働者なり生徒なりをひとりずつ閉じ込めるだけで充分である．周囲の建物の独房内に捕えられている人間の小さい影が，はっきり光の中に浮かびあがる姿を，逆光線の効果で塔から把握できるからである．独房の檻の数と同じだけ，小さい舞台があると言いうるわけで，そこではそれぞれの役者はただひとりであり，完全に個人化され，たえず可視的である．一望監視のこの仕掛は，中断なく相手を見ることができ即座に判別しうる，そうした空間上の単位を計画配置している．要するに，土牢の原理があべこべにされて，というかむしろ，その三つの機能——閉じ込める，光を絶つ，隠す——のうち，最初のを残して，あとの二つは解消されている．［この新しい仕掛では］充分な光と監視者の視線のおかげで，土牢の暗闇の場合よりも見事に，相手を捕捉できる．その暗闇は結局は保護の役目しか果たしていなかったのだから．今や，可視性が一つの罠である」[12]．

「パノプティコン」と呼ばれる一望監視装置は，フーコーによれば，学校教育の中にも埋め込まれている装置である．それは，学校社会の中では，「視線の作用」という柔らかな作用によって生徒だけでなく，教師に対しても秩序化への強制を加える装置であり，「見ることを可能にする技術によって，権力の効果が生じる装置」[13]である．学校では，「時間についての（遅刻，欠席，仕事の中断），行状についての（不注意，怠慢，不熱心），態度についての（無作法，反抗），言葉遣いについての（饒舌，横柄），身体についての（「だらしない（姿勢，不適切な身ぶり，不潔），性欲についての（みだら，下品）」[14]などの規律，規範からの逸脱行動が監視され，行為のどんなに小さい部分をも処罰可能にする．

しかし，既述のように，学校教育システムでは，一般社会の逸脱への反作用と異なり，秩序化への強制が「処罰(punir)」という性格よりも「訓育(dressage)」という形態をとるところに特徴がある．児童の罪とは，規律を遵守する能力が不足していることであり，教育が意図する課題を成し遂げる「力の無さ」である．したがって，逸脱に対する処罰といっても，「一般の裁判の縮小モデルとい

うわけではない」。特に「重視するのは,訓練(exercice)——強化され,多様化され,いくどもくり返される習得——の次元に属する処罰」であり,「力の無さ」を所定の水準にまで達するように働きかけ「訓育」する処罰である.「規則違反への報復というより,義務の反復の強要」であり,「罰するとは,訓練することである」。既述の「類別化」のメカニズムとは,観察され記録された問題行動の序列性に応じて,「訓育」と「処罰」を交えた生徒指導を行なう生徒を選別する過程である.選別された生徒は,生徒指導や教科学習を通じて,行動を変換し能力不足を一定の水準にまで引き上げるよう社会化される.他方,学校社会は,このメカニズムによって逸脱を低減し,秩序化を図り,安定化することになる.逸脱に対する処罰として「訓練」が課されたとしても,それはあくまでも教育的指導の形態をとっているので,「教師には筋道のとおった,親には最も有利でうれしい罰であり」,児童もそれのおかげで,「欠点を改めつつ進歩する手段を引き出すことができる」。したがって,教育システムにおける制御メカニズムのジレンマ問題の一つは,この「訓育」のメカニズムが「処罰」的色彩を強く帯びることによって生じてくる.

マートンもフーコーもともに「可視性」が社会構造の秩序維持にとって重要な機能を果たしていることを強調している点では共通している.しかし,フーコーの論調がマートンにくらべて否定的な響きを帯びているのは,「パノプティコン」がいかなる程度であっても,個人にとって抑圧的な統制メカニズムであるという認識による.マートンにとっての「可視性」は変数であり,個人にとっても社会構造にとっても「機能的に最適度な可視性」が存在し,過度な「可視性」や不十分な「可視性」が社会構造にとって逆機能的であるという立場であった.これに対して,フーコーは,いかなる程度の「可視性」であっても,常にそれは集団や個人に機能的である反面,個人を社会構造に服従させる装置として機能するというアンビバランスを抱え込むものとして認識されているからである.いいかえれば,フーコーの焦点は,「可視性」のメカニズムが,人間の精神史の中で練り上げられ創り出されてきた社会統制のための政治的技術の一様式であり,そこに社会の近代化が胚胎する「罠」が潜んでいることを明ら

かにすることにあったといえる.

　実態調査とそれに連動する生徒指導システムは，これまでに見てきたように，学校社会に埋め込まれた「パノプティコン」装置の一つとして機能する側面がある．それは，力による秩序化ではなく，観察，記録，類別という一連の「視線の作用」を伴いつつ訓育という柔らかな力によって学校社会を秩序化し，安定化を図るメカニズムである．しかも，これらのメカニズムは，社会統制という特定の政治的用途から切り離しうる形で実施することが可能な技術であるところに特徴がある．それは，人間の精神史が編み出した近代的統制技術といってよい．フーコーが，建築学上の特徴を示す「パノプティコン」を援用しつつ描き出そうとしたのは，近代的統制技術としての「見られるが（統制する主体を）けっして見ることのできない」透明な作用である．つまり「円周状の建物の内部では人は完全に見られるが，けっして見るわけにはいかず，中央部の塔のなかからは人はいっさいを見るが，けっして見られはしない」装置である[17]．しかも，フーコーが着目したのは，「パノプティコン」が，「見る——見られるという一対の事態を切り離す機械仕掛」である点である．マートン流に表現すれば，教師や学校側も，また生徒も保護者もが，子供達のためという児童中心主義の原則に立っていたとしてもそこに意図せざる結果として現われてくる統制力である．しかも，それは，あからさまな処罰という形をとらず，力として認識されることのない訓育という柔らかな統制作用である．

　フーコーの「パノプティコン」が，このように政治技術上の一つの形象として表現されているため，現代社会の権力構造の一つの分析モデルともなっている．そのために，「パノプティコン」モデルは，ともすれば国家権力装置や社会の上位——下位体系の間の支配——服従関係として単純化されて解釈される嫌いがある．フーコーが述べているように，「パノプティコン」の力は，外部から暴力やイデオロギーの注入や厳しい強制を強いるものではなく，教育，経済，福祉，道徳などのさまざまな機能の中に巧妙に現われ，「決して介入せずに自発的にしかも静かに行使される点，その効果が相互に結びつく或る機構を組み立てる点」に特徴がある[18]．

したがって，監視塔に入る人間，つまり権力の担い手は，教育制度上の管理者に限定されない．具体的な権力の担い手は，現代民主主義社会の原則に則り学校社会で生活している当事者のすべてであり，広くは社会全体の中で生活しているわれわれすべてである．しばしば管理されるものとして語られる生徒たちもが，秩序形成メカニズムの中では「パノプティコン」から生徒を見張る側となる．ときには限界があるものの教師をも見張る側となる．「われわれの居場所は，円形劇場の階段座席でも舞台の上でもなく，一望監視の仕掛のなかであり，しかもわれわれがその歯車の一つであるがゆえに，われわれ自身が導くその仕掛の権力効果によって，われわれは攻囲されたままである」[19]．フーコーはさらに続けていう．監視は「公衆の側からも行なわれるわけである．社会のどんな成員でも［その装置へ］やって来て自分の目で，どんなふうに学校や病院や工場や監獄が機能しているかを確かめる権利をもつだろう．したがって，一望監視の仕掛に当然な知の増大は，変質して専制状態におちいる心配はないのである．そして規律・訓練の装置は民主的に取り締まられていくだろう」[20]と．

このように，「パノプティコン」は，単純な上と下の関係にだけ適用されるモデルではなく，生徒相互の間でも，教師相互の間でも横に広がって機能している作用の一つのモデルである．いいかえれば，ここで想定されている力は，日常生活の人々の相互作用過程それ自体の中に起因する力であり，われわれの日常生活を支配している文法規則でもある．

「パノプティコン」が単純な国家権力論や権力支配論で割り切れるモデルではないことを示すもう一つの重要な特質は，「パノプティコン」が，人々を虐げ不幸に陥れる装置ではなく，「社会の諸力を一段と強くする」装置であるという点にある．フーコーは，「パノプティコン」方式が，さまざまな制度や集団の中に潜り込み，「道徳を改善し，健康を保持し，産業をよみがえらせ，教育を普及し，公的な負担を軽減し，磐石の上でのように経済を安定させ，貧民に対する法律の難問を……（中略）……丁寧にほどいていく．しかも以上の処置を建築学上の単なる着想でおこなう」性能を有するというのである．[21]マートンは「可視性」を社会構造の安定・維持のための機能的要件として位置づけたが，フー

コーは「パノプティコン」をさらに積極的に社会構造に繁栄と福祉をもたらすものとして位置づけている．

しかし，フーコーはマートンと異なり，機能的であるからといって，肯定的には評価しない．「パノプティコン」が，社会構造を強化するからこそ，社会のさまざまな構造の中に組み込まれ，むしろ「大がかりで新しい統治手段」として一般化するというのである．学校社会の「パノプティコン」の一つの形象である生徒指導やその技術の一形態である問題行動実態調査も，ともに学校社会の抱える諸問題を低減させることによって構造を強化し，子ども達を「訓育」することによって彼らの道徳性を高め，市民としての高い資質を身につけさせ，経済を発展させ，子ども達の抱える問題の解決に機能している．

しかし，フーコーが問題にしているのは，個々の教師や生徒の思いを超越して現われ，絡め取られていく秩序化への力であり，それを具体化する技術である．妥当とされる事由以外の欠席は，本人にとっても学校の秩序にとっても問題事態であり，それは常に「可視化」され，記録され，しかるべき教育的指導を講じて改めなければならないと考えるところに発生する力の作用である．フーコーが「パノプティコン」によって描き出したのは，社会構造と人々の相互作用過程に起因する力の作用であり，われわれの生活を支配している力のメカニズムである．しかも人間の精神史は，「パノプティコン」方式がさまざまな社会構造や制度を強化するがゆえに，それぞれの機能と結びつき，民主的な柔らかな視線の作用として入念に仕立て上げられてきたのである．生徒指導や実態調査は，現代社会の教育システムにおける「パノプティコン」の一つとして機能しているが，それは，人間の精神の歴史の歩みのなかで培われた秩序化のための知と技術の集積と開発による所産の一つの形象である．

しかも重要な点は，フーコーが指摘したように，それが権力自体のためでなく，生産を増大し，経済を発展し，教育を広げ，福祉を増進し，公衆道徳の水準を高めることである．既述のように，それは，上から押しつけられた専制という形をとらず，だれもが自発的に参加できる民主的な装置として社会の中に埋め込まれている．しかも社会や組織のためというだけでなく，子ども達のた

め，あるいは子供達の問題を抱えた家族のためという観点から行使される力となって現われてくる．それだけに，子ども達にとっても親達にとっても否定しがたい現実となるばかりでなく，教師も親もが筋のとおった望ましい仕組みとなって現われるのである．さらに，「いじめ」問題や「不登校」問題などが大きな社会問題となるにつれて，学校社会における生徒指導の秩序化の機能への期待は近年ますます高まってきている．こうした社会的期待に呼応するかのように，学校教育に占める生徒指導活動の比重はますます大きくなってきている．

今日では，「訓育」という社会化機能への期待は生徒指導だけでなく，学校教育全般に対しても現われてきている．それは，「訓育」機能が，生徒指導だけでなく，教科教育や課外活動などを含めた学校教育全体の中に埋め込まれたメカニズムとして機能しているからである．社会構造の中には，「訓育」機能を担う媒体は，学校以外にも広がっている．しかし，家族や地域社会をはじめとする学校外の社会化機能が相対的に弱まってきている現代社会では，学校教育への期待はますます高まってきている．そのために，子供達の生活構造の中に占める学校教育制度の比重は以前にもましてより一層重みを増してきている．子ども達から見れば，生徒指導をはじめとする「訓育」機能の拡大は，一方では自らの道徳的水準を高め窮状を打開する一助となるが，他方では，学校教育制度からの影響力や秩序化への圧力が一段と強まることを意味している．その結果，学校の存在は，子ども達にとってますます重く感じられ，逃れられない軛(くびき)となって子ども達にのしかかってくることになる．

しかし，いずれの社会や集団おいても，構造を安定させ，秩序化を図るためには，成員の自由をある程度規制し，拘束しなければならない．集団の「可視性」は，各人のプライバシーをある程度犠牲にすることによって保たれている．このことは，マートンが指摘したような過度の可視性の下で現われるだけでなく，フーコーが指摘したように「機能的に最適な可視性」が保たれている場面でも現われる．また，本章では分析しなかったが，社会制御の過程では，一方の安寧・福祉を図ることが他方の犠牲の下で成り立つことも少なくない．あるいは，非行問題における自宅謹慎処分や高校での停・退学処分のように，逸脱

者を排除することによって集団内の秩序を図る場合もある．既述の「正当化の神話」とは，社会制御機能に必然的に伴うジレンマ状況のマイナスの側面を正当化し，より多くの人々の社会的合意を形成するための価値資源である．

そこで，社会制御機能が社会的合意を確保するためには，「正当化の神話コード」が，教育の理念に照らして，それ自身望ましいものと考えられている価値に依拠することが必要となろう．もう一つには，社会制御がマイナスの側面を最小化し，望ましいとされる価値を最大化することである．それは，社会制御メカニズムから派生するジレンマ問題を最小化することでもある．生徒達にとって，学校の存在が重くのしかかり，逃れられない軛のように感じられるのは，一つには，さきに述べた学校社会の社会化機能に対する肥大化した社会的期待の重圧によるが，もう一つには，学校社会の社会制御機能に含まれるジレンマ問題が，望ましいとされる価値資源によって正当性を得ていることからもたらされる逃れられない呪縛感によっている．

しかし，教育システムにおける社会制御機能の正当性は，それが制度化されていることによってのみもたらされるわけではない．現代社会では，正当化の神話コードは，人々の間に幅広い民主的に組織化された合意を形成することによっても正当性を確保することができる．[22] 学校社会の社会制御機能への期待の高まりは，この機能が正当性の基盤である社会的な合意を確保してきていることの現われである．この合意形成は，社会制御のジレンマ問題である「処罰」的な色彩を薄め「訓育」的性格を前面に出し，「いらざるお節介」や「自由の拘束」という性格を弱め子供達への「保護」という性格を強く打ち出すことによって確保することができる．生徒達は，社会化と秩序化の作用の中に「処罰」的臭いを感じたり，あるいは「いらざるお節介」や「自由の拘束」を感じつつも逃れられない呪縛感を抱くのは，その作用が生徒のためであるという合意に基づく正当な権威として現われているからである．

学校の存在が，生徒達にとってますます重く感じられ，逃れられない軛（くびき）となるのは，もう一つには，そこに含まれる社会化や秩序化の機能が生徒達のためだけでなく，社会の諸力を増強するからである．既述のように，学校社会の社

会化や秩序化の機能は，権力自体のためではなく，生産を増大し，経済を発展し，教育を広げ，福祉を増進し，公衆道徳の水準を高める方向に作用している．このことは，学校社会の社会化や秩序化の機能に対する合意をますます強固なものとし，その制度的基盤を固めつつ構造的に精錬されていくことになる．

「パノプティコン」の装置は，だれしもが監視塔に登ることを可能にすることによって「見る——見られる」という一対の関係を切り離す装置であった．しかし，現代の学校社会の社会化や秩序化の機能は，それにとどまらず，社会的合意という民主的に組織化された正当な権威を獲得することによって，その作用の源泉をより一層見えにくいものにしている．不登校生徒達が，学校の存在を重く感じ，逃れられない軛と感じているのは，学校だけの重みではなく，社会の中に構造化された重みを感じるからである．

本章では，学校社会の社会化及び秩序化の機能がはらむジレンマ問題に焦点をあててきた．不登校現象はこうしたジレンマ問題を背景として現われてきていることは確かである．しかし，誤解のないように断わっておくが，そうだからといって，いま求められていることは，いたずらに教育批判を繰り返すことではない．また，ジレンマ問題があるからといって，学校社会の可視化のメカニズムや社会制御メカニズムを全面的に否定することでもない．社会化や秩序化の過程は，学校社会だけでなくさまざまな集団構造においても構造を安定化し維持していくために不可欠な要素であり，また，それに必然的に伴うジレンマ問題も避けて通ることはできない．いま教育に求められていることは，いかにしてジレンマから生じる問題を最小化し，もし可能ならばこれらのジレンマを止揚する方途をいかにして見つけ出すかにある．不登校問題をはじめとする問題行動は，学校社会にとって解消すべき問題ではあろうが，反面では，これを契機として学校社会が構造的に洗練されていく契機でもある．いいかえれば，問題行動によって提起されている学校社会の問題性を汲み取ることによって，学校社会が自らを変えていく方途を求めることでもある．また，社会学における問題行動と社会制御のメカニズムの研究にとって，これらの問題行動は，従来のような「緊張——解消モデル」や「均衡モデル」のような安定化を図る統

合モデルにあぐらをかいている段階ではないことを示唆している．常にアンビバランスやジレンマを抱え，システム内に多様性を含み込んだ理論モデルをいかにして形成していくかが求められている段階にきているといえよう．

　本章では，社会制御機能の中でも「訓育」という「社会化」機能に焦点をあててきた．社会制御機能には，これ以外にパレンス・パトリェに基づく「保護」機能やこれらの機能が構造的に洗練されていく過程で進行する「秩序化」の機能などさまざまな機能的課題が存在している．しかし，ここでは，社会制御機能の分析が本題ではないので，これ以上の分析は差し控えることとする．なお，学校社会の可視化のメカニズムが問題行動実態調査によって外部化され構造化されていくプロセスについては第3章でさらに検討することとする．

注

1) 福武直『社会調査』，岩波書店，1958年，21頁．また，社会学における社会調査の歴史が，近代国家の政治上の要請や社会問題解決への寄与などの実践的目的と強く結びついたものであることは，Easthope,G.,1974. *A History of Social Research Methods.* Longman Group Ltd.川合隆男・霜野寿亮監訳『社会調査方法史』慶応通信，1982年に詳しい．
2) Lundberg, G.A. 1929. *Social Research.* New York : Longmans.福武直・安田三郎訳『社会調査』東京大学出版会，1952年，20頁．
3) Lundberg, G.A.,1945. "The proximate future of American sociology : the growth of scientific method." *American Journal of Sociology,* vol. 50, pp.502-513．なお，訳文はEasthope, G.（川合隆男・霜野寿亮監訳）前掲訳書，96頁による．
4) 日本の教育学では，この活動に関しては，「生徒指導」とするか「生活指導」とするかについて論争があるところである．しかし，社会学の視点からすれば，いずれの呼称を用いようとも，社会構造のロジックは同じである．以下のフーコーやマートンの分析からも理解できるように，集団の秩序化と安定を図るところには，常に構造的ジレンマが生じ，それが成員に対して統制支配装置として機能する側面は否定できない．このジレンマは，社会学的認識の出発点でもある．したがって，以下では，教育学の論争には関係なく，一般的な呼称に従い「生徒指導」としておく．
5) 本章以下の分析では，「社会統制」という概念を使用せず，「社会制御」という概念を用いている．本書では，両概念を次のように区別して使用している．まず，「社会統制」の概念は，特定の社会システムが秩序化を図り構造を安定化させ維持していく過程を指している．したがって，社会統制は社会システムによって作り上げられシステムに埋め込まれる構成要素ではなく，システム構成要素間の関係の中に内在

する社会過程である．これに対して，社会制御とは，システムの部分をなす諸要素の中に，逸脱や問題事態を予測してあらかじめ組み込まれている秩序化の装置とその機能を意味する．ここでは，問題行動調査に組み込まれた可視化の機能に連動する社会化機能，保護機能，安定化機能などを指しており，教育システムの社会統制過程の要素とその機能を意味するため，「社会制御」の概念を用いている．

6) 宝月誠は，「そのままではばらばらの社会生活をなんらかのまとまりのある諸要素のシステムへと転化させていく社会過程」を「構成過程」と定義し，その中心をなす過程を「構造化」としている．宝月の分析の焦点は，逸脱をめぐる人々の相互作用が織りなす社会過程を理論化することにあるため，構造化に行為者のコミットメントやシンボルをめぐる共働活動などの相互作用を含めているが，ここでの分析の焦点は，社会調査という社会装置に接合される社会過程の機能的装置のシステム形成とそのジレンマ問題の分析にあるため，行為者とその共働活動のレベルからの考察は行なっていない．宝月誠『逸脱論の研究——レイベリング論から社会的相互作用論へ——』恒星社厚生閣，1990年，第6章．

7) マートンは，制度的体系が矛盾を含んだ場合，新しい価値や理想を掲げた「反抗」という適応様式が現われ，これを正当化する「神話」と制度的体系を守る側の「逆神話 (counter-myth)」とが「想像力の独占」をめぐって対立することを指摘している (Merton, R. K. 1957. *Social Theory and Social Structure*.(revised ed.) 森好夫他訳『社会理論と社会構造』，みすず書房，1961年，144-145頁)．また，用いられる文脈はマートンと異なっているが，リースマンは，公式に社会的な承認を獲得し，集団の理想像を表現し体系化している意味のシステムを「神話システム」と呼んでいる (Reisman, W. M., *Folded Lies*. Free Press, 1979. 奥平康弘訳，『贈収賄の構造』，岩波書店，1983年，第1章)．しかし，現代社会の正当性の「神話システム」は，もはや至上的な価値命題でもなく，また「共有された」価値でも「自然に」備わっている正当性でもない．それは，社会システムの諸過程や人々の行為過程を嚮導する規範的原理という性格をもちつつ，それ自体が不断に再定義され，ときには正当化をめぐる対立の手段となる意味システムであるため，ここでは「神話コード」と呼んでいる．それは，社会や集団の制度的体系に付与される価値や理念であり，これを正当化し社会的承認を得るための意味の体系をさしている．

8) マートン，前掲訳書，319頁．

9) Cohen, S. and L.Taylor, 1976. *Escape Attempts : The Theory and Practice of Resistance to Everyday Life*. London, Penguin Books Ltd. 石黒毅訳，『離脱の試み——日常生活への抵抗——』法政大学出版局，1984年，123頁．

10) マートン，前掲訳書，313頁．

11) Foucault, M. 1975. *Surveiller et Punir : Naissance de la Prison*. Gallimard. 田村俶訳『監獄の誕生——監視と処罰』新潮社，1977年，邦訳184頁．

12) フーコー，前掲訳書，202頁．

13) フーコー，前掲訳書，175頁．

14) フーコー，前掲訳書，182頁．
15) フーコー，前掲訳書，182-184頁．
16) フーコー，前掲訳書，183頁．
17) フーコー，前掲訳書，204頁．
18) フーコー，前掲訳書，207-208頁．
19) フーコー，前掲訳書，217頁．
20) フーコー，前掲訳書，208-209頁．
21) フーコー，前掲訳書，208頁．
22)「権威」が制度化され，構造化されているがゆえに影響力を行使することができるというウェーバーのロジックをとれば，「権威」の源泉は問う必要がなくなる．しかし，現代社会の分析では，マッキーバーやグールドナーらが民主的に組織化された権力過程に焦点をあてているように，「権威」を基礎づける社会的合意形成と正当化,制度化の過程の分析はきわめて有効な視点を提供している．Gouldner, A., 1954. *Patterns of Industrial Bureaucracy*. New York: Free Press of Grencoe, (岡本秀昭・塩原勉訳『産業における官僚制』ダイヤモンド社，1963年). MacIver, R.M., 1947. *The Web of Government*. New York: The Macmillan. (秋永肇訳，『政府論』上，下，勁草書房，1954年). また，バックレイは，社会構造の社会統制システムの分析の中で，「単に権威の座にある人物たちが現存政府を象徴するからとか，現存政府によって合法的に支持されているからというだけで，彼らに一種の〈合意〉を認めているということを否定するものではない」としつつも，なおかつ「権力は，単に制度の衣装をまとうだけでは，サンクション能力をもち，正当化された，合意的な権威とはならない」ことを指摘し，権威が合意に基礎づけられていることを示している．さらに，彼は，単に「権力」と「権威」の概念の区分だけでなく，「権力」が正当化された「権威」に変換される過程に加えて，一度は合意に基づいた権威であったものが，「非正当化」され，強制的権力へと変換される可能性についても指摘している．こうした社会統制のダイナミックな過程の分析については，今後の教育研究でさらに進められるべきところである．(Buckley, W., 1967. *Sociology and Modern Systems Theory*. Prentice-Hall, Inc., Englewood Cliffs. 新睦人・中野秀一郎訳『一般社会システム論』誠信書房，1980年，第6章).

第3章　現代社会の可視性と私秘化

第1節　可視化への防衛機制の発達

　問題行動実態調査に象徴される学校社会の「可視化」のメカニズムは，教師に子ども達を把握していなければならないという役割要求を課することになる．「可視化」のメカニズムが正当性を帯びれば帯びるだけ，その要求は，単なる期待以上のものとなり，義務として課せられた規範的要請として職業役割の中に組み込まれてくる．既述のように，「いじめ」などの事件が発生して，教師が「いじめ」の事実を知らなかったことがわかったときに，教師や学校は何をしていたのかという強い社会的批判を浴びせかけられるのは，可視化が役割期待として教師の職業役割に組み込まれているべきであるという社会的「思い込み」と社会的要請があるからである．こうした「思い込み」や社会的要請が，「可視化」の担い手としての教師役割の正当性を強化し，権威を付与することになる．
　学校社会だけでなく，いずれの社会集団においても，自分の私的領域や内面がすっかり見透されることに対しては，警戒心や抵抗感が生じるものである．逸脱行動が潜在化したり，教師の死角で事件が発生するのは，可視化にたいする逸脱者の側の一種の防御反応である．したがって，学校社会の可視性が高まり，校則が細則化され，規範の許容性が狭まるにつれて，ごく些細な逸脱行動までもが教師からの反作用の対象となれば，生徒の側からは，自分がすっかり見透されることへの防衛機制がますます強まってこよう．
　問題行動の中でも不登校は，非行と異なり他者に及ぼす被害がなく，また秩序化に及ぼす影響も小さいため，処罰や学校からの排除措置のような強い反作用は通常動員されない．しかし，不登校による欠席や遅刻・早退は，就学義務の不履行であり，時間に関する規律を侵犯しているため，逸脱行動という性格

を帯びることになる．そのため，不登校の場合にも，他の問題行動同様，「問題のある生徒」として層化・類別され，社会生活に適応できない生徒ないしは基本的生活習慣を身につけていない生徒として「能力不足」を補うべく「訓育」という反作用が動員されることがある．たとえば，学校によっては，遅刻生徒に対しては，校門指導を行なったり，別室へ呼んで説諭をしたり，処罰として校庭を走らせたり，高校などでは，度重なれば停学などの処分を受ける場合もある．中学校では，遅刻者に校門を閉ざし，ところによっては授業を受けさせないで帰宅させる措置を講じている場合もある．したがって，不登校においても，学校側が逸脱制御機能を強化すれば，制御メカニズムに接合されている「可視化」のメカニズムに対して不登校生徒の側から防衛機制が現われてくる．

　不登校は，欠席，遅刻・早退，怠業などの行動となって具体化されるため，これらの行動を教師の目に見えないところで行なうことは不可能である．そのため，防衛機制は，大きくは次の二つの方向で現われてくる．第一は，「正当化による防衛機制」であり，もう一つは，「私秘化による防衛機制」である．

　第一の「正当化による防衛機制」は，可視化された欠席などの行動に対して，不登校という負の動機が教師によって構成されることを防ごうとする行動である．序章の不登校の定義の箇所で示したように，同じ欠席行動であっても，一方は不登校に類別され，他方は問題のない行動に類別されているのは，欠席という行動それ自体の問題性ではなく，欠席にいたる動機に含まれる問題性にある．この類別基準は，通常は教師が出欠記録の際に用いる「欠席取扱事項」の中で「妥当な事由」とされている基準によっている．無断欠席の場合には，明らかに教師が欠席動機を付与することになる．これに対して，生徒ないし保護者からの届け出がある場合には，通常はこれが判断の基準とされるが，場合によっては妥当な理由をたてた届け出があっても，それが事実に基づいているかどうか，あるいは妥当な事由にあたるかどうかの判断を教師が独自に行なう場合がある．いずれにしても，不登校であるかどうかは，この教師によって構成され付与された動機が妥当なものと判定されるかどうかに依存している．したがって，生徒の側からの「正当化による防衛機制」とは，教師が「妥当な理由

ではない」とする「負の動機構成過程」を遮断する行動である．

「正当化による防衛機制」は，(1)意図的に行なわれる場合と，(2)本人が不登校であることに気付かないままに行なわれる場合とがあるが，いずれにしても負の動機に類別される理由を，学校で妥当とされている理由によっていると主張する行動である．

意図的な正当化は，一種の偽装という形態をとる場合と積極的に不登校が正当であることを主張する場合とがある．前者は，学校への回避感情があるにもかかわらず，病欠などの理由をたてて欠席したり，遅刻・早退をする場合である．後者は，学校教育や教育内容を否定することによって欠席などの行動が正当であることを主張する場合である．後者については，マスコミなどで，不登校が学校教育に潜むさまざまな問題から発生してきたことを強調するために，登校拒否の典型的なパターンとして描かれているが，事例はきわめて少なく，また防御が成功する可能性も低い．それは，防ぐ相手が直接相互作用を営む教師という個人ではなく，正当化された権威をもつ非人格的な制度体に対する防御であるからである．教師は単に制度体のメカニズムの担い手にすぎない．ジンメルは，服従が個人に対してでもなく，また，多数に対してでもなく，むしろ法律や制度体のような非人格的な客観的な「原理による支配」の下では，「本来の相互作用が排除されているということによって，この服従形式から自由の要素が奪いさられている」ことを指摘し，次のように説明している．「きわめてあわれむべき奴隷でさえ，なお依然としてある程度はその主人に向かって反作用をおよぼすことができるにもかかわらず，法律に服従する者は，法律そのものにふさわしい仕方でそれに反作用をおよぼす可能性を，まったくもたないのである」[1]．したがって，希有な成功事例は，学校教育制度の枠組みの外に出ることによって正当性を主張する場合か，それとも，制度体の権威を根拠づけている社会的合意を脅かすような勢力を結集できたときである．

これに対して，原因が登校回避感情にあるにもかかわらず，本人がそれに気付かずに学校で正当とされる理由をたてて欠席などをする場合がある．これは，神経症的傾向などの事例にしばしば見られるが，原因は学校への回避感情によ

る心因性の身体症状であるにもかかわらず，本人も保護者もがそのことに気付かないため，現実に起こっている腹痛，下痢，発熱などを理由として欠席などの届けを行なうことによって起こってくる．

このように，「正当化による防衛機制」は，学校生活の場では，生徒及び保護者から提出される欠席届や遅刻・早退届けによって行なわれる．しかし，怠業などの行為は，授業中であるため，保健室が「正当化による防衛機制」の場となる．表3-1は，学校への回避感情をもっている生徒ともっていない生徒で，保健室の利用頻度がどのように異なっているのかを調査した結果である．[2]

表3-1 保健室の利用と登校回避感情の有無

保健室の利用頻度 回避感情の有無	よく行く	ときどき行く	めったに行かない	行ったことがない	計
学校への回避感情の認められる生徒	14 2.1%	149 22.3%	423 63.4%	81 12.1%	667 100.0%
学校への回避感情の認められない生徒	4 1.0%	50 12.6%	285 71.8%	58 14.6%	397 100.0%

($\chi^2=18.16$, $p<0.001$)

まず，学校への回避感情が認められる生徒群では，保健室へ「よく行く」生徒と「ときどき行く」生徒を合わせると24.4%である．これに対して，学校への回避感情がない生徒では，この反応が13.6%にとどまっている．保健室は，問題生徒の避難場所であり，場合によっては駆け込み寺であるといわれているが，学校への回避感情をもっている生徒に保健室を利用する生徒が多いという傾向がみられる．このことは，学校への回避感情をもつ子ども達にとって，保健室が一種の避難場所となっており，なんらかの身体的な不調を理由として保健室へ行く傾向があることを示している．この傾向は，「不登校群」の生徒と「出席群」の生徒とを比較した場合にも同様であり，「不登校群」の生徒の方に保健室の利用頻度の高い生徒が多く含まれている．[3] 身体的な不調の訴えには，意図的な偽装も無意識的な心因性の身体症状も含まれているが，学校への回避感情

が保健室利用という「正当化による防衛機制」と関連していることは興味あることである．

第2節　現代社会と私秘化

　欠席行動が不登校に類別されることへのもう一つの防衛機制のタイプは，「私秘化による防衛機制」である．いずれの集団においても規範に関わる行動への「可視性」が高まれば，それだけ「不可視空間」は狭くなる．そのため，自分がすっかり見透され逸脱行動が可視化されることに対する抵抗として「私秘化」への欲求が現われる．マートンは，第2章で示したようにさまざまな社会構造が有効に働くためには，「不可視空間」が不可欠な要件であることを明らかにしている．したがって，「種々さまざまな社会構造が十分に機能しようとすれば，すっかり明けっぱなしに見られないように隔離する装置，すなわち，卑近なことばでいえば，個人的秘密への欲求とか，秘密の重要性とか呼ばれている装置がなければならない」．「可視性」が社会構造にとって不可欠な装置であるのと同じように，「不可視性」の一形態である「私秘化」も単に個人的レベルで抱かれる欲求にとどまるものではなく，社会構造が十分機能するために必要な装置である．

　しかも，マートンが強調したのは，「私秘化」への欲求が，可視性に対抗して発達する社会構造上の装置であり，「可視性」の対応装置である点である．彼が集団構造にとって必要なことは，「機能的に最適度の可視性」であると表現しつつ，最適度とはどの程度の可視性を意味しているのか，また何によってもたらされるのかを明らかにしなかったのは，「可視性」と「不可視性」とのアンビバラントな対応関係の存在を想定しているからである．もし，集団の側から完全な「可視性」を確保する働きかけが発動されれば，成員の側からは「私秘化」によって「可視性」を弱める行動が現われるであろう．逆に「私秘化」が強まれば，集団は「可視性」を高めようとするであろう．したがって，「機能的に最適度の可視性」とは，一つには，過度にわたる「可視性」と不十分な「可視性」

が社会構造にとって逆機能的であることを意味しているが，もう一つには，「私秘化」と「可視化」の防衛機制によって調整される社会構造の適応過程が存在していることをも意味している．これらは，「私秘化」のなかでも，集団の「可視性」の関数として現われてくる形態である．

しかし，「私秘化」は，単に集団構造の機能的メカニズムによって現われるだけではなく，社会構造の分化拡大によって現われてくる特性でもある．とりわけ現代社会では，プライバシーを秘匿する傾向は，以前にもまして強まっている．したがって，不登校現象を現代社会との関連で考察するにあたっては，こうした現代社会の動向としての「私秘化」についても検討しておく必要がある．それは，「私秘化」を社会変動の関数として位置づけ，後述するように「個人主義の契機」として捉える視点である．

この「個人主義の契機」として現われる「私秘化」の局面は，秘密，個我，私事，私生活などを他人に知られたくないとする欲求や干渉されたくないとする欲求と結びついている．それは，社会構造や集団構造のなかで私性を確保し，「公」と「私」とを分化する社会の動向と関連している．しかし，この分化過程は，他方では私性をさらに分化させ，公的領域で規範的に認められる私性と私的領域へと退けられる私性とを分化させる側面を併せもつことになる．この傾向は，現代社会では，とりわけ産業組織に典型的に現われている．そこでは，私性の中心にある個性や能力，個人的な癖，欲求などのなかで，組織に適合した部分を伸張させ，それ以外を研磨する作用が働いている．後述するように，この企業組織の私性の研磨作用は，組織の統合と秩序化を促進するとともに，業績価値を強化する機能をもっている．それは，組織や集団の公的局面では，特定の私性を秘匿するように求める規範的圧力ともいえよう．日本社会の秩序化の原理の特徴として差異性の排除ないしは画一化の原理が指摘されているのも，社会構造の中にこうした個性や能力や欲求の研磨作用が埋め込まれているからである．また，学校社会では，かねてから個性重視の教育が叫ばれているのも，こうした現代社会の組織や集団の側からの私性の研磨過程が学校社会の中にも存在していることを意味している．不登校現象の根幹にある登校回避感

情も，こうした点から検討する必要がある．

第3節　個人主義化の契機としての私秘化

　社会的分業の発達とともに個人主義が台頭してくる過程を描いたのは，周知のようにデュルケム(E.Durkheim)である．社会の分業の発達は，社会内のさまざまな機能的分化を促し，労働は機能的に分割され，専門化されていく過程を辿る．この過程で，個人の生活条件は多様化することになる．他方，個々人は，伝統的な集合意識の拘束から解放され，個人も異質化し個性化するとともに，多様な生活条件に基づいた多様な価値や利害関心を抱くようになる．こうして，個人の自立が促進され，集合的感情の内に，これに対応した個的人格の尊厳，個人の物質的・精神的幸福などを対象とした規範的秩序が形成されていくことになる[5]．

　デュルケムのように分業に焦点をあてたものではないが，おなじように社会の分化過程から個人主義が台頭してくる点に着目したのは，ジンメル(G.Simmel)である[6]．彼は，「秘密」の分析の中で，人々がどの程度その人格の素質と複雑性とを秘匿するかは，社会構造に依存しているとともに，社会に個人主義化をもたらすさまざまな契機のなかでも「秘密」が第一級の契機であることを指摘し次のように述べている．「すなわち第一に，強く人格的に分化した状態の社会関係は，高い程度において秘密を許し，さらにそれを要求するということであり，第二に，逆に秘密はそのような分化状態を支え，さらにそれを高めるということである」[7]．

　つまり，封鎖された小さな社会圏に閉じ込められた人間にとっては，技術的に秘密を保持することができず，またその必要性もない．しかし，社会圏が拡大するにしたがって，秘密の形成と保持が可能となるばかりでなく，近代的な生活様式は，相互の覗き見と干渉から保護されるために，遠慮と配慮との全く新しい標準を生み出している．つまり，人格と人格との相互関係による近代的な生活様式において，人間の共存には一定程度の秘密が社会装置として必要と

なるのである．他方，政治，司法，行政などの国家制度においては，近代の生活や社会関係の中での私的要件の秘密化のための技術を発達させるのに応じて，民主主義の原理に照らして，公開をそれ自体望ましい価値ある状態と見なすようになる．こうして，公的な利益の担い手は，神秘的な権威のベールを剝ぎ取られ，秘密性と接近不可能性とを失うこととなる．ジンメルは，こうして「公的なものはますます（秘密性を失って）公的となり，私的なものはますます（秘密性を獲得して）私的となる」という文化的な分化の一般図式を提示するのである．[8]

　デュルケムとジンメルの論旨のインプリケーションを本節での論議に関連させて要約すると次のようになる．秘密性は，(1)可視性の対応物であるとともにこれに対する防壁でもある．(2)秘密の形成と保持は，近代社会の人格の存立基盤を構成する重要な要素の一つであり，異質性と個性化による人格の分化と共存のために不可欠な装置であり，それゆえに近代の個人主義化の契機となる．(3)個性化ないしは個人主義化は，伝統的な共同体の紐帯や拘束から個人とその欲求を解放する過程である．(4)それは，公的なものと私的なものとが融合した社会状態から公的なものと私的なものとが分化する過程である．

　わが国では，こうした近代社会の動向を「プライバタイゼーション（Privatization）」という概念で表現している．しかし，「プライバタイゼーション」という用語にはさまざまな意味があり，またその機能と現われ方も多様であるため，その評価も肯定的に評価する立場から否定的に評価する立場までさまざまである．これらについては章を改めて論議することとするが，ともあれ，ここでの「プライバタイゼーション」は，その一つの特性である「私秘化」の局面に限定し，秘密，私事，私生活などを他人に知られたり，干渉されないように秘匿する傾向という意味で用いることとする．

　それでは，現代社会では，こうした「私秘化」の側面での「プライバタイゼーション」がどの程度人々の間に浸透しているのであろうか．ここでは，その一端を示すデータを1988年度に実施された大阪市立大学社会学研究室の調査によって見てみることとする．表3-2は，同調査の中から大阪市に在住する成人を

第3章 現代社会の可視性と私秘化 93

対象とした「市民意識調査」の結果と政令指定都市及び東京都区部の中学2年生を対象とした「生徒調査」の結果を接合したものである．なお，この現象に関する質問文は，両調査とも同一のものを使用している[9]．

表3-2 内面の私秘化

いくら親しい間柄でも人には打ち明けられないことがあるものだ		そう思う	どちらかといえばそう思う	どちらかといえばそうは思わない	そうは思わない	計
成人市民（大阪市）		422 69.8%	126 20.8%	15 2.5%	42 6.9%	605 100.0%
中学生	出席群	2183 51.9% −3.8	1304 31.0% 4.4	442 10.5% 1.5	274 6.5% −2.3	4203 100.0%
	不登校群	813 57.7% 3.8	349 24.8% −4.4	129 9.2% −1.5	117 8.3% 2.3	1408 100.0%
	中学生計	2996 53.4%	1653 29.5%	571 10.2	391 7.0%	5611 100.0%

注）中学生の「出席群」および「不登校群」の上段は実人数，中段は構成比，下段は調整標準化カイ2乗残差の統計量を示している．

表に示された結果のように，成人市民では，どんなに親しい間柄でも私秘することがあるという意見に肯定的な人々（「そう思う」と「どちらかといえばそう思う」とを併せた回答者）は，全体の90.6%に達している．これに対して，中学生では，この意見に肯定的な反応を示す生徒は，成人市民に比べて少ないものの，全生徒の82.9%であり，多くの生徒達が「私秘化」の傾向を示していることがうかがえる．

しかし，「私秘化」の傾向を示しているからといって，それがそのまま人格の尊重に基づいた個人主義の現われであるとはいえない．したがって，これらの「私秘化」が，現代の日本社会の中で，何からの「私秘化」であり，何のため

の「私秘化」であるのかは改めて問い直す必要がある．また，中学生にとっては，現代社会とともに，学校社会の中でも同じ問いが立てられなければならない．ともあれ，デュルケムやジンメルが指摘したように，社会の分化過程に伴って，現代社会では，着実に個人化 (individuation) の動向は現われている．この「個人化」の動向にとって，「私秘化」は一つの基礎条件であり，契機となっていることは確かである．もちろん人間が「秘密」をもつという行動は近代に始まったことではない．どんなに親しい人に対しても打ち明けられないことがあるということは，おそらく人類の歴史以来見られる傾向であろう．ここで「私秘化」が個人化の「契機」であるという意味は，「私秘化」が近代社会の個人化とともに出現したということではなく，むしろ，個人化の出現が，「私秘化」という人間の行動の一般的特性を手がかりとしているということを意味している．

しかし，丸山真男が分析したように，社会の近代化に伴って現われてくる「個人析出の過程」は，さまざまな形態を取り得る．大衆社会論が描き出した「原子化」した個人化も「私化」した個人化もその一つの形態である．丸山は，「私化」には，社会制度の官僚制化が発展し，複雑化した社会・政治生活が彼を呑込むのに対する自覚的な対応の現われであって，そこから逃れるというよりは，自覚的に背を向けて自己の領域を築き上げ，そのなかで私的な欲求を充足させようとするそれなりの自立性があることを指摘している[10]．それは，防衛機制としての「私秘化」という側面の指摘でもある．たしかに「私秘化」が秘密をもとうとする人間行動の一般的特性に根ざし，どの程度秘密を形成するかは個人のパーソナリティ特性に依存している．しかし，特定のパーソナリティが秘密を形成する程度は，同時にまた個人がおかれている社会構造や集団構造に依存しているのである．したがって，今日の生徒の「私秘化」を検討するにあたっても，これを現代日本の社会構造や学校社会のあり方と関連させつつ検討していく必要がある．

しかし，不登校生徒には，学校に行かず，家に閉じ込もる行動や，級友や教師と話をすることを避ける傾向を示すことが多いため，他者に対して心を閉ざす「私秘化」の傾向を，精神病的な傾向や人格特性の現われと見なし，社会学

的視点を全面に押し出すことに疑問を呈する人もあろう．しかも，表3-2の結果は，一見したところこうした社会学的視点に疑問を投げかける結果となっている．表3-2に見るように，中学生を「出席群」と「不登校群」とに区分してみると，両群の間に統計的な有意差（$\chi^2=27.34$，$p<0.001$）が検出され，「私秘化」に対して「そう思う」という強い肯定的反応を示す生徒が，「出席群」に比べて「不登校群」の方に5.8％高く現われている．したがって，この結果から判断すれば，両群の間に検出された有意差は，不登校生徒の特性である他者に対して心を閉ざす傾向が反映したものであることを認めなければならないことになろう．もちろん，不登校にはさまざまなタイプがあり，学校に来ないからといって，すべての不登校生徒が「私秘化」の傾向を示すわけではない．しかし，一つのタイプとしてこうした内閉的な傾向が含まれているとすれば，「不登校群」では「出席群」に比べて「私秘化」の傾向を示す生徒が多くなることは当然のことである．

しかし，表3-2の結果の解釈にあたっては，次の2点について注意しておかなければならない．その一つは，「私秘化」の傾向が，どの程度不登校行動を特徴づける固有の特性であるのかどうかという点である．検討すべきもう一つの点は，「私秘化」の傾向がもし不登校生徒を特徴づける特性ではないとすれば，統計的に検出された有意差は何によってもたらされたのかという問題である．この点については次節でさらに検討することとする．そこで，本節では，前者について検討しておく．

表3-2に見るように，たしかに「私秘化」に強い賛意を示す生徒は「不登校群」に多く出現する傾向がある．しかし，「私秘化」に強い賛意を示す生徒は，出席群・不登校群の別なく過半数を越え，最も優勢な傾向として現われていることにも注意する必要がある．そこで，どのセルの影響によって全体の有意差が生じているのかを明らかにするために，調整標準化カイ2乗残差の統計量を算出した結果，「私秘化」について「どちらかといえばそう思う」という弱い賛意を示す意見が最も大きな影響を与え，強い賛意を示す「そう思う」という意見がこれについで有意な差を作り出していることが明らかとなった．しかも，同じ

「私秘化」に肯定的な意見の中でも，前者の意見は「出席群」に多く，後者の意見は「不登校群」に多いという逆の結果が現われており，「不登校群」が両意見を通じて一貫した高い出現率を示す結果とはなっていない．したがって，意見の賛意の強度をはずし，「そう思う」と「どちらかといえばそう思う」という意見を統合してみると，「出席群」(82.9%)と「不登校群」(83.5%)との間の有意差も検出されなくなってしまう．その結果，「私秘化」に肯定的な反応を示すものは，中学生では8割を越え，サンプルの大部分を覆う傾向となってしまう．また，成人市民では，この傾向が全体の9割を占めている．以上のように，「私秘化」が，細部では「不登校群」に多く現われているとしても，一貫した傾向ではなく，むしろ「出席群」にも優勢な傾向である．

このことは，不登校生徒の傾向としてしばしば語られることのある，親しい人間に対しても「心を開かない」という特性は，彼らだけに固有の傾向ではなく，現代の中学生や大人たちが多少とも共通して備えている心性であることを意味している．したがって，強い内閉性ないし自閉性が確かに一部の不登校にあてはまる傾向であるとしても，それを不登校全般の特性として描き出すことはできない．むしろ現代の人々が共通して示す一つの心的傾向であるといえる．

既述のように，「私秘化」は，個人の私的情報を自分で管理する権利を獲得することである．それとともに，「私秘化」は，自分をどのように他者に対して提示するかを操作する権利をも伴っている．心理学では，「印象操作」として概念化されている現象であるが，それは他者からどのように見られているのかという他者に帰属する自分のイメージを自己に帰属させる権利に関連している．「秘密が個人主義化の第一級の契機である」という意味についてジンメルは説明していないが，それは，秘密が自己に関する管理権と他者からの自立を確保するという側面をもっているからである．

したがって，「私秘化」が病的なまでに頑なに現われるとすれば，一つには確かに精神的な疾患によることも配慮しなければならないが，それとともに，人々が個人の確立ないしは人格の尊厳という近代社会の個人主義を志向しながらもこれを阻害する共同体規制の中にも求めることができる．もし，不登校生徒に

「私秘化」の傾向が強く現われているとすれば、個人的な特質にも注意を向ける必要があろうが、それとともに、彼らの生活がおかれている集団構造や社会構造の特質にも注意を向ける必要がある。

第4節　集団の可視性の関数としての私秘化

　不登校現象は、序章で定義したように、欠席や遅刻・早退などの行動に対して、妥当な理由に基づく動機ではないと判定することによって生じてくる。学校社会で、その判定を行なうのは、主として教師である。しかし、不登校はたしかに問題行動ではあるが、非行やいじめ問題とは異なり、すべての不登校に対して処罰が適用されるわけではない。第2章で検討したように、むしろ「訓育」という柔らかな処罰の形態をとったり、場合によっては相談に応じ、抱えている問題の解決に向けて援助したり、ときには精神的な支持を与える場合が多い。したがって、生徒達が、どの程度教師に対して心を開いているのかは不登校問題の解決にとって重要なことである。しかし、もし心を開いて援助を求めようとしても、些細な逸脱行動さえも見逃さずに処罰が適用されるようであれば、生徒達は教師に対して心を閉ざしてしまうことであろう。そこで、まず、生徒達が、学校社会の可視化のメカニズムの担い手の象徴的存在である教師に対して、どのような心の開き方をしているのかについて、一般的な傾向を見てみることとする。

　生徒全体の傾向としては、悩みや勉強について「相談しないが気軽に話をする」関係と答えた生徒（47.1％）が最も多く、ついで「あいさつする程度」の関係（24.2％）が多く、この二つの項目で、生徒全体の71.3％に達している。これに対して、「個人的な悩みまで打ち明けたり、相談できる」ような関係と答えた生徒は、わずかに4.9％にとどまっている。また、「悩みの相談はしないが、勉強について相談する」関係と答えた生徒も11.1％にとどまっている。なお、この結果のなかで注意しておくべきことは、「できるなら話をすることは避けたい」という生徒が、12.6％いることである。この点については、後で詳しく分

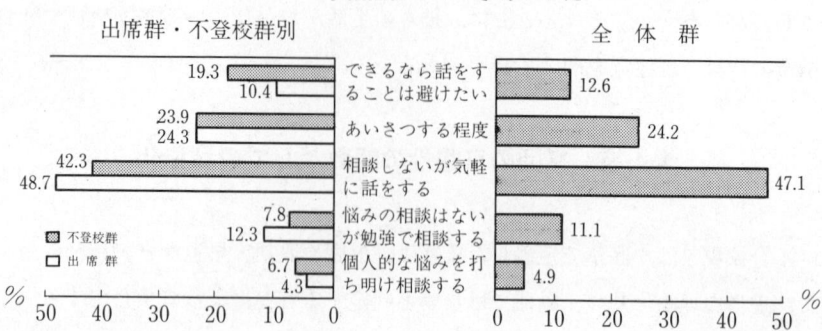

図3-1　学級担任とのつきあいかた

出席群・不登校群別		全体群
19.3 / 10.4	できるなら話をすることは避けたい	12.6
23.9 / 24.3	あいさつする程度	24.2
42.3 / 48.7	相談しないが気軽に話をする	47.1
7.8 / 12.3	悩みの相談はないが勉強で相談する	11.1
6.7 / 4.3	個人的な悩みを打ち明け相談する	4.9

■ 不登校群　□ 出席群

析することとする.

　このように,現代の多くの中学生にとって,学級担任教師は,「気軽に話をする」相手であり,「あいさつをする程度」の距離をおいた関係として位置付け,「個人的な悩みを打ち明け相談する」という関係はきわめて少ない.この傾向は,これまでの中学生の意識や行動に関するさまざまな調査においても一貫してみられた傾向であるが,このことは,生徒の個人的な悩みごとを,日常生活の中で,直接当人から汲み上げるためのコミュニケーション回路が停滞していることを意味している.そのために,学級担任は,生徒本人からの情報に直接依存することが少なく,もっぱら観察や他の教師の作成したさまざまな観察記録に基づいて生徒の現実を構成せざるを得なくなり,その結果,学級集団の「可視性」は低下することとなる.

　このことは,問題行動が発生したときの教師の状況構成の仕方に影響をもたらすことになる.もし,問題の発生事態の構成の仕方が観察だけに基づくとすれば,教師は現われた行動を生徒の日常生活のコンテクストに位置付けて解釈することが困難となる.そのために,発生事態の構成がまったく見当外れであったり,本質的な要素を見落とし,誤った対応がとられることにもつながりかねない.あるいは,問題行動を前にして,どう解釈してよいかが分からず,戸惑ってしまうこともあろう.ときには,生徒の行動の是非だけが判断され,生徒の心情や日常生活を無視した処罰的な対応策だけが講じられることにもなる.

しかし，問題行動に対する教師の誤った対応や戸惑いや処罰だけに終始する対応は，いずれも教師と生徒の間の溝をより一層深めることとなる．その結果，学級集団内のコミュニケーション回路はますます停滞し，学級集団の「可視性」はいっそう低下することになる．こうした事態の中で，問題行動に対する可視性を高め，適切な対処策を講じようとすれば，教師はさまざまな可視化の資源を動員しなければならなくなる．可視化資源の動員は，第2章で述べたように，同僚教師，生徒達とその保護者，日常さまざまな分野で記録された評価や観察結果など多岐にわたっている．このように，学校社会の「視線の作用」がどの程度稠密な視線の網の目を形成するかは，一つには，第2章で検討したような秩序化への圧力によるが，もう一つには，生徒との間の日常的な接触を通じたコミュニケーション回路の停滞の度合と集団の可視性の程度に依存している．

以上のことは，今日の生徒全般についての一般的傾向である．そこで，次に問題行動を不登校に限定した場合，不登校生徒と教師との間のコミュニケーション回路はどのように作動しているのであろうか．

図3-1にもどってみよう．図の左側は「出席群」と「不登校群」とを比較したグラフであり，両群の間には教師との接触の仕方について統計的に有意な差が検出されている（$\chi^2=108.41$, $p<0.0001$）．既述のように，「出席群」「不登校群」にかかわらず，現代の中学生では，総じて教師に対するコミュニケーション回路が停滞する傾向がみられるが，「不登校群」の生徒では，「勉強の相談」「気軽に話をする」「あいさつする程度」の関係については少なく，また，「できるなら話をすることは避けたい」と答えた生徒が「出席群」よりも多く現われている．したがって，「不登校群」の生徒は「出席群」の生徒に比べて教師とのコミュニケーション回路の停滞している生徒が総じて多い傾向がうかがえる．

そこで，どの接触の仕方が，両群の間の有意差に大きな影響を与えているかについて明らかにするために，調整標準化カイ2乗残差を算出した．最も顕著な差がみられるのは，「できるなら話をすることは避けたい」という意見項目（残差値＝8.8）であり，この項目が，「不登校群」と「出席群」との間の有意差に最も大きく寄与していることがわかった．この教師からも回避したいという意

識が，不登校の経験を持つためなのか，それとも既に教師に対して形成されている不信感の結果であるのかどうかについては，ここでのデータだけによって判断することはできない．しかし，いずれにしても，「不登校群」の生徒には，教師を避けたいという頑なに心を閉ざした生徒が多く見られ，この教師を避けるという傾向がこの群を「出席群」と区別する特徴となっていることは明らかである．

ところが，ここで注意しておかなければならないことは，「不登校群」には，「個人的な悩みを打ち明け相談する」という関係をとっている生徒が，「出席群」よりもわずかながら多いことである．この項目はすべての項目のなかで最もプライバシーの開放性を示す項目である．したがって，「不登校群」の生徒には，総じて教師とのコミュニケーション回路が停滞した生徒が多く，また教師を回避する傾向が特徴的に見られるとすれば，「不登校群」(6.7%)の方が「出席群」(4.3%)に比べて最も私的な内容について開放的傾向を示すというこの結果は矛盾することとなる．このことは，個人的な悩みを秘匿しようとする「私秘化」の傾向が，単に不登校生徒であるがゆえに高くなるのではないことを意味している．

マートンは，自分がすっかり見透されることへの抵抗感は，人によってたまたま「個人的秘密」を欲している度合が異なるのではなく，むしろ集団の構造的特質に起因していることを指摘している．彼は，第2章で検討したように，可視性への抵抗を生み出す構造的特質の中でも，特に集団規範の許容性と可視性との関係を重視している．いずれの集団においても，規範や役割遂行への同調については，ある程度の活動の余地が組み込まれている．しかし，この活動の余地が狭まり，成員に対して厳格に同調が要求されれば，成員の能力や訓練の個人差がすぐさま逸脱を生み出すことになる．また，規範に許容性が欠けているために，緊急事態への対応には困難を来たし，集団は速やかに問題解決に対処できず，場合によっては混乱に陥ることもある．さらに，大抵の人々は，厳格な規定の下でも，規範が求める要求からときどき離脱し，ストレスやフラストレーションを癒しているが，もしも可視性が過度に徹底し，わずかな離脱

に対しても厳格な刑罰が加えられるとすれば，集団は凄惨な刑場となり，稠密な視線の網の目の中で人々は「万人の万人に対する闘争」状態に陥ることになる．これらのことからマートンは，社会構造には，こうした事態を防ぐために「何ほどかの機能的に最適度の可視性」が備わっており，完全な可視性の下では，集団が集団として機能しなくなると結論づけている[12]．いいかえれば，社会構造が円滑に機能するためには，不可視空間が必要不可欠であり，もし過度にわたる可視性が生じれば，集団の中には成員の側から可視性にたいする防壁を築こうとする作用が現われる．個人的秘密や自分の内面を知られないようにする防衛反応は，自分が完全に見透されないようにする一つの重要な戦略的装置である．また，こうした「私秘化」の傾向は，過度な可視性の下では，個人にとって機能的であるばかりでなく，集団にとっても機能的な装置である．

以上のことから，学校集団の可視性に関して，次のような条件がある場合に，生徒は「私秘化」への欲求を高めていくことが予測される．

(1)不可視性の縮小・消失——第2章で検討したように，離脱空間の減少，校則やきまりなど規範の許容性が縮小したり，規定が細則化され，集団内の可視性が高まる場合である．

(2)同一基準の適用——能力や訓練などには本来個人差があり，役割の遂行や規範への同調にも個人差が見られるのが当然である．しかし，秩序化への要請が全面に押し出されるあまりに，各人の個人差が無視され，どんな生徒にも一律に同程度の役割遂行と同調が要求された場合には，逸脱が大量に作り出されることになる．そのため，成員は逸脱が可視化されることを防御するさまざまな機制を発達させることになる．

(3)意味の明確化と反作用パターンの構造化——教師および生徒が，校則やきまりについて，何が違反かを熟知させ，逸脱が生じた場合の教師や生徒の反作用の仕方についても規格化が徹底していることを意味する．それは主として社会化機能の徹底によるが，ときには特定の逸脱をスケープゴートにすることによって，規範の明確化を図り，逸脱境界を固めるとともに，反作用の存在を生徒に顕在化して示すこともある．

(4)訓育の処罰化——教育の目的に照らして，学校社会では逸脱に対して処罰というよりはむしろその生徒の「能力の不足」を補い規範に適合した行動を形成するように社会化機能が援用されている．しかし，この訓育的な色彩が薄れ処罰的色彩が全面に登場してくると，集団内には重罰化した反作用を回避するために，潜在化した逸脱が増大してくる．

(5)処罰の正確性・迅速性——どのような逸脱に対しても処罰が遺漏なく正確に行使され，しかも速やかに処罰が発動される場合には，集団内に罰への恐れによる逸脱抑止効果が現われる．それは集団の秩序化を促進するが，他方では反作用の担い手である教師やときには同級生の視線に対して生徒は警戒感を醸成することになる．

(6)稠密な視線の網の目の形成——逸脱行動に対して，教師だけでなく，同級生や保護者の視線の作用が援用され，日常のさまざまな観察記録が生徒の規範的行動を評価する素材として活用されるようになると，生徒は視線の包囲網の中に投げ込まれることになる．

　もちろん，ここに掲げた条件がすべてではないが，以上の条件が示すように，「私秘化」は，直接には集団内の可視化のメカニズムの関数であり，同時にまたそれに接合されている社会制御メカニズムをはじめとした社会過程の関数である．いいかえれば，「私秘化」は，学校社会の秩序化の関数でもある．そこで，以下では，学校社会の秩序化の象徴的存在である校則を取り上げ，「私秘化」との関係について検討することとする．

　表3-3は，上述の図3-1で示した「学級担任との接触の仕方」の項目の中で，コミュニケーション回路が最も閉ざされているタイプである「できるなら話をすることは避けたい」という関係にある生徒と，最も開かれているタイプである「自分の個人的な悩みまで打ち明けたり，相談できる」ような関係にある生徒だけを取り出し，「出席群・不登校群別」に再集計した結果である．この両タイプは，コミュニケーション回路の「閉鎖性——開放性」という連続体上の両極に位置しているが，同時に自分の内面にある個人的な悩みを打ち明けるかどうかという点で「私秘化」に関する連続体上の両極に位置している．

表3-3のもう一つの変数は，校則の妥当性についての意識である．ここでは，「校則のなかでおかしいと思うものが多いかどうか」について聞いた結果を用いており，校則の細則化や不当な強制に由来する拘束感を掬い上げている．したがって，この設問によって集団の可視性が強化されていく多様な「メカニズム」のすべてを代表させることはできないが，可視性の強化のメカニズムと私秘化との関係ついて部分的ながらも解明することができよう．しかも，この設問には，校則がどれだけ生徒の合意を形成しているかどうか，いいかえれば，規範という「集団装置」がどの程度正当性を獲得しているのかに関する次元を含んでいる．もし，可視性のための「集団装置」への正当性が損なわれているとすれば，生徒はそれに連動されている可視化のメカニズムおよび逸脱制御のメカニズムについても正当なものであるという信念を形成することができず，規範を抑圧的なものとして受け止めることになろう．したがって，この設問は，可視性が強化されるメカニズムについては部分的な設問ではあるが，学校社会の中の象徴的存在である校則に対する抑圧感を抽出することによって，逸脱を可視化するための「集団装置」とそれに連動する「メカニズム」がもたらす抑圧感をトータルに掬い上げようとするものである．

まず，「個人的な悩みを打ち明け相談する」というタイプと「できるなら話をすることは避けたい」というタイプの構成比（列パーセント）を見てみよう．「出席群」「不登校群」ともに共通した傾向がみられ，校則の中でおかしいと思うものが多いと感じるグループほど担任教師に対して「できるなら話をすることは避けたい」とする生徒が多くなり，「個人的な悩みを打ち明け相談する」生徒は減少している．とくに不適当な校則が「たくさんある」と答えたグループでは，「個人的な悩みを打ち明け相談する」生徒はきわめて少なく，「出席群」では10.6%，「不登校群」では13.0%にすぎない．そのため，このグループでは，「出席群」の89.4%，「不登校群」の87.0%の生徒が，担任教師に対して「できるなら話をすることは避けたい」という強い接触拒否の姿勢を示している．

学校社会を円滑に機能させ秩序化を図るために，集団の「可視性」を確保しておくことが，教師の役割として求められている．しかし，他方では，学級集

団が円滑に機能するためには，マートンが指摘したように過度にわたる「可視性」を制限するメカニズムも必要である．もし厳格な校則やきまりが細かく規定され，それが生徒の合意をかち取っていない場合には，これに連動する集団の「可視化」のメカニズムを低下させる活動が生徒の側から発動される．表3-3の結果は，校則が妥当性を極度に失った場合には，「私秘化」の傾向が強く現われ，反対に校則の妥当性が損なわれていなければ，「私秘化」の傾向はさほど強まらないことを示している．すなわち，表3-3の結果は，「私秘化」の傾向が，明らかに過度秩序化の関数であることを示している．

次に，「出席群」と「不登校群」との間の差について検討しておく．前出の図3-1で明らかになったように，「私秘化」の傾向は必ずしも「不登校群」に固有の特性ではない．むしろ担任教師に対して「不登校群」は閉鎖的な面を示しつつも部分的には開放的な傾向すらうかがえた．それは，表3-3の結果からも明らかなように，「私秘化」は不登校生徒の特性ではなく，むしろ学校社会の規範状態によって大きく左右されている．したがって，「私秘化」の傾向は，規範が抑

表3-3 「校則の妥当性」と「私秘化」との関係

		出　席　群			不　登　校　群		
		個人的な悩みを打ち明け相談する	できるなら話をすることは避けたい	出席群計	個人的な悩みを打ち明け相談する	できるなら話をすることは避けたい	不登校群計
校則の中でおかしいと思うものが	たくさんある	22 10.6%	186 89.4%	208 100.0%	23 13.0%	154 87.0%	177 100.0%
	少しはある	74 31.5%	161 68.5%	235 100.0%	39 35.8%	70 64.2%	109 100.0%
	あまりない	55 47.0%	62 53.0%	117 100.0%	23 40.4%	34 59.6%	57 100.0%
	全くない	28 50.0%	28 50.0%	56 100.0%	9 40.9%	13 59.1%	22 100.0%
	計	179 (4.3%) 29.1%	437 (10.4%) 70.9%	616 100.0%	94 (6.7%) 25.8%	271 (19.3%) 74.2%	365 100.0%

圧的な状態の下では,「不登校群」「出席群」の区別を越えて進行している．それは, 学校社会の秩序化の圧力に対する生徒の適応行動であり,「不登校群」の生徒だけでなく,「出席群」の生徒もが同じように採用する適応行動である．

　既述のように, 前節では,「私秘化」が, 個人主義化の「契機」を提供する重要な要素であることを述べてきた．表3-3の結果は, この事実を学校社会の中で裏づける例証でもある．学校社会の内部に秩序化への圧力が強まり, 個人がそこに呑み込まれ侵食されようとするとき,「私秘化」はその軋轢に対する防衛機制として登場してきている．防御が成功するかどうかは, 集団構造の柔軟性と防衛機制の正当性に依存している．しかし, いずれにしても, 秩序化の強まりの中で現われてくる「私秘化」の傾向は, 疎外状態ではあるが共同体の圧力から個人が逃れる契機となっていることはたしかである．

　しかも, 重要な点は, 秩序化の極度な強化の中で現われる「私秘化」は, 一方では, 個人のレベルでの適応行動として現象化しているが, 他方では, 同時に集団自体が円滑に機能するための不可欠なメカニズムであり, 集団自体の適応的活動でもあるという点である．不登校問題をはじめとする問題行動を, 広く学校社会の集団構造と秩序化の問題として考察しなければならない理由がここにある．「不登校群」にみられる「私秘化」への防衛機制は, 生徒個人の特質によるものではなく, むしろ学校社会の「可視性」を確保するための「集団装置」とその「メカニズム」の歪みを表象する現象である．いいかえれば,「不登校群」の生徒が担任教師に対して内面を「私秘化」するのは, 学校社会の秩序化の歪みの現われであり, 集団内のコミュニケーション回路が停滞するのは, 学校社会の秩序化の歪みの関数である．したがって, 集団に機能的に最適度な可視性を確保することは, 生徒についても機能的に最適な「私秘化」を許容することであり, 学校社会の適切な秩序化を図る方途でもある．「機能的に」とは, 個人にとっても集団構造にとっても有意味な作用を意味するが, それは現実にはネゴシエーションの集積によって最適化が図られていく一つの社会過程である．

　最後に本節を終えるにあたって, 教師の個性や指導法と「私秘化」との関係

について付言しておく．担任教師と生徒とのコミュニケーション回路が停滞した場合，担任教師の指導力を問われるのが通例である．そのため，教員を対象とした研修会では，教師の資質を向上させるためにいかにして生徒とのコミュニケーションを図っていくかがしばしばテーマとなる．もちろん高圧的な管理主義を全面に押し出す教師や生徒から信頼されていない教師に対しては「私秘化」が促進されることは十分考えられようし，この努力が一方では続けられるべきであろう．しかし，本節で明らかになったように，生徒の「私秘化」への傾斜は，規範という「集団装置」のレベルから生じていることも十分考慮しておくべきことである．それは，「私秘化」が，一方では，集団の秩序化の担い手である教師の個人的属性に依拠するものの，他方では，教師の個人的特質を越えた集団の属性によって促進されているからである．そのために，学級では生徒に対して開かれた教師であっても，学校社会全体の秩序化の圧力が極度に強ければ，生徒は教師の個人的努力にもかかわらず「私秘化」へと傾斜することになる．したがって，教師と生徒とのコミュニケーション回路の問題を考えるにあたっては，教師が学校社会全体の秩序化のあり方にどのような関心の示し方をしているのか，また意志決定過程にどのように関与し，どう指導しようとしているのかなどについても検討すべき課題として残されているところである．

第5節　重層化する可視化のメカニズム

　第Ⅰ部では，公式統計としての「問題行動の状況等に関する調査」から論議を起こし，これを含めたさまざまな実態調査が学校社会の可視化のメカニズムとして作用していることを明らかにしてきた．本節では，再び実態調査に論議を立ち返らせ，それが社会構造へと汲み上げられる過程について検討することとする．

　官公庁が実施する問題行動実態調査は，行政機構の監督官庁のラインに沿って情報を吸い上げられていく仕組みになっている．学校社会で発生するさまざまな逸脱行動は，事件として報道されない限り，通常は学校社会の内部で処理

され外部に公表されることはない．しかし，実態調査は，学校社会の逸脱の実態が外部に明らかになる唯一の手段である．いわば，実態調査は，社会構造にとって，学校内部の秩序化の実状を外部化する装置であり，社会構造の可視性を確保する手段となっている．ジンメルは，公共の利益に関する領域は，公開性を求められますます公になることが社会分化の方向であり，歴史の必然性と考えたが，学校社会もその例外ではない．したがって，可視化のメカニズムという点から考えると，問題行動実態調査は，一方では，学校内部の生徒を可視化する装置であるが，他方では，それが公表され外部化されることによって，教師を含めた学校社会の構成員を社会構造の中で可視化する装置として機能することになる．すなわち，問題行動実態調査は，学校内部の秩序化のメカニズムと全体社会の秩序化のメカニズムとを接合するリンケージ機能を果たしているのである．

そこでこの可視化のメカニズムの分析に入る前に，まず，調査が外部化される経路について簡単に見ておくこととする．それは，可視化のメカニズムの重層化が，実態調査の制度化されたフローチャートに沿って螺旋状のサイクルを描きつつ形成されるからである．図3-2は，実態調査の制度化されたフローチャートである．「登校拒否の状況等に関する調査」では，まず，毎年度末，学級担任教師によって，報告すべき不登校かどうか，どのような要因による不登校かが類別され判定される．これらの判定結果は学校毎に集約され，各所属市町村教育委員会に報告され，都道府県教育委員会，文部省へと集約され，当該年度の「登校拒否」実態調査結果として公表されることになる．その結果は，報道機関や政府広報に公表され，国民にも公開されている．

各段階で集約されるデータは，問題行動の多寡を集計単位毎に記述するにすぎない．しかし，この統計量が公表されることによって，われわれは「問題行動の多い学級——少ない学級」「問題行動の多い学校——少ない学校」「問題行動の多い市町村——少ない市町村」「問題行動の多い都道府県——少ない都道府県」という類別カテゴリーを作成することができる．つまり，実態調査に含まれる個々の集団や組織をフローチャートの各段階毎に集計することによって，

問題行動の多寡に関して序列化することができる仕組みになっている．

　しかし，問題行動調査が，学校社会の外部へ出され人々の目に触れるとき，それは生徒の実態という単なる事実を語ったものとして受け止められるだけではない．問題行動の多い学校に対しては，社会から学校はいったい何をしているのかという非難がすぐさま寄せられる．それは，人々が調査に現われた数字を「読み込み」，「価値づけ」ることによって起こる．

　この「読み込み」を支配するコンテクストは，教育システムが期待されている社会的機能とその担い手である教師への役割期待である．したがって，社会からの教育システムに対する期待が大きくなればなるだけ，人々は問題行動の多寡を教育行政機関や学校などの組織の機能とその担い手の役割の文脈に照らして解釈しようとすることになる．たとえば，「問題行動の少ない学級」は，品行のよい生徒が多い「社会化機能の行き届いた学級」となり，規律ある生徒の多い「秩序のある学級」として読み込まれていく．これに対して「価値づけ」を支配するコンテクストは，組織や集団の機能の充足度とその担い手の役割遂行度である．たとえば，「問題行動の少ない学級」は，学級運営を円滑にし，規律ある行動を教育している「教育力のある教師」であり，学校の運営上「問題のない教師」として価値づけられることになる．

　このようにして，「生徒の問題行動」は，「読み込み」や「価値づけ」を受けることによって「教師の問題行動」へと変換されることになる．この変換を可能にするためには，この変換を支配する文法規則が必要である．それは解釈する社会的文脈を支配し，「読み込み」と「価値づけ」を背後で司っている「変換コード」である．ここでは，「逸脱――統制」という解釈コードが「生徒の問題行動」を「教師の問題行動」へと組替える「変換コード」となる．この場合には，まず問題行動調査の学級集団集計結果から出発する．そこでは，生徒の行動は，「逸脱」というコードによって解釈され「問題のある」行動として呈示されている．つまり「生徒」と「逸脱」という二つのカテゴリーが結びつけられて呈示されている．そこで，学級集団内で「生徒」とペアーになっている関係役割の相手である「教師」に対しては，「逸脱」とペアーになっている機能関係

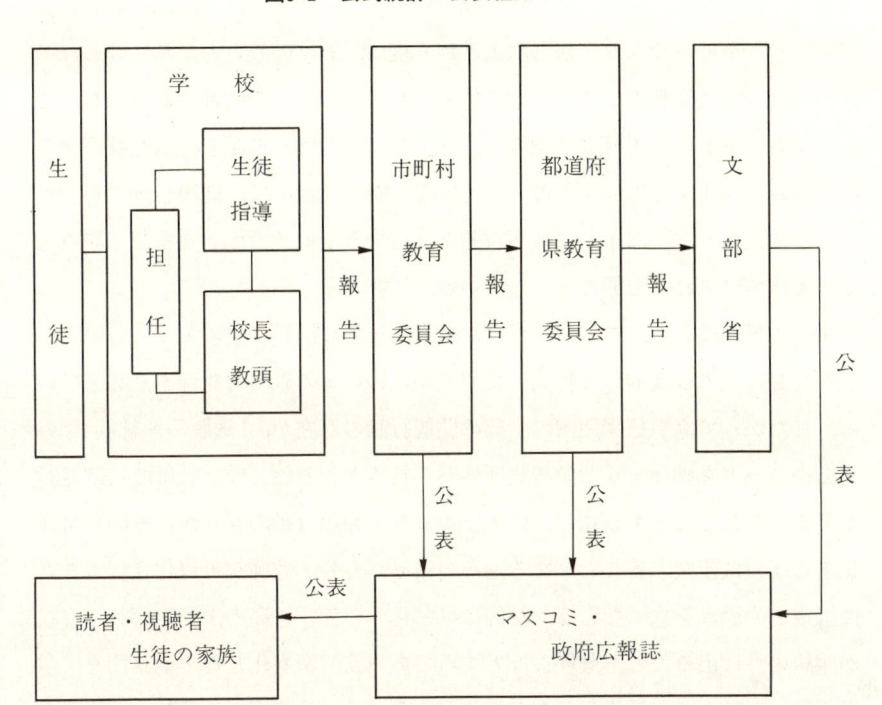

第3章　現代社会の可視性と私秘化　109

図3-2　公式統計の公表経路

生徒 → 学校（担任・生徒指導・校長教頭） → 報告 → 市町村教育委員会 → 報告 → 都道府県教育委員会 → 報告 → 文部省 → 公表 → マスコミ・政府広報誌 → 公表 → 読者・視聴者 生徒の家族

市町村教育委員会 → 公表 → マスコミ・政府広報誌
都道府県教育委員会 → 公表 → マスコミ・政府広報誌

の「統制」というカテゴリーが結びつけられることになる．つまり，「生徒――教師」という一対の関係役割が，調査によって「生徒――逸脱」として結びつけて呈示されることによって，「逸脱――統制」という一対の機能的関係のもう一方にある「教師――統制」という関係が結びつけられることになるのである．「読み込み」と「価値づけ」の枠組みとなる社会的文脈の変換は，この「逸脱――統制」という「変換コード」によって導き出されてくる．この場合には，生徒の問題行動量という事実性のコンテクストが，集団機能及び役割規範のコンテクストに変換され読み込まれ，その機能の充足度と役割遂行度によって教師が価値づけされることになる．

　このことは，読み込み価値づける側が，学級集団機能の充足と教師役割の遂行への期待を強くもっていればいるほど，これに内在する「統制」への期待は

高まり,「変換コード」による「読み込み」と「価値づけ」は強まることを示している．非行，校内暴力，いじめ，登校拒否といった学校内の問題行動が社会問題化し，事件がマスコミから報道される度に，教師の教育力が常に問われてきたのは，そこに教育システムの機能や教師役割への社会的期待が込められていたからである．この社会的期待は，一方では，教師が逸脱を統制し秩序化を図る営みを強化する方向へと導く支えとなるが，反面では，問題行動の存在が常に「変換コード」によって教師役割を遂行できない教師へと変換して読み込まれ価値づけされる可能性をもっている．

集団の可視性とは，既述のように，成員が規範に関してどのように行動し，役割規範にどの程度則って行動しているかについての観察可能性を意味している．したがって，学級集団内の生徒の問題行動の存在が，「逸脱――統制」という変換コードを媒介として学級集団外から見透されることは，教師の役割遂行が可視化されることを意味している．つまり，問題行動の存在が，教師を可視化する圧力に変換することになる．その結果，もし，教師が可視化されることに警戒心や恐れを抱くならば，教師は私秘化への欲求を高め，問題行動の存在が学級の外に出ることを避けようとするであろう．密室化した学級集団を「学級王国」と呼んで非難することがあるが，その一つの要因は，教師が可視化されることを避ける行動にある．このように，問題行動調査は，学級王国を外部から可視化する一つの有力な装置であるために，教師は生徒を可視化するとともに外部から可視化されるという二重の存在となる．

ところが，変換コードによる可視化は，学級担任教師だけにとどまるものではない．「問題行動生徒の多寡」は，学校集団の中で組織化された校長・教頭，生徒指導担当教師，学年主任などのそれぞれポジションについても拡張されることになる．管理職は「問題生徒」とその写像である「問題教師」への管理・指導能力を問われ，生徒指導担当教師は，同僚教師及び生徒への指導力を問われることになる．こうして，「問題行動生徒の多い学校」という統計数値は，「秩序化されるべき学校」として読み込まれ，組織集団の「管理指導」という社会的文脈の中で解釈されることによって管理職にまで可視化が進行する．この可

視化は，さらに上位の集計単位である市町村教育委員会へと螺旋状に上昇し，「監督・指導」という役割期待の文脈に沿って，さらに上位の集計単位である都道府県教育委員会へと進行していく．こうして，それぞれの集計単位に属するものは，「見るもの」と「見られるもの」という二重の役割を引き受け，役割規範からの圧力にさらされることになる．

とりわけ，教育集団や教育行政組織は，公共の利益にかかわるところが大きい．そのため，現代社会では，これらに対して公開性を求め，可視性を高めようとする社会的圧力は強い．教育委員会に対して問題行動の実態を公開するように求める訴訟が起こされたり，生徒指導によって怪我をした生徒が学校から教育委員会に提出される事故報告書の公開を求め，事実が歪められているとして訴えを起こすのは，こうした現代社会の趨勢を背景としている．しかし，訴訟が行なわれるということは，現代の学校社会が密室化し，神秘のベールで覆われていることの例証でもある．ジンメルを引き合いに出すまでもなく，公的な利益の担い手は，より成熟した社会では，もはや神秘的な権威の下で秘密に包まれていることはできない[13]．学校社会の密室化や学級王国は，その意味では前近代の残滓である．こうした近代社会の趨勢から判断すれば，生徒の不利益にならない限りは，学校社会を可視性する方向への圧力は高まりこそすれ，低下することはないだろう．

もちろん，現在のところ，公式統計を取るにあたって，学校関係者が問題行動の事実をどの程度秘匿しているのか，いいかえれば，公式統計は現実をどの程度正確に反映しているのかについて実証的に検証するデータはない．しかし，問題行動が深刻な事件に発展し，マスコミや世間の注目を集めたときには，事実の秘匿が表面化することがある．それは，情報の秘匿が皆無ではないことを物語っている．たとえば，1987年5月，E県N中学で発生した「給食農薬混入事件」を見てみよう[14]．

この事件は，生徒が，給食の味噌汁に除草剤を混入し，それを飲んだ生徒たちが中毒で入院するという事件であった．動機については「いじめへの仕返し」あるいは「嫌いな生徒へのいやがらせ」として報道されているが，いずれにし

ても報道機関によって付与された構成動機であり，真相は定かではない．生徒や町民の間には当初から「いじめが原因では」という噂が広まっていたという．そのため，報道機関は，当初から「いじめ原因説」を想定して取材にあたっていたようである．

　それでは「いじめ」説に関する学校側の態度はどうであったろうか．記事によれば，事件発覚後，学校側は，報道機関の取材に対して，「うちの学校にはいじめは一切ない」と言い通し，事件と「いじめ」との関連も否定しつづけていた．もちろん，真相が明らかになっていない段階で関係当事者の責任ある発言として，噂や報道関係者の読み込みを肯定することは避けるべきである．生徒の間には過去の「いじめ」事件と結びつけて「あいつが犯人では」という憶測も流れていたという．好意的に読み込めば生徒の動揺を防ぐ配慮だったともいえる．

　しかし，読者や取材にあたった記者には割り切れないものが残ったことも確かである．もとより，ここで事件が「いじめ」と関係していたといっているわけではないし，学校が関係を否定したからといってそれを批判しているわけではない．読者や記者の一抹の割り切れなさは，学校側の否定的態度の背後に，純粋な教育的配慮というよりは，むしろ「くさいものには蓋をする」という態度があったのではという疑念が働いたからであろう．いじめが自殺や殺人事件にまで発展したケースでは学校から「知らなかった」「いじめはないと思っていた」という責任逃れの言葉を幾度となく聞かされていたからである．読者や記者にとっては「またか」という思いを抱いたとしても当然であろう．事実，こうした観点から事件に対する学校側の態度を批判する新聞社もあった．しかし，ここで問題にしているのは，学校側がこの事件の原因をどうみていたのかということではなく，学校側は，この事件を含めてこれまで校内で発生していた「いじめ」を，上部機関にどのように報告していたのかについての姿勢である．

　この事件の一連の報道からN中学の過去の「いじめ」の事例を拾いだしてみよう．「同級生の度重なる暴力に耐えかねた男子生徒がグループに追いつめられ校舎二階から飛び下りた」「無視を続けられた男子生徒が登校拒否に追いこまれ

た」「クラブ活動をめぐるトラブルで上級生が下級生を殴った」「去年九月ごろから無視され,数ヵ月後には殴られるようになった」「わざと肩にぶつかったり,手を触れたりしては（病気が）うつる,消毒せないかんなどと大声を上げて逃げる」など,さまざまな事例が現われている.また,1985年度には町内二中学の父母へのアンケートを実施している.「校内でいじめがある」と答えたのは51.1％であったという.

　上記の事例は過去1年間のケースの中から取材した記者が拾いだしたものである.ところが,記事によれば学校から町教委に報告があったのは「クラブに入る抽選ジャンケンで負けた三年生男子が二年生男子を腹いせに殴った一件だけ」であったという.「いじめ」も「不登校」同様,文部省の問題行動実態調査で報告することを求められている事項である.報告をしなかったのは,学校内のどのレベルでの判断なのか明らかではないが,いずれにしても,いじめの事実が学校の外から「可視化」されることへの回避があったことはたしかである.

　このように考えてくると,私秘化は,個人の私的な領域に関する私秘化と公的な利益の担い手や組織の私秘化とは区別して考える必要がある.生徒たちが,過剰な秩序化がもたらす可視化のメカニズムの中で,教師との間に距離を置き,個人的な情報を「私秘化」したのは,秩序化の波に呑込まれ拘束される圧力の中で個人の私性を確保する手段であった.その意味では,私秘化は社会の個人主義化の契機となるものであった.

　これに対して,学校関係者が子供の利益に反するものではないにもかかわらず問題行動の存在を外部に出そうとしないとすれば,その行動は,公的な利益の担い手がその役割の履行状況を白日の下に曝すことを避ける手段であると見なされてもやむを得ないところがある.

　たしかに,一部の学校関係者の行動には,「くさいものには蓋を」という意識が働いていることがある.しかし,公的な利益に反するにもかかわらず,学校関係者はあえて問題行動の存在を外に出そうとしないのは,そこに単なる「くさいものには蓋を」という意識以上の力が働いているからである.蓋をするのは,公開された問題行動の事実が,教育システムの機能と役割遂行の文脈で「読

み込み」「価値づけ」られていくことを促す社会的な外部圧力があるからである．この圧力の源泉は，「読み込み」と「価値づけ」に内在し，これを支配している「逸脱——統制」という変換コードにある．データが公表されたとき，人々はこれを事実性のレベルで受け止めるだけでなく，学校社会全体の秩序維持という「統制」の文脈で読み変えるからである．そのため，学校社会全体の統制機能が問題視され，統制の対象は問題行動生徒だけでなく教育システムとその役割の担い手にまで拡大されることになる．したがって，外から学校内部の秩序化への期待と要請が強まれば強まるほど，学校社会の機能と役割遂行を外から可視化しようとする圧力は強まってくる．

しかし，現代の民主化された社会状況の中では，可視化する主体を具体的に見ることができない．可視化への圧力をかける主体は，学校教育システムの管理機構の内部にとどまらず，マスメディア，世論，議会，市民，研究者など広く学校教育システムの外に広がっている．いわば，「パノプティコン」に象徴されるような全員参加型の統制機構であり，誰しもが監視塔に入ることができる開かれた機構である．しかも，教育システムは，公共の利益に関するシステムであるだけに，社会が成熟するにしたがってますます可視化されることを求められることになる．したがって，児童生徒の問題行動が，社会問題化し，問題解決への社会的要請が強まれば強まるほど，学校社会の外から教育システムを可視化しようとする圧力は強まることになる．

フーコーは，「見られるが，決して見るわけにはいかない」視線の作用の中に，従来の「見るもの——見られるもの」という関係の分離を嗅ぎ取り，そこに視線の圧力を考えた．フーコーでは，その結果，見る側は「いっさいを見るが，決して見られはしない」透明な権力をもつと考えている．[15] しかし，現代社会では，見るものと見られるものは，監視塔と獄室に分かれて入る仕組みではない．既述のように，生徒をはじめとして，教師，教育行政担当者など教育システムを構成している人間は，それぞれが可視化される存在であると同時に可視化する存在でもある．そのため，現代社会では，視線の作用による統制のメカニズムを，学校教育システムの内部に限定し，管理者対教師の力関係や教師

対生徒の力関係に解消してしまうことは，現象の本質を見誤ることになる．一人の人間に内在する二重性が，見るものと見られるものとの識別を不明瞭にし，ますます視線の作用主体を見えなくしてしまうことを看過することはできない．現代社会の可視化のメカニズムは，それぞれの構成員がこの仕掛を作動させ，また自らがその仕掛によって絡め取られる装置であることを十分認識しておく必要がある．

　さらにこの二重性がもたらす立場の互換性があるからこそ，可視化のメカニズムは，学級，学校，市町村，都道府県，全体社会へとリンクされ，全体社会の秩序化の機能に寄与しているのである．こうして可視化のメカニズムは，「見るものと見られるもの」という立場の互換性を媒介として社会全体の中に稠密な視線の網の目を張り巡らせることになる．教師は，生徒を可視化するとともに同僚教師を可視化し，教育システムの上部機構を可視化することができるが，同時にそれぞれから可視化される存在となる．学校教育システムを構成している人々は，こうして視線の作用を重層的に拡散させつつ，システムの機構の中では，その役割の系列に沿って螺旋状のサイクルを描きつつ上向し，全体としての秩序化の機構を編み上げていくのである．

　したがって，教育システムを構成している人々は，視線の包囲網による可視化のメカニズムを作動させる社会全体の秩序化への圧力が強められた場合，私秘化への傾斜が現われることになる．非行，校内暴力，いじめ，登校拒否などが社会問題となり，マスコミが大々的にこれを取り上げ，国民の中に「モラル・パニック」が生じたとき，秩序化への社会的圧力は最大化し，教育システムに対する可視化のメカニズムは強化されよう．教育システムが秘密性を保とうとするのは，こうした過剰な圧力が生じた場合である．しかし，かりにそれが過剰であるとしても，可視化への圧力は，民主的に組織化された圧力として現われるために，教育関係者には抵抗しがたい視線の包囲網となる．抵抗しがたいのは，民主化された社会の中では，教育システムという公共の利益の担い手は，ますます可視化され公開性を求められているからである．公的なものは，ますます公な存在となることによってデモクラシーはより一層実現されていくとい

う側面をもっている．そのため，過剰な可視化の中で現われてくる教育システムの私秘化は，デモクラシージレンマとしての性格を帯びている．

しかし，「私秘化」が，社会の構造的ジレンマとして現われ，監視装置に絡め取られた当事者にとって防壁となるとしても，これを全面的に肯定するものではない．問題の一つは，こうした構造的ジレンマを生成する状況にある．前節では，「私秘化」がすべての不登校生徒に起こる現象ではなく，「私秘化」へ傾斜するかどうかは，集団構造の規範の状態に依存することを明らかにしてきた．このことは学校社会の秘密性の保持についても妥当することである．もとより問題の所在は，公共の利益に関する集団が秘密性を保持することの善悪ではない．明らかにされるべき問題は，学校社会に機密性を保持させようとする可視化への過剰な圧力であり，秩序化のメカニズムである．

さらにもう一つの問題は，教育システムが，現在のところどれだけ公開性に耐え得るだけの成熟した組織であるかどうかという点である．学校社会のような公共の利益に関する組織は，デモクラシーの原則に照らして，公開性は今後ともますます求められていくことになろう．もしも，秘密性を保とうとすることが生徒の利益に反し，単なるくさいものに蓋をし，保身のためだけにとどまれば，学校社会への批判のトーンはますます高まってゆくことになろう．しかも，児童生徒の問題行動は，解消されるどころか，ますます深刻な状態となり，登校回避感情は，いっそう蔓延してゆくことになろう．もちろん一口に学校社会といっても，さまざまな学校がある．なかには公開性に耐え得る成熟した組織たろうと努力している学校や教師がいることもたしかである．しかし，学校社会を神秘に覆われた権威の中におくことは，現代社会の中に前近代的な遺制を温存することでもある．

問題行動調査も，ただいたずらに学校社会の秘部を暴いたり，モラル・パニックを煽り立て秩序化への過剰な圧力を引き出す装置ではなく，問題行動の生成を防止すると同時に学校社会の成熟に寄与する社会装置として位置づけられるべきである．それは，調査を実施するものも，またその結果を見るものもが考慮しておかねばならないことであろう．

注

1) Simmel, G., 1908, *Soziologie, Untersuchungen uber die Formen der Vergesellschaftung.* Duncker & Humblot. 居安正訳『社会分化論　社会学』現代社会学大系Ｉ, 青木書店, 1970年, 302頁.
2) 調査は, 大阪府下及び鳥取県Ｉ町の中学２年生1,064人について大阪市立大学社会学研究室が1989年11月に実施した結果である.
3) 出席群・不登校群別に見た保健室の利用頻度は次表の通りである.

保健室の利用頻度 出席群・不登校群	よく行く	ときどき行く	めったに行かない	行ったことがない	計
出　席　群	13 1.5%	143 16.0%	606 67.8%	132 14.8%	894 100.0%
不　登　校　群	5 3.1%	55 34.2%	94 58.4%	7 4.3%	161 100.0%

4) Merton, R. K. 1957, *Social Theory and Social Structure.*(revised ed.) 森好夫他訳『社会理論と社会構造』みすず書房, 1961年, 313頁.
5) Durkheim, E., 1893, *De la Division Du Travail Social.* 井伊玄太郎・壽里茂訳『社会分業論』理想社, 1957年. なお, 訳書は元本の第４版に拠っている.
6) デュルケムは,『社会分業論』の初版を出版以来, そこで扱った問題に関連する書物としてジンメルの著作を挙げ, 次のように評価している.「1893年以来, われわれの書物において取り扱われている問題に関連した二つの著書があらわれており, 或はわれわれに知られるようになった. それは第一に, ジンメル氏の Social Differenzierung (Leipzig,Ⅶ-147p.)であって, そこでは分業は取り立てて論じられていないが, 一般的に個人化の過程が問題とされている」(デュルケム, 同上訳書, 65頁).
7) Simmel, G., 1908, *Soziologie, Untersuchungen über die Formen der Vergesellschaftung.* Duncker & Humblot. 居安正訳『秘密の社会学』世界思想社, 1979年, 48頁.
8) ジンメル, 同上訳書, 48-53頁.
9) 調査方法に関する概要は, 巻末に収録されている「調査の方法と標本」を参照されたい.
10) 丸山は, individuationの訳語として「個人析出」をあてている. 彼は, 近代化のさまざまな局面におかれた個人の態度を「自立化」(individualization)・「民主化」(democratization)・「私化」(privatization)・「原子化」(atomization)のパターンに分け, 近

代化の過程で個人が析出されてくるパターンとした.「私化」は, 四つのパターンのなかでも, 個々人がお互いの間に進める結社形成の度合の弱いパターンとして「原子化」とともに並んであげられている. 両者は, ともに公共の目的よりは個人の私的欲求の充足を志向し, ともにすすんで社会から隠遁し, 関心や生活世界の意味づけを「私的」なことがらに封じ込める傾向があるとしている. 丸山真男「個人析出のさまざまなパターン」(M. B. Jansen (ed.), 1965, *Changing Japanese Attitudes toward Modernization*. Princeton University Press. 細谷千博編訳『日本における近代化の問題』岩波書店, 1968年, 367-407頁).

11) ここでいう「不登校群」とは, なんらかの不登校行動, すなわち欠席, 遅刻・早退行動を示す生徒であり,「出席群」とは, 学校への回避感情をもたない生徒とその感情はもっていても出席している「潜在群」の生徒の両者を含めたものである.「潜在群」を「出席群」に含めたのは, 学校へ行くのはいやだとしても, 出欠行動に関しては同調的行動を選択しているからである.

12) マートン, 前掲訳書, 311-325頁.

13) ジンメル, 同上訳書, 50頁.

14) ここで資料としたのは, 朝日, 毎日, 読売, 産経, 日経各新聞社の5月27日から6月16日の記事である. また, 事件の詳細およびこれに関する新聞報道の扱い方に関する分析は, 次の論文に所収されている. 森田洋司「給食農薬混入事件報道の記号を読む——「いじめ」論再考——」少年補導, 377号 (1989年8月号) 20-28頁.

15) Foucault, M. 1975. *Surveiller et Punir : Naissance de la Prison*. Gallimard. 田村俶訳『監獄の誕生——監視と処罰』新潮社, 1977年, 邦訳202-204頁.

第Ⅱ部

不登校生徒の実態

第4章　現代型問題行動としての不登校問題

第1節　「現代型」の意味

　「非行」「校内暴力」「いじめ」「不登校」などの問題は，現代の学校社会のかかえる深刻な問題といわれている．なかでも「いじめ」や「不登校」は，1980年代に入って社会的に大きな問題として人々の注目を集めるようになってきた．そのために「いじめ」は「非行」や「校内暴力」を押さえ込んだために発生したとか，「いじめ」の次は「不登校」といった皮相的な見方にも根拠があるかのような印象を与えている．しかし，「いじめ」にしても「不登校」にしても，これらの問題は，それ以前の段階でも教育関係者の間で問題視されていた問題群である．不登校問題は，既に「学校恐怖症」や「登校拒否」として研究者や教育関係者の間で問題とされてきていた．また，文部省が「学校嫌い」を理由とする長期欠席児童生徒を公式統計として調査しはじめたのは1966年である．したがって，社会問題として登場してきたといっても，それは，ただマスコミをはじめとして広く社会的に問題視されてきたのが1980年代以降のことであるというにすぎない．

　「現代型」問題行動というと，これまでとは異なった当世風の新しいタイプの問題行動が現代社会に現われてきたことをまず最初に思い浮かべがちである．しかし，ここで不登校問題を「現代型」問題行動と呼ぶのは，それがマスコミをはじめとして人々の関心を集め大きな社会問題となったのが，比較的最近のことであるからではない．もちろん，社会学の視点からすれば，「なぜいま不登校が社会問題視されるのか」を問うことは意味のあることである．フューラーとマイヤーズ (R.C. Fuller & Myers,R.C.) が，社会問題化の過程の分析枠組みを呈示して以来，人々が特定の現象や行為にどのような意味を付与し，そこに「問

第4章　現代型問題行動としての不登校問題　121

題性」を嗅ぎ取り，どのような反応のパターンを形成するのかは，社会問題論の中心的なテーマの一つである．[1] この視点は，その後ラベリング理論に引き継がれ，問題行動が問題とされるのは，社会内の道徳的意味空間をめぐる人々の相互作用の結果であり，意味とシンボルの生成と再編の過程であるという重要な知見を導き出している．したがって，教育行政機関，政府や地方自治体の審議会，教師，児童生徒などの当事者，研究者，マスコミ，運動団体などの社会内のさまざまな人々や集団組織が，不登校現象に対してどのような問題性を感じ，その相互のダイナミズムの中でどのようにして社会問題となってきたのかを分析することは，不登校問題の「現代性」を検討するにあたって欠かせない作業である．あるいは，不登校やいじめ問題において，「誰によって，なぜ」日本社会や学校社会が問題視されるのか，あるいは，家庭が問題視されるのかを問うことは，現代の社会や学校や家庭のあり方を問うという意味でも，また，現代の社会や学校や家庭を問題視する政策的意味を明らかにするという点でも，不登校問題の「現代性」を明らかにすることになろう．

　したがって，ここで，「現代型」という意味を用いるとき，今までになかった，新たな問題行動が現代社会に現われてきたという意味で「現代型」という用語を使おうとするものではなく，人々が問題視するようになった意識の背景に潜む現代社会の様相に焦点をあてるためである．また，公式統計による不登校生徒が近年急増してきているから，不登校現象が「現代的」であるという意味で用いるものでもない．そこには，三つの意味がある．一つは，近年の量的な増加の背景に潜む質的な変化を伴った新たな局面への展開に着目するための概念である．たしかに，「不登校」問題や「いじめ」問題は，近年増加してきている．しかし，その変化は，単なる量的な増加に着目するだけでは説明のつかない変化が現われてきている．それは，「不登校」や「いじめ」が，従来から発生していた伝統的な問題行動でありながら，そこに伝統型とは異なった特徴がみられるために，伝統型問題行動に適用してきた従来の説明の枠組みではもはや現象を掬いきれなくなってきたことを意味している．したがって，「現代型」問題行動という用語は，従来にない新たな特質とその要因が混入してきたこと

に着目する概念であり，これに着目することによって，問題行動の原因論や教育指導に新たな問題提起を提出するものとなるという意味でこの概念を用いている．

「現代型」という意味の第二のインプリケーションは，現代の問題行動が，現代社会の動向と深く関わりつつ，これを背景として現われてきているということである．本書では，この現代社会の動向を「プライバタイゼーション」に求めている．この点については，第Ⅲ部で考察し，第Ⅱ部では，不登校生徒の意識や行動に焦点をあてるため，学校社会のあり方やそこで生活している教師や生徒の問題性が直接俎上に上ってこよう．しかし，本書の問題意識は，いたずらに学校批判や教師と生徒を批判することにあるのではない．むしろ，学校社会や家庭とそこで生活を営む人々を呑み込み，問題行動を生成するより広い現代の社会のあり方に関心があり，第Ⅱ部は，第Ⅲ部の考察の基礎をなすものである．

「現代型」という用語の第三の意味とその意義は，第一や第二の問題行動の特質やこれを生成する社会的要因の現代性ではなく，特定の問題行動が現代社会においてなぜ人々から問題視されているのかという「社会問題化」の過程に含まれる現代性である．

いずれの問題行動にしても，そこに巻き込まれている子ども達が抱えている問題状況は深刻な事態である．したがって，その問題行動が，社会問題となっていく一つの要因は，問題の当事者である子ども達の状況にある．しかし，その問題状況が現代社会の動向と密接な関連をもって現われるとき，現代社会に生きる人々が多かれ少なかれ巻き込まれ直面している問題状況には，問題行動に陥っている子ども達の状況と共通した特性が現われてくる．共通性の範域を学校社会に限定すれば，そこで問題視される事態が大きな社会問題になるのは，特定の子ども達だけのものではなく，現代の子ども達の多くが等しく共有し直面する事態であることによる．また，特定の子ども達の問題が，さらに大きな社会問題として社会の多くの人々の関心を集め共感を呼ぶのは，その問題が，現代社会に生きる人々の生活世界の問題と共通した特性を示しているからであ

る．いいかえれば，「いじめ」問題や「不登校」問題が，現代社会の子ども達や大人達が直面している問題状況の象徴的存在として目に映るからこそ，かくも大きな社会問題として人々に意識されているのである．したがって，以下の分析で「現代型」問題行動の出現を1980年前後とするが，それは，この時期に新たに「いじめ」という行動が子ども達の世界に現われたということを意味するものではない．第三の意味での現代性が意味するところは，一つは，上述の第一と第二の意味に加えて，この時期に「いじめ」が，社会全体の多くの人々の関心を集め「国民を挙げてのいじめ大合唱」と称されたほどの社会問題になったという事実に求めることができる．第三の意味での現代性のもう一つの意味するところであり，しかもより本質的な意味は，本書の「まえがき」でも述べたように，現代社会の人々が，特定の子ども達の「いじめ」問題とその生成因の中に，現代社会の人々や，その社会に含まれる学校社会の子ども達が等しく直面している問題状況を嗅ぎとったことである．それは，1970年代後半から1980年にかけて，日本社会におけるプライバタイゼーションの動向がより顕著になってきたこととも関連している．つまり，特定の問題が社会問題化するのは，その問題を社会内の多くの人々の問題として意識させる社会的コンテクストが存在しているからである．本書では，不登校が社会問題化していくプロセスの分析を直接のテーマとするものではないので，章を割いて論じることはないが，第Ⅲ部の分析を通じて，こうした社会内の社会問題化のコンテクストは浮かび上がってこよう．

　「現代型」という概念の以上の三つのインプリケーションの内，第一と第二の意味で「現代型」とするターミノロジーの用い方は，「現代型」犯罪という概念を設定し，現代社会における犯罪現象の新たな特質を浮き彫りにしつつ犯罪学理論と刑事政策の修正の必要性を明らかにした藤木英雄の理論を援用したものである．藤木によれば，現代型犯罪は「形式的には刑法に触れ，しかも自然犯に属すると考えられる行為でありながら，一般市民の日常行動の延長線上にあり，社会観念としても，本人の意識としても，当然の悪であるとは認識されていないという種類の行為をいう」と定義されている．[2] この特徴づけは，以下に

述べるように，現代の不登校問題やいじめ問題においても共通する特質であり，不登校やいじめ問題にも十分適用できるものである．

しかし，いくら現代型問題行動が登場してきたといっても，問題行動がすべて変質した特徴で塗りつぶされたわけではない．不登校問題においても，従来から見られた伝統的な形態は依然として存在している．したがって，現代型といっても，それは現代の子供達の不登校行動を構成している特質の分布の中に従来はさほど観察されなかった新たな特質が混在してきたということを意味するにすぎない．そのため，現象面だけに着目すれば，伝統型に焦点をあて不登校問題は変質していないという論を構成することも可能であり，新たな特質に着目して問題は変化してきているという論議を展開することもできる．しかし，ここでは単なる現象面の分布だけを指して現代型問題行動が現われてきたと考えるものではない．また，研究者の価値を全面に押し立てて，いずれが本質的な特質かを論じるものでもない．

本章の目的は，むしろ現象面に見られる伝統型特質と新たな特質との分布を可能な限り客観的に把握しつつ，新たな特質の登場の背後に潜む現代の子供達の変化を明らかにすることによって，不登校問題の理解の仕方や対応にどのような変化が求められているかを考察するという第一の意味での現代性の解明にある．この新たな特質の登場は，現代社会の動向を背景としているがゆえに，特定の限られた子ども達だけでなく，多くの子ども達にまで普遍化するという性質をもっている．藤木は，この現代社会の動向を高度産業社会，大量消費時代ないしは大衆社会時代として把握したが，本書では，社会の近代化に伴うプライバタイゼーション（privatization）の進行によって生じる「公と私の関係性」に関する価値のゆらぎ及び「集団と個人との紐帯及び対人関係（social bonds）」の変化に着目するものである．この現代社会の動向と不登校問題については第Ⅲ部で考察する．

第2節 「逸脱性」の判断と罪障感

　現代型問題行動の第一の特色は，「逸脱性」の判定及び「逸脱」の境界が不明確である点にある．1980年代以前の問題行動の中心的テーマであった「犯罪・非行」，「校内暴力」ないしは「対教師暴力」は，法規範に抵触する行為が多く，その行為自体の逸脱性について社会的コンセンサスが容易に成立する領域の行為であった．しかし，1980年代以降に社会問題化してきた「いじめ」は，一方では，たしかに自殺や殺人事件にまで発展するような深刻な事件を引き起こしたものの，他方では，軽微ないじめも多く見られる．そのため，人々は，残忍な手口や陰湿ないじめを逸脱行為と見なすことはあるとしても，いじめ行為自体は子供達の世界のむしろ正常な出来事であり，子ども達の発達成長にとって欠くことのできない要素と見なす意見が現われてくる現象である．こうした解釈からすれば，陰湿ないじめや悪質な手口は，「いじめ」からの逸脱であって，「いじめ」行為そのものは逸脱ではないことになる．いいかえれば，「いじめ」が本来的な悪であるということについて必ずしも明確でなく，そのために社会的コンセンサスが成立しない領域での現象である．加えて，「いじめ」には軽微なふざけやからかいから刑法犯に抵触するような恐喝や傷害事件に至るまで広く含まれているために，グレイゾーンが広く，逸脱性の限界や境界も不鮮明であり，どこまでが問題であるかの境界も定かではない．

　これに対して，「不登校」による欠席，遅刻・早退行動は，形式的には教師が用いる「欠席取扱事項」に記載されている妥当な事由からそれた行動であるため逸脱カテゴリーに属する行為である．明文化された明確な規範が存在するという点では「いじめ」とは異なり，一見したところ逸脱の定義や境界は明瞭であるかのように思われる．しかし，不登校は，他者に被害を及ぼす行為ではなく，また，ストレスや人間関係のつまずき，不安感などからの緊急避難的行動を含むために，逸脱ではあるものの，行為それ自体が悪であるという意識は，社会観念としても，本人の意識としても認識されていない場合が少なくない．

この点では，犯罪・非行，校内暴力などの1980年代以前に人々の関心を集めた教育問題とは異なる．もちろん，不登校にはさまざまなタイプがあり，「怠学」という言葉が意味するように，本人の心がけが悪いために生じる行為として認識される場合もある．しかし，近年では，不登校は，本人の心がけの問題というよりも，彼らを不登校へと追い込む環境要因や関係要因がむしろ問題であるとする指摘が現われ，「怠学」というラベルに含まれる「怠け心」という視線についても疑義が呈されている．こうした不登校の理解の仕方からみれば，不登校行動は，問題ではあるが，彼らの多くが，必ずしも規則違反それ自体の実現を目的として行ったものではないという点についての理解は広まってきているといえる．

それでは，不登校行動を行っている生徒は，実際に自分達の行動をどのように判断しているのであろうか．もし，不登校行為それ自体の逸脱性が意識されていなかったり，境界が不鮮明であれば，そのこと自体が悪いことだという意識は薄れ，かりに不登校によって欠席や遅刻・早退を行っても当人に罪障感は生じてこないであろう．図4-1は，不登校群の生徒に欠席（遅刻・早退）したときの気持ちを尋ねた結果である．

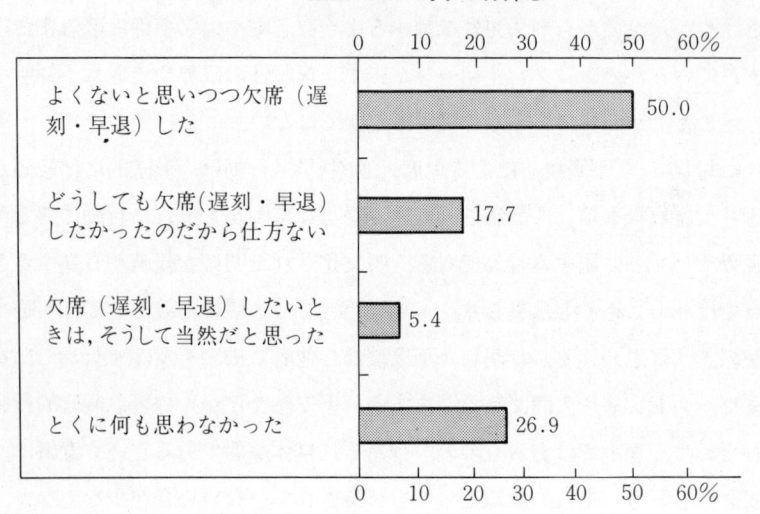

図4-1　不登校行動に対する罪障感

	%
よくないと思いつつ欠席（遅刻・早退）した	50.0
どうしても欠席（遅刻・早退）したかったのだから仕方ない	17.7
欠席（遅刻・早退）したいときは，そうして当然だと思った	5.4
とくに何も思わなかった	26.9

図からも明らかなように,「よくないと思いつつ欠席（遅刻・早退）した」という生徒は不登校群の半数を占めており,これらの子ども達は学校へ登校しないことを悪いことだと意識し,自分の行動に罪障感を感じているグループである．分布に着目すれば,このグループが最も多く,本人の意識として不登校を逸脱だと見なす考え方は依然として主流を占めているといえる．したがって,不登校生徒は,学校の存在を過剰に重く感じたり周囲から過剰に意識させられ,そのためにアンビバラントな感情に苛まれてストレスや神経症的傾向を増幅するという従来の説明図式がこのグループについては妥当している．彼らにとって,学校とは,毎日登校しなければならないものであり,それが義務であると認識されているからこそ罪障感に苛まれ,そこに一抹の後ろめたさや逸脱性を感じているものと思われる．

　ところが,図4-1には,不登校に対して罪障感を示さないグループがある．欠席（遅刻・早退）は「当然だ」「何も思わない」という生徒がそれであり,この二つの意見項目を併せると32.3％に及んでいる．これらの生徒は,不登校がとりたてて逸脱のカテゴリーに属する行動ではないものとして認識している生徒であり,学校の存在は罪障感のある生徒に比べて軽く感じている生徒である．

　このように,現代の不登校現象には,欠席（遅刻・早退）を悪いことだと感じている生徒,つまり規範からの逸脱行動だと明確に意識している生徒が多くを占めていることはたしかであるが,他方では,とりたてて悪いことだと認識していない生徒も比較的多く含まれていることも事実である．このことは,不登校生徒に対して,一面的な理解や対応では不十分であるばかりでなく,誤った対応をも引き起こすことを意味している．一部の不登校論議のなかには,不登校生徒を学校の存在の重みやその圧力に打ちひしがれた生徒像として描き出したり,学校へ行きたいあるいは行かなければという思いに苛まれつつ欠席する生徒として考える傾向が見られるが,ここでの結果は,こうした解釈や説明が現代の不登校現象に対しては一面的な理解であることを示している．

　もとより,ここでは,生徒達が自らの不登校行動にたいして罪障感をもたないことの是非を問おうとしているものではない．ここでの関心は,すべての子

供達が，従来のように毎日学校へ行くことが当然であり義務であるとは必ずしも考えていないという点にある．そうだからといって，この子ども達が学校教育の価値までも否定しているというわけではない．近年，不登校問題が社会問題となるプロセスでは，現代の学校のあり方や教育制度への異議申し立てとしての「登校拒否」の登場がマスコミなどで注目を集めてきた経緯がある．この異議申し立てには大別して二つの主張が含まれている．一つは，学校教育制度や学校の存在そのものを否定する立場である．この主張の中には，「脱学校論」や「学校無用論」のように現代社会における学校教育の存在それ自体を否定する考え方や，学校教育の必要性は認めつつも現行の教育制度の枠外に新たな教育理念に基づいた学校を創り出そうとする主張が含まれている．これに対して，もう一つの異議申し立ては，制度内変革を主張するものである．それは，現行の教育制度を認めつつも，現代の教育のあり方やその運用の仕方に矛盾や問題点を抱えており，不登校はその矛盾や問題点から現われてくるという立場を取る．この視点からの主張は，教育制度やその運用への修正を求めたり，教育の矛盾や問題を避けるためのバイパスとして新たな学校を創り出すことを提唱する動きとなって現われている．

　しかし，不登校生徒の三分の一を占めるこれらの罪障感の見られない生徒の登場が，そのままこうした異議申し立ての表明につながるものでもなく，またマスコミや評論家の社会的主張に根拠を与えるものでもない．図4-1の結果の中に，不登校について罪障感のない子ども達が比較的多く含まれているということは，現代の子ども達にとって登校という行動が，もはや義務的な規範的体系に属するものではなく，登校したくないときには休んでも差し支えないものという選択的体系に属し，欠席や遅刻・早退が逸脱視するほどのことではないという認識が登場してきたことを意味している．いいかえれば，学校の存在が従来ほど子どもにとって絶対的なものではなく，相対化して認識するグループが混在してきたことを意味している．

　これらの傾向の登場は，ある意味では，生徒と学校とのつながりに関するさまざまな価値にゆらぎが現われてきたことと無関係ではない．図4-2は，学校生

活のさまざまな領域への関わりと罪障感の有無との関係を示したものである．なお，この図における罪障感の有無については，図4-1の項目の中で，「よくないと思いつつ欠席（遅刻・早退）した」生徒を「罪障感のある生徒」とし，「欠席（遅刻・早退）したいときは，そうして当然だと思った」という意見と「とくに何も思わなかった」とした生徒とを併せた意見を「罪障感のない生徒」として再分類している．

図4-2　罪障感の有無と学校生活領域への意識

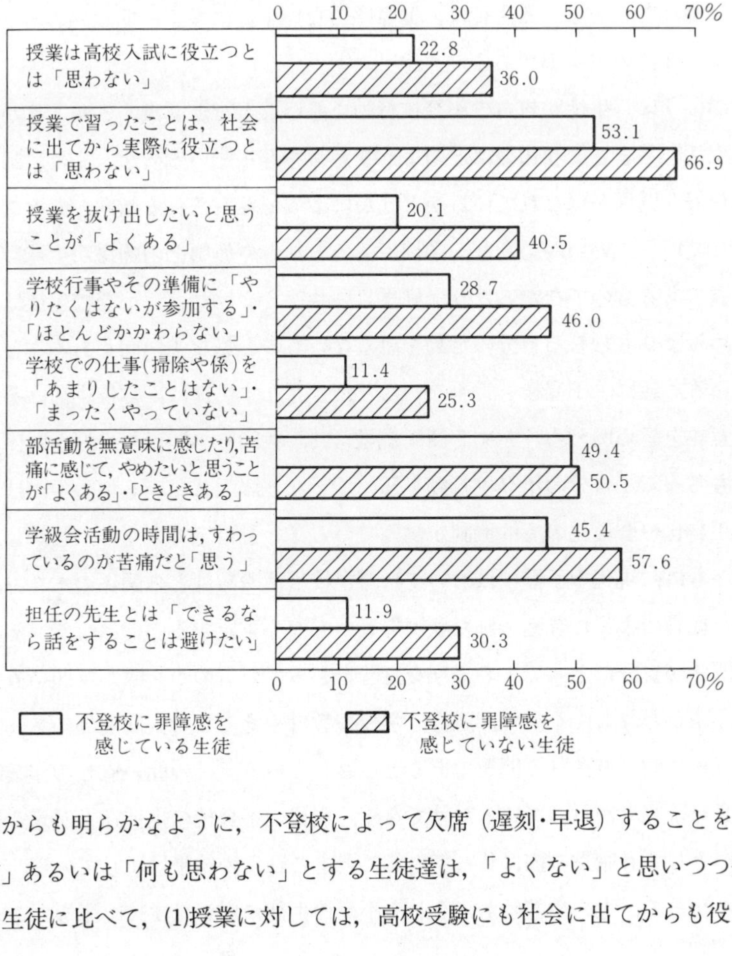

項目	罪障感を感じている生徒	罪障感を感じていない生徒
授業は高校入試に役立つとは「思わない」	22.8	36.0
授業で習ったことは，社会に出てから実際に役立つとは「思わない」	53.1	66.9
授業を抜け出したいと思うことが「よくある」	20.1	40.5
学校行事やその準備に「やりたくはないが参加する」・「ほとんどかかわらない」	28.7	46.0
学校での仕事（掃除や係）を「あまりしたことはない」・「まったくやっていない」	11.4	25.3
部活動を無意味に感じたり，苦痛に感じて，やめたいと思うことが「よくある」・「ときどきある」	49.4	50.5
学級会活動の時間は，すわっているのが苦痛だと「思う」	45.4	57.6
担任の先生とは「できるなら話をすることは避けたい」	11.9	30.3

図からも明らかなように，不登校によって欠席（遅刻・早退）することを「当然だ」あるいは「何も思わない」とする生徒達は，「よくない」と思いつつ欠席した生徒に比べて，(1)授業に対しては，高校受験にも社会に出てからも役に立

つものではないと考える生徒が多い．その結果，授業を抜け出したいとする生徒の両グループ間の開きは著しい．(2)学校行事や学級の仕事に対する取り組みも消極的な生徒が多く，両グループ間の差も著しい．(3)学級会活動の時間についても同様に窮屈だと考えている生徒が多く，統計的に有意な差が検出されているが，上記の活動領域に比べて両グループ間の差は著しい開きではない．(4)学校生活領域の中で唯一の例外は，放課後の部活動領域への意識である．ここでは両グループ間に有意な差は検出されず，ともに半数の生徒が部活動は無意味で苦痛であると報告している．(5)教師との関係の中で「できるなら話をすることは避けたい」とする生徒は，罪障感のない生徒に多く，罪障感のある生徒のおよそ3倍の出現率である．

　このように，生徒が自らの不登校行動を悪いことだと認識するかどうかは，学校生活のさまざまな領域にどのような意識をもっているのか，また教師との間に良好な関係が保たれているかどうかによって左右される傾向があることを示唆している．いいかえれば，学校生活のあり方や教師との関係が生徒にとって意義のあるものでなかったり，好ましい状態でなければ，不登校生徒は自分を責めるよりもむしろ自分の行動を悪くないものと見なす傾向があることを示している．逆に，不登校をよくないことだと見なす生徒は，学校生活にそれなりの意味を認め関わろうとする傾向が見られ，教師との関係も良好な関係にある．もちろん，自分の不登校行動を悪いことだと認識しない心性の中には，行動の正当化や合理化の心的機制が働いていることも否定できない．しかし，それとともに，現代型不登校においては，学校生活や教師との関係のあり方について，従来のように与えられた状況を疑いもなく肯定するのではなく，その状況や関係が自分にとってどのような意味をもっているのかを改めて問い直す姿勢がうかがわれる．不登校問題は，学校や教育やそこでの人間関係のあり方などが改めて問い直される問題であるといわれている．この問い直しの作業は，評論家や研究者が行っているだけでなく，現代型不登校の生徒達も意識的ではないとしても暗黙の内に行っていることをこれらの結果は示している．

　したがって，大人や教師が，もしも不登校生徒に対して学校へ来ないことは

よくないことだという視点からのみ理解し，学校がはたして彼らにどのような存在として映り，どのような意味を与えているのかについて考慮しないままに対応するとすれば，その認識の仕方と子ども達の認識の仕方との間には大きなズレが生じてこよう．妥当な理由のない欠席や早退・遅刻には，しばしば処罰的な対応が援用されることもあるが，処罰は，行為それ自体が悪であり規範からの逸脱であると認識されているからこそ行使されるものであり，効果を発揮するものである．しかし，学校生活に自分なりの意味を感じることができず，また教師とは顔を合わすことも避けたいような関係であれば，不登校を「当然だ」あるいは「何とも思わない」と見なしても無理からぬところがある．しかも彼らには，不登校それ自体が逸脱したよくない行為だという認識がないため，処罰は当然の報いであるという受け止め方をせず，むしろ不都合な制裁であると感じることさえあるだろう．

第3節　現象の広がりとしての一般化

　1980年代以降社会問題として注目を集めた問題行動群は，「いじめ」にしても「不登校」にしても，逸脱規定とその境界の不鮮明化にともない，さらにもう一つの点で大きく様変りしている．それは「現象の一般化」である．この現象の一般化をここでは二つの側面から考察することとする．その一つは，問題行動の裾野の広がりという意味での一般化であり，もう一つは，その現象に含まれるタイプや生徒の属性に従来指摘されてきたものとは異なったタイプや属性が混在してきたことによる一般化である．本節では，伝統型不登校理解の典型的な例として，神経症的傾向を中核的タイプとする考え方を検討することとする．まず，第一の側面から検討してみよう．

　「いじめ」問題を待つまでもなく，それ以前の「非行」問題においても，低年齢化や家庭環境にさして問題の見あたらない子ども達が混在し，非行の一般化の傾向が指摘されていた．しかし，現象としてはそれ以前からあったものの1980年代以降に大きな社会問題として登場してきた「いじめ」問題では，その広が

りはきわめて広く，児童生徒における出現率は想像以上の規模にのぼっている．私達の1984年度調査によれば，中学2年生の62%が「いじめた」経験あるいは「いじめられた」経験をもち，なんらかのかたちで「いじめ」問題に接触していることが明らかとなった．[3]「いじめ」に関しては多くの実態調査があるが，当時のいずれの調査においても似通った数値を示しており，「いじめ」現象がきわめて「一般化」していることを示している．

また，指導手引書などで指摘されている「いじめ」の被害にあいやすい特性や属性についても，これらを精査してみるといじめられっ子に限定して見られる特性でもない．たとえば，滝充は文部省の手引書にしたがいつつ，「いじめられっ子」の個人的特性を検討し，「いじめられっ子」とそれ以外の子ども達との間に有意差の認められる特性項目はきわめて少ないことを明らかにしている．[4]このように，現代のいじめ問題では，被害者の拡散とともに，特定の特性や属性を持った子どもが限定していじめられるわけではなく，従来の被害原因論についても再検討を余儀なくされている．

「不登校」現象については，第I部第1章で見たように，中学2年生の25.1%が欠席行動ないしは遅刻・早退行動をとっている．これに学校へ行くことがいやだと思いつつ出席している生徒を含めると調査対象生徒の67.1%が不登校現象の全体像を構成することになる．このように，不登校問題においても「いじめ」問題と同じようにグレイゾーンが大きく広がり「現象の一般化」が進んでいる現象となっている．したがって，「不登校」現象は，従来のように長期不登校生徒や医療相談機関に来所した生徒に限定しなければ，もはや特別な傾向をもったごく一部の子供たちに起こる現象ではなく，中学生活の日常的な身のまわりの出来事として現われていることを示している．こうしたグレイゾーンの広がりを促進するのが，不登校の基盤をなす「学校嫌い」といわれる回避感情の存在であり，本研究では，これを不登校現象の中核をなす感情として位置づけている．

そこで，本研究では，こうした「学校嫌い」の回避感情を基盤としつつ欠席，遅刻・早退へと分化していく行動上の特徴に着目して，不登校現象を次の五つ

の群に分割している．大別すれば，「出席群」と「不登校群」に分かれる．「出席群」はさらに次の二群に分割される．

　第Ⅰの類型は「登校回避感情のない出席群」であり，「学校へ行くことがいやになったことはない」とするグループであり，いわゆる「学校嫌い」を示さず，また不登校行動に陥ることのない生徒たちである．

　第Ⅱの類型は「登校回避感情のある出席群」である．この群の生徒は「学校へ行くことがいやになったことがある」とした生徒であるが，回避感情がありながらも欠席や遅刻・早退には至ったことのない生徒である．したがって，「不登校」を欠席，遅刻・早退を伴う行動として狭く解釈すれば，このグループの生徒は，不登校現象からは除外されることになろう．しかし，このグループでは，不登校行動として具体化されないまでも，意識や感情のレベルでは学校に対して忌避感情を抱いた経験をもち，不登校行動へと転化する可能性を否定できない．したがって，本研究では，このグループを，不登校への潜在的可能性を備えた「潜在群」と見なし，不登校現象を構成するグループに含めることとする．このグループは，いわば不登校現象の裾野を構成する生徒たちである．

　第Ⅲの類型以降の三つの類型は，学校への回避感情から発展して何らかの具体的な欠席なり，遅刻・早退に至った子ども達である．第Ⅲの類型は「欠席だけの不登校群」である．このグループの生徒は，何らかのきっかけで登校することがいやになった場合は，いきなり休んでしまうタイプであり，遅刻・早退を伴わない生徒達である．

　第Ⅳの類型は，「遅刻・早退だけの不登校群」である．このグループは，一般には不登校生徒には含められていない．それは，不登校を，欠席行動に限定して解釈しているからである．しかし，ここでは，不登校現象を広義に考え，欠席には至っていないとしても，遅刻したり，早退する生徒たちの行動は，欠席行動の延長上にあり，きっかけさえあれば容易に欠席群へと転化する層であると見なし，「不登校群」に含めて考えている．[5]

　第Ⅴの類型は「欠席と遅刻・早退を示す不登校群」である．この群は，欠席もするし，遅刻も早退もするグループであり，五つの類型の中では「問題行動

への衝動性尺度」得点および「サイコソマティック尺度」得点がともに最も高いグループである．また，「学校がいやになったことがある」という登校回避感情の頻度も多く，五つのグループの中では不登校への傾向性が最も高いグループである．

　以上，本研究では，不登校行動の現われ方を基準として五つの類型を弁別した．これらの類型に含まれる生徒数及び出現率については，既に第1章で述べたとおりである．また，これらの類型の生徒の意識や行動の特徴については，この五つの類型を「基本類型」とした巻末の集計結果表を参照されたい．

第4節　不登校現象における神経症的傾向群の位置

　不登校現象にはさまざまなタイプが見られることはこれまでの研究でも常に指摘されてきたところである．そのために，不登校現象を「中核群」と「辺縁群」とに分ける分類がよく行われている．しかし，さまざまなタイプのなかでも何を「中核群」とするかについては必ずしも研究者の一致をみていない．しかし，特定の特性が「中核群」と見なされるときには，およそ次のような視点から「中核群」と呼ばれることが多い．第一は，統計的な分布上の多寡によって決定される場合である．したがって，この場合の「中核群」とは，現象の上で出現頻度の高い特性を意味している．第二は，不登校が長期にわたって継続するものを「中核群」とする考え方である．公式統計の50日以上の欠席生徒を不登校生徒とする規定はこのタイプに属する．また，山本由子の「中核群」「辺縁群」という分類も，これに属している．この研究では，単一症候的に登校拒否が出現し，持続するものを中核群とする考えをとっている．[6] 第三は，不登校を引き起こす心的機制や成因に着目し，理論的に構成されたモデルを「中核群」とする考え方である．このタイプは主としてこれまでの精神医学や臨床心理学などの「中核群」という考え方に多くみられる．高木隆郎の「典型像」も，中核群に関する理論仮説モデルである．[7] しかし，近年にいたり，「登校拒否」は，一義的に病因や成因を析出することは不可能であり，また多様なタイプが含ま

れていることから，むしろ多様な成因や心的機制による症候群にみられる共通した行動特性と見なす議論が現われてきた．そのため，近年では，「中核群」という考え方は，成因や心的機制の理論モデルというよりは，発症の経過及び予後をも含めた典型例を析出し，これを類型化する方向へと研究が進んでいる．第四は，特定の研究視点から選択されるものであり，治療的視点から神経症的傾向群を中核群とする立場はその代表例である[8]．ここでは，その一つの立場であり，教育現場にも強い影響力をもってきた神経症的傾向を中核群とする考え方を取り上げ検討することとする．

　不登校研究が「学校恐怖症(school phobia)」研究に端を発したという経緯からみても分かるように，不登校現象を最も狭く解釈する場合には，神経症的なものに限定することが多い．これに対して，不登校現象を広く解釈する場合にも，さまざまなタイプの存在を認めたうえで，「神経症的傾向」を中核群とする立場がある．いずれにしても，これらの「神経症的傾向」を中核群とする立場に共通していることは，治療的な関心に重点が置かれていることである．治療的な視点に立てば，「神経症的傾向」を示す生徒とこれを示さない生徒との区分は，症状の進行を食い止め予防するために必要な分類であり，最も深刻な到達点である「神経症」に焦点をあてておいて，そこへの進行を防止するという立場がとられることも首肯できる．

　しかし，本研究のように「不登校」現象を学校教育の立場から考察し，学校へ行かない行動をどう理解し，これらの現象の背景とその要因を明らかにしながら学校教育としてどう対処すればよいかについての方策を求めようとする立場からすれば，アプリオリに「神経症的傾向」を中核群とする立場を踏襲することはできない．学校教育の立場からすれば，精神医学的治療はむしろ学校教育外の専門的諸機関に委譲される領域であり，学校教育にとってはむしろ辺縁的位置にあるといえよう．したがって，もし学校教育の視点から不登校現象の中心的な傾向を析出するとすれば，不登校現象全体に通底している要因や特性に着目したり，支配的傾向ないしはタイプに着目して「中核群」を設定すべきであろう．これらの検討を行った上で，たとえ神経症的傾向の発生率が少ない

としても，それが現象全体を何らかの形で表象するタイプであったり，教育的対処の中心に据えられるべき問題であるとすれば，これを中核群とすることができよう．そこで，ここでは伝統型タイプの一つである「神経症的傾向」が不登校現象の中でどのような位置にあるのかを検討することとする．この検討は「伝統型」不登校の一つの典型的タイプが，現代の不登校現象においても典型的タイプであるかどうかを検討することでもある．

(A)不登校のタイプとサイコソマティック症状との関係

本研究では，既述のように，不登校現象を広く解釈しているため，「神経症的傾向」について尺度化するにあたっても，重篤な症候群を尺度項目に盛り込むことは，いたずらに出現率を低めるだけであり，適切ではない．そこで，ここでは「神経症的傾向」の後期に現われる症候群によらず，発生初期に示すとされている症候群に着目し，神経症への傾向性を入口で把握することとする．もとより，初期の症候群といっても生徒たちの自己判断によるデータであり，専門家の鑑定を経たものではない．また，初期症状であるため，すべてが必ずしも「神経症的傾向」へと発展するものでないことはいうまでもない．

高木隆郎や平井信義による症状発展段階区分によれば，登校拒否の初期の段階をいずれも「心気症」の現われる時期として特徴づけている[9]．そこで本研究では，「心気症」にみられる症候によって「サイコソマティック尺度」を構成することとした．[10]

表4-1は「不登校タイプ」の各群における「サイコソマティック尺度」項目への反応比率および各群の尺度平均値を示したものである．

表からも明らかなように，いずれの「サイコソマティック尺度」項目に関しても「登校回避感情のない出席群」が最も低率であり，ついで「登校回避感情を示す出席群」，「欠席だけの不登校群」，「遅刻・早退だけの不登校群」と高くなり，「欠席と遅刻・早退を示す不登校群」では各項目ともに最も反応比率が高くなっている．つまり，いずれの「サイコソマティック症状においても「不登校タイプ」が下欄にゆくにつれて反応比率が増加している．このことは「不登

表4-1 不登校のタイプとサイコソマティック尺度項目への反応

サイコソマティック尺度項目 不登校行動タイプ		めまい・たちくらみ	よくねむれない	下痢・腹痛	頭痛	はきけがする	体がだるい	気分がぼんやりする	朝起きられない	尺度平均値
出席群	登校回避感情のない出席群 （1,646人）	8.9 146	7.2 119	13.9 229	9.4 155	2.4 40	12.4 204	9.5 156	21.2 349	0.86 1.34
	登校回避感情を示す出席群 （2,564人）	13.9 356	13.1 336	18.3 470	15.9 407	3.5 90	26.1 670	22.3 572	31.0 795	1.44 1.68
不登校群	欠席だけの不登校群 （493人）	19.9 98	19.5 96	29.6 146	23.3 115	7.7 38	37.7 186	28.6 141	35.7 176	2.02 1.97
	遅刻・早退だけの不登校群 （498人）	20.4 102	21.5 107	25.9 129	28.3 141	9.6 48	35.1 175	31.7 158	36.7 183	2.09 2.06
	欠席と遅刻・早退の不登校群（419人）	24.1 101	31.7 123	36.5 153	34.1 143	16.7 70	50.4 211	42.2 177	49.4 207	2.85 2.27
調査対象全体の生徒に占める比率（5,620人）		14.6 823	14.1 791	20.1 1,127	17.1 961	5.2 290	25.7 1,446	21.4 1,204	30.4 1,710	1.49 1.71
出席群生徒全体に占める比率		11.9	10.8	16.6	13.3	3.1	20.8	17.3	27.2	1.22
不登校群生徒全体に占める比率		21.3	23.8	30.4	28.3	11.1	40.1	33.8	40.1	2.29
ピアソン相関係数		.158	.224	.180	.229	.228	.273	.248	.195	.306

注）1. 本表では尺度値を算出するため，無回答者を除去した5,620人が母数となっている．
2. 上段の数値はそれぞれの不登校タイプ毎にその群に占める反応者の構成比を示し，下段はその実人数である．
3. 「尺度平均値」欄の上段は尺度平均得点，下段は標準偏差値．
4. 「不登校タイプ」と「サイコソマティック尺度」項目および「尺度値」とのピアソン相関係数は，すべて p＝.000以下で有意である．

表4-2 出席群・不登校群別「サイコソマティック尺度」得点分布

区分 \ 尺度値	0	1	2	3	4以上	計
出席群 (%)	1955 (46.4)	964 (22.9)	521 (12.4)	328 (7.8)	442 (10.5)	4210 (100)
不登校群 (%)	357 (25.3)	274 (19.4)	217 (15.4)	191 (13.5)	371 (26.3)	1410 (100)

表4-3 不登校日数区分によるサイコソマティック尺度得点

区分	サイコソマティック尺度得点	
	平均値	(標準偏差)
50日以上の欠席生徒群	1.92	(2.36)
50日未満の欠席生徒群	2.47	(2.08)

校タイプ」と「サイコソマティック尺度」との間に一定の相関関係が存在していることを予測させる。

そこで、この相関関係を調べるためにピアソン相関係数を算出した。結果は表4-1の最下欄に示したとおりである。最も相関の高い項目は「体がだるい」という症状である。とくに「欠席と遅刻・早退の不登校群」では半数の生徒が「体がだるい」という反応を示しており、「欠席だけの不登校群」および「遅刻・早退だけの不登校群」とを併せた「不登校群」全体では40.1%の生徒が反応している。相関が次に高いのは「気分がぼんやりする」という項目であり、「不登校群」の33.8%の生徒がこの項目に反応している。

このように「体がだるい」「気分がぼんやりする」という二項目は「不登校タイプ」への相関も強く、また同時に「不登校群」における生徒の反応も特に多い項目である。しかも「不登校群」の生徒の尺度平均値を算出すると 2.29 となり、平均2項目強に反応していることになる。このことは、本研究で対象と

した不登校生徒の分布上の中核的反応が，重篤な心気症状ではなく，「体がだるい」「気分がぼんやりとする」という二つの反応にあることを意味している．

「サイコソマティック症状」の上記の二反応を，仮に「神経症的傾向」の現われだと判断しても，これらの症状はきわめて軽微な症状である．ここで指標化した「サイコソマティック症状」は，神経症のなかでもごく初期に現われる反応であり，その反応の中でも「倦怠感」や「無気力感」との境界にある症候群が，本研究のように幅広く「不登校」現象を規定した場合の分布の中核的位置を占めることは注目すべきことである．

しかし，「体がだるい」「気分がぼんやりする」という症候は，不登校の中の「活力のない無気力な」「非行・問題行動との結びつきをもたない」生徒が示す特徴といわれており，必ずしも「神経症的傾向」の症候を典型的に示す症候とは位置づけられていないことには注意しておくべきであろう．

このことと関連して考慮しておかなければならないことは，表4-1に見るように，「尺度平均値」の標準偏差値が下欄の方向，つまり，「登校回避感情のある出席群」から「欠席と遅刻・早退の不登校群」に進むにつれて大きくなっていることである．このことは「不登校群」では，「サイコソマティック尺度」値の高い生徒が「出席群」よりも多く含まれていると同時に，尺度値の低い生徒，つまりサイコソマティック傾向を示さない生徒も相当数含まれていることを意味している．

このことは，「出席群」と「不登校群」別に尺度得点の分布を示した表4-2の結果の中にも現われている．表からも明らかなように，「不登校群」の26.3%の生徒が尺度値4以上の生徒であり，「出席群」に比べて高得点群の出現率は明らかに高くなっている．しかし，「不登校群」では高得点が現われる一方，他方では低得点群も出現しており，「不登校群」の25.3%の生徒が尺度値は0であり，尺度値1の生徒を加えると「不登校群」の44.7%に達している．他方，「出席群」では，出現比率は「不登校群」ほど高くはないが，尺度値4以上の高得点者が10.5%存在している．これらの結果は，高いサイコソマティック得点が，必ずしも不登校群を特徴づける特性ではないことを示すものである．

(B) 50日以上の不登校生徒の「サイコソマティック尺度」得点

　従来の「登校拒否」の研究では，主として病院や相談機関で扱ったケースを分析の対象としているため，その多くは長期にわたる「登校拒否」といわれる生徒であった．既述のように，これらの機関では主として治療的視点に立つために「登校拒否」現象の中核群を「神経症的傾向」に設定する傾向が強くみられる．そこで本研究のようにさまざまなタイプの不登校生徒を含み，遅刻・早退群まで幅広く不登校現象を規定した場合には，上述のように，必ずしも「神経症的傾向」が，分布の中心を構成するものではなく，また，不登校群のみを特徴づける特性でもなかった．しかし，長期にわたる不登校群に限定したときに，「サイコソマティック尺度」得点が高く見られるのかどうかは検討すべき問題として残されている．もし50日以上の生徒たちに高い神経症的傾向反応が現われるとすれば，「神経症的傾向」を中核群とする考え方も長期不登校生徒に関しては妥当な視点であることになろう．

　表4-3は，不登校による50日以上の欠席生徒と50日未満の欠席生徒の「サイコソマティック尺度」得点を比較した結果である．まず，50日以上の欠席生徒群の「サイコソマティック尺度」得点の平均値は1.92である．これに対して，50日未満の欠席生徒群の「サイコソマティック尺度」得点の平均値は2.47となっている．したがって，平均得点の数値は50日以上の欠席生徒群の方が50日未満の欠席生徒群に比べて低くなっている．しかし，これを分散分析をかけてみると，$F=1.1496$, $p<.2853$であり，統計的に両群の間に有意な差が検出されなかった．このように，50日以上の欠席生徒群は50日未満の欠席生徒群に比べて，必ずしもサイコソマティック症状が重いとはいえない．また，標準偏差値を見てみても，50日以上の欠席生徒群は50日未満の欠席生徒群に比べて小さく，50日以上の欠席生徒群よりも50日未満の欠席生徒群の方に尺度得点の高いものと低いものとが多く混入していることになる．

　しかし，ここで注意しておかなければならないことは，上記の結果は，教師による「年間出欠状況調査」で不登校と判断された生徒で同時に「生徒調査票

第4章 現代型問題行動としての不登校問題 141

のサイコソマティック尺度調査の設問に回答した生徒を集計した結果である．なお，調査実施期間に，欠席していた生徒については，後日登校したときにあらためて「生徒調査表」に回答してもらうように依頼した．また，学年末までに登校しなかった生徒については，学校から生徒の自宅まで調査表を届けてもらい，記入した上で大学宛直接郵送するように依頼している．しかし，50日以上の長期不登校生徒の中には，調査票に回答してもらうことが不可能な状態にある生徒が含まれており，これらの欠席生徒については，教師報告による「年間出席状況調査」には含まれているが「生徒調査票」の「サイコソマティック尺度」に関する質問には無回答のままとなっている．これらの生徒22人は，上記の計算から除外されている．この生徒の中には，長期家出で行方不明者や，非行深度が進んでいるため調査不可能な生徒も含まれているが，「神経症的傾向」のある生徒も含まれている．そこで，この22人についての学級担任の判定を求めてみたところ 7人が「神経症的傾向」として判断された．もとより学級担任は専門家ではないが，この判断に依拠するとすれば，調査当日もその後も欠席していたと思われる「生徒調査票」のない50日以上の不登校生徒においても「神経症的傾向」は31.8％を占めているにすぎず，分布の多さから見て，「神経症的傾向」が大勢を占めているとはいえない．

さらに，これらの結果を別の角度から重ねて追証するために，不登校による欠席者の全員を対象として，欠席日数の長さとサイコソマティック尺度得点の高さとの相関関係を算出した．両変数間の相関係数は.1070であり，$p<.107$で有意な相関とはいえないことが明らかとなった．

このように，欠席日数を基準として不登校が進んでいるのかどうかを判定するとすれば，不登校の進んでいる生徒が必ずしも神経症的傾向反応の高い生徒であるとは断定できないことが明らかとなった．

以上の本節の結果を要約すると次のようなことが結論づけられる．

(1)いずれの「サイコソマティック尺度」の反応項目に関しても「登校回避感情のない出席群」が最も低率であり，ついで「登校回避感情のある出席群」，「欠

席だけの不登校群」,「遅刻・早退だけの不登校群」と高くなり,「欠席と遅刻・早退を示す不登校群」では各項目ともに最も反応比率が高くなっている.したがって「不登校」と「サイコソマティック尺度」との間には統計的に有意な関連があるといえる.

(2)「サイコソマティック尺度」項目の中で,不登校と関連して反応比率の高い項目は「体がだるい」「気分がぼんやりする」という症状である.なお,「朝起きられない」という項目への反応比率も「不登校群」において高いが,この項目への反応比率は,「不登校タイプ」による差が小さく,そのために「不登校タイプ」を説明する力は弱いものと見なされる.

(3)「不登校群」では,「サイコソマティック尺度」の値が1以下の低得点者が44.7%を占めている.また,上記の(1)では「サイコソマティック尺度」得点は「出席」「欠席」「遅刻・早退」「欠席と遅刻・早退」という不登校パターンの順に高くなっているが,分散も大きくなっている.したがって「不登校群」では「サイコソマティック尺度」得点の高い生徒がいる一方,低得点の生徒も相当数含まれ,不登校生徒には「神経症的傾向」を顕著に示す生徒が必ずしも優勢とはいえない.このことは「不登校群」に「サイコソマティック尺度」に関して高い得点の生徒と低い得点の生徒とが混入していることを示すものであり,その類別が必要であることがわかる.

(4)欠席日数を基準として不登校が進んでいるのかどうかを判定するとすれば,不登校日数と「サイコソマティック尺度」得点との間には有意な相関関係が検出されず,欠席日数に関して不登校の進んでいる生徒が必ずしも「神経症的傾向」の高い生徒であるとは断定できない.

以上,本章では,「現代型」問題行動について明らかにしてきた.そこには,逸脱規定や境界が不明確で,それ自体が悪いものだという意識が本人の意識として稀薄化しているという特徴がみられた.また,第Ⅰ部では現象の一般化が進み,欠席生徒を中心としてその裾野に幅広いグレイゾーンがみられ,多くの児童・生徒がこれらの不登校現象にかかわっているということを明らかにしてきた.また,本章では,従来不登校現象の中心的な傾向とされ,不登校生徒を

特徴づける重要な指標とされてきた神経症的傾向についても，その傾向を示さない生徒が多く含まれ，また，これらの傾向が不登校生徒に限定して現われる特性でないことが明らかとなった．

　つまり，今日の「いじめ」問題や「不登校」問題では，1980年代以前に社会問題として人々の大きな関心を呼んだ「非行」問題や「校内暴力」問題のように一部の限られた特定の子供たちの引き起こす問題ではなく，誰もが無意識のうちに問題の渦中に巻き込まれる可能性をもっているという点で問題の性質が様変りしてきているといえる．そのために，これらの「現代型」問題行動に対する理解の仕方や対処方法は軌道修正を迫られているといってよい．

　それは「複眼的視点」とでもいうべきものである．それは，一方では，伝統型の一部の特定の子供たちに潜む要因の析出と対応を要求し，他方では，グレイゾーンにまで問題を拡大し多くの子供達を巻き込んでいく要因の析出とこれに対する対応を要請する視点である．本章では「現代型」問題行動の混在について述べてきたが，この種の問題行動への着目は，新たな特性をもった子ども達が問題の中に登場してきたことを明らかにするとともに，グレイゾーンにまで問題の広がりを拡大し，多くの子供達を巻き込んでいく要因への着目でもある．

　しかし，「現代型」問題行動が登場してきたからといって，その問題がすべて「現代型」特質で塗りつぶされたわけでなく，依然として従来の「伝統型」問題行動が存在していることには注意しておかなければならない．しかも，ここで「現代型」に焦点をあてて分析したからといって，従来の「伝統型」問題行動の成因や対応を軽視するものでもない．たとえば，「非行」問題では，家庭環境に大きな問題を抱え，豊かな社会にありながらも経済的には恵まれていない子ども達からも依然として非行少年は生み出されている．この伝統型非行問題は，家庭環境にも経済状況にも何ら問題のない子供達が，稀薄化した規範意識の中で行っている「非行」問題とともに，現代でも並存しているタイプである．しかも，いずれのタイプがより問題的であるかの判断は不可能であり，またそうすべき問題でもない．しかし，もし「伝統型」だけに着目していたとすれば，

従来の原因論だけでは説明のつかない現象や行動が社会の変化とともに現われ，説明図式だけでなく対応策にも手詰りが生じてこよう．「複眼的視点」とは，こうした事態に備え，社会の変化に伴って問題の性質が変化したり，新たな特性をもった問題行動が混在した事態に対応する視点である．

「いじめ」や「不登校」が，これほどまでに多くの子供たちを巻き込み，問題が重複しつつ一般化してきているということは，問題の根が一部の限られた児童・生徒だけでなく，その問題の周縁に位置しているグレイゾーンの子ども達や，さらには，第Ⅲ部で明らかにするように問題行動にかかわっていない子ども達にも共通していることを意味している．また，しばしば指摘されているように，不登校の問題の根は学校社会の中だけにとどまるものではない．家庭はいうまでもないが，さらには学校や家庭を含み込んだ彼らを取り巻く全体社会の状況とも深く関わっている．不登校問題が，これほどまでに多くの子供達を巻き込む問題であるということは，こうした全体社会の動向とは無関係ではないことを示している．現代型問題行動とは，単にそこに従来の問題行動にはない特質が加わってきたことという意味だけではなく，現代社会を背景として起こっているという意味でも現代型なのである．本書では，プライバタイゼーションの動向を日本社会の近代化に伴う主要な動向と見なしているが，不登校問題は，こうした社会的背景をもとにして一般化しつつあるのである．

注

1) R.C.Fuller & Meyers,R.C. 1941. "Some aspects of a theory of Social Problems," American Sociological Review,vol.6-1, pp 27-32.
2) 藤木英雄 「現代型犯罪と刑事政策」犯罪と非行，青少年更正福祉センター・矯正福祉会，1974年，第20号，139頁．
3) 森田洋司・清永賢二 『いじめ——教室の病い』 金子書房，1986年．
4) 滝充，「小中学生の『いじめ』行動に関する研究——規範意識との関わりを中心に——」日本教育社会学会38回大会報告資料，1986年．
5) このグループの特徴として見逃してはならないことは，第Ⅲ類型の明らかに不登校群に属している「欠席だけの不登校群」に比べて，問題行動への衝動性意識を測定した尺度得点および初期段階の心気症的反応を測定したサイコソマティック尺度得点において得点値の高い生徒が多く含まれていることである．したがって，行動が

欠席に至らない生徒であるとしても,問題行動への傾向性およびサイコソマティック尺度の得点からみれば,この第Ⅳ類型は次の第Ⅴ類型と第Ⅲ類型の間に位置している.このことについては,森田洋司編『「不登校」問題に関する社会学的研究』大阪市立大学社会学研究室,1989年,第三章を参照されたい.
6) 山本由子「いわゆる学校恐怖症の成因について」精神神経誌,第66巻,1964年,558-583頁.
7) 高木隆郎「登校拒否の理解」 内山喜久雄編『登校拒否』金剛出版,1983年,29-44頁.
8) 稲村博『登校拒否の克服――続・思春期挫折症候群――』 新曜社,1988年.
9) 平井信義『登校拒否児』 新曜社,1978年,高木隆郎,前掲論文.
10) 尺度化の方法は,リッカート法による総和得点を用いている.また,各症状への回答の選択肢は,症状が最近の1年間に「たくさんあった」「すこしあった」「ぜんぜんなかった」の三件法によっているため,ここでは「たくさんあった」と答えた場合についてのみ得点を1とし,他の選択肢への反応は0として計算した.

　尺度の一次元性の信頼性係数ALPHA値は.783であり,尺度として有効であることがわかった.なお,「サイコソマティック症状」質問項目群について「主成分分析」を行ったところ,有効な因子軸としては第1因子軸のみが析出されただけであった.この結果は,ここでのサイコソマティック尺度の一次元性を重ねて保証するものである.

第5章　不登校への行動化と不登校の理由

第1節　登校回避感情

　「学校へ行くのが嫌になる」という登校回避感情は，既述のように，現代の中学生に幅広くみられる意識傾向であった．もとより，学校への回避感情があるからといって，その生徒がすべて不登校生徒となるわけではない．しかし，不登校現象を，その基底にある登校回避感情が行動化されたものと見なす立場にたてば，登校回避感情から行動化へのステップを検討しておく必要がある．そこで，本章では，この「登校回避感情」と「不登校行動」との関係について，いくつかの側面から検討することとする．

　まず，「学校へ行くのが嫌になる」という経験の多寡と不登校行動の「遅刻・早退」，「欠席」などの行動がどの程度関連しているのかどうかについて検討することとする．

　表5-1は，「学校へ行くのが嫌になったことがあったか」という設問に対する反応を不登校行動の形態別に集計した結果である．第1章で見たように，学校へ行くのが嫌になったことが「よくあった」「ときどきあった」「たまにはあった」という項目に反応した生徒，つまり何らかの頻度で「登校回避感情」を経験した生徒は，分析の対象とした生徒の70.6％を占めていた．

　表からも明らかなように，「不登校群」のいずれのタイプにおいても，登校回避感情の経験が「よくあった」および「ときどきあった」とする生徒の出現率が「出席群」に比べて，統計的に有意に高くなっている（$P<0.001$）．このことは，学校へ行くことが嫌になった場合，それでも登校するか，何らかの不登校に陥るかに対して，登校回避感情の経験頻度の高さが関係していることを意味している．

第5章 不登校への行動化と不登校の理由 147

表5-1 登校回避感情の頻度と不登校行動のタイプ

不登校行動のタイプ	登校回避感情の頻度	よくあった	ときどきあった	たまにはあった	まったくなかった	計
出席群	登校回避感情のない出席群	—	—	—	1654 100.0%	1654 100.0%
	登校回避感情を示す出席群	217 8.4%	487 18.9%	1866 72.6%	—	2570 100.0%
不登校群	遅刻・早退だけの不登校群	79 16.1%	111 22.6%	301 61.3%	—	491 100.0%
	欠席だけの不登校群	110 22.3%	129 26.1%	255 51.6%	—	494 100.0%
	欠席と遅刻・早退を示す不登校群	160 37.8%	120 28.4%	143 33.8%	—	423 100.0%

注）(1)不登校行動タイプ各群の上段の数字は実人数，下段は構成比．
　　(2)表中，"—"と表しているのは，「非該当」欄を意味している[1]．
　　(3)分析の対象とした生徒は，「登校回避感情」及び「不登校行動タイプ」の両質問にともに回答した5,632人である．

　さらに，「不登校群」の中のそれぞれのタイプについて登校回避感情の経験頻度の多さとの関係を見てみると，「遅刻・早退だけ」，「欠席だけ」「欠席と遅刻・早退」というように不登校行動が欠席へと進行するにつれて，「よくあった」「ときどきあった」という回答への反応比率がともに上昇している．なかでも，「よくあった」という回答への反応比率の増加率が顕著であり，「登校回避感情を示す出席群」では8.4％であるのに対して，不登校行動の進行したタイプになるにつれて出現比率が上昇し，「欠席と遅刻・早退を示す不登校群」では，この群の37.8％の生徒が「よくあった」と反応している．また，この「欠席と遅刻・早

退を示す不登校群」では,「よくあった」という生徒が「ときどきあった」,「たまにはあった」とする生徒よりも多くなっている.

これらの事実は,「登校回避感情」の経験の頻度と欠席するという行動とが関係していることを示している.そこで,この関係を明らかにするために「登校回避感情」の経験頻度と「不登校行動」の進行,つまり遅刻・早退→欠席→欠席・遅刻・早退混合タイプへの進行との間の相関係数を算出してみると,相関係数は.3016であり,有意な相関($P<0.001$)があることがわかった.

ところで,学校へ行くのが嫌だが,それでも我慢して登校している生徒は,まったく不登校に陥る危険性がないのであろうか.もちろん,今回の調査では,追跡調査を実施していないため,直接その真偽を確かめることはできない.しかし,現在は,「出席」していても,これらの生徒には,登校回避感情の経験があり,なかでも不登校行動の進行と関連のある「よくあった」(8.4%)とする生徒と「ときどきあった」(18.9%)とする生徒が含まれ,両者を併せるとこのタイプの出席群の27.3%に達する.もとより,回避感情の経験頻度だけが不登校への行動化(アクティング・アウト)を促進する要因ではない.回避感情が何によって形成されたのか,また,この回避感情にどのような付加要因が加わったかによって不登校行動への具体化が促進されたり,抑止されよう.しかし,いずれにしても,不登校行動として具体化される基盤にはこうした登校回避感情が伴っていることはたしかである.上記でみたように「登校回避感情」の経験頻度の多さと欠席するという行動との間に統計的に有意な関係があることを考えあわせてみると,この生徒たちが「出席群」から「欠席群」へと転化する可能性は否定できない.その意味では,不登校現象の全体像を考察する場合,「登校回避感情を示す出席群」の生徒は,「潜在的な不登校への可能性をもった層」として,不登校現象の大きな裾野の広がりの中に組み込んで考察する必要がある.

第2節　行動化と不登校理由

「登校回避感情」と「不登校行動」との関係の考察に入る前に，まず「登校回避感情」および「不登校行動」のきっかけとなった状況要因について考察しておこう．表5-2は，「学校へ行くのが嫌になった」ときの理由とそのとき欠席したり早退・遅刻した生徒の理由を示した結果である．[2]

登校回避感情のある生徒（A欄）の理由の中で最も多いのは，「ねむい・体がだるい」という身体的反応によるものである．また，この理由は，登校回避感情の見られる生徒の中から不登校生徒だけを取り出して集計した結果（B欄）についても同じであり，不登校生徒の73.4％が，この理由を挙げている．しかし，この身体反応が，しばしばいわれるように，神経症的傾向の初期にみられる心因反応であるかどうかについては，このデータだけでは解明することができない．このことについては，次項で明らかにすることとするが，身体反応は，精神的なストレスや神経症的な傾向との結びつき以外に，学習意欲の喪失や無気力感との関係など多様な角度から検討する必要があるところである．

いずれにしても，不登校生徒の約7割が，身体的な反応としての倦怠感，脱力感を訴えているということは，今日の不登校問題が，一部のマスコミで喧伝するような学校のあり方や現代の教育制度への否定的価値観ないしは反発感情を積極的に主張する行動ではないことを示している．しかも，この項目を，これほど多くの不登校生徒が訴えているということは，その他のさまざまな不登校の欠席理由がすべてこの身体的な倦怠感・脱力感と重複しつつ現われていることを意味している．[3]

統計上現われた身体的倦怠感・脱力感の他の理由との重複性は，一つには，相互の項目が関連しているために起こる場合もあるが，もう一つには，項目相互の関係が独立的であるにもかかわらず，見かけの上で関連して現われる場合がある．したがって，重複性の解釈については，見かけ上の関連を排除しつつ慎重に検討する必要があるが，ここでは，解釈上の留意点についてのみ指摘し

ておく．前者については，勉強のつまずきや精神的なストレス，友人や教師との関係のこじれなどが身体的な倦怠感・脱力感と結びつく場合である．この結びつきは両者の間に直接の因果関係がある場合と先行要因を共有しているために現象として同時に現われる場合とがある．たとえばストレスが脱力感を引き起こしたり，身体的な異常が脱力感とともに学習意欲の低下をもたらす場合がそれである．また，後者の見かけ上の重複性は，両者の発生が異なった先行要因に拠っているにもかかわらず，現象として同時に現われるときに起こる．たとえば，生理学的な身体上の異常によって引き起こされる倦怠感・脱力感がたまたま異なる原因に拠って引き起こされた他の項目と並存して一人の生徒の不登校理由として現われた場合である．

しかし，統計上現われた重複性を不登校現象について検討する場合には，こうした変数の論理関係だけで割り切ることはできない．それは，身体的な倦怠感・脱力感が，言語化できない心的な状態を適切に表現するものであったり，意識されていない心的状態によって身体反応が形成され，当人には身体反応だけが認識されているということがあるからである．こうした傾向は，低年齢になるほど顕著に見られる現象であり，不登校研究においても，児童・生徒を対象とする場合には考慮しておかなければならないことである．

このことに加えて，もう一点考慮に入れておかなければならないことは，現代の子ども達を包み込んでいる状況との関係である．第Ⅰ部で考察したように，現代の子ども達は，直接には抑圧や拘束の対象を特定できない全体社会で進行する秩序化の圧力に呑み込まれ，その圧力が彼らの意識にのぼらない日常性を作り出し，支えているという事実がある．そこからもたらされる倦怠感・脱力感は，それをもたらす対象を自覚することもできなければ，これに反発したり否定することさえもできない無為感をもたらす．そのために，自覚された身体的な倦怠感や脱力感は，それ自体としては「実態をともなわない，無内容な，いわば理由にならない理由でしかない」ある種の「歯切れの悪さ」を伴っている[4]．この「歯切れの悪さ」は，子ども達だけでなく，教師や今日の大人達が感じている倦怠感や脱力感とも共通する部分である．

表5-2 学校へ行くのが嫌になった理由

		反応率		行動化率
		学校へ行くのが嫌になった理由(A)	不登校生徒の理由(B)	不登校生徒の比率(B/A)
友人関係	1．友達とうまくいかない	969 24.4%	311 21.9%	31.9%
	4．友達にいじめられる	275 6.9	115 8.1	41.8
	16．精神的にショックなことがあった	691 17.4	302 21.2	43.7
	7．学校がこわい・不安だ	190 4.8	100 7.0	52.6
	8．学校で誰もかまってくれない	97 2.4	48 3.4	49.5
	9．人と話すのがいやだ	170 4.3	88 6.2	51.8
対教師関係	2．先生とうまくいかない	347 8.7	183 12.9	52.4
	3．先生がひどくしかる	159 4.0	88 6.2	55.3
学習	5．勉強がしたくない	1513 38.1	630 44.3	41.6
	6．授業がわからない	659 16.6	314 22.1	47.6
身体性	10．ねむい・体がだるい	2749 69.3	1044 73.4	38.0
	11．朝になると学校に行けない	376 9.5	176 12.4	46.8
	12．病気がち	326 8.2	217 15.2	66.6
学校外誘因	13．家庭の事情	101 2.5	69 4.8	68.3
	14．仲間から誘われた	43 1.1	31 2.2	72.9
	15．学校の外に面白いことがある	259 6.5	132 9.3	51.0
	17．親と離れたくない	19 0.5	13 0.9	68.4
	18．その他	515 13.0	182 12.8	35.3

注．(1)「学校へ行くのが嫌になった理由」欄の総数は，3,969であり，そのうち不登校生徒の総数は1,423である．
 (2)理由項目は複数選択のため，総計は100%を越える．

表5-2に戻ろう．「ねむい・体がだるい」の次に多い理由は，「勉強がしたくない」という項目であり，登校回避感情では38.1%，不登校生徒では44.3%の生徒が理由として挙げている．いずれの場合も，理由項目中，第二位である．この項目は，学習意欲に関連する項目であり，今日の不登校現象の一つの主要形態である「無気力」とも関係している．

　しかし，ここで注意しておくべきことは，「学習意欲の喪失」や「無気力」という言葉がもつインプリケーションである．もし，これらの言葉を字義どおり解釈すると，不登校の原因が生徒本人の側に帰属するかのような印象を与えるが，現実には，学習を指導・援助する側とこれを受け止め・取り組む側との相互の函数である．しかし，無気力タイプの不登校に対して，教師は，生徒を励ましたり，叱責することに終始する指導法を用いがちであり，学習を指導・援助する側の問題への対応策が念頭におかれていないことがある．その場合，教師がいくら熱心な対応を試みたとしても，こうした指導法は，効を奏さないばかりか，かえって教師と生徒の間に不信感さえも醸成することになる．この不信感や反発感は，学習意欲の低下の一因が教える側にもあると生徒が感じている場合により強くなる．それは，また，このことと関連して，「授業がわからない」という理由を挙げた生徒が登校回避感情のある生徒の16.6%，不登校生徒の22.1%を占めていることは注意しておく必要がある．それは，授業でのつまずきが，学習意欲の低下につながるだけに，教師は，不登校生徒の指導にあたって，子ども達の悩みやつまずいているところを十分汲み取りつつ，学習指導・援助のあり方をも含めた対応に留意しなければならないからである．

　第三位を占める理由項目は，「友達とうまくいかない」であり，登校回避感情の理由としては24.4%の生徒が，また不登校の理由としては21.9%の生徒がこの項目を選択している．もちろん「うまくいかない」という表現の中には，さまざまな友人関係上の悩みが込められている．その悩みの中には，友達との葛藤・対立だけでなく，関係性がうまくとれないことへの悩みも入り込んでいるものと思われる．とかく稀薄化する友人関係が現代の子ども達の問題として指摘されているが，それは彼らが友人関係に無関心なのではなく，離れてはいる

が求めたいというアンビバラントな状態にあることを意味している．

また，「いじめ」を不登校の理由として挙げた生徒は，8.1%である．この数値自体はさほど高いとはいえないが，不登校問題においても，「いじめ」問題が影を落としているという点では見逃すことのできない数字である．また，非行型怠学行動と関連する「学校の外に面白いことがある」という項目への反応もさほど高くはないが，不登校生徒の9.3%を占めている．こうした不登校以外の問題行動との関係については，第7章でさらに詳しく検討することとする．

第四位は，「精神的にショックなことがあった」という理由である．登校回避感情の生徒の17.4%，不登校生徒の21.2%がこの項目に反応している．「精神的にショックなこと」というのは人間関係のなかで起こることばかりではないが，因子分析にかけてみると友人関係項目と一群をなして強い因子軸を構成しているため，表5-2では友人関係項目の中に配置した．

最後に，登校回避感情から不登校行動へと移行する場合，どのような欠席理由のときに，不登校へと陥る生徒が多いのかについて検討しておこう．

表5-1の右端の欄に，それぞれの理由項目毎に，登校回避感情をもった生徒(A)に占める不登校生徒(B)の比率（B／A）を算出している．ここでは，この比率を「行動化率」と呼んでおく．この比率を算出するのは，一つには，学校回避感情が不登校の基盤をなしているとしても，すべての生徒が不登校に陥るわけではなく，我慢して登校している生徒もいるからであり，どの理由が不登校へと行動化させるのに強いプッシュ要因となり，どの理由が弱い要因なのかを明らかにするためである．

不登校理由のなかでは，最も多くの生徒が反応していた「ねむい・体がだるい」という項目の行動化率は，38.0%と最も低位群に属している．もちろん，登校回避感情を行動化する生徒が低率であるとしても，もともとこの項目を選んだ生徒が圧倒的に多いため，不登校生徒の理由の中でも第一位の理由であることには変わりない．しかし，行動化率が低いということは，回避感情を不登校行動へと移行させるにあたって強いプッシュ要因ではないことを意味している．

また，「勉強がしたくない」，「友達とうまくいかない」，「精神的にショックなことがあった」など，登校回避感情の理由項目中高い反応率を示した項目の行動化率は，おしなべて低位であり，「ねむい・体がだるい」という理由の行動化率と著しい違いを示していない．これに対して，「友人関係」項目群や「学習」項目群の中で高い反応率を示しつつ比較的高い行動化率を示しているのが，「授業がわからない」という項目(47.6%)である．つまり，学習上のつまずきは，学校へいくのが嫌になるという回避感情にも影響を与えるとともに，これらの子ども達が不登校行動へと移行することにもより促進的に作用しているといえる．

これに対して，反応率の低い項目には，おしなべて行動化率が高く現われる傾向がある．とりわけ，「仲間から誘われた」という理由を挙げる生徒には，学校へいくのが嫌になったという回避感情が行動化され，不登校に走る傾向がきわめて強くみられる．総じて学校外の要因による理由を挙げる生徒はあまり多くないものの，行動化率は高い傾向がみられる．また，対教師関係から学校へいくのが嫌になったとする生徒が，不登校へと行動化する傾向も比較的高いことには注意しておく必要がある．

第3節　不登校理由と欠席日数の関係

それでは，不登校生徒が欠席する場合の理由が欠席日数とどのような関係にあるのであろうか．図5-1は，不登校による欠席者の欠席理由と欠席日数との関係を図示したものである．なお，図では，平均欠席日数だけでなく，標準偏差値をも併記して図示している．標準偏差は，データの分布のちらばりを示す統計量であり，この数値が大きいことはそれだけ分布のちらばり具合が大きいということを意味している．つまり，標準偏差値が大きければ，それだけ平均欠席日数よりもかなり長期にわたる生徒と短期の生徒とが混入していることになる．そこで，以下では，欠席理由の中から，平均欠席日数が長期にわたるものを取り上げ，その理由によって欠席する生徒の特徴を考察することとする．

(1)まず，平均欠席日数が最も長いのは「親と離れたくない」という理由によ

る不登校生徒である．この理由を挙げた生徒はきわめて少なく，登校回避感情の生徒でも0.5%を占めるにすぎず，また，不登校による欠席生徒に占める比率も0.7%でしかない．この項目は，従来の「登校拒否」研究では，一般に「分離不安」と呼ばれる心的機制に関連する項目である．「登校拒否」研究の初期には，「分離不安」が，「登校拒否」発生メカニズムの主要な心的機制と考えられる傾向がみられたが，近年では，必ずしも「登校拒否」を説明する主要なメカニズムとは見なされなくなってきている．ここでの選択比率の低さは，そのことを示す一つの例証であるが，欠席日数が長期にわたるという点では依然として問題をはらんでいるタイプである．

(2)欠席日数が次いで長いのは「学校で誰もかまってくれない」という理由による不登校生徒である．この理由による欠席生徒は，全欠席生徒の4.0%であり，「分離不安」同様，必ずしも多くはない．しかし，標準偏差値は，理由項目中最も大きい．このことは，長期にわたる欠席生徒がこの理由を挙げた生徒の中に含まれていることを意味しており，「分離不安」同様に回復という点で問題のあるタイプである．実際に，個々のケースにあたってみると，このタイプの欠席生徒の最長欠席日数は248日に及んでおり，調査年次にあたる中学2年生になってからは一度も登校したことのない生徒が含まれている．

なお，このタイプの欠席生徒には，「いじめられっ子」が，69.6%を占めている．この数値は，全調査対象の出現率（20.9%）に比べて著しく多いことには注意しておく必要がある．この調査では，いじめによる被害は，調査年次の1年間にいじめが起こったときの被害経験を尋ねたものであり，不登校の理由は学校を休んだときの理由を尋ねたものである．そのため「いじめ」の発生と不登校のきっかけとの間に直接の因果連鎖を想定することはできない．しかし，「誰もかまってくれない」という理由で欠席した生徒の中に，「いじめられっ子」が7割も占めていることは，いじめがさまざまな形で不登校問題にも影を落としていることを物語っている．

欠席理由の中で，「いじめ」問題が生徒の心に深い傷を残しているタイプがもう一つある．それは，「学校がこわい・不安だ」という理由で欠席している生徒

である．このタイプも，「学校で誰もかまってくれない」というタイプと同じように，「いじめられっ子」の出現率は，72.0％となっている．したがって，「学校がこわい・不安だ」という感情には，「いじめ」への不安感・恐怖感がかなり影響を与えているものと見なせよう．この「学校がこわい・不安だ」という理由で欠席する生徒の平均欠席日数は10.4日であり，理由項目の中では長期日数に位置している．しかも，この理由項目の標準偏差は30.5日であり，「学校で誰もかまってくれない」という理由で休む生徒についで長くなっている．

　このように，「学校でだれもかまってくれない」と「学校がこわい・不安だ」という理由から学校を欠席する生徒は，いずれも「いじめ」問題の被害者が7割を占め，しかも，長期にわたる欠席者の多いことが特徴である．

　誰からも相手にしてもらえないという原因が不登校生徒の側にあるのか，それとも学級の生徒の側にあるのか，また，相手にしないのは生徒だけなのかあるいは教師も同様の態度をとっているのかは，この設問だけでは明らかにすることができない．しかし，これを推測させるデータはいくつか質問紙の中に埋め込まれている．たとえば，放課後皆でやらなければならないことがあったときに塾に行かなければならないとしたらどうするかという設問では，全調査対象生徒となんら変わらない分布を示しており，このグループの生徒がとくに学校活動に不熱心であるというわけではない．また，掃除や係の仕事などの学級の活動でも，生徒全体の分布に比べて著しい消極性を示してはいない．しかし，相手にされないという疎隔感は，クラブ活動では，退部者を多く出現させ（生徒全体14.8％に対して27.8％の出現率），学校行事では，「やりたくはないが参加する」という生徒（生徒全体17.9％に対し30.6％の出現率）を多く出現させている．こうした疎隔感がもたらす行事などへの取り組みの消極性は，いじめられることへの恐れとともに，学校行事などで一生懸命やっても教師やクラスのみんなから認めてもらえることはないという思いが70.3％（生徒全体では49.7％の出現率）と支配的であることによっている．

　こうして，「誰からもかまってもらえない」という理由で欠席する生徒には，休み時間の級友達の賑やかな語らいや喧嘩を耳にしながら，一人で孤独な時間

第5章　不登校への行動化と不登校の理由　157

図5-1　欠席理由と欠席日数

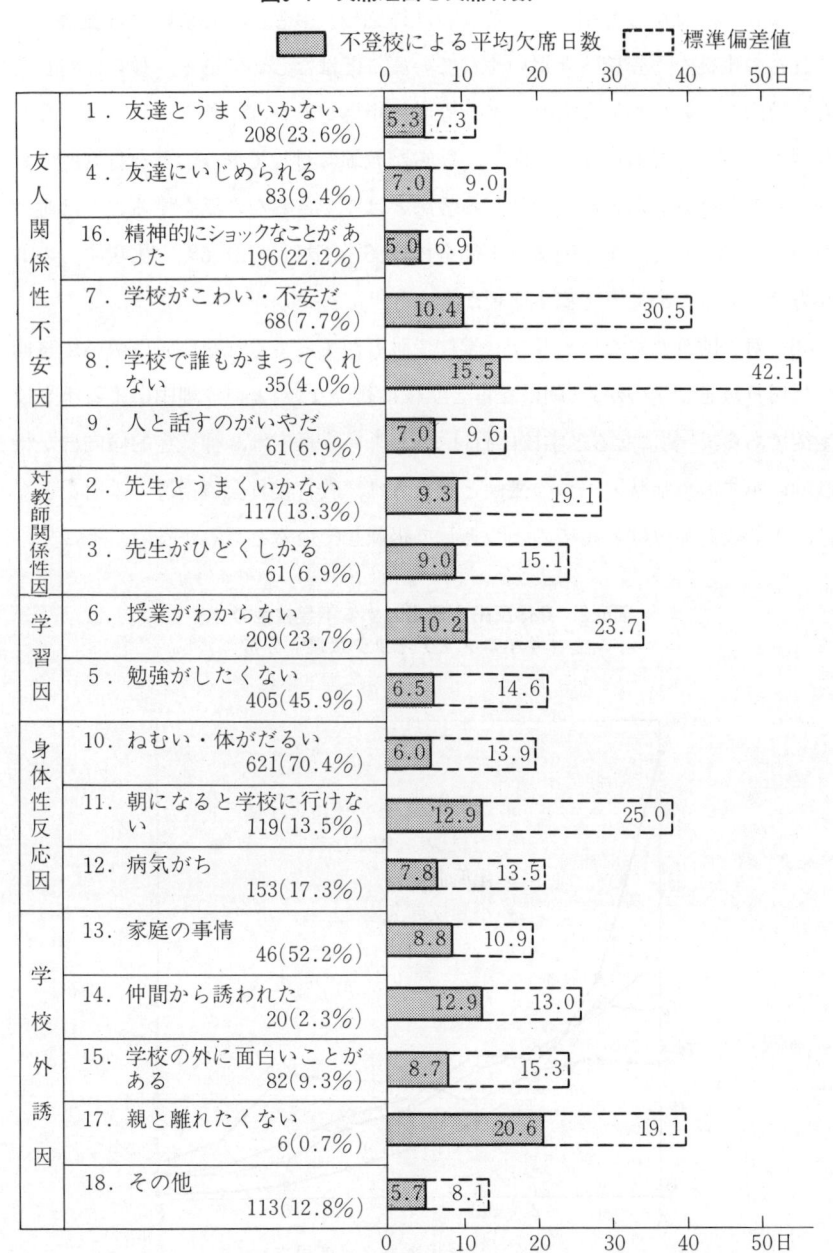

凡例：不登校による平均欠席日数／標準偏差値

分類	理由項目	平均欠席日数	標準偏差値
友人関係性不安因	1．友達とうまくいかない　208(23.6%)	5.3	7.3
	4．友達にいじめられる　83(9.4%)	7.0	9.0
	16．精神的にショックなことがあった　196(22.2%)	5.0	6.9
	7．学校がこわい・不安だ　68(7.7%)	10.4	30.5
	8．学校で誰もかまってくれない　35(4.0%)	15.5	42.1
	9．人と話すのがいやだ　61(6.9%)	7.0	9.6
対教師関係性因	2．先生とうまくいかない　117(13.3%)	9.3	19.1
	3．先生がひどくしかる　61(6.9%)	9.0	15.1
学習因	6．授業がわからない　209(23.7%)	10.2	23.7
	5．勉強がしたくない　405(45.9%)	6.5	14.6
身体性反応因	10．ねむい・体がだるい　621(70.4%)	6.0	13.9
	11．朝になると学校に行けない　119(13.5%)	12.9	25.0
	12．病気がち　153(17.3%)	7.8	13.5
学校外誘因	13．家庭の事情　46(52.2%)	8.8	10.9
	14．仲間から誘われた　20(2.3%)	12.9	13.0
	15．学校の外に面白いことがある　82(9.3%)	8.7	15.3
	17．親と離れたくない　6(0.7%)	20.6	19.1
	18．その他　113(12.8%)	5.7	8.1

注）理由項目の下の数字は実人数，（　）内の比率は不登校による欠席者882名に占める比率を示す．

を過ごす生徒が多く現われている（生徒全体3.5%に対して35.1%の出現率）．このように，誰からも相手にされない疎外感や寂寥感，いじめによる被害が，これらの生徒を不登校へと追いやっていることはたしかである．彼らに対して，もし教師からの精神的な支持や適切な学級指導があれば，彼らの状況はかなり軽減されることであろう．しかし，彼らが教師に対して悩みごとを打ち明け相談することはほとんどなく，むしろ教師とは「できるなら話をすることは避けたい」と思わせてしまう関係（生徒全体12.6%に対して21.6%の出現率）のあり方は，あらためて考え直す必要があろう．

(3)「親と離れたくない」及び「学校で誰もかまってくれない」に次いで長期の欠席日数を示すのが，「朝になると学校に行けない」という理由による不登校生徒である．「朝になると学校に行けない」という反応は，神経症的傾向群が特徴的に示す心気症状の一つの徴候と見なされ，教育委員会の指導の手引などでは，不登校を見分ける指標の一つとして掲載しているところが多い．そこで，

図5-2　身体反応を理由とする不登校生の
「サイコソマティック尺度」分布

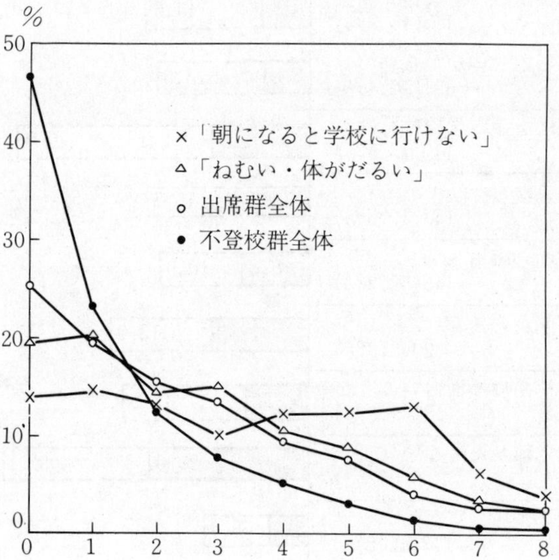

（サイコソマティック尺度得点）

この理由を訴えて欠席した生徒だけを抽出し，初期の神経症的傾向を示す心気症状からなる「サイコソマティック尺度」の分布を，不登校群のそれと比較してみることとした．図5-2は，その結果である．また，図には，もう一つの身体反応である「ねむい・体がだるい」も併せて記載しておいた．なお，尺度値の算出については，第4章で述べたとおりである．

　図からも明らかなように，「朝になると学校に行けない」という理由による欠席生徒は，「出席群全体」「不登校群全体」と比べて，尺度値の高得点者が多く，それだけ「サイコソマティック」症状の反応を多く示す生徒が多い．したがって，「朝になると学校に行けない」という反応は，心気症状を伴いつつ不登校に陥っている生徒層が他のタイプよりも多く含まれているものと解釈できる．

　これに対して，もう一つの身体反応である「ねむい・体がだるい」という反応は，「不登校群全体」の傾向とほとんど変わらない分布を示しており，このタイプを「サイコソマティック」症状によって特徴づけることはできない．また，この「ねむい・体がだるい」という理由から欠席する生徒は，平均欠席日数も6.0日と短く，標準偏差も13.9日と短い．したがって，同じ身体反応のカテゴリーに含まれてはいるものの両者は異なったタイプと見なすべきであり，「ねむい・体がだるい」と訴えて欠席する生徒については，後に改めて別の角度から分析することとする．

　このように，「朝になると学校に行けない」と訴えて欠席する生徒は，心気症状をいくつか伴っているため，教師は，この点を考慮して指導にあたる必要がある．「朝になると学校に行けない」生徒に対して，教師は，しばしば意欲のない生徒だとか，頑張りの効かない子どもと見なしたり，あるいは怠け心があるからだと決めつけがちであり，場合によっては叱責したり罰を加えることもある．「怠学」タイプの生徒については，教師のこれまでの生活経験に照らして理解が及ぶ面も多いが，「サイコソマティック」な心気症状や神経症的な傾向については，教師自身の経験に照らして共感したり，理解することが困難な場合が多い．そのため，いきおい「怠学」と結びつけて判断してしまう傾向が生まれがちである．しかし，こうした対応は，生徒達を傷つけ，より一層彼らの症状

をこじらせてしまうことになる.

「登校拒否」はきっかけとなる要因もさることながら,教師や両親などの周りの人々の対応によって引き起こされる二次的増幅過程も生徒にとって深刻な癒しがたい傷を与えているといわれている.「朝になると学校に行けない」と訴えて欠席する生徒には,以下に示すように,教師に対してよい印象をもっていない生徒が他のタイプの生徒よりも多く含まれているが,それは,一面では,彼らが学校生活の中で示す心気反応に対する教師の対応によって形成されている部分があろう.たとえば,学校行事の中で教師に対して「今までよりも嫌いになった」と答えた生徒は26.9%を占めている(生徒全体9.6%,不登校生徒群全体16.6%).また,教師に反発を感じることが「よくある」と答えた生徒は55.8%(生徒全体23.0%,不登校群全体37.6%)と著しく多く,「ときどきある」と答えた生徒まで含めると,79.8%(生徒全体59.6%,不登校群全体66.2%)に達する.なお,このタイプの生徒の「いじめ」による被害者の比率は,28.7%であり,不登校生徒全体の28.3%とほとんど変わらない比率であり,とくにこのタイプに「いじめられっ子」が多いというわけではない.したがって,「朝になると学校に行けない」と訴えて欠席する生徒の中にも,他の理由から休む生徒同様「いじめ」による被害や恐れのために欠席する生徒がいることは否定できないが,このタイプの生徒に「いじめ」による影響のみられる生徒として特徴づけるほどの出現率ではない.むしろ,このタイプは,対生徒関係ではなく,対教師関係の方に特徴が現われているといえる.

(4)「仲間から誘われた」という理由で欠席する生徒の平均欠席日数(12.9日)も比較的長期にわたる傾向がある.しかし,平均欠席日数では,「朝になると学校に行けない」という理由で休む生徒と同じであるが,標準偏差は13.0日であり,比較的短い.また,細部ではいくつか異なった点が見られるが,基本的には,このタイプの生徒と同じような特性をもっているのが「学校の外に面白いことがある」という理由から欠席する生徒である.この生徒は,平均欠席日数は「仲間から誘われた」という生徒よりも短いが(8.7日),標準偏差は15.3日とやや長く,長期欠席と短期欠席がやや混合したタイプとなっている.

まず,両タイプに共通していることは,問題行動への衝動性を強くもち,成績の自己評価が低いことである.図5-3は,10問からなる非行及び問題行動への衝動性(巻末調査結果集計表質問38参照)を総和法によって得点化し,累積度数分布として表現したものである.図からも明らかなように,「出席群」の生徒は,低得点者が多く,それだけ問題行動形成が進んでいない生徒が中心となっている.これに対して,「不登校群」では,問題行動への衝動性が進んだ生徒が比較的多く含まれており,「出席群」に比べて累積度数グラフの低得点領域での上昇カーブが緩やかである.ところが,「不登校群」の中でも,「仲間から誘われた」及び「学校の外に面白いことがある」という理由で欠席した生徒だけをそれぞれ抽出してみると,これらの生徒達には,問題行動への衝動性が進んだ尺度得点の高い生徒が著しく多く含まれている.中位数である5点を目安としてみると,「出席群」では,94.4%の生徒が,また,「不登校群」全体でも,76.7

図5-3 仲間や学外の誘引による欠席生徒の
問題行動への衝動性(累積度数分布)

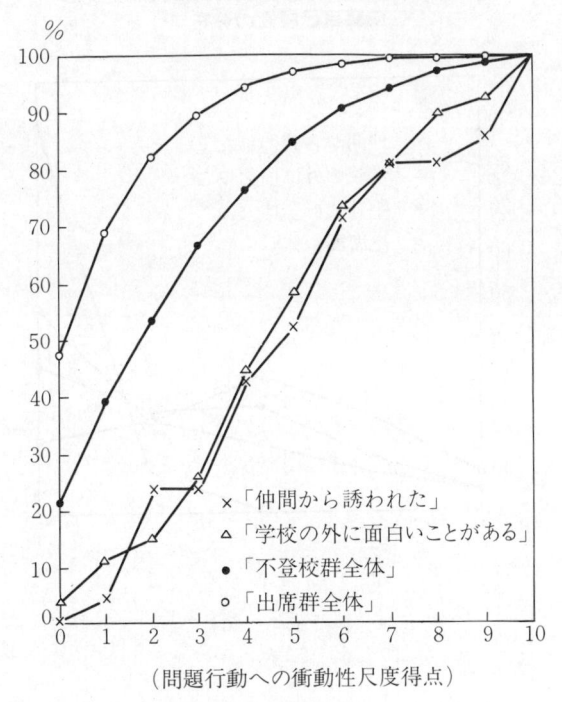

× 「仲間から誘われた」
△ 「学校の外に面白いことがある」
● 「不登校群全体」
○ 「出席群全体」

(問題行動への衝動性尺度得点)

％の生徒が，5点未満に含まれている．これに対して，「仲間から誘われた」という理由で欠席する生徒では，42.9％にすぎず，「学校の外に面白いことがある」とする生徒では，45.0％と，ともに過半数を割っている．つまり，このタイプの理由で欠席する生徒は，いずれも，問題行動への衝動性得点5点以上の子ども達が過半数を越えており，それだけ，問題行動への衝動性の進んだ子ども達が多いタイプといえる．

　図5-4は，これらの両タイプの理由による欠席生徒の成績の自己評価を示した結果である．「学校の外に面白いことがある」とする生徒は，「出席群」及び「不登校群」全体と比べて，成績が上位であると考えている生徒が少なく，「下」と見なす生徒の出現率が顕著に多く，この生徒の47.5％を占めている（「出席群」16.8％，「不登校群」全体34.1％）．この傾向は，「仲間から誘われた」という理由で欠席する生徒では，より顕著であり，「下」という自己評価は，90.5％に達している．

図5-4　仲間や学外誘引による欠席生徒の
　　　　成績自己評価の分布

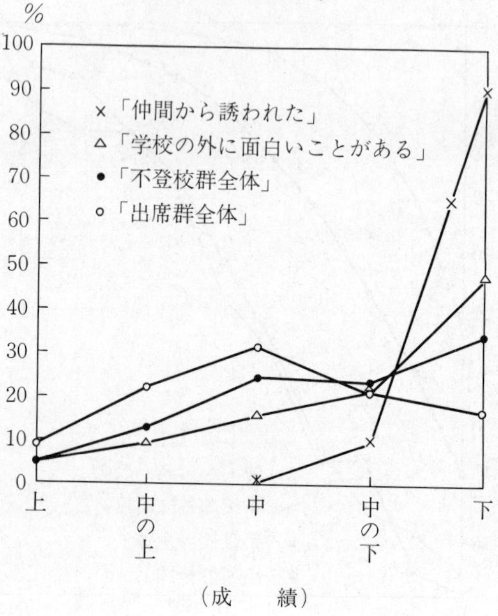

このように,「仲間から誘われた」とする生徒と「学校の外に面白いことがある」とする生徒では,非行・問題行動への衝動性がともに高く,成績の自己評価の低い生徒が多いが,「仲間から誘われた」とする生徒では,成績の自己評価の低い生徒でほとんどが占められている.また,両タイプは,こうした共通性がありながらも,いくつかの点で異なった特徴をもっている.以下では「仲間から誘われた」とする生徒に焦点をあて,「学校外に面白いことがある」(以下「学外誘引型」と略する)との相違点について分析してみよう.

まず,家庭環境であるが,「仲間から誘われた」とする生徒では暮らし向きは「よその家よりも生活は苦しい方だ」と答えた生徒が,38.1%(全体生徒群9.4%,学外誘引型18.8%)と多くなっている.また,将来の進路は「中学まで」とする生徒が,14.3%(全体生徒群1.6%,学外誘引型8.8%)と多く,また,高校も普通科よりは商業科・工業科などを選択する生徒が,33.3%(全体生徒群11.8%,学外誘引型16.3%)と多くなっている.

ところが,「仲間から誘われた」とする生徒は,「学外誘引型」と同じように非行・問題行動への衝動性の高い生徒が多く含まれているにもかかわらず,校則の中でおかしいと思うものが「たくさんある」と答える生徒は,「学外誘引型」の71.6%に比べて47.8%(「不登校群全体33.8%」)と著しく低くなっている.このことは,教師への反発感を尋ねた質問にも現われ,教師に反発を感じることが「よくある」と答えた生徒は,「学外誘引型」では71.6%と高くなっているのに対して,「仲間から誘われた」とする生徒では58.3%にとどまっている.

このように,「仲間から誘われた」という理由で欠席する生徒は,非行・問題行動への傾向性が高いにもかかわらず,「学外誘引型」に比べて,校則に納得できないものが多いと考える生徒が少なく,また,教師に反発を感じる生徒も少ない.それは,一つには日常の教師との接触の仕方の違いにあり,もう一つは級友との関係の取り方にあるものと思われる.

そこで,彼らが教師とどのように接しているのかを見てみることとした.まず,授業の場面で親しみを感じる教師が多いか少ないかは,両タイプともに調査対象生徒全体群と変わらない傾向を示しており,取り立てて特徴的な差異は

ない．ところが，休み時間や放課後に，教師と話したり，遊んだりすることがあるかどうかを尋ねてみると，「よくある」と答えた生徒は，「仲間から誘われた」とする生徒で12.5％（生徒全体3.9％，学外誘引型2.3％）と多く現われている．また，悩みごとの相談を教師にする生徒の比率は，この「仲間から誘われた」とする生徒では，20.8％であるのに対して，「学外誘引型」は，5.7％（生徒全体4.9％）である．

　それでは，友人関係はどうであろうか．「仲間から誘われた」とする生徒を象徴的に表現しているデータは，「いじめ」の場面での行動である．このタイプの生徒は，「いじめられる」被害型（29.4％），「いじめもするし，いじめられもする」加害・被害型（23.6％），「いじめる」加害型（29.4％）の三者が並存して多く，加害・被害いずれかの形で「いじめ」に直接かかわっている生徒が82.4％に達していることが特徴である．彼らの中には，休み時間には「ひとりだけで過ごす」生徒が26.1％（生徒全体3.5％，学外誘引型8.1％）と多く，また，クラスで「つきあっている人はいない」とする生徒も17.4％（生徒全体1.3％，学外誘引型3.4％）を占めている．非行・問題行動への衝動性の高い生徒が「仲間から誘われた」ことを理由として欠席するという状態の中に，彼らの「いじめ」での加害者的立場と被害者的立場の並存した状態を象徴的に読み取ることができよう．

　以上のように，「仲間から誘われた」という理由から欠席する生徒も「学校外に面白いことがある」とする生徒も，ともに非行・問題行動型の不登校生徒が多く含まれている．しかし，「仲間から誘われた」とする生徒では，教師との接触が緊密である生徒が多く含まれている．このタイプの生徒に教師への反発感情が少なく，校則の不合理感が少ないのは，生徒から受け入れられる教師の取り組み方とその指導が一定の効果を挙げていることによるものであろう．これらの生徒は，成績や家庭の経済状態などでは，条件のよくない生徒が比較的多く含まれ，また，非行・問題行動への衝動性が高く，クラスの学友とも関係が遮断した生徒がみられた．これらの生徒が「仲間から誘われた」というのは，おそらく校内の問題行動グループや学外の生徒からの誘いであろう．学級での

関係の切れた生徒が仲間からの誘いで不登校に走る姿が典型的に現われている．しかし，学校社会とのつながりはまだ完全に切れた状態ではなく，それは，教師の関わり方にあることをこれらのデータは示唆している．誇張して表現すれば，クラスの生徒から切れた分だけ教師が彼らを学校社会につなぎ止める努力をしているのだといえよう．しかし，教師がいかに努力しようとも，級友関係を補うことができないのは当然のことである．そこに学内の問題行動グループや学外の仲間の誘いが入り込んでくるものと思われる．

これに対して，「学校の外に面白いことがある」という「学外誘引型」の生徒については，問題行動への衝動性が高く，しかも教師との関わりがさほど緊密ではない．また，かりに指導・援助が行われていたとしても，効果を挙げていないようであり，かえって反発を高めていることが推測される．彼らは，たしかに「仲間に誘われた」とする生徒よりも平均欠席日数が短く，学校とのつながりはさほど切れていないように見受けられる．また，既述のように，実際にクラスの友達との関係が断ち切れている生徒もきわめて少なかった．しかし，このタイプの生徒には，教師への反発感情が強くみられ，また，学校行事などを通じて今までよりも教師が「かえって嫌いになった」とする生徒が26.1%（生徒全体9.6%）も含まれている．校則の中でおかしいと思うものが「あまりない」と「まったくない」とを併せても，わずかに6.8%（全体生徒群31.9%）にすぎない．したがって，このタイプの生徒は，クラスの友達との関係の中で学校社会につながっているとはいえ，教師とは切れた状態にあり，校則や学業不振がこのつながりを一層薄くしているようである．非行型が多く含まれていることに加えて，教師への反発や校則への不合理感を伴っているだけに，教師の指導・援助の仕方によっては，反発や不合理感を一層促進しかねないという問題をはらんでいるタイプである．

(5)最後に，「先生とうまくいかない」「先生がひどくしかる」という理由で欠席する生徒について考察しておく．両タイプともに，平均欠席日数はおよそ9日であるが，標準偏差が大きく，比較的長期にわたる生徒も多く含まれている．もちろん，「先生とうまくいかない」とか「先生がひどくしかる」といっても，

関わりのある教師全員が彼らの不登校のきっかけとなっているわけではないが，データを詳細にみてみると，学校生活のさまざまな場面で教師との関係が良好でない傾向がみられる．彼らの不登校は，こうした教師との関係の悪さを基盤としながら，彼らが避けがたいと考える場面で接触する教師との関係がうまくいかなかったり，なんらかの事件や出来事での教師の関わり方を引金として起こったものであろう．

表5-3は，授業を受けているとき，親しみや引きつけられるものを感じる教師がどの程度いるのかを聞いた結果である．「先生とうまくいかない」あるいは「先生がひどくしかる」という理由で欠席する生徒でも，授業の場面で，親しみや引きつけられるものを感じる教師が「少しはいる」と答える生徒が3割前後存在している．しかし，他方では「まったくいない」と答える生徒が，不登校群全体と比べても顕著に多く，かなりの生徒が教師との間に疎遠感をもっているようである．

表5-3 授業で親しみや引きつけられる教師

授業を受けているとき，親しみや引きつけられるものを感じる先生	たくさんいる	少しはいる	あまりいない	まったくいない	計
先生とうまくいかない	1 0.8%	39 32.5%	32 26.7%	48 40.0%	120 100.0%
先生がひどくしかる	0 (一)	18 28.6%	13 20.6%	32 50.8%	63 100.0%
不登校群全体	101 7.1%	685 48.2%	419 29.5%	216 15.2%	1421 100.0%
全体生徒群	444 7.9%	3104 55.0%	1550 27.5%	548 9.7%	5646 100.0%

また，学校行事を通じて，今までよりも教師に親しみを感じるようになったかどうかを尋ねたところ，「かえって嫌いになった」と回答した生徒が，「先生とうまくいかない」とする生徒では46.7%，「先生がひどくしかる」とする生徒

では58.7%（全体生徒群9.6%，不登校群全体16.6%）であった．休み時間や放課後に，教師と話をしたり，遊んだりすることが「まったくない」生徒は，「先生とうまくいかない」とする生徒で71.7%，「先生がひどくしかる」とする生徒で71.4%（全体生徒群41.5%，不登校群全体45.7%）と著しく多くなっている．また，放課後の部活動でも同様の結果がみられ，入部していてもまったく出席しない生徒や退部者の出現率が総じて高い傾向にある．

以上のように，このタイプの不登校生徒は，学校生活のさまざまな領域で教師との関係が良好でない生徒が多く，その結果，教師への反発感情が強い傾向にある．たとえば，教師に反発感情を抱くことが「よくある」と回答する生徒は，「先生とうまくいかない」とする生徒で75.8%，「先生がひどくしかる」という生徒で81.0%（全体生徒群23.0%，不登校群全体37.6%）と顕著に多く，反発を感じることが「ときどきある」という生徒まで含めると，それぞれ91.7%，93.7%（全体生徒群49.6%，不登校群全体66.2%）に達している．

個々の生徒が，どのような場面でどのようなことで教師との関係をこじらせたのか，また，「ひどくしかる」内容が何なのか，叱り方が適切であったかどうかなどは，ここでのデータだけでは明らかにすることができない．しかし，いずれにしても，教師との関係のつまずきやこじれは，図5-1に見られるように，「友達とうまくいかない」という理由で欠席する生徒よりも，明らかに長期化する傾向がある．教師・生徒間関係については，教師の指導・援助による不登校の二次的増幅過程をも含めて，今後とも検討すべき課題である．

第4節　不登校理由の基底要因

これまで，見てきたように，子ども達は，さまざまな理由から学校へ行くのが嫌になり，不登校へと陥っている．第3節では，これらの理由の中から，欠席日数が長期にわたる理由だけを取り出し，その他の理由については，長期化する理由項目に関連するものだけを取り上げ分析してきた．そこで，本節では，子ども達が訴えるさまざまな理由の基底にあって，これらの理由を支配してい

る要因は何かを明らかにすることとする．それは，子ども達が学校へいくのが嫌になるきっかけに作用している主要な決定要因を抽出することによって，子ども達が不登校へと陥っていくプロセスを解明するために必要な作業である．ここでは，前節で検討してきた学校へ行くのが嫌になったときのさまざまな理由を，因子分析を用いていくつかの主要なカテゴリーに分類するとともに，そこに潜む基底要因を抽出することとする．

　因子分析とは，周知のように，多くの相互関連する変数群間の関係を代表することのできる比較的少数の変数を見つけ出すための統計手法である．ここでは，不登校感情の理由として多くの理由項目が掲げられているが，これらの項目の基底にある次元つまり因子を見つけ出すことによって，多くの理由項目の間の複雑な関係を少数の代表される因子の線形結合の形で簡潔に表現するための手法である．

　なお，表5-4は，全18項目にわたる理由項目を因子分析にかけ，コミュナリティが .35 以下の項目（表5-2記載の項目番号 8,9,11,13,15,18）を除いた12項目を再び因子分析にかけバリマックス転回した結果である．また，因子軸は，主成分分析によって，1を越える分散を説明する因子（固有値が1を越えるもの）を4因子抽出することとしたが，4因子だけによって構成されたモデルの説明力は，50.1％である．したがって，この4因子によるモデルは，不登校の理由項目の多様な関係を4因子のみによって代表させるに十分な構成概念ではなく，その約5割を代表する説明モデルであることを考慮しておく必要がある．つまり，この4因子は，複雑な項目間の関係の基底にあって，これを簡潔に説明する主要な項目群にまとめた因子の中から代表性の高いものの順に四つの因子軸を抽出したものとして解釈されるべきである．

　抽出された因子軸を，そこに含まれている理由項目に照らして解釈すると以下の4因子となる．理由項目構造に対して最も説明力の高い第1因子軸は，「友人関係性不安軸」であり，対友人関係における適応に問題を感じていたり，いじめなどによる精神的な被害や不安感などが中心となっている．この因子だけで全体の理由項目の構造の18.8％を説明している．第2因子軸は，「無気力・倦

怠感軸」である．この軸は，学習でのつまずきや意欲の低下と身体反応としての倦怠感・脱力感が結びついたものである．この因子の単独の説明力は12.7%であり，第1因子と第2因子との2軸によって理由項目構造の約三分の一を説

表5-4 学校へ行くのが嫌になったときの理由（因子分析固有値）

	第1因子軸 (友人関係 性不安軸)	第2因子軸 (無気力・ 倦怠感軸)	第3因子軸 (対教師関 係性軸)	第4因子軸 (学校外誘 引軸)
1．友達とうまくいかない	.70090	.07698	.01195	-.08045
4．友達にいじめられる	.61372	-.13631	.06469	.19374
16．精神的にショックなことがあった	.61109	.18902	-.01536	.02260
7．学校がこわい・不安だ	.56883	-.06472	.07848	.27041
10．ねむい・体がだるい	-.03105	.75805	-.04270	.13460
5．勉強がしたくない	.05151	.71149	.27771	-.10365
6．授業がわからない	.20080	.45451	.43261	-.10920
2．先生とうまくいかない	.05702	.11255	.72351	.07014
3．先生がひどくしかる	-.04344	.05854	.71187	.25378
17．親と離れたくない	.14850	-.05540	.23495	.63292
12．病気がち	-.07506	.35745	-.28904	.62885
14．仲間から誘われた	.18649	-.07568	.20706	.55961

明することができる．第3因子軸は，「対教師関係性軸」と見なすことができる．この軸は，主として教師との関係のつまずきや教師の叱責，学習指導上の問題などに関連している．この軸の説明力は，9.6%である．第四因子軸は，「学外誘引軸」であり，学外に興味をひくものがあったり，仲間の誘いや家族への固着などによる不登校が関連している．なお，第3因子及び第4因子に含まれる項目については，前節で詳しく検討したので，ここでは省略し，因子構造の中でも最も説明力のある第1因子軸と第2因子軸に限定して以下考察を進めることとする．

(A)友人関係性不安因子軸

現代の子ども達は，距離を置いたつきあいをしながらも群れたがるといわれている．学校へいくのが嫌になったと訴えている生徒の四人に一人が「友達とうまくいかない」ことを理由としているのは，現代の子ども達のこうした友人関係のアンビバラントな状態を反映している．

もちろん「友達とうまくいかない」という表現の中には，関係のこじれや対立なども入っている．しかし，この「友達とうまくいかない」という項目を解釈するときには，第一因子軸の，高い固有値を示している他の項目，つまり「友達にいじめられる」「精神的にショックなことがあった」「学校がこわい・不安だ」という理由が結びつき一群をなしていることも考慮しておく必要がある．因子分析そのものは，項目間の因果的なつながりを説明するものではないが，「友達とうまくいかない」という不適応感やいじめや精神的なショックを受けたという被害感と「学校がこわい・不安だ」という反応とが結びつき，学校へいくのが嫌だという感情形成を支配していると考えられる．「いじめ」問題が，これらの友人関係に関する項目に深い影を落としていることは，既に前節で明らかにした通りである．

もちろん，関係性不安は，「いじめ」問題からの被害への恐れだけではない．現代の子ども達の学校社会での関係性不安を考える場合には，そこに過剰な競争原理による関係性の分断を読み込むこともできよう．あるいは，第Ⅰ部で考察したように，現代の日本社会や教育制度に浸透している「文明化のパラドッ

クス」とも言うべき洗練された秩序化と構造化の作用の中で醸成される重圧感と「可視化のメカニズム」から現われる見えない相手からの「視線の作用」に対する不定型な不安感を読み取ることもできよう．

　さらには，社会全体が個人化の傾向を強めているにもかかわらず，依然として個人的領域ないしは私的領域を守る砦の壁が薄くて低い日本社会の中では，プライバシーに無神経に侵入してくる集団や人間関係からの圧力に対して人々が一種の防衛機制を築き始めていることも考慮しておかなければならない．このことについては，第Ⅲ部で詳細に検討するつもりである．あるいは，ミクロな個人心理的なレベルでは，現代の子ども達の「自己肯定感」の欠如もこうした不定型な不安感を醸成する要因となっている．しばしば自信の無さとして表面化する「自己肯定感」の欠如という特性は，個人の心理内に現われるミクロな現象であるが，それは，日本社会の社会・経済・文化構造によって型どられた特質であることは言うまでもない．自己肯定感の欠如は，自分を表現し，他者と関わり，社会的場面で行動するにあたって，さまざまな不安感を形成することは，これまでの心理学や社会心理学における「不安」研究の一つのテーマであった．現代の青少年の特性を「アイデンティティ拡散」状況と見なす考え方があるが，その説の妥当性は別に問われるべきところであるとしても，「自己肯定感」のあり方が現代人の自我構造に深く関わっていることは否定できない．

　いずれにしても，不登校生徒が学校を欠席するにあたって訴える理由の基底に，最も強い規定因子として「友人関係性不安軸」が抽出されたことは，それだけ現代の子ども達にとって，学校社会での級友との人間関係が大きな意味をもっていることを示している．たとえば，表5-4では，固有値が低いものの「授業がわからない」という理由で欠席する生徒にとっても，学級内の友人関係軸が関わりつつ彼らを不登校へと陥らせていることを読み取ることができる．彼らは，「授業がわからない」という事実を，第2因子の無気力・倦怠感や第3因子の教師との関係性の中で解釈しているが，それだけではなく，第1因子である級友との関係の中でも解釈され位置づけているところに，彼らを不登校へと追いやるものがあることをこのデータは示唆している．しかも，「勉強がしたく

ない」という学習意欲の欠如や「先生とうまくいかない」という理由は，第2因子，第3因子に対しては寄与しているものの，級友に対する関係性不安を意味する第1因子の中ではほとんど意味をもたないことは興味あることである．つまり，現代の子ども達相互の人間関係にとって，「授業がわからない」ということは，級友に対する関係の中で一定の意味をもっているが，「勉強したくない」という気持ちや教師との関係が良好でないという事実は，級友との関係をまずくするものではないとする傾向があることを読み取ることができる．踏み込んでいえば，「勉強したくない」という感情や「教師とうまくいかない」という気持ちは，特定の限られた不登校生徒だけに現われるものではなく，むしろ子ども達の間では，多くの子ども達が抱えている一般的事実として受け止められていることを意味している．つまり，子ども達にとっては，こうした感情が常態であり，自明の事実となっている．より積極的に踏み込んで表現すれば，現代の子ども達の学級内の関係性はむしろこうした自明性の上に成り立っているともいえよう．

(B)無気力・倦怠感因子軸

表5-2によれば，「学校へ行くのが嫌になったときの理由」つまり登校回避感情の理由の中では，「ねむい・体がだるい」という項目への反応が最も多く，分析対象生徒の69.3％を占めていた．また，この傾向は，「不登校生徒」についても同様であり，不登校生徒の73.4％がこの項目に反応していた．

しかし，この「ねむい・体がだるい」という反応がきわめて多くの子ども達に選択され，しかも第2因子として抽出されているということは，現代の不登校問題の中心的傾向が，マスコミで喧伝されているような恰好のいい学校に対する積極的な拒否の姿勢や反価値に基づくものという性格ではなく，むしろ身体レベルでの倦怠感や無力感の反応が重要な要素となっていることを意味している．それは，表5-4の因子分析中，第2因子が，この「ねむい・体がだるい」という項目を中心として，「勉強がしたくない」「授業が分からない」という項目とともに高い寄与率を示す一群の項目群をなしていることからも明らかであ

る.つまり,現代の子ども達の不登校生徒にみられる身体反応には,学習上の問題が深く影を落としていると考える必要があることをこのデータは示している.

　身体反応としての「ねむい・体がだるい」という反応は,しばしば,神経症的傾向の初期反応と見なされることがある.もちろん,ここでのデータだけによってこの考え方を否定することはできない.第2因子に対して,固有値は低いものの「病気がち」という理由が一定の寄与率を示しているということは,生理学的な身体反応と「ねむい・体がだるい」という理由による不登校とがある程度関連していることは考慮しておく必要があろう.しかし,きわめて多くの欠席生徒が「ねむい・体がだるい」という理由から学校を休んでいること,及び,この理由を中心とした第2因子への寄与率が「勉強したくない」という学習上の問題と強く関連していることから判断すれば,身体反応としての倦怠感や無力感は,神経症的傾向からの反応もさることながら,むしろ「学習意欲の欠如」と関連し,さらにはその背後には,「授業でのつまずき」という授業場面での要因がより強く関連しているとみるべきであろう.

　もとより,因子分析が,因果系列の方向性までも分析する技法ではないが,これらの要因連関を経験的に判断して図式化すれば,現代の不登校現象には,「授業がわからない→学習意欲の喪失→無気力→倦怠感」という一連の要因連鎖が少なからず関係していることがデータから読み取れよう.

　したがって,教師が単なる身体反応としての倦怠感や脱力感を示す不登校に対応するときには,単なる病気や神経症的傾向を疑うだけでなく,その背後にこれらの一連の学習上の問題が潜んでいる場合がむしろ少なくないことを考慮に入れておく必要がある.ところが,不登校問題に関しては,これまでの研究が神経症的傾向を中心とした「登校拒否」に焦点があてられ,研究書や教師向けの手引などでは,身体反応を神経症的な傾向の徴候として理解する考え方が優勢であった.しかも,これらの研究は,医療・相談領域で集められたデータが中心であり,そのデータの限界の範囲内ではきわめて有意義な知見を生み出してきた.学校の中では,不登校生徒が欠席している事態を目の前にして,彼

らをどのようにして立ち直らせるかが当面の課題として設定されることは無理からぬことである．こうした，学校の中での対応策への要請と，これまでの研究で蓄積されてきた治療的視点から組まれたカウンセリング技法が適合していたという事情もあって，教師への手引書や生徒指導研修会では，治療的視点からの登校拒否理解が大きな影響力を与えてきたものと考えることができる．

教師が，身体反応を，ともすれば治療学的な視点から理解する傾向があるのは，こうした研究事情が影響していることによっているが，それは，翻ってみれば教育学や社会学などによる研究の怠慢の現われでもある．また，学校の中では，これに加えて，現実に毎日頻発するさまざまな問題行動の対応に追われることも重なり，教師の関心がいきおい問題行動生徒をどうするかという対症療法的な発想に陥りがちになり，その発生因として学校社会がどのように関わり，学校社会をどのように再構築していけばよいかという学校社会そのものの対応策にまでは至ることがなかったことも影響していよう．かりに対応策をたてたとしても，それは現在目の前にいる不登校生徒を立ち直らせることに直接つながることは少ないかもしれない．しかも，それほど容易に結論がでる問題でもなく，また，学校社会の基礎的な部分にまで及ぶ長期的な根気のいる基本的な取り組みが必要なところでもある．しかし，この第2因子軸に現われている身体反応と学習上の問題との結びつきは，不登校問題に対する理解や対応の枠組みを学校社会の視点からどう構築していくかという課題を改めて認識させるものである．

身体反応の要因の一つが学校社会の中にありながら，それを単なる病気や体調の崩れと見なしたり，無気力を心構えの問題として処置することは，これを引き起こしている学校社会の問題点に目を閉ざすだけでなく，認識の誤りによる見当違いの対応を引き起こし，生徒の問題状況をかえって悪化させることにもなる．

第1章で見たように，教師が不登校生徒を「怠学」や「無気力」による不登校と判定するとき，ともすれば生徒が抱えている学習上のつまずきなど不登校を引き起こす要因群への目配りに欠ける傾向が見られた．もし身体反応が，字

義どおりの「怠け心」や「気力のなさ」によるものと判定されれば、生徒本人の側に不登校要因が帰属することになろうし、反対に、身体反応を学習上のつまずきや授業がわからないという問題との関連で理解するとすれば、適切な学習指導や援助を与えることができなかった教師の側にも不登校要因が帰属することになる。いずれが優勢な規定力をもつのかは、個々の事例に即して経験的なレベルで判断すべき問題である。しかし、「体がだるい」「勉強したくない」という理由で欠席する生徒を理解するにあたって、学習を提供・援助する側の問題が捨象されることがあるとすれば、状況によっては、生徒に不当な責任を転嫁する場合も起こってこよう。しかも、この場合には、教師の叱責や励ましが生徒に不当感を与えるだけでなく、子ども達の学習意欲をより一層失わせ、ひいては無気力感や倦怠感をますます増幅させることになる。表中、固有値はきわめて低いが、「先生とうまくいかない」という欠席理由が、わずかながら無気力・倦怠感に寄与していることは、不当な無理解を含めて教師の子ども達への接触の仕方や理解の仕方に問題のあることを示している。

　もちろん、無気力・倦怠感が、教育制度や教師の関わり方の中で生じてくる側面が強いとしても、この問題を一面的に学校社会の問題だけで理解すべきだと主張しているわけではない。既述のように、表5-4では、「病気がち」という項目が、固有値は.35745ではあるが、第2因子に寄与していた。経験的に判断しても、「ねむい・体がだるい」という身体反応や学習意欲の欠如が、病気がちという事態と関連していることは首肯できるところである。

　また、「ねむい・体がだるい」という理由による欠席は、彼らの生活時間やその使い方との関係も考慮しなければならない。中学生ともなれば、受験や宿題や学習塾のスケジュールで深夜まで机に向かうこともある。あるいは、中学生にとって、深夜放送が、日常生活の中に組み込まれた重要な要素となっている側面も考慮する必要があろう。

　しかし、これらの要素だけでは「ねむい・体がだるい」という反応は現われても、それによって学校を欠席する事態にまで至らせるものではない。かりに、生活サイクルの中で「ねむい・体がだるい」という症状が現われ、「学校には行

きたくない」という回避感情が潜在的に形成されたとしても、これを行動化して欠席行動へと結びつける要因が介在しなければ、不登校に陥ることはない。これまで検討してきたさまざまな学校社会での問題や対人関係の軋轢もその一つであろうし、学校をめぐる価値文化状況のレベルでは、絶対化されていた学校や教育価値にゆらぎが現われてきたこととも関連していよう。あるいは、家庭の養育態度の中で形成される耐性の欠如とも関連していよう。さらには、この耐えるとか我慢するということが子ども達にとっては何のための我慢なのか、また、耐えるだけの意味があるのかについてはっきりと見定められないことも影響していよう。

　いずれにしても、現代の子ども達の無気力や倦怠感は、単なる当人の心構えの問題として片付けることのできない問題を背景としている。絶対視されていた価値にゆらぎが表われ、耐えて我慢するに足る目標や人生のストーリーも描けない現代の子ども達にとって、無気力・倦怠感は一つの帰結でもある。不登校現象の中に現われる身体反応としての無気力・倦怠感は、こうした価値や目標構造のゆらぎの中で浮遊し漂う子ども達の姿を表象する現象でもある。

注
1) 学校回避感情の経験が「まったくなかった」とする生徒は、本表では「登校回避感情のない生徒」として処理されている。それは、本書が不登校行動を、登校回避感情を基盤としてこれを行動化したものとして操作的に定義していることから派生する。したがって、「登校回避感情のある出席群」および登校回避感情を基盤とする「不登校群」の欄では、回避感情を経験したことのない「まったくなかった」という縦の列欄は、論理的に「非該当」となる。また、反対に「登校回避感情のない出席群」の欄では、回避感情の経験頻度を示す欄は、論理的に「非該当」となる。
2) 項目の順序は、質問紙の順序と異なっており、また、項目をグルーピングして表示している。このグルーピングは、18項目を因子分析にかけた結果に基づいている。
3) 紙幅の関係で詳細な項目間の相関マトリックスは省略するが、全18項目の中で「ねむい・体がだるい」という項目が、最も多くの有意な相関関係を他の項目と形成している。それは、この項目が、他の項目に比べて圧倒的に多くの生徒から選択されている項目であるという事実からも推測されることである。
4) 島和博「適応と不適応のジレンマ」森田洋司・松浦善満編『教室からみた不登校』 東洋館出版、1991年、第2章。

第6章　不登校の発現パターン

第1節　学校教育からみた不登校の経過パターン

　「不登校」に陥った生徒がどのような経過を辿るのかについては，多くの研究者が関心を寄せている問題である．それは，不登校という行動の性質を明らかにするために必要なことであるとともに，教育・治療の視点から見ても，そこから有効な対策や対応を導き出すことができるからである．そのために，医療・相談機関の事例研究の中では，こうした不登校の発現とその経過，及びカウンセリングや治療的措置の介入と予後という一連の過程に関する研究が積み重ねられてきている．

　しかし，これらの研究は，医療・相談機関に来所した青少年を対象としたものであり，導き出された知見は当然のことながら調査対象集団の制約を受け，その範囲では妥当するとしても，これを不登校現象全般にまで一般化するにはさまざまな問題をはらんでいる．もちろん，その問題点も，「不登校」ないし「登校拒否」の定義の仕方によって現われてくるものであり，あくまでも本書のように広義に「不登校」現象を考えた場合に現われてくる問題点という意味でしかない．

　既述のように，ここでは「不登校」を精神的な悩みや機能的な問題を抱えた子ども達に限定していない．なかには，非行・問題行動型の不登校生徒や「いじめ」をはじめとする友人関係のつまずきやもつれによる生徒も含まれている．あるいは，学校へ行くことが当然のことではなくなり，欠席しても後ろめたさを感じることが少ない「現代型」の典型タイプも含まれている．それは，本書が，不登校現象を個人の心の悩みや病気というレベルで考察することを目的とせず，学校社会と生徒との関わりの中で，学校へ行くのが嫌になったという状

態に焦点をあて，こうした回避感情ないし忌避感情をもたらす学校社会を含めた現代社会のあり方とその病いを分析の対象とするからである．「治療」という言葉は，社会学の領域では論議のあるタームであり適切さに欠けるが，理解を図るためにあえてその言葉を用いるとすれば，治療の対象となるのは不登校生徒個人の内部ではなく，彼らが学校へ行くのが嫌になったという「状態」にある．それは，不登校の発生を家庭や学校や地域社会のあり方とそれらを含み込んだより大きな現代社会の問題だけに還元する素朴な環境要因説の立場ではない．「状態」とは，これらの個人を取り巻く構造からもたらされる社会的な力とそこで生活する主体としての個人とがぶつかりあう場であり，その絡まりの様相を意味している．本書では，その絡まりの場を学校社会に求め，その絡まりの様相の一つとして学校へ行くのが嫌になったという「状態」を抽出し分析するものである．本章では，不登校による欠席行動の現われを「発症」とせず，「発現」と呼んでいるのもこうした視点に由来している．

　もちろん，このような不登校の取り上げ方については，概念を拡大しすぎているという批判もあろう．しかし，医療という立場からではなく，学校教育という視点に立てば，こうした学校，家庭，社会と生徒，教師との絡まりの中で現われてくるさまざまな不登校「状態」をトータルに把握することはきわめて重要な課題である．したがって，医療・相談機関からみれば，本章の発現パターンには，さまざまな問題を抱えた生徒が混在しているという不満が残ろう．しかし，それは，これらのデータを精査し分析を重ねることによって，不登校の経過パターンとそこに含まれている生徒の特質を解明することによって乗り越えることのできる問題である．

　なお，不登校経過パターンの抽出に入る前に，ここで調査方法上の問題点について若干触れておく．本来ならば，こうした不登校の発現とその経過を明らかにするためには，発現した生徒を相当の年月をかけてフォローアップする追跡調査が望ましいことはいうまでもない．しかし，各年齢段階で発現したすべての生徒を長い年月をかけてくまなく追跡して調査することは，現段階の筆者には力の及ばないところである．そのため，さまざまな欠点を含んではいるも

のの，あえて遡及的（retrospective）調査法を代替的方法として採用した．それは，この方法が記憶という人間の曖昧な部分に依拠しているものの，とりあえず不登校の全体像を把握することが学校教育の立場からみて急務であると考えたからである．

それは，一つには，公式統計が50日以上の長期不登校生徒を対象としているため，小学校では発生率がきわめて少なく，その結果，小学校段階での不登校問題に対する問題意識がきわめて低いからである．しかし，中学段階の不登校生徒は，小学校時に長期ではなくとも，既に不登校の経験や徴候が現われていることがこれまで多くの教育関係者や研究者によって指摘されてきている．もちろんその主たる原因が必ずしも小学校の中にあるというわけではないが，小学校の段階で学校としてこれらの子ども達をどう指導・援助していくべきかは今後の大きな課題である．しかも，「現代型」不登校の章で明らかになったように，今日の不登校現象の中には，学校教育への家庭や子ども達の意味づけ及び価値へのゆらぎが頭をもたげてきているとすれば，小学校のみならず学校教育としてもこうした現象にどう対応するかは，緊急の課題であり，不登校の発現とその経過を把握することは重要な作業となろう．

さらに，この調査を行なうもう一つの理由は，不登校が病気であるとか，一度発現すれば治らないという俗説による誤解と偏見を解くことにある．こうした誤解や偏見は，既述のように，医療・相談機関の一部で実施されたデータが，資料の限界を越えて一般化されて社会に受け止められたり，病気として発展するケースと発展しないケースの弁別がなされないままに予防的視点のみが強調されすぎることによって発生するものである．こうした誤解や偏見が起こり，要らざる社会不安を引き起こすのは，さまざまなタイプを含んだ「不登校」現象の全容をトータルに把握した研究が存在しないことと，発現した不登校行動の時系列的な変化・発展のパターンを不登校現象全体について解明する研究がないことによっている．

第2節　不登校の発現パターン

そこで，本研究では，現在もしくは調査した年度の間に不登校に陥った生徒だけでなく，不登校経験のない生徒をも対象として，小学校1年生から中学校1年生に至るまでの不登校による欠席経験の有無について質問した．参考までに学年ごとの発現比率を表6-1に示しておく．

表6-1　不登校経験のあった学年

	小学校1年生	小学校2年生	小学校3年生	小学校4年生	小学校5年生	小学校6年生	中学校1年生	中学校2年生	計
人数	454	431	477	555	606	828	1042	920	5934
(%)	(7.7)	(7.3)	(7.9)	(9.4)	(10.2)	(14.0)	(17.6)	(15.5)	(100.0)

注）各学年の比率は，総計5934に占める比率である．
　　なお，この調査は経験を聞いており，複数の学年に回答する生徒を含んでいるため％欄の合計は，100を越える．

表からも明らかなように，学齢が上昇するにつれて不登校生徒の発現率が上昇している．この傾向は，巻末の調査方法に記載した文部省の50日以上の不登校生徒の傾向と同じである．しかし，本研究での発現率のピークが中学校1年生にあるのに対して，文部省の統計では中学校3年生にあり，1年生は2年生よりも低い数値となっている．それは，一つには，文部省の統計が50日以上の不登校生徒を対象としているのに対して，本研究では50日未満の不登校生徒も含めて全ての不登校による欠席生徒を対象としているために起こってくることである．50日以上の長期不登校欠席生徒と50日未満の生徒とでは，異なった分布を示していても何ら矛盾する結果ではなく，また両データの妥当性を損なうものではない．

両データのもう一つの相違点は，縦断的調査と横断的調査との違いである．

文部省データは調査年次で切り取り，その時点で起こった各学年の生徒の不登校行動を取り出し，学年順にならべたものである．したがって，このデータは，あくまでも当該調査年次の不登校生徒の分布であって，長じるにしたがって長期の不登校が現われやすくなるというように，年齢発達に関する変数や時系列の中での変化を加味して読み込むことはできない．つまり，現在の小学校1年生の生徒の5年後の発現率は，当然のことながら現在の小学校6年生の発現率と同じではない．これに対して，表6-1は，あくまでも一人の生徒の過去での経験率を示したものであって，この表の小学校の1年生の発現率が現在の小学校1年生のそれと同じでないことはいうまでもないことである．

次に，これらの生徒がどの学年で発現しどの学年で終息するのか，また，どこで再発現するのかという不登校の経過パターンについて検討することとする．

そこで，本研究では，各生徒が小学校1年生から現在にいたるまでの間にどのような不登校の発現パターンを辿ってきたのかを調査し，そこにみられる共通したパターンを分類するためにクラスター分析を用いて分析することとした．そのため，まず学校へ行くのがいやになって休んだことが「あった」とするものを「1」，「なかった」とするものを「2」として，各生徒個人の小学校1年生から中学2年生に至るまでの8学年間の経験を8桁の数字並びに置き換えて個人の不登校発現パターンを作成した．次に，この結果をクィック・クラスター分析法にかけ，もっともうまくあてはまる典型的なパターンを析出した．あてはめの基準は，できるかぎり「1」と「2」の整数に近似した値にパターンが収束するクラスター数を求めることによって判断した．その結果，表6-2に示すように10パターンのクラスターが析出された．なお，このデータが中学校2年生の段階で集められたものであり，かりに現在発現していたり，あるいは回復していたとしても，中学校2年生以降の推移について何ら予測することができないことはいうまでもない．しかし，現在小学1年生の段階で発現した子どもが，今後おそらくは辿るであろう経過パターンの傾向については，ある程度の予測を可能にしてくれよう．しかし，それは，あくまでも子ども達の不登校をめぐる学校や社会からの対応や対策に見るべきものがなく，彼らを不登校へ

と陥らせる背景となる社会，学校，家庭などのあり方などの諸条件が現状のまま不変であればという留保が必要である．逆説的に表現すれば，この点では，このデータの予測力が低いほど子ども達の発達にとってよい条件が整うことになる．

表6-2の右端の欄には，ケース数が記載されている．最も多くの生徒が含まれるパターンは，第Xクラスターである．このクラスターは，いずれの学年においても不登校の経験をほとんどもたない生徒が中心となっており，全分析対象

表6-2　クラスター分析による不登校経過パターン

クラスターNo.	小学校1年生	小学校2年生	小学校3年生	小学校4年生	小学校5年生	小学校6年生	中学校1年生	中学校2年生	ケース数(%)
I	1.04	1.56	2.00	1.98	1.92	1.93	1.84	1.83	164(12.4)
II	1.32	1.17	1.00	1.46	1.91	1.92	1.73	1.80	95(7.2)
III	1.96	1.98	1.70	1.00	1.98	1.90	1.85	1.82	165(12.5)
IV	1.96	1.93	1.99	1.83	1.00	1.45	2.00	1.89	150(11.4)
V	1.93	1.98	1.96	1.96	1.43	1.04	1.00	1.73	182(13.8)
VI	2.00	1.86	1.06	1.56	1.14	2.00	1.53	1.94	36(2.7)
VII	1.08	1.01	1.06	1.06	1.01	1.04	1.13	1.57	171(12.9)
VIII	2.00	1.96	1.46	1.03	1.09	1.06	1.23	1.47	70(5.3)
IX	1.96	1.98	1.98	1.96	1.96	1.65	1.07	1.00	288(21.8)
X	2.00	1.99	1.99	2.00	2.00	1.97	1.95	1.92	4202(－)

注）(1)分析の対象となったケース数は，5,532である．
　　(2)構成比はI～IXのクラスターに属する1,312ケースを母数としている．

第6章 不登校の発現パターン 183

表6-3 学年別不登校生徒の発現率

クラスターNo.	小学校1年生	小学校2年生	小学校3年生	小学校4年生	小学校5年生	小学校6年生	中学校1年生	中学校2年生	構成比
I	96.3	43.9	.0	2.4	7.9	6.7	15.9	23.6	12.4
II	68.4	83.2	100.0	53.7	9.5	8.4	27.4	24.0	7.2
III	4.2	2.4	30.3	100.0	1.8	10.3	14.5	23.2	12.5
IV	4.0	6.7	0.7	16.7	100.0	54.7	.0	14.2	11.4
V	7.1	2.2	4.4	4.4	56.6	95.6	100.0	31.0	13.8
VI	.0	13.9	94.4	44.4	86.1	.0	47.2	6.6	2.7
VII	92.4	98.8	93.6	93.6	98.8	95.9	87.1	53.7	12.9
VIII	.0	4.3	54.3	97.1	91.4	94.3	77.1	57.9	5.3
IX	3.8	1.7	1.7	4.2	3.8	35.4	100.0	100.0	21.8

注) 1) 数字は，各クラスターに含まれる生徒の中に占める，当該学年で不登校欠席をした生徒の比率である．
2) 右端の欄の構成比とは，抽出された9クラスターの生徒全員に占める9クラスターの生徒数の比率である．

者5,532のなかの76.2％を占めている．もちろん，不登校経験がないといっても，あくまでもさまざまな欠席パターンを辿る生徒を統計手法によって強制的に収束させたものであり，この第Xクラスターには，欠席経験のある生徒も含まれている．但し，この生徒は，他の9つのクラスターには分類される要素が弱く，むしろこの第Xクラスターに近似性をもっているために分類された生徒

である．本研究では，不登校経験のパターンの析出に分析の中心が置かれているので，以下の分析では，この第Xクラスターを除きいずれかの学年で不登校経験を示し，クラスター分析で不登校経過パターンの中に収束した生徒 1,312 ケースを母数として分析することとする．したがって，この1,312ケースは，後述する表6-4の母数2,080とは異なっている．

また，収束した9つのクラスターのそれぞれに含まれている生徒が，小学校1年生から中学2年生までのどの学年でどれだけの生徒が不登校経験をもったことがあるのかを示した結果が，表6-3である．また，この結果は，図6-1に図示してある．

(1)前傾初発型（低学年型）

まず，発現の時期に着目して以下の分析を進めていくこととする．小学校1年生，2年生の低学年に不登校が多く発現する「前傾初発型」は，第Iクラスター，第IIクラスター，第VIIクラスターである．

第Iクラスターは，小学校入学当初から発現するタイプであり，このクラスターに収束する生徒の96.3%が小学校入学年時に不登校経験をもっている．し

図6-1　不登校生徒の経過パターン

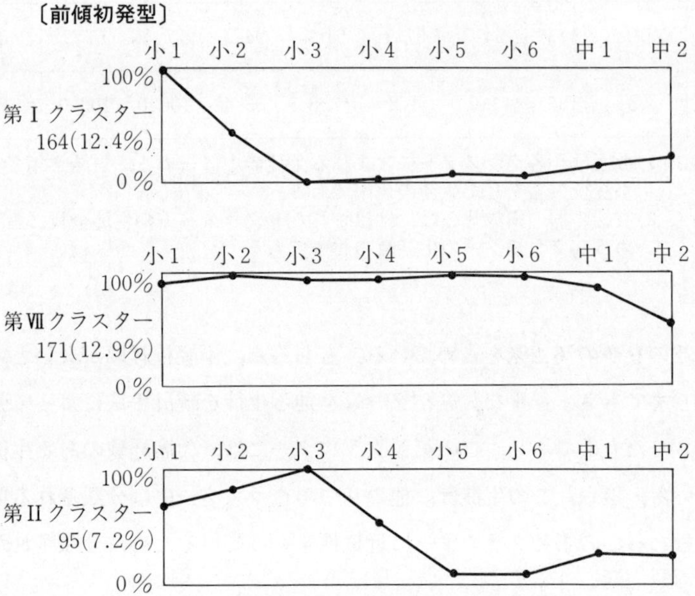

〔前傾初発型〕

第Iクラスター
164(12.4%)

第VIIクラスター
171(12.9%)

第IIクラスター
95(7.2%)

第6章　不登校の発現パターン　185

〔小学校中学年初発型〕

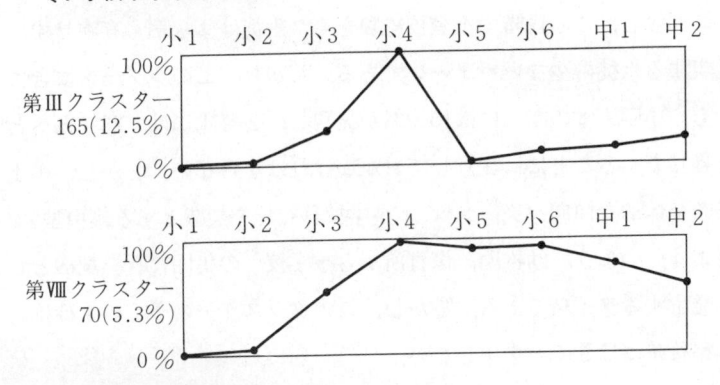

第Ⅲクラスター
165(12.5%)

第Ⅷクラスター
70(5.3%)

〔小学校高学年初発型〕

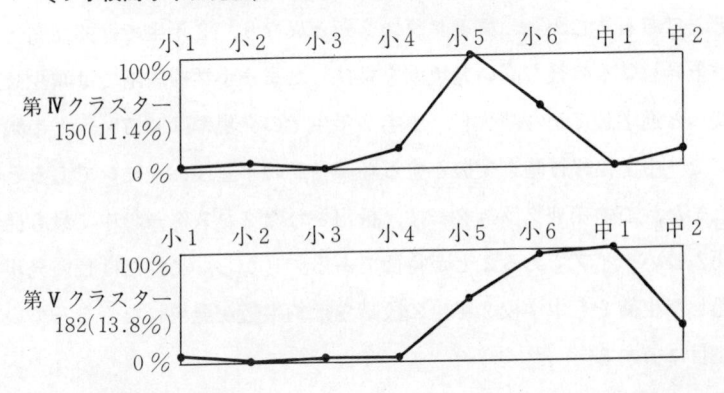

第Ⅳクラスター
150(11.4%)

第Ⅴクラスター
182(13.8%)

〔後発型〕

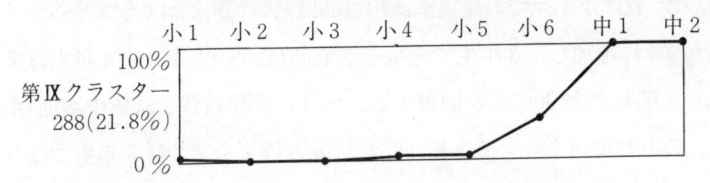

第Ⅸクラスター
288(21.8%)

〔頻回再発型〕

第Ⅵクラスター
36(2.7%)

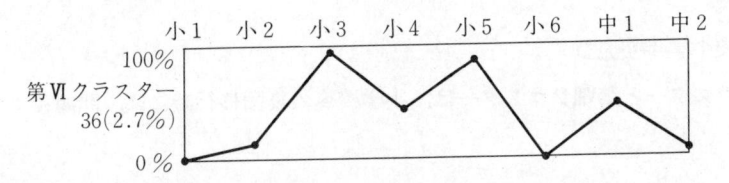

かし,このクラスターでは2年生の段階でかなりの生徒が回復し,小学校3年時には完全に回復し,この段階で不登校経験をもつ生徒はまったく存在せず,その後も発現する生徒の少ないパターンである.しかし,このパターンに含まれる生徒でも,中学入学の年次には15.9%が発現し,2年次には,23.6%へと緩やかに上昇してくることには注意しておかなければならない.しかし,第Ⅰクラスターの全体的な傾向パターンは,「小学校移行時を契機とする集中型」であるといえよう.つまり,幼稚園,保育所から小学校への集団移行を契機として不登校が発生するタイプである.しかし,このクラスターの多くの生徒は,中学校への移行時にはさほど集中しない.

第Ⅶクラスターは,第Ⅰクラスター同様,入学年時での発現率が92.4%と高いクラスターである.しかし,第Ⅰクラスターと異なり,2年生では98.8%へと発現率が上昇し,その後も高い発現率を維持したまま小学校段階では減少せず,中学校へと進学してから減少し,中学2年生での発現率は53.7%へと半減するタイプで「中学校移行時を契機とする漸減型」の不登校パターンであるといえよう.また,この第Ⅶクラスターは,析出されたクラスターの中で最も発現継続期間の長いタイプであることが特徴である.しかし,これだけ長い発現期間を経過した生徒でも中学校2年生の段階では約半数が発現しなくなっていることは注目に値する.

第Ⅱクラスターは,小学校入学時の1年生で高い発現率を示す上記の二つのクラスターに比べれば1年生での発現率は相対的に低い(68.4%)クラスターであるが,その後徐々に増加し,3年生で発現率が最高(100%)となり,4年生以降再び減少し,5年生では90.5%が回復するという「小学校移行時集中増加・中学年減少型」の不登校パターンである.しかし,このタイプでは5年生でほとんどの生徒が回復しそのまま6年生を迎えるが,中学校の段階で再び発現する生徒が含まれており,中学校1年生で27.4%,2年生で24.0%の発現率を示している.

(2) 小学校中学年初発型

第Ⅲクラスターと第Ⅷクラスターは,小学校への集団移行時には,問題なく

経過し，小学校中学年の4年生まではほぼ同じようなパターンを辿る．しかし，その後の経過では両者はまったく異なるパターンを辿っている．

　第Ⅲクラスターは，発現率のピークが小学校中学年の4年生にあるが，小学校の5年生でほとんど発現しなくなる「小学校中学年集中型」の典型パターンである．しかも，このクラスターは，小学校4年生を境としてそれ以前の段階は急増し，それ以降は急減するタイプであるところに特徴がある．しかし，急減した後，中学への集団移行を挟んでその後徐々にではあるが再び発現する生徒が現われ，中学校の2年生では23.2%の発現率となる点では第Ⅰ及び第Ⅱクラスターと同じ特徴をもっている．しかし，小学校の入学時の影響が直接現われているタイプではないため，パターンとしては基本的に別のカテゴリーをなしている．

　第Ⅷクラスターは，上述のように，1年生から4年生までは第Ⅲクラスターと同じパターンをたどっている．しかし，第Ⅲクラスターでは5年生で回復し，その後発現をみないグループと再び発現するグループとに分化するのに対して，この第Ⅷクラスターでは小学校終了まで発現が継続し，中学進学以降の段階でようやく回復する生徒が増加していくパターンであり，発現以降は「高原型」をしばらく辿るパターンといえる．このクラスターの中学校2年生での発現率は57.9%であり，42.1%の生徒がこの段階では発現しなくなっている．

(3) 小学校高学年初発型

　第Ⅳクラスターと第Ⅴクラスターとは，いずれも「小学校高学年初発型」の不登校タイプである．両タイプともに，最終的には回復し，再発現しない生徒が多いが，第Ⅳクラスターが集団移行を契機として減少しているのに対して，第Ⅴクラスターは，その影響がまったくみられない点で異なっている．

　まず，第Ⅳクラスターは小学校5年生で初発し，発現率は100%であるが，6年生で半減し，集団を移行した中学校1年生では完全に終息するタイプである．しかし，その後わずかではあるが再発現し，2年生での発現率は14.2%となる．

　これに対して，第Ⅴクラスターは，第Ⅳクラスター同様，小学校高学年で初発するが，第Ⅳクラスターよりもなだらかな上昇であり，6年生で急増し，集団を

移行した中学校1年生で最も高い発生率を示している.しかし,このクラスターでは,2年生になって大幅に減少し,7割近くの生徒がこの段階で発現をみなくなっている.

(4)後発型（中学校集中型）

このタイプのパターンは，第IXクラスターだけであるが，このタイプに含まれる生徒は，9クラスター中最も多く，不登校経験者の21.8%に達している.このクラスターは，小学校6年生で初発をみる生徒が35.4%含まれているが，むしろ発現ピークの中心は中学校入学以降にあり，中学校2年生でも発現率は減少しない.

(5)頻回再発型

このタイプのパターンを辿るのは，第VIクラスターだけである．図からも判断されるように，このクラスターでは発現率のピークが複数あり，再発を繰り返す「頻回再発型」の不登校パターンである．しかし，再発はするもののピークの山は徐々に低くなっており，中学校2年生での発現率は，6.6%にまで減少していることは注意すべきことである．もちろん，中学3年生以降成人に至るまでの経過はこの調査からは予測できないが，一般に再発を繰り返すことは，それだけ回復を困難にするという考え方は，中学2年生までの段階では一般化できないことになる．このタイプの第三の再発現ピークである中学1年生段階では，このタイプの生徒の52.8%が発現をみていないが，この点についてはさらに詳細なデータを集めて分析すべきところである．なお，この「頻回再発型」は，9クラスターの中では,最も生徒数の少ないタイプであり,構成比率は2.7%にとどまっている.

以上にみてきたように，不登校の初発の時期及び経過のパターンは一様ではない．しかし，第IXクラスターを除いたすべてのクラスターでは，回復している生徒が相当数含まれており，中学2年生の段階では発現が終息ないしは大幅に減少するパターンを描く傾向があるという点では共通している．もとよりこれらの生徒の今後の発現については，これらのデータだけによって予測することができないが，この調査では，一度発現すれば，再発する可能性が高いという結果を見出すことができなかった．とくに第VIクラスターのような「頻回再

発型」においても，既述のように，再発する比率は徐々に減少し，中学2年生段階での発現率が6.6%にまで減少していることは注目すべきことである．また，第Ⅶクラスターのような「高原型」においても，中学2年生では半減してしまっている．また，第Ⅰクラスターから第Ⅳクラスターまでの4タイプではいずれも過去に大きな発現ピークをもっているが，中学段階での発現率はさほど高くなく，大勢は再発しないパターンをたどっていることは注目すべきことである．そこで，次節では，この再発現の状態に焦点をあてて，さらに詳しく検討してみることとする．

第3節 不登校の再発現率

表6-4は，不登校がどの学年ではじめて発現し，その発現した生徒の不登校がどの学年まで続いたのか，また，どの学年で発現しなくなったのかについてまとめた結果である．なお，学年については全ての組合せをとると繁雑な表になるため，小学校を2学年ごとにまとめて3区分とした．また，一度も発現しなかった生徒は除外している．そのため，集計の母数は2,080名となっている．

(1)前傾初発型

まず，小学校低学年で初発した生徒についてみてみよう．この「小学校低学年初発型」は，全不登校経験者の26.0%である．この「小学校低学年初発型」の生徒のうち，それ以降の小学校段階はもとより中学2年生に至るまで，全く不登校がみられなくなった生徒が24.0%を占めている．これらの生徒は「完全一過性型」の生徒といえよう．また，「小学校低学年初発型」のなかで，それ以降の中学年，高学年では発現した経験をもっているが，中学校入学以来は発現をみることなく現在に至っている生徒がこの群の22.6%を占めている．そこで，この「小学校低学年以降まったく再発現しなくなった生徒」(24.0%)と「中学校で発現しなくなった生徒」(22.6%)を合わせるとこの「小学校低学年初発型」では，46.6%が中学段階へ入って不登校のみられなくなった生徒となる．これに対して，小学校低学年に初発し，それ以降中学校2年生まで，継続して発現

表6-4 不登校の再発現率

学齢区分	当該年度に初発した生徒	初発者累積%	当該学年度以降にも発現した生徒			当該学年以降再発現しなくなった生徒	計
				中学2年生まで継続した生徒	中学校で発現しなくなった生徒		
小学校低学年	541 (26.0%)	26.0	411 (76.0%)	68 (12.6%)	122 (22.6%)	130 (24.0%)	541 (100.0%)
小学校中学年	352 (16.9%)	42.9	213 (60.5%)	33 (9.4%)	64 (18.2%)	139 (39.5%)	352 (100.0%)
小学校高学年	488 (23.5%)	66.4	265 (54.3%)	128 (26.2%)	×	223 (45.7%)	488 (100.0%)
中学校1年生	363 (17.5%)	83.9	159 (43.8%)	×	×	204 (56.2%)	363 (100.0%)
中学校2年生	336 (16.2%)	100.0	×	×	×	×	336 (100.0%)
計	2080 (100.0%)	100.0	1048 (50.4%)	199 (9.6%)	186 (8.9%)	696 (33.5%)	2080 (100.0%)

経験をもっている生徒はこの群の12.6%である．

(2)小学校中学年初発型

次に，小学校低学年では発現しなかったが，中学年で初発した生徒についてみてみることとする．このタイプは，全不登校経験者の16.9%である．この「小学校中学年初発型」までの累積比率は42.9%である．このことは不登校を経験した生徒の42.9%が小学校中学年までに発現したことを意味する．この「小学校中学年初発型」の生徒には，それ以降中学2年生までの間，不登校がまったく見られなくなった生徒が39.5%含まれている．この完全終息型に，小学校高学年では経験するが中学校に入ると発現しなくなる生徒（18.2%）を加えると，この群の57.7%の生徒が中学校入学以降では発現をみることなく現在に至っていることになる．これに対して小学校中学年で初発し，それ以降中学2年生まで継続して不登校のみられる生徒はこの群の 9.4%であり，小学校高学年や小学校低学年で初発する生徒に比べて，低い継続者率である．

(3)小学校高学年初発型

次に小学校高学年になるまでは不登校欠席の経験のなかった生徒であるが，高学年になって初めて不登校を経験した生徒は，全不登校経験者の23.5%である．この段階までの累積比率は66.4%であり，不登校経験者の三分の二が小学校高学年までに不登校による欠席を経験をしたことになる．公式統計にみるよ

うに，小学校段階での50日以上の長期にわたる不登校経験者はきわめて少ないことはたしかであるが，50日未満をも加えてみると，このように不登校経験者の三分の二を占めていることは注目すべき数字である．

この「小学校高学年初発型」生徒では，その後中学校へ入学し現在に至るまでの間，全く不登校をみなくなった生徒が45.7%を占めている．これに対して，中学校に入学以降も引き続いて不登校のみられる生徒はこの群の26.2%である．

(4)後発型

次に，小学校では全く不登校がみられなかったにもかかわらず中学校1年生になってから初めて経験した「中学校入学年初発型」生徒は，全不登校経験者の17.5%である．しかし，この生徒のうち中学校2年生では不登校を経験していない生徒が56.2%を占めている．

最後に，これまでは全く不登校を経験していなかったが中学校2年生になってはじめて不登校を経験した生徒がいる．この最も「後発型」の生徒は，全不登校経験者の16.2%である．この中学校2年生および中学1年生に初めて不登校に陥った子ども達を併せると，不登校を経験した生徒全体の33.7%を占めることになる．小学校では2学年を1つのカテゴリーとしてまとめているが，これらの小学校段階の低学年，中学年，高学年の各カテゴリーでの初発率に比べて，中学の2学年における初発率は一段と高い発生率となっている．

以上に見てきたように，初発以降全く発現をみない生徒は全体の33.5%に達しており，現調査時点の段階までについては「一過性型」の生徒であるといえる．また，これらの「一過性型」の生徒の内，小学校で発現した生徒1,381名についてみてみると，彼らの中で初発以降再発現していない生徒は，492名(35.6%)に及んでいる．さらに，これに小学校では初発以降も発現していたが，中学校に入学してからは全くなくなった生徒（小学校の全発現者の13.5%）を加えると，小学校での初発者の49.1%が，現段階では「一過性型」となる．

「不登校」は，しばしば病気であるかのごとく誤解されることがあり，そのために「不登校」生徒や家族がいらざる不安感に苛まれたり，不愉快な目に会うこともある．それは「不登校」は一度発現すると必ず再発するという誤った観

念や，不治の病とみなし早期治療しなければ手遅れになるという認識によるものである．そのため，無理やり相談センターへ連れて行かれたり，医療機関に預けられるという事態が生じることもないではない．それがたとえ善意による処置であったとしても，ときには不登校生徒の状態をこじらせるような事態にもつながりかねない．もちろん，ここで分析対象とした不登校生徒にはさまざまなタイプが含まれており，また，欠席日数もさまざまな期間にわたる生徒を含んでいることは考慮しておくべきことである．しかし，今後の彼らの再発現の可能性については予測できないにしても，現段階では「一過性」タイプの生徒も少なくない．今後は，さらに中学以降も含めて長期にわたる経過パターンを調査・分析することによって，その実態を明らかにする必要があろう．

第7章　問題行動の重複性

第1節　いじめ問題と不登校

　「非行」「校内暴力」「いじめ」「不登校」などの問題は，現代の学校社会のかかえる深刻な問題といわれている．なかでも「いじめ」や「不登校」は，1980年代に入ってから社会的に大きな問題として人々の注目を集めるようになってきた．もちろん，それ以前の段階でも教育関係者の間で「いじめ」や「不登校」は問題視されていたが，広く社会的に問題視されたのは1980年代以降のことである．しかし，社会問題としてマスコミなどで扱われるトピックスが「非行」から「校内暴力」へ，さらに「いじめ」から「不登校」へと変遷したために，「いじめ」は「非行」や「校内暴力」を押さえ込んだために発生したとか，「いじめ」の次は「不登校」といった皮相的な見方にも根拠があるかのような印象を与えることにもなっている．

　しかし，「いじめ」や「不登校」が社会問題として注目を集めているとしても，「非行」問題は，終息したわけではない．むしろ，問題行動は，近年になるにつれて，それ以前の問題と絡まり合って現われるようになってきている．「いじめ」には「非行」や「生徒間暴力」が混入して被害を一層深刻なものとし，「不登校」は「いじめ」や「非行」を引きずりつつ独自の展開を示し，問題をより一層複雑にし，解決をより一層困難なものとしている．そこで，本章では，さまざまな問題行動の中でも，不登校問題と密接に絡まりつつ発生している「いじめ」問題と「非行・問題行動」を取り上げ，不登校問題との重複性について検討することとする．

　「いじめ」による被害者が緊急避難としての欠席行動を引き起こすことはこれまでにも指摘されてきていた．しかし，不登校と「いじめ」との関係について

は，その実態を明らかにする統計的データさえ存在していない．もとより，不登校行動と「いじめ」との関係やその発生メカニズムについては，さまざまな角度から検討すべきであるが，ここでは，とりあえず実態を明らかにするという目的に限定し，以下では，不登校生徒が「いじめ」の場面でどのような立場を取るのかという側面に焦点をあてることとする．

しかし，「いじめ」の場面での立場といっても，ここで検討するのは，「いじめ」による被害者の立場に限定するものではない．一般的には，「不登校」と「いじめ」との関わりが論議される場合には，「いじめ」による被害経験と欠席行動との関係が問題とされることが多い．しかし，不登校生徒の中には，いじめによる被害者だけでなく，加害者や傍観者を含めた「いじめ」の場面でのさまざまな立場の生徒が見られ，不登校行動の現われ方は，「いじめ」の場面でのさまざまな立場とその関係のダイナミズムに関連しているものと思われる．

そこで，まず，不登校行動との関係の考察に入る前に，「学校へ行くのが嫌になったことがある」という登校への回避感情と「いじめ」の場面での被害者的立場との関係について検討しておく．表7-1は，調査年次の1年間の間に学級で発生した「いじめ」の場面で「いじめられた」ことのある生徒だけを抽出し，登校回避感情の有無と頻度を調べた結果である．

表7-1 「いじめられっ子」と登校回避感情の有無

学校へ行くのがいやになったことが	よくあった	ときどきあった	たまにはあった	まったくなかった	無回答	計
実 人 数	109	118	201	51	9	488
構 成 比	(22.3)	(24.2)	(41.2)	(10.5)	(1.8)	(100.0)

表からも明らかなように「いじめられた」ことのある生徒は，学校に行くのがいやになったことあるという登校回避感情を何らかの程度で経験しており，「たまにはあった」という生徒まで含めると9割に達する．これに対して学校へ行くのが嫌になったことが「まったくなかった」とする生徒は1割にすぎない．しかし，この結果だけによって，いじめの被害経験が登校への回避感情を引き起こしているとは断定できない．学校へ行くのが嫌になったのは，いじめ

られた場合もあろうが、それ以外の理由による場合もあるからである．しかし，いじめによる被害経験が学校への回避感情の直接のきっかけとなったかどうかは別として，ここでの結果は，いじめられたという被害経験をもつ生徒と学校への回避感情をもつ生徒がほとんど重なっているという事実には注目しておくべきである．それは，いじめによる被害経験が学校への回避感情と因果的な関連をもつ部分もあるであろうし，いじめの場面で被害者の立場に追い込んでいく要因と学校への回避感情を形成する要因との共通性による部分もあるであろう．前者については，部分的ながら第5章で既に検討したが，いずれにしても，両変数は密接な関連性をもっていることをこのデータは示している．

　上記の結果は，学校へ行くのが嫌になったことがあるという回避感情と「いじめ」による被害経験との関係であった．しかし，回避感情があっても，不登校行動を引き起こす子どももあれば，引き起こさない子どももいる．また，既述のように，いじめの場面では，被害者だけでなくさまざまな立場が現われ，いじめはこれらのさまざまな立場のダイナミズムの中で進行していくという性質をもっている[1]．そこで，以下では，不登校行動のさまざまなタイプと「いじめ」の場面での立場の取り方との関係について考察することとする．表7-2はその結果である．ここでは「いじめられっ子」以外の生徒も含めて，「いじめ」の場面でそれぞれの生徒がとった立場別に不登校現象との関わりを検討することとする．

　まず，「不登校行動」のタイプによって，いじめによる「被害者」の現われ方がどのように異なるのかをみてみよう．「被害者」層の出現率を概観してみると，出現率の段差の大きいところが二ヵ所ある．一つは，登校回避感情の有無の部分であり，表の中では，「登校回避感情のない出席群」と「登校回避感情を示す出席群」との間にある．もう一つの段差は，「出席群」と「不登校群」との間にある．前者については，表7-1で明らかにした登校回避感情を経験した生徒といじめでの被害経験が密接に関連しているという事実と符合している．

　また，「出席群」と「不登校群」との間にみられる出現率の差は，いじめによる被害経験が登校回避感情だけでなく，さらにはその回避感情を欠席や遅刻・早退という不登校行動へと具体化する過程にも深く関わっていることを意味し

表7-2 「いじめ」における立場のちがいと不登校とのかかわり

区分		被害者	加害者	観衆	仲裁者	傍観者	計
出席群	登校回避感情のない出席群	51 (10.9)	49 (10.5)	43 (9.2)	59 (12.7)	264 (56.7)	466 (100.0)
	登校回避感情を示す出席群	209 (20.4)	83 (8.1)	97 (9.5)	97 (9.5)	538 (52.5)	1024 (100.0)
欠席群	欠席だけの不登校群	70 (30.3)	27 (11.7)	23 (10.0)	18 (7.8)	93 (40.3)	231 (100.0)
	遅刻・早退だけの不登校群	64 (27.0)	25 (10.5)	26 (11.0)	27 (11.4)	95 (40.1)	237 (100.0)
	欠席と遅刻・早退を示す不登校群	58 (27.5)	42 (19.9)	19 (9.0)	19 (9.0)	73 (34.6)	211 (100.0)

注)(1)上段は実人数，下段は構成比を示す．
(2)母数は，過去1年間に学級で「いじめがあった」と回答した生徒で，「不登校行動タイプ」にも回答した生徒2,169名である．

ている．第5章の不登校理由と欠席日数のところで検討したように，学級内での友人関係がもたらす不安感情や恐れは，不登校による欠席日数を長期化する方向に作用しており，しかもこれらの友人関係不安因子は欠席理由の中では最も優勢な因子軸であり，この因子に含まれている欠席理由は，「いじめ」による被害経験と密接な関連を示していた．上述のように，ここでのデータは，いじめによる被害経験と不登校行動との間の因果的な関連を直接証明するものではないが，「出席群」と「欠席群」との間にある「被害者」の出現率の差は，いじめによる被害経験と欠席や遅刻・早退行動とが強く結びついていることを示すものである．

次に，加害者の出現率を見てみよう．加害者の出現率は，出席群，欠席群のいずれのタイプにおいても総じて低率であるが，「欠席と遅刻・早退を示す不登

校群」だけは，その出現率が高く現われている．このことは，次節の「非行・問題行動」のところで明らかにするが，この「欠席と遅刻・早退を示す不登校群」は，「不登校群」の中でも，「非行・問題行動への衝動性」の強い生徒を比較的多く含んでいることと関連している．なお，「観衆」及び「仲裁者」の出現率については，不登校行動タイプの間に著しい差は見られなかった．

 最後に，いじめの場面の中では，見て見ぬふりをする「傍観者」について検討しておく．この生徒の出現率は，「出席群」に多く，「不登校群」に相対的に少なく現われている．いいかえれば，いじめの場面でのパッシング行動が，学校へ行くのが嫌になることを回避させ，欠席や遅刻・早退に陥ることをも避ける知恵ともなっていることをこのデータは示している．もしも，傍観者的態度を取ることが，同時に不登校に陥らない一つの知恵であるとすれば，現代の子ども達の学級の様相はあまりにも荒んだ状況であろう．しかも，森田の研究によれば，学級の中でいじめによる加害－被害関係がどれだけ現われるかは，加害者の多さよりも傍観者層の多さに依存している[2]．それは，いじめ場面で無関係を装うパッシング行動が，個人にとってはいじめからの一種の防衛手段であり，不登校を回避する適応手段であるとしても，学級集団にとっては，ますますその関係構造を荒んだものにする要因となる可能性があることを示している．

 また，いじめ問題と不登校問題との関係については，とかくいじめによる被害者の立場ばかりが注目を集めている傾向がある．それは，不登校生徒が対人関係にしろ学校や社会や家庭が抱えている問題性や矛盾から生まれてくるという被害者的性格をもつ側面があるからであろう．しかし，本節で明らかにしたように，不登校生徒にも，いじめの場面では加害者やその他の立場をとる生徒が少なからず見られる．もとより，加害者といっても，観察のレベルを変えれば被害者的性格が含まれてくるが，場面をいじめや非行・問題行動に限定した場合にも，不登校生徒の中に加害者的性格をもつ生徒が少なからず存在していることは注意しておくべきことである．

第2節　非行・問題行動への衝動性との関係

　ここでは，近年の問題行動のもう一つの主要なトピックスであった「非行・問題行動」と「不登校」との関連について検討することとする．

　本研究では，10項目の非行・問題行動を列挙し，「最近の1年間に下に書いてあるようなことをしようと思ったことがありますか」という質問文によって非行・問題行動への衝動性を尋ねている（巻末調査結果集計表質問38参照）．本来ならば，非行経験を直接質問することが望ましいことはいうまでもない．しかし，本研究では，あえて問題行動への衝動性のレベルに焦点をあてたのは，理論的な観点からではなく，むしろ調査実施上のさまざまな問題に由来している．それは主として，この調査を実施することによって生じる生徒指導上の問題と生徒への影響とにある．[3] したがって，ここでは，この質問項目を「非行・問題行動への衝動性」と名づけ，不登校との関係を分析することとする．

　表7-3は，不登校行動の五つのパターン別に「非行・問題行動への衝動性」を構成する個々の項目の反応出現率を示した結果である．

　表からも明らかなように，いずれの「非行・問題行動への衝動性」項目に関しても「登校回避感情のない出席群」が最も低率である．これに対して，「欠席と遅刻・早退を示す不登校群」がいずれの項目についても反応率が最も高くあらわれている．この群における「非行・問題行動への衝動性」の強さは，前節の「いじめ」の分析で「加害者」の出現率がこの群に高くみられたことと関連しているものと思われる．

　また，「非行・問題行動への衝動性」を構成するそれぞれの項目の反応出現率は，不登校行動タイプの欄が「登校回避感情のない出席群」から順次「欠席と遅刻・早退を示す不登校群」へと下がるにつれて上昇する傾向が一貫してみられる．このことは，「非行・問題行動への衝動性」が，不登校行動タイプの並び順との間に緩やかながらも一定の相関関係が存在していることを示唆している．この並び順は「出席→欠席だけ→遅刻・早退だけ→欠席と遅刻・早退混合」へ

第7章 問題行動の重複性 199

表7-3 不登校パターンと問題行動への衝動性

不登校パターン	問題行動への衝動性項目	喫煙	無断外泊	服装・髪型違反	恐喝	器物損壊	怠業	授業妨害	校内抗争・喧嘩	校外抗争・喧嘩	深夜徘徊	尺度平均値
出席群	登校回避感情のない出席群	7.0 107	7.6 116	21.7 383	1.7 26	6.0 92	7.8 120	17.7 271	12.8 197	4.3 66	11.1 170	1.01 1.59
出席群	登校回避感情を示す出席群	8.6 204	9.9 237	32.6 777	1.8 42	9.6 229	17.3 413	21.1 502	14.9 354	4.6 110	18.6 443	1.39 1.74
不登校群	欠席だけの不登校群	22.3 104	16.3 76	40.6 189	3.9 18	15.5 72	29.8 139	24.2 113	22.3 104	9.9 46	28.8 134	2.14 2.18
不登校群	遅刻・早退だけの不登校群	26.2 124	18.0 85	50.3 238	4.0 19	20.9 99	38.7 183	32.1 152	24.9 118	14.8 70	34.7 164	2.65 2.32
不登校群	欠席と遅刻・早退を示す不登校群	38.3 157	32.9 135	61.0 250	9.8 40	24.9 102	58.3 239	37.6 154	32.7 134	22.4 92	45.1 185	3.63 2.73
	質問項目平均値 (5266人)	13.3 696	12.4 649	35.0 1837	2.8 145	11.4 594	20.9 1094	22.8 1192	17.4 907	7.4 384	21.0 1096	1.63 1.89
	ピアソン相関係数	.272	.197	.221	.119	.186	.348	.141	.154	.197	.248	.364

注)(1)「問題行動への衝動性」については学校側の判断によって学級全員が無回答となっているところがあるため,有効回収数はこの質問では「質問項目平均値欄」に記載した総実人数5,266人である.
  (2)「問題行動への衝動性」項目欄の上段の数値は不登校パターンの各群に占める比率,下段は実人数.
  (3)「尺度平均値」欄の上段は尺度平均得点,下段は標準偏差値.
  (4)「不登校行動タイプ」と各「問題行動への衝動性」項目および「尺度値」とのピアソン相関係数は,すべて p = .000以下で有意である.

の流れであり,「サイコソマティック尺度」値との関係においてもこの並び順が相関していた.いいかえれば,ここで検討している非行・問題行動への衝動性の強い生徒は,欠席する生徒の方が遅刻・早退生徒より多いとは必ずしもいえない.

そこでこの不登校行動タイプの並び順に沿って出現率が最もきれいに上昇していく項目を求めるために,各項目毎にピアソン相関係数を算出した.その結果,最も関連の高い項目は学校の授業をさぼる「怠業」であり,次いで「喫煙」「深夜徘徊」「服装・髪型違反」の順となり,これに「無断外泊」と「校外抗争・喧嘩」とがならんでつづいている.

そこでこれらの項目が非行・問題行動への衝動性項目の中でどのような位置にあるのかを検討するために,まず項目全体を主成分分析にかけ分類することとした.結果は表7-4に示したとおりである.

まず,不登校行動タイプの並び順と最も高い相関係数をもっている「怠業」,「喫煙」,「深夜徘徊」,「服装・髪型違反」,「無断外泊」は,表7-4の主成分分析では,すべて第1因子(以下『離脱型・非攻撃型問題行動』軸と呼ぶ)を構成

表7-4 「非行・問題行動への衝動性」項目の主成分分析

項　目　　　　　　　因子軸	第1因子軸「離脱型・非攻撃型」問題行動群	第2因子軸「攻撃型」問題行動群
深 夜 徘 徊	.75060	.13682
怠 　 　 業	.73270	.15658
無 断 外 泊	.72362	.06005
喫 　 　 煙	.54960	.36028
服装・髪型違反	.48533	.32467
授 業 妨 害	.01707	.69367
校内抗争・喧嘩	.10303	.68357
器 物 損 壊	.25253	.60251
校外抗争・喧嘩	.33580	.55699
恐 　 　 喝	.18036	.50397

する項目群である．これに対して「恐喝」「授業妨害」「校内抗争・喧嘩」「器物損壊」および「校外抗争・喧嘩」という下位に位置する5項目群は，すべて第2因子（以下『攻撃型問題行動』軸と呼ぶ）を構成する項目群である．このことは，「不登校行動タイプ」が『攻撃型問題行動』よりも『離脱型・非攻撃型問題行動』と関連が強いことを示している．なお，2因子による累積説明力は，45.4％である[4]．

　ここでのデータだけによって性急な結論を導くことは避けられなければならないが，ここで「不登校行動タイプ」の進展と相関の低い『攻撃型問題行動』群は，「校内暴力」に典型的に見られる行動群であり，『離脱型・非攻撃型問題行動』群はいわゆる「遊び型非行」に属する行動群である．このことは「不登校問題」が「校内暴力」を構成している特性との関連性も見られるものの，「遊び型非行」を構成している特性との関連性の方がより強いことを示唆している．
　しかし，このことは，一般にいわれているように，「不登校問題」が「校内暴力」の時代が終わり，「遊び型非行」の性格が以前にもまして濃厚になった時代の産物であるということを意味するものではない．相関関係の性質から見れば，着目すべきことは「校内暴力」の盛衰ではなく，むしろ「遊び型非行」の変化・進展とその背景の分析にあるといえよう．松本良夫によれば戦後非行史の第二期(1960-1972)とされる時期に「遊び型非行」が登場し始めたとされている[5]．「登校拒否」問題が教育関係者や研究者によって注目されだしたのもこの時期と相前後している．それは偶然の一致なのか，それとも両問題を引き起こしている背景あるいは両問題を構成している特性に共通項があるのかについては，今後検討に付されるべき問題であろう．いずれにしても，ここでは問題点としてのみ指摘しておくにとどめる．

第3節　問題行動の複合の仕方と不登校行動

　第Ⅱ部では，不登校生徒の意識や行動の実態を考察しつつ，併せてさまざまな問題行動との関係についても検討してきた．そこで，これまで検討してきた

問題行動の中から，不登校行動に重要な関連を示す「登校回避感情」，「非行・問題行動への衝動性」「サイコソマティック症状」の三つの特性を取り上げ，不登校行動タイプのそれぞれがどのような特性の組合せをもった生徒によって占められているのかを明らかにすることによって，不登校行動タイプのそれぞれを特徴づけることとする．

「登校回避感情」は，既述のように，「学校へ行くことが嫌になったことがある」という経験の頻度に関するものであり，不登校行動へと具体化される前駆状態にある不登校への傾向性である．また，「サイコソマティック症状」は，従来から「登校拒否」の類型基準として用いられることの多い「神経症的傾向」から導出された特性であり，神経症的傾向の初期段階にしばしば現われるとされている心気症状を中心として作成されている特性である．また，「非行・問題行動への衝動性」は，本章で考察してきたとおりである．以下では，これらの三特性を尺度化し，その尺度値の大きさによって問題行動の複合性をタイプ化している．それは，たとえば，表7-3に見るように，「非行・問題行動への衝動性」尺度値は，不登校行動のパターンに沿って上昇し，有意な相関係数を示しているが，尺度値の平均値がもつ標準偏差も同時に大きくなっている．このことは，不登校タイプの進行にともなって，尺度値も高くなるが反対に低い生徒と極端に高い生徒が混在していることを示すものである．このことは，「サイコソマティック尺度」並びに「登校回避感情の頻度」についても同じである．したがって，不登校行動のタイプに関する五類型を，単純にこれら三特性の得点値の高低によって特徴づけることはできない．このことは，これらの五類型の下位カテゴリーをこれらの三尺度得点の高低によって改めて弁別する必要があることを示している．

表7-5は，「不登校行動タイプ」の五類型が，「非行・問題行動への衝動性」，「サイコソマティック症状」「登校回避感情の頻度」の三特性の尺度得点の組み合わせによって，どのように再分類されるのかをクラスター分析によって解析した結果である．なお，「サブ・タイプ識別記号」の欄に記載されているLMHの判定は表の欄外に記載されているように，三特性尺度得点の高低によって

表7-5 三尺度による不登校タイプの細目分類

不登校行動パターン	尺度名	細目	問題行動への衝動性尺度	サイコソマティック尺度	登校回避感情尺度	サブタイプ識別記号	実数(％)
出席群	登校回避感情のない出席群（第Ⅰ類型）	A	1.30	4.10	—	LM−	159(10.4)
		B	0.26	0.45	—	LL−	1,042(68.1)
		C	3.26	0.79	—	ML−	328(21.5)
	登校回避感情を示す出席群（第Ⅱ類型）	A	4.41	1.27	2.47	MLL	384(16.2)
		B	0.61	0.71	2.25	LLL	1,560(65.9)
		C	1.53	4.29	2.61	LML	423(17.9)
不登校群	欠席だけの不登校群（第Ⅲ類型）	A	1.80	4.65	3.04	LMM	102(22.2)
		B	1.07	0.98	2.50	LLL	267(58.0)
		C	5.68	2.25	2.92	HMM	91(19.8)
	遅刻・早退だけの不登校群（第Ⅳ類型）	A	6.19	1.62	2.66	HLL	79(17.1)
		B	1.42	1.14	2.35	LLL	282(61.2)
		C	3.34	5.19	2.94	MHM	100(21.7)
	欠席と遅刻・早退を示す不登校群（第Ⅴ類型）	A	1.96	4.83	3.14	LMM	101(24.9)
		B	7.14	4.24	3.34	HMH	109(26.9)
		C	2.54	1.11	2.83	MLM	195(48.1)

注）(1) 本表は,「不登校行動」および「三尺度」項目すべてに回答した5,222人が全数である。

(2) サブタイプの識別記号は「非行・問題行動への衝動性尺度」,「サイコソマティック尺度」,「登校回避感情尺度」の順序にならべてある。

(3) 「非行・問題行動への衝動性尺度」の識別記号は,尺度得点の値によって決定し,$0 \leq L < 2$, $2 \leq M < 5$, $5 \leq H \leq 10.0$ で表記されている。

(4) 「サイコソマティック尺度」については,$0 \leq L < 2$, $2 \leq M < 5$, $5 \leq H \leq 8.0$ で表記されている。

(5) 「登校回避感情尺度」は,学校に行くのがいやになったことがある頻度によって決定されており,$2.0 \leq L < 2.67$, $2.67 \leq M < 3.34$, $3.34 \leq H \leq 4.0$ で表記されている。

ラベルづけされている[8].

(A) 第Ⅰ類型の特徴

学校に行くのがいやになったことのない「登校回避感情のない出席群」であるが，この群の生徒の「登校回避感情」の識別記号は論理的に与えられていない．「非行・問題行動への衝動性」も「サイコソマティック症状」の二特性の組合せによる最頻タイプは，「LL」タイプである．両特性の平均尺度得点はきわめて低く，0.26と0.45であり，平均1項目にも満たない反応得点であり，ほとんど「非行・問題行動への衝動性」も「サイコソマティック症状」も示さない生徒といってよい．この群の68.1%が，この「LL」タイプで占められている．

この群にはさらに「非行・問題行動への衝動性」は中程度であるが，「サイコソマティック症状」の軽微な「ML」タイプ(21.5%)と，その逆の特性をもつ「LM」タイプ(10.4%)とが含まれている．ここで注意しておくべきことは，「登校回避感情」の見られない第Ⅰ類型においても「非行・問題行動への衝動性」と「サイコソマティック症状」とが中程度の生徒が出現していることである．

(B) 第Ⅱ類型の特徴

第Ⅱ類型以下の類型は，学校へ行くことがいやになったことがあると回答した「登校回避感情」のみられる生徒類型となる．この類型にににおいても第Ⅰ類型同様「非行・問題行動への衝動性」および「サイコソマティック症状」の軽微な「LLL」タイプが中心的な傾向であり，この群の65.9%を占めている．また，他の2タイプは「MLL」タイプと「LML」タイプであり，この群における構成比は16.2%，17.9%である．

この群の特徴は，第Ⅰ類型とは，「登校回避感情」が見られる点では異なっているが，「非行・問題行動への衝動性」および「サイコソマティック症状」の現われ方については顕著な差がなく，基本的には「ML」「LL」「LM」の組み合わせからなる同一の下位タイプで構成されている．また，このタイプは「登校回避感情」は見られるものの欠席，遅刻・早退などのない「出席群」であるが，この類型群においても第Ⅰ類型同様「非行・問題行動への衝動性」および「サイコソマティック症状」について中程度の生徒がタイプとして登場しているこ

とは，ここでも注意しておくべきことである．

(C) 第Ⅲ類型の特徴

この群は，遅刻・早退を伴わずいきなり欠席してしまう「欠席だけの不登校群」である．ここでも「登校回避感情」の経験頻度が少なく，「非行・問題行動への衝動性」および「サイコソマティック症状」の軽微な「LLL」タイプがこの群の58.0％を占め，中心的な傾向を示している．不登校群においてもこのような軽微なタイプが最多タイプとして存在することは，第4章で考察した「現代型」不登校を考えるうえで重要なことである．

この群には他の二つのタイプとして「LMM」タイプ(22.2％)と「HMM」タイプ(19.8％)とが出現している．この両タイプはいずれも「登校回避感情」が中程度であり，「サイコソマティック症状」も中程度のグループである．不登校行動には至らない第Ⅱ類型と比べると，この第Ⅲ類型では，「LLL」が大勢を占めていることは同じであるが，他の2つのサブタイプで「登校回避感情」の頻度が高くなり，同時に「サイコソマティック症状」も高くなることが特徴である．また，「非行・問題行動への衝動性」に関しては，軽微なタイプと高いタイプとに分かれているものの，「LLL」タイプと「LMM」タイプとを併せると，この類型群の8割を「非行・問題行動への衝動性」の軽微なタイプが占めていることが，この第Ⅲ類型群の大きな特徴である．

(D) 第Ⅳ類型の特徴

第Ⅳの類型は，欠席行動はないが，遅刻・早退行動のみられる不登校群である．この類型においても，これまでの第Ⅰ類型から第Ⅲ類型にいたる各類型の特徴と同じように，「LLL」タイプが大勢を占め，この類型の61.2％を占めるに至っている．この群の特徴は，まず，「登校回避感情」の頻度が第Ⅲ類型と比べて低いことである．また，「サイコソマティック症状」についても「HLL」タイプと「LLL」タイプで低い生徒が現われており，この第Ⅳ類型の78.3％の生徒が「サイコソマティック症状」の軽微なタイプに分類されていることが大きな特徴である．

これに対して，「非行・問題行動への衝動性」については第Ⅲ類型と異なり，

「LLL」タイプ以外の「HLL」タイプおよび「MHM」タイプでは中程度もしくは高い得点の生徒となっている．

したがって，これらの結果を要約すると，第Ⅳ類型では「非行・問題行動への衝動性」，「サイコソマティック症状」，「登校回避感情」のいずれの特性についても軽微な生徒が大勢を占めているが，その他の生徒では，「サイコソマティック症状」が軽微であるが，「非行・問題行動への衝動性」で中程度ないし高得点の生徒の多いことが特徴であり，この点については第Ⅲ類型と対照的といえる．

(E) 第Ⅴ類型の特徴

第Ⅴ類型は欠席行動と遅刻・早退行動がともにみられる生徒のグループである．この類型は，これまでにも述べてきたように，「非行・問題行動への衝動性」「サイコソマティック症状」「登校回避感情」のいずれの尺度得点についても高い生徒の多くみられるグループである．その結果，第Ⅴ類型に含まれているタイプでは，「登校回避感情」の軽微なタイプがなく，いずれのタイプにおいても「登校回避感情」の頻度が中程度ないしは高い生徒からなっている．また，「非行・問題行動への衝動性」については「H」型と「M」型がこの群の75.0％を占めるにいたっており，「サイコソマティック症状」についても「M」型が51.8％を占めている．

しかし，この類型群では「非行・問題行動への衝動性」および「サイコソマティック症状」の尺度得点が他の類型群に比べて高い生徒が多いとしても，他方ではこの群全体ではこれらの尺度得点の標準偏差も大きいグループであった．このことは，この類型群の48.1％を占めている「MLM」タイプで「サイコソマティック症状」が軽微であること，および，この類型群の24.9％を占めている「LMM」タイプで「非行・問題行動への衝動性」が軽微であることに現われている．

最後に，以上の結果の中で特に注意すべき傾向として指摘してきたことについて若干付言しておきたい．それは，「LLL」タイプの存在である．このタイプは識別記号が示すように，「非行・問題行動への衝動性」「サイコソマティック

症状」「登校回避感情」の三特性ともに軽微なタイプである．このタイプが「出席群」だけでなく，「不登校群」の第Ⅲ類型および第Ⅳ類型にも出現し，しかも，これらのいずれの類型においても大勢を占める中心的なタイプとなっている．また，第Ⅴ類型では「LLL」タイプこそ出現しなかったものの「サイコソマティック症状」および「非行・問題行動への衝動性」の低いタイプが存在しており，とくに「サイコソマティック症状」の「L」タイプは第Ⅴ類型の中でも最も多いタイプであった．いいかえれば，「非行・問題行動への衝動性」ならびに「サイコソマティック症状」の軽微なタイプは「出席群」固有の特徴ではなく，「不登校群」においても出現し，しかも，それぞれのタイプの大勢を占めている．

　このことは現代の不登校現象が，特定の問題行動との結びつきによって判定できるという性質のものではなくなってきていることを示している．このことは，「現代型」不登校問題の大きな特徴であり，こうした問題行動を示さない生徒達への対応や指導・援助のあり方が今後より重要になってくることを示唆するものである．

　また，これに対して，「出席群」では，中心的な傾向ではないが，「非行・問題行動への衝動性」および「サイコソマティック症状」の得点が中程度の生徒が含まれており，その出現率は「不登校群」とも類似している．これらの特性は「伝統型」不登校を特徴づけるものであるだけに，「出席群」についても，彼らが不登校行動へと移行する潜在的な可能性を否定することはできない．このことは，不登校問題が，もはや一部の限られた特定の生徒を対象とした指導や援助だけでは対応できない段階にきていることを意味している．そこには，不登校生徒だけでなく，現代の子ども達のすべてを巻き込みつつさまざまな問題行動を生み出しているより広い社会的状況への分析と対応が要請されている．

注
1) 「いじめ」は「いじめっ子」と「いじめられっ子」との関係で具体化されるが，「いじめ」がどの程度持続するのか，また，抑止されるのか，あるいはどのような手段

や手口がとられどの程度悪質化するのかなどは，当事者以外のクラスの生徒をも含めた学級集団全体のダイナミズムによって決定されることが多いのである．したがって，いじめを分析するにあたっては，こうしたいじめ場面での立場の相互関係の中で分析する必要がある．森田洋司・清永賢二著『いじめ——教室の病い——』金子書房，1986年．また，以下の分析では，巻末調査結果集計表中質問31-1での立場を次の五つの区分に再集計したものを用いている．区分のラベルと回答文との対応は，(1)「被害者」(「いじめられた」及び「いじめられたが，いじめもした」)，(2)「加害者」(「いじめた」)，(3)「観衆」(「おもしろがってみていた」)，(4)「仲裁者」(「とめようとした」)，(5)「傍観者」(「なにもしなかった」) である．

2) 森田洋司「いじめと家族関係——傍観者心理と私化現象——」，現代のエスプリ，No. 271, 1990年，110-8頁．

3) 本研究では直接子どもたちの非行経験を尋ねる表現ではなく，問題行動への衝動のレベルに焦点をあてたのは，次のような理由による．第一は，生徒指導上の問題からである．本研究では教師の目に触れないことを保証した調査法を用いているために子どもたちが虚偽の報告をする危険性は除去されている．しかし，もしこの調査から特定の生徒の非行・問題行動の事実が明らかになれば教育現場では責任上これを放置することはできず，一定の指導を行わなければならなくなる．また，調査する側も教育上の配慮から生徒の問題行動を教師に対して連絡しておかなければならない．その場合，子どもたちに調査時点で保証した「教師の目に触れない」という約束は破棄されてしまうことになる．第二には，この質問が与える子どもたちへの影響の問題を配慮したためである．対象学級の中には荒れた学級や治まりかけている学級などさまざまな学級が含まれており，この質問文によって教師や学校側への不信感や猜疑心を掻き立てたり子どもたちの行動に影響力を与える可能性も否定できないからである．

4) 主成分分析での第1因子のEIGENVALUEは3.404であり，第2因子のそれは1.135であり，第2因子までの累積説明力は45.4%であった．この数値は，さほど高くないともいえようし，ケース数の大きさからみて妥当な数値とも判断できる．しかし，注意しておかなければならないことは，ここでの「非行・問題行動への衝動性」項目群は尺度化の変数として設定されており，注(6)に示すように，「非行・問題行動への衝動性」を測定するという点において一次元を構成している．したがって，ここで析出された二つの因子群は「非行・問題行動への衝動性」という点では一貫性を示す要素群とみなされるべきである．

5) 松本良夫『図説非行問題の社会学』光生館，1984年．

6) 尺度化は，それぞれの「非行・問題行動への衝動性」項目に「ある」と答えた場合を1点とし，それぞれの項目の総和得点を用いるリッカート法によった．なお，尺度の信頼性係数を算出してみると，ALPHA値は.7799であり，「非行・問題行動への衝動性」に関する質問群を1次元尺度として使用することは問題がないことが判明した．

7) クラスター分析は，SPSS-Xプログラムによるクイック・クラスター分析法によった．クラスター分析にはさまざまな分析法があるため本研究でも，Ward法, Median法, Centroid法, Baverage法, Complete法, Waverage法を試みた．なお，これらの方法は大型計算機のケース数の制約があるため，全数の1/4抽出によって比較検討した．その結果，なかでもWard法によって「不登校行動」の五類型をそれぞれ三つのグループに分類した結果が三尺度に関して最もうまく分類できていると判断された．そこで，この結果に基づき大量のケースでも分類可能なクイック・クラスター法を用いて全ケースを15グループに分類した結果が，表7-5である．
8)「登校回避感情尺度」については，質問項目の反応を頻度の多い回答から順に「よくあった」を4,「ときどきあった」を3,「たまにはあった」を2とし，最高得点値4と最低得点値2のレインジを3分割した結果をそのままL.H.M.の記号に転換したものである．これに対して「非行・問題行動への衝動性尺度」は，大阪市内の中学校教師に質問紙を見せ，指導の入れ方の軽重を判別させた結果，軽いと判定される項目が平均1項目，中程度の指導が平均4項目となった．これらの結果は生徒の選択の多い項目の順に対応し，生徒の反応が30%を越える項目1項目と20%をはさんで前後する3項目に集中していた．そこで2項目未満をLタイプとし，2項目以上5項目未満をMタイプ，5項目以上をHタイプとした．また,「サイコソマティック尺度」は，この結果を踏まえ生徒の選択の多いものから順に判定した結果，30%の項目が1項目，20%をはさんで前後する項目が4項目と「非行・問題行動への衝動性尺度」と同様の結果となったため同一の判定基準を採用しL.M.Hに区分することとした．

第III部

現代社会と不登校問題

第8章　学校社会の私事化

第1節　社会の近代化と私事化現象

　「不登校」は，これまで子供本人の性格に問題があるとか，家庭の親子関係や学校に問題のあることが指摘されてきたが，研究の関心はもっぱら特定の子どもに限定され，彼らがなぜ不登校に陥るのかにあった．したがって，そこから得られた知見は，いきおい一部の特定の生徒が，その他の多くの子ども達と異なった性格や家庭環境，友人関係などにあることを明らかにしたものが中心となっていた．もとよりこれらの研究から多くの有意義な知見が生み出されたことは評価されるべきである．

　しかし，これらの知見だけでは，今日の「不登校」現象が，なぜこのように年々著しく増加し，これだけ多くの子ども達を不登校に巻き込み，しかもその現象のグレイゾーンが現代の子ども達の世界をすっぽりと覆うほどに拡がっているのかは説明できない．第4章で述べたように，「現代型」不登校とは，このような現代社会に潜む要因を背景としつつ現象が一般化し裾野を広げていく傾向を一つの特徴としている．もちろん現代社会に潜む要因といっても，問題とする現象によって規定要因は異なってこよう．ここでは，現代社会の主要な動向であり，しかも，個人が社会や集団との関係についてもつ意識について焦点をあてて分析することとする．この意識の現代的なあり方は，当然のことながら生徒が学校社会との関係についてもつ意識を少なからず規定し，欠席や遅刻・早退などの学校への関係のもち方，つまり不登校の現われ方にも影響を及ぼしていることが予想されるからである．

　現代社会では，これまでの日本社会を支え構成していたさまざまな価値観に「ゆらぎ」が現われ，それが若い年齢層になるほど顕著であるといわれている．

「新人類現象」「自分主義（ミーイズム）」「会社ばなれ」「私生活尊重主義」「自分さがし」「３Ｋ現象」などは，現代社会の青少年の意識と変化の動向を表現する一連のキーワードである．この変化は，一言でいえば，人びとを集団や人間関係へと伝統的に繋ぎ留めてきた絆に緩みが現われてきたことである．それは，人間関係のしがらみに振り回され，他人が私事に土足で踏みこんでくる煩わしさから逃れようとする人びとの動きであり，自分を犠牲にしてまで企業や集団に尽くすことはそろそろほどほどにし，私生活の隅々まで丸ごと呑み込まれることがないように人間関係や組織に対して適度な距離を置きつつ自分の私的な領域（「ワタクシゴト」の世界）を確保したいという人びとの欲求の現われでもある．こうした現代社会の主要な動向を社会学では「プライバタイゼーション（privatization）」と呼び，「私化」または「私事化」という訳語をあてている．[1]

この概念を日本社会の分析にあてはめ，現代社会が直面するさまざまな問題を解くキーワードの一つとして提起したのは丸山真男である．彼は，まず日本社会の「近代化」に焦点をあて，「近代化」を，共同体の紐帯から個人が解放されてゆく「個人析出」(individuation) のプロセスとして捉え，この「個人析出」のパターンとして図8-1のような「自立化」(individualization)・「民主化」(democratization)・「私化」(privatization)・「原子化」(atomization) の四つを抽出している．そして，このパターンが，個人が社会との関係について抱く意識を規定するものとして位置づけている．[2]

ここでは，「私化」は「原子化」とともに，人びとの態度形成のパターンのなかでも，とりわけ人間関係の結びつきが弱く，集団への関わりも弱いことが特徴となっている．そのため，このパターンをとる人びとは，公共の目的よりは個人の私的欲求の充足を志向し，ともにすすんで社会から後退し，自己の関心や生活世界の意味づけを「私的」なことがらに封じ込める傾向があるとされている．

丸山によれば，「私化」も「原子化」もともに公共の問題に関して無関心ではあるが，「原子化」は，生活環境の急激な変化による「根無草状態」からくる孤独・不安・恐怖・挫折の感情によって特徴づけられ，それが突如として「ファ

ナティックな政治参加に転化」する可能性をもっている．これに対して，「私化」した個人の無関心は，「原子化のそれのように浮動的ではなく」，また，「内的不安からの逃走というより，社会的実践からの隠遁」であり，「原子化した個人よりも心理的には安定しており，自立化した個人に接近する」．「私化した人間の隠退性向は社会制度の官僚制化が発展し，複雑化した社会・政治生活が彼をのみこむのに対する自覚的な対応の現われであって」，そこから逃れるというよりは，自覚的に背を向けて自己の領域を築き上げ，そのなかで私的な欲求を充足させようとするそれなりの自立性がある態度形成のパターンであるとみなしている[3]．

　もとより，今日の日本社会における私事化現象が，丸山のいうように，厳密に「原子化」と区分される特徴を帯び，自覚的に決定された自立的な対応であるかどうかについては改めて検討を要するところである[4]．しかし，いずれにしろ，私事化という現象が，ポジティブな側面だけでなく，ネガティブな側面をもっていることは，丸山の指摘するとおりである．つまり，私事化現象が，社会の近代化の中で，人びとを伝統や社会制度の呪縛から解放し自由を獲得させる傾向を意味するとともに，近代化に必然的に随伴する社会の産業化，官僚制化，管理化，合理化などの軋轢に抗して人びとが私的な領域を確保するという傾向を意味するという点では確かにポジティブな意味をもっているが，その結果もたらされる社会からの「隠退性向」を特徴とするという点ではネガティブな響きを帯びたものとして把握されている．それは，私事化現象を社会からの視点と個人からの視点のいずれから見るかの違いでもある．社会の側から見れば，個人を政治・経済・教育等々の社会的諸制度の中に組み込みにくくなってきたこととして現われてこようし，個人の側から見れば，自己のアイデンティティをこれまでほどにはこれらの諸制度体の中に求めようとしなくなったこととして現われることになる．

　片桐雅隆は，こうした個人の側からの意味探究領域の変更を「私化」の本質と捉え，「私化とは，国家，地域社会，職業，制度化された宗教などに意味を求められなくなる反面，家族や親しい友人関係，様々な運動体，あるいは一人だ

図8-1 丸山による「個人析出」のパターン

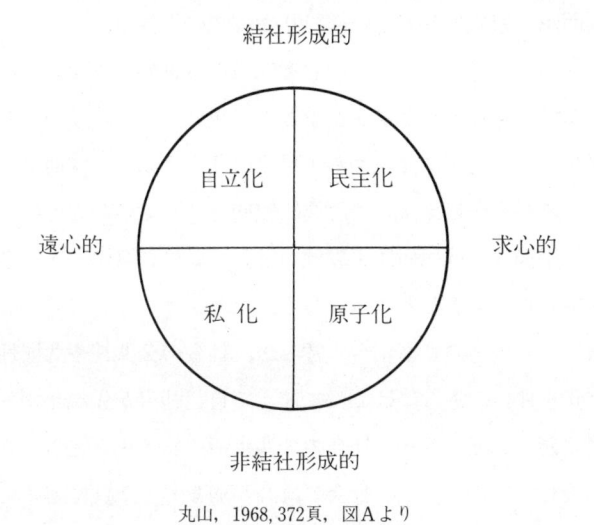

```
            結社形成的
          ┌─────┬─────┐
          │ 自立化 │ 民主化 │
  遠心的  ├─────┼─────┤  求心的
          │ 私 化 │ 原子化 │
          └─────┴─────┘
            非結社形成的
```

丸山,1968,372頁,図Aより

けの趣味や瞑想などの『私的世界』においてますます意味を求めようとする現象」であると述べている.[5] 片桐の研究は,シュッツ(A.Schutz)やバーガー(P. L.Berger)をはじめとする一連の現象学的社会学やシンボル的相互作用論を,「私化」現象の視点から整理した点で注目すべき研究であるが,その説明図式は次のように要約できる.

まず,「私化」現象は,社会の産業化や官僚制化などを背景として発生してくる.工業生産の機械的工程や官僚制に含まれるテクノロジーの論理や知識,要求される仕事のスタイル,機構上の特徴などは,そこで働き生活を営む人びとの認知スタイルを規定する.その結果,人びとは,公的フィールドの抽象化された目的が何であれ,またそれを認めようが認めまいが否応なくその手段としての役割に巻き込まれ,個別的な人びとの顔は機能的合理性の中に埋没し,個別の私生活は遮断されていく.人びとの関係は匿名化し,人は特定の個人であることも停止させられ自らをも匿名化することになる.「私化」現象は,こうした公的なフィールドに意味を見い出すことができず,私的世界での体験と欲求

の充足に意味を求めようとする意識，つまり私的世界への意識の焦点化という意味探求領域の変更として現われてきているとされている．それは，現代社会に生きる人間が，家族や友人との交わりや趣味の世界や，ときには現実から離れた仮構の世界を，自分にとって最も意味のある世界とみなし，そこに充実感や自己実現の場を求めようとする現象として現われるというのである．[6]

　これに対して，近代化に伴う私事化現象のネガティブな側面についての指摘の一つは，この現象が社会からの隠遁的傾向を含んでいることに向けられている．こうした指摘は，近代個人主義批判として既に社会学，政治学の思潮の中で以前から論じられてきたところである．たとえば，トクヴィルは，早くも19世紀の段階で，人びとの私事化への営みが，社会の公共性や共同性を閑却し，相互の孤立化を伴い，さらにはこれに加えて自己利害が先鋭化するとき，個人主義を利己主義へと転化させ，社会の公共生活の諸徳を衰退させる可能性があることを示唆している．[7] また，「社会の統合が弱まるとそれに応じて個人も社会生活からひき離されざるをえないし，個人の特有の目的がもっぱら共同の目的に優越せざるをえなくなり，要するに個人の個性が集合体の個性以上のものとならざるをえない．個人の属している集団が弱まれば弱まるほど個人はそれに依存しなくなり，したがって，ますます自己自身のみに依拠し，私的関心にもとづく行為準則以外の準則をみとめなくなる」という命題を掲げたのはデュルケムである．[8] 彼は，個人主義の台頭に伴う私的欲求の解放が，一方では伝統から個人を解放し自立させるとともに，他方では飽くなきアノミー的な欲求の昂進状態を社会の中に作り出すことを指摘している．以来，社会学や政治学の領域では，個人主義や私事化現象に対して常に手放しの肯定ではなく，シニカルなスタンスをとってきているのは，こうした私事化現象のヤヌス的側面への配慮があるからである．[9] しかも，個人主義や私事化現象のこのネガティブな側面への強調は，資本主義批判の立場からも保守主義の立場からもともに取り上げられる論点であり，近代化批判論の一つの基調となっている．

　私事化現象のネガティブな側面についてのもう一つの指摘は，私的世界への意味探求の変更をポジティブに評価しつつも無条件に肯定するのではなく，留

保的・限定的に受け止める考え方である．バーガーは，既述のように，私的領域が「近代社会の巨大な機構の生み出す不満を補償するような意味や活動を提供することによって，一種の平衡機関としての役割をはたした」として評価し，「『抑圧されていた』非合理的衝動が，私的領域では，表立つことが許される．個別的な私的アイデンティティは匿名化の脅威に対する防波堤となる．私生活の透明さによって，人は公的生活の不透明さに耐えうるようになる．ほとんど自分からすすんで選んだ，数の限られたきわめて意味ある人間関係が，『外界』の，多相関的現実に対処する情緒的拠点となる」と論じている[10]．しかし，バーガーは，この近代の解決策ともいうべき私事化現象にも，いくつかの内在的欠陥があることを同時に指摘している．

「私的領域は，近代社会の大規模な制度から取り残された間隙として発生した．そのようなものとして，それは制度化の程度が低く，したがって，個人にとっては，比類なき自由と不安の領域となった．私的領域が提供するいかなる補償も，通常，脆くて，およそ人為的で，本質的に信頼しがたいものとして，体験される」．バーガーはさらに続けて，「近代という構造によって公的領域に生み出された不満は，当惑するような形で私的領域にも再び現われるのである．人は，私的生活で，『安住の地』と思う避難所を繰り返し構築する．しかし，毎度毎度，『安住の地の喪失感』という冷たい風が，この脆弱な構築物をおびやかすのである」[11]．このように，バーガーの「私化」論は，宮島喬のいうように，私的な領域で「意味の充足を求めつつも，どこかに無力感や空しさという，意味欠如感を宿さざるを得ない」[12]意識への着目に特徴がある．つまり，バーガーの視点は，「私化にともなう意識の両価的な性格」への注目であり，近代という構造の中で人々が見い出す意味の充足という解決策をポジティブに評価し注目しつつ，同時にそれを「現代の問題的な意識状況と見なす」[13]アイロニカルな観点である．私事化論には，このようなシニカルなスタンスが留保されているからこそ，この概念が現代社会の社会問題を解明するキーコンセプトとなることができるのである．

現代の子どもたちは，少なからず現代社会の私事化の流れに巻き込まれ，も

のの考え方や行動にも変化が現われている.「不登校」問題の背景にも, こうした社会の底流にある私事化の動向が深く関わっていることを見逃すことができない.

第2節　第一次私事化過程

　第1節では, 私事化現象を, 日本社会に限定せず, 社会の近代化という文脈の中で考察してきた. そこで扱われた理論群は, 一様に社会の近代化を個人の解放ないし自主自立とみなし, 私事化現象をこの近代化とパラレルな動きとして位置づけていた. しかし, これらの理論群は, すべてヨーロッパやアメリカ社会の近代化と個人主義の生成をモデルとして構成されたものである. したがって, 「privatization」という概念を日本社会の現実分析に適用するにあたっては, 改めて検討されなければならない点が多々残されたままである.

　本書は, もとより日本社会の現実分析を目的としたものではない. ここでの現実分析の対象は, とりあえずは学校社会と子ども達に向けられている. したがって, そこに分析を限定すれば, まず, 現代の日本の子ども達の世界にどのような形で私事化現象が現われているのか, また, その行動様式はどのような特徴を有しているのかについて明らかにしておく必要がある. それは, 子ども達の世界に生じている現象と行動様式が, 私事化と呼びうるものかどうかを改めて問う作業である. さらには, もしこの現象を私事化と呼ぶことができるなら, それが近代化という個人の解放に沿った動向かどうかを検討する必要がある. もし, この検討がなされないままに, 単なる現象面での類似性だけによって私事化現象が起こっているとみなすとすれば, 私事化という概念は, たかだか現象を命名する記述概念にとどまり, 今日の子ども達の問題状況を照射し, その社会構造的背景を解明する分析概念となることはできないであろう. そこで, 本節では, まず学校社会の私事化の実態について検討することとする.

　現代社会の人間像を「カプセル人間」と表現する研究者もある. 「カプセル」とは社会からの拘束や軋轢を半透明の皮膜によって部分的に跳ね返し, 一部を

和らげて濾過する装置であり，カプセルの中の「私的領域」を守ろうとする一種の防壁である．しかし，この薄い皮膜は，集団との関係だけでなく人と人との関係に対しても防壁として作用する．そのために，人と人とは決して深く関わることなく，この薄い皮膜を接してつながり，適度な距離を置いた関係を作り上げる．現代の青少年が「新人類」と呼ばれているのも，こうした傾向を鮮明に反映した行動傾向を示すからである．集団への自己犠牲を嫌い，自分の趣味にあった生き方を望み，人とは深く関わらずに適度な距離を置いてつきあい，国家や地域社会などの共同体や，職業などに意味を求めず，家族や親しい友人関係や一人だけの趣味などの「私的世界」にますます意味を求めようとする傾向は，一見したところ私事化現象の表われであるとも解釈できる現象である．

それでは，学校社会における子ども達の世界に目を転じてみよう．まず，将来の好ましい「ライフ・スタイル」については，表8-1に示したように，「お金や名誉より自分の好きなように生きる」タイプが61.3%と群を抜いて多く第一位であり，ついで「お金をもうける」が23.3%であり，「世の中や社会のために尽くす」という意見は，11.1%にとどまっている．この傾向は，近年の多くの青少年の意識調査結果に現われている傾向と同じであり，自分自身の利益を犠牲にしてまで社会に貢献することはないと考え，「趣味にあった暮らし」「その日その日をのんびりと」という私生活での意味充足を志向したライフ・スタイルへと関心を高めている近年の青少年の意識動向を反映した結果となっている．[14]

表8-1 将来の好ましいライフ・スタイル

	お金をもうける	偉い人になる	お金や名誉より自分の好きなように生きる	世の中や社会のためにつくすことを第一に考える	計
出席群	953 22.6%	188 4.5%	2565 61.0%	502 11.9%	4208 100.0%
不登校群	358 25.4%	54 4.3%	879 62.3%	121 8.6%	1412 100.0%
全体群計	1311 23.3%	242 4.3%	3444 61.3%	623 11.1%	5620 100.0%

また，社会的な献身についての子ども達の消極的な態度は，好ましいライフ・スタイルという不確定な要素の入った将来の問題だけでなく，地域社会への貢献について尋ねた質問でも同じような傾向がみられる．たとえば，夏休みなどに，地域の清掃やボランティアへの参加の呼びかけなどがあった場合（巻末調査結果集計表質問32参照），かりに時間があっても「参加したくない」という意見は70.7％となっている．

　作田啓一は，戦後日本社会の価値意識の最大の転換が「献身価値」から「充足価値」への変化にあることを明らかにしている．国家への方向というナショナルレベルでの献身価値は極度に低下し，その影響が集団レベルにまで波及し，「家」としての家族への献身は，いちじるしく魅力を失った．それは，「価値の秤」が献身から充足へ傾き，公的価値から逆に私的価値へと傾斜することであった．かつては個人の幸福追求は，献身価値と両立しうる範囲で許容される日かげの価値であったが，今やそれ自身で正当性を主張しうる積極的な価値となったのである．[15] その意味では，戦後社会における人びとの私生活への関心の高まりを伝統的な共同体からの解放とみなすことができる．

　もちろん，戦後社会では，献身対象が，国家や「家」から企業をはじめとする職場集団に転位したにすぎないという議論もある．しかし，現在では，献身価値の低下は，職場集団にまでひそかに波及し，とりわけ若者の間では，企業への忠誠や献身を嫌い私生活を重視する傾向が顕著になってきていることが指摘されている．

　戦後の解放感覚を指摘した作田は，そこに二つの問題点があることを同時に指摘している．一つは，戦後の解放感覚が，大衆社会状況の成熟の過程で大衆化された消費感覚と癒着し，もっぱら私生活の領域に限定されるようになったことである．もう一つの問題点は，解放感覚の中で拡大した欲求に対して，その昇華の機能を果たす規範が無力化し，アノミックな充足価値がとめどなく肥大化していることである．[16]

　まず，第一の問題については，上記のように，社会全般や地域社会への献身

価値の低下が顕著であり，子ども達の価値の秤も，もっぱら私生活の領域に傾斜した意識が現われていると特徴づけてよい面がたしかにある．こうした意識傾向に対して，社会システムの側からは，充足価値を抑制し，献身価値を注入しようとする社会化装置が動員されることになる．それは，いずれの社会においても，献身価値は社会システムの機能要件であり，たとえ充足価値が肥大化したとしても献身価値との並存が社会システムの存続と維持にとって不可欠な要件であるからである．

もとより献身価値と充足価値とがともに社会や集団の機能的要件であるとしても，これらの両価値が常に矛盾なく共存し統合されていることが社会の存続と発展にとって機能的要件であることまでもを意味するものではない．むしろ両価値は矛盾した価値体系であるだけに常に緊張関係をはらんでいる．社会問題は，こうした矛盾した価値の緊張関係の上に成り立っている均衡点が一方に傾き特定の価値志向が突出する場合に発生する[17]．

戦後の日本社会を振り返ったとき，献身価値の低下は，あえて簡略化すれば，まず国家のレベルで現われ，都市化と大衆社会状況の進行によって地域社会のレベルに波及したといえよう．この段階では，献身価値の低下が，地域社会の解体として社会問題視されたが，公的フィールドの中でも職場集団や学校社会などの中間集団レベルまで波及する現象として問題視されていなかった．それは，これらの中間集団が，依然として「日本型集団主義（collectivism）」を集団文化として維持，強化し続けることができたからである．

日本型集団主義とは，ここでは次の二つの価値観を構成要素とする組織文化を意味する．一つは，個人の利益及び人間としての価値を優先するか，集団全体の利益および没個性化した集団個性を優先するかという対比で用いるとすれば，後者に傾斜した「集団本意主義」を内実としている．作田の価値システム論では「献身価値」がこれに対応する．もう一つは，相互依存主義と等質的集団主義であり，自立主義と差異化主義に対比される価値観である．組織は，割り当てられた役割ごとに担い手のそれぞれが最大限の努力を払って集団の生産性を最大化するシステムではなく，たとえ他者の役割領分を侵食するとしても

相互に協力し依存し合うことが強調され美風とされ，一人が飛び出して抜きんでることもなくまた落ちこぼれることもなく，個々の利害を調整して集団のコンセンサスを図りつつ集団全体の生産性を最大化するシステムであり，集団メンバー内の安寧福利が可能な限り等しく確保されるよう要求するシステム原理である．作田の価値システム論では「和合価値」がこれに対応する．

　この日本型集団主義は，日本的組織とその運営の基底をなす文化であるため，しばしば日本的経営原理として特徴づけられ，日本の高度経済成長を支えた組織原理といわれてきた．しかし，この原理が集団内の安寧福利に徹することは，一方では，企業集団間の競争を熾烈なものとし，経済成長をより一層促進するが，反面では，集団は外に向けて閉じたシステムとなる．人びとは，内にむけられた安寧福利によって欲求の充足と幸福原理の追求を図ることが可能となり，ますます中間集団へのコミットメントを強め，外に対しては関心を薄めていくことになる．いうならば，戦後の日本社会における国家や地域社会への献身価値の極端な低下は，企業をはじめとする中間集団を国家や地域社会へと糾合する原理を欠いたまま，中間集団の集団主義的閉鎖性が突出することによってもたらされた構造的な現象である．つまり，個人を直接全体社会や地域社会へと接合する献身価値の回路の衰退と，中間集団を媒介集団として全体社会や地域社会へと献身する回路の衰退によって，個人と中間集団との関係だけに献身価値が一元化したのが戦後社会の「第一次私事化」現象である．

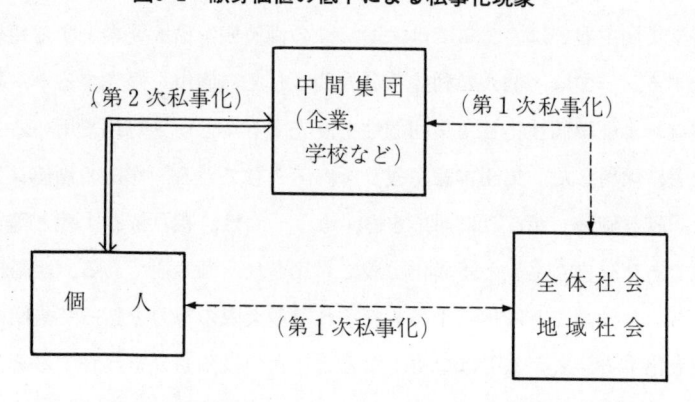

図8-2　献身価値の低下による私事化現象

この一元化を促進し支えたのは，日本型集団主義の閉ざされたシステム内の安寧福利とその最大化をはかる「業績価値」の達成志向である．この達成志向が企業をはじめとする職業集団では「生活の向上」への志向として現われ，学校社会では，個人の資質，能力を基準とした業績主義という「メリトクラシーの神話」に基礎づけられた「学歴志向」として現象化した[18]．教育制度は，当然のことながら，個人に対する機能だけでなく，対社会的な機能として文化の継承と創造に寄与し，経済をはじめとする社会の安定，維持，発展に貢献する働きを有している．学校社会が中間集団と呼ばれるのは，こうした公的価値への献身を媒介することによって個人を全体社会へと接合するからである．しかし，この「第一次私事化」の段階では，学校社会のメリトクラシーが企業組織間ヒエラルヒー内の大企業志向と組織内の地位上昇達成志向とに結びつけられて意識され，その結果，人々の意識の中では，学校社会を全体社会へと結びつけて位置づける意識はますます薄くなっていった．学校社会の「第一次私事化」とは，このように教育に対する人びとの意味付与が，もはや対社会的機能という公的価値によって基礎づけられることなく，また，公的価値との均衡を保つ必要もなく，個人レベルでの学歴や地位の達成をめざした私的な欲求充足の手段の場として意識されるようになることを意味する．

　しかし，この段階の私事化が，かりに個人的なレベルでの達成欲求の充足を志向したものであるとしても，その意識が企業間ヒエラルヒーと組織内ヒエラルヒーの上昇志向を伴っていただけに，教育の社会的選別機能と人的資源の開発機能を円滑に作用させることは可能であったし，人びとの産業社会への動機づけを確保することは可能であった．しかし，それは，あくまでも潜在的な機能であり，人々の意識には，もはや企業社会や学校社会を媒介集団として全体社会へと寄与するという志向性はきわめて薄いものであった．したがって，第一次私事化の段階では，人々は学校社会やそれに連接する企業社会につながっていたとはいえ，既にこれらの集団を自己目的化した意識が現われており，現象学的社会学でいう「私化」現象は，日本社会では，公的領域を「ワタクシゴト化」した「私事化」現象としての様相を帯びていたものとして性格づけるこ

とができよう．

第3節　第二次私事化過程

ところが，これに続く「第二次私事化」は，中間集団である企業や学校社会に対する献身価値すらゆらぎを示し，充足価値へと「価値の秤」が傾斜する段階である．「新人類」「ミーイズム」「私生活尊重主義」などはこうした第二次私事化の表徴である．

学校社会での第二次私事化は，一つには，全体社会レベルで生じた人々の欲求の肥大化の帰結であり，快楽原則の肥大化の結果である．それは，人々の欲求充足が企業社会や学校社会だけでは満たされないほどに昂進し，これらの集団の外部に提供されている充足資源や生活空間へと際限なく拡張された結果でもある．その背景には，高度産業社会の成熟と大衆消費社会の動向がある．もう一つは，学校社会が献身に値する報酬性を生徒に与えることができなくなったことと関連している．学校社会の報酬性については次章で検討するテーマの一つであるが，ここでは，その一つであり，従来教育問題が論じられる際にいつも問題視されてきた受験戦争とそれを支えている業績価値についてのみ現状分析しておく．

受験競争を支えていたのは「教育によるメリトクラシーの神話」といわれる業績価値理念である．既述のように，社会階層の垂直的上昇移動の規定要因は，教育によって公平に開かれ，地位の配分は，教育上の個人の資質・能力を規準とした業績主義ないしは能力主義によって決定されるという理念が「教育によるメリトクラシー」といわれる原理である．明治期以降の日本社会の産業化の過程で，人びとは，こうしたメリトクラシーの神話によって動機づけられ，「学歴社会」と呼ばれる構造を創り出すとともに，産業化のエネルギーを日本社会の中に鼓吹してきた．しかし，近年では，この「メリトクラシーの神話」が必ずしもすべての子ども達にとって説得力のあるものではなくなりつつあり，神話体系にゆらぎが現われてきている．もちろん神話が崩壊したわけではない．

現在でも多くの子ども達はこの神話体系の中で競い合っていることも一方の現実としてはある．

表8-2 成績と将来の幸せとの関係

	いい成績をとることは将来の幸せにつながる	成績と将来の幸せとは関係がない	計
出席群	2028 48.1%	2184 51.9%	4212 100.0%
不登校群	584 41.2%	833 58.8%	1417 100.0%
全体群計	2612 46.4%	3017 53.6%	5629 100.0%

表8-2は，成績と将来の幸せとの関係について子ども達に聞いた結果である．表からも明らかなように，現代の子ども達は「出席群」「不登校群」の間に差はみられるものの，学校での成績が将来の幸せを保証するものではないとみなす生徒が過半数を越えている．第一次私事化の段階では，解放された充足価値が，「学歴達成志向」と「生活の向上志向」に裏打ちされながら，「個人の幸福」へと子ども達を動機づけてきていた．つまり，よい成績→社会的地位の上昇→幸福な生活という単線的な達成志向が説得力をもっていた時代といえる．もとより，比較に耐えうる過去のデータがないために，ここではその変化を跡づけることはできないが，表8-2の結果は，学校社会での業績価値と個人の幸福追求という充足価値との結びつきが，すべての子ども達に必ずしも説得力のあるものではなくなり，以前ほどには魅力あるものではなくなってきていることはたしかである．それは，「いい成績→いい高校→いい大学→いい会社→幸せな生活」という「人生のチェーン連鎖神話」のゆらぎともいえる．[19] この人生のチェーン連鎖神話のゆらぎは，大別して三つの部分のゆらぎからなっている．

　第一のゆらぎは，社会的地位に関する評価体系のゆらぎである．一億総中流化といわれる現象が，階層構造の平準化現象なのか，あるいは人並み志向かについては論議のあるところであるが，日本社会の中で「えらい」とか「えらく

ない」とか階層が「上」か「下」かという評価が変化し多様化してきたことは事実である．

　地位は学歴，収入，年齢，勤め先，職業などのさまざまな要素によって評価されるが，現代社会では，これらの要素が一貫性を示さず，協和性が崩れてきている．学歴が高くても収入は低い，大企業に就職していなくとも収入は高いなどという現象は地位の協和性ないし一貫性に欠ける現象である．この全体社会の地位の一貫性のゆらぎは，「いい高校→いい大学→いい会社」という単線的な地位の上昇ラインを多様化させ複線化させることになる．

　第二のゆらぎは，地位の上昇だけが将来の幸せではないという考え方が現われてきたことによる．それは，生活の安定と豊かさを背景として生まれたものである．子ども達は，豊かな社会では，達成志向を高く掲げ，あえて苦労や努力をしなくともそこそこの生活の安定が得られるという実感をもってきている．そのため，達成志向は低く設定され，自分の身の丈にあった目標を掲げ，社会的に成功するよりも自分の趣味のあった生活を送り，その日その日をのんびりと過ごしたいという欲求がますます優勢となってきている．さらに，子ども達の時間的な志向性が短くなってきたことも地位の上昇や将来の幸せへの無関心を醸成している．しばしば指摘されているように，現代の子ども達は，将来の大人になってからのことや人生の長いストーリーを思い描きそれに向けて現在を方向付けたり，我慢して勤勉に努力することがなくなってきたといわれている．このことは，現代の子ども達が，将来の幸福や地位の上昇よりも，「いま」の時間をいかに充実させるかに関心をより強く集中させてきていることの現われでもある．

　第三のゆらぎは，いい成績→いい大学というラインの結びつきの局面である．もとより多くの子ども達は大学や高校への進学を望んでいる．巻末の集計結果表F6にも現われているように，調査対象の65.5％の子ども達が大学への進学を考えている．しかし，「いい成績」がすべての子どもにとって接近可能な状態でないことは中学生活の中で思い知らされている．発達論で明らかにされてきているように，それが努力だけでカバーできるものでないことも中学生の段階で

は認識されてきている[20]. たしかに学習意欲や努力は成績を上げる要因ではあるが, それは実際に成績が上がることによって強化されるものでもある. 自分が「できる子」かどうかは, 自信や意欲も影響するが, 実際に勉強ができることによってもたらされた結果でもある. この厳しい現実を早くから思い知らされている現代の子ども達が, 途方もない野望に向かって苦しんだり, 無駄な努力を重ねたり, 傷つくことを避ける傾向を示すとしても, それは無理からぬことである. そこには実現可能性についての冷めた感覚や先の見えすぎた人生へのシラケた意識, 努力した結果がどれだけ報われるかということへの疑いなどがある. 彼らの身の丈にあった人生を志向する意識は, こうしていい成績→いい大学という達成価値を相対化する傾向を生み出すこととなる.

このことは, 「勉強のできる子」というイメージさえもが屈折した心理構造の中で変質し, マイナスのイメージが張りついた存在となる. 表8-3は, どのような友だちをもちたいかを中学生に聞いた結果である. ここでは, 同性の友人としても, また, 異性への憧れの対象としても「勉強のできる子」は低い位置にある. とりわけ, 高い比率で望まれている特性とのコントラストは,「勉強ができる子」の位置を考えるにあたって注目しておくべきことである. つまり, 同性の友人であっても, 異性であっても友人として望ましいとされている特性は,「おもしろいことをいう楽しい子」,「誰にでも親切な子」,「つきあいのいい子」,「しっかりしている子」であり, 性差はあるが「スポーツが得意な子」,「勇気のある子」,「いろいろな遊びを知っている子」が並び, さらに異性への望ましい特性として,「かわいい子」,「顔やスタイルのいい子」が選ばれている. これらの特性は, すべて「勉強ができる子」という特性よりも上位にきている.

教育の理念としては, 「勉強ができる」ということは, 知育だけでなく併せて人間性の幅を広げ, ユーモアを解し, 他人への思いやりが厚く, 友人からも信頼されることをも特性として陶冶することを意味している. しかし, 子ども達が友人として望ましい特性を選ぶ規準は, 教育理念でもなく, 人間として望ましい価値理念でもない. そこには, 現実の学校生活の場における友人関係という位置づけがあり, 現実に日常接している「勉強ができる」生徒の姿が反映さ

れつつ選びとられたものである．その結果，「勉強ができる子」が，上記の他の特性を備えた子に比べて選択率が低いということは，「勉強ができる」という特性が，現実には，これらの上位にある特性項目を併せもっていないという認識があることを示している．うがった言い方をすれば，「勉強ができる子」は「勉強しかできない子」のイメージとして捉えられているともいえる．

もとより子ども達にとって勉強ができるということが望ましいことではあろう．しかし，「勉強ができる子」という人物像には，受験競争の戦士としての暗い，陰惨な戦いと，競争がもたらす過酷な非情さ，すべてを犠牲にした禁欲主義からもたらされる遊びのない人生と人間性の幅の狭さなど，マイナスイメー

表8-3　友人として望ましい特性

			おもしろいことを言う楽しい子	おごってくれる子	勇気のある子	歌手やタレントのことを知っている子	つきあいのいい子	カッコいい子	かわいい子	顔やスタイルのいい子	誰にでも親切な子	勉強ができる子	落ちつきのある子	いろいろな遊びを知っている子	しっかりしている子	スポーツがとくいな子	
どんな男の子を友達にもちたいか	性別集計	男子	376 79.5	143 30.2	154 32.6	53 11.2	336 71.0	42 8.9	34 7.2	34 7.2	272 57.5	125 26.4	138 29.2	202 42.7	251 53.1	147 31.1	473 100.0
		女子	458 92.3	57 11.5	247 49.8	49 9.9	301 60.7	248 50.0	75 15.1	186 37.5	330 66.5	135 27.2	135 27.2	120 24.2	309 62.3	271 54.6	496 100.0
	合計		834 86.1	200 20.6	401 41.4	102 10.5	637 65.7	290 29.9	109 11.2	220 22.7	602 62.1	260 26.8	273 28.2	322 33.2	560 57.8	418 43.1	969 100.0
どんな女の子を友達にもちたいか	性別集計	男子	284 55.9	46 9.1	44 8.7	48 9.4	280 55.1	22 4.3	365 71.9	238 46.9	319 62.8	122 24.0	197 38.8	79 15.6	242 47.6	116 22.8	508 100.0
		女子	420 89.4	52 11.1	146 31.1	144 30.6	345 73.4	27 5.7	117 24.9	55 11.7	367 78.1	146 31.1	153 32.6	149 31.7	308 65.5	102 21.7	470 100.0
	合計		704 72.0	98 10.0	190 19.4	192 19.6	625 63.9	49 5.0	482 49.3	293 30.0	686 70.1	268 27.4	350 35.8	228 23.3	550 56.2	218 22.3	978 100.0

（上段：実人数，下段：構成比）

注）1．本表は，1989年に大阪市立大学社会学研究室が大阪府下および鳥取県Ｉ町で実施した中学２年生に対する「現代中学生の人間関係に関する調査」の結果による．
　　2．回答に際しては複数選択を求めたため横行比の計は100％をこえる．

ジが強く張りついた人間として思い描かれている．そこには，競争社会の屈折した心理が入っているとしても，現実の「勉強ができる子」の姿がこのマイナスイメージに現実的妥当性を与えるからこそ，「勉強ができる子」という選択率も低まっているものと解釈できる．

　以上のことは，学校社会の成績による報酬体系が，もはやすべての子ども達の学校社会への動機づけを強化するほどではなくなってきていることを意味している．もちろん，次章で詳細に分析するように，現代の子ども達の意味の充足を求める対象は成績だけでなくさまざまな活動領域の多様な内容にわたっている．しかし，もしこれらの学校生活のさまざまな領域が，子ども達の充足欲求を満たすものでなければ，報酬性を弱めた学校社会に対する子ども達の心理的なつながりはますます弱まる結果となり，学校社会への献身価値を引き出すことが一層困難な状況となろう．

　そこから現われてくる私事化は，近代化論や現象学的社会学が想定しているような積極的な意味探求行動ではなく，むしろ疎外としての私事化現象であろう．このことについては現実の子ども達の意識と行動の実態の中でさらに検討すべきであるが，いずれにしても学校社会のメンバーではあるが積極的な意味をそこに見い出すことのない子ども達に対して，中間集団たる学校組織体の方は手をこまねいているわけではなく，献身価値の低下した価値バランスを回復させたり逆転させようとする力が強く働く．企業では，組織体に今までほどには意味を見い出さなくなった若者に対して研修を強化し，社員へのインセンティブを埋め込みながら労働へのモラールを高め献身価値を引き出そうとする対策が講じられようとしている．鈴木広が指摘したように，この現象を客観的にみれば，私事化の中でいっそう個人化の度合を強めていく方向と，それを再び集団に組み込もうとする全体化への方向との拮抗関係であり[21]，企業社会ではその模索が始まっている．

　これに対して，現代の学校社会には，子ども達の献身価値を主体的に引き出すほどのインセンティブとなる報酬性がどれだけ存在しているのであろうか．もし，学校社会が子ども達の充足価値への報酬性を弱めてきているとすれば，

とめどなく私事化する方向は止まないであろう．この私事化は，学校社会内での意味の充足の放棄と諦観であり，求められない欲求の渇望は学校社会の外へと充足を求めて広がっていく行動となって現われる．したがって，もし，学校社会が，子ども達の新たな意味探求の変更に見合ったインセンティブを埋め込むことができないとすれば，全体化は子ども達の外部からの強制作用に依拠して子ども達の学校社会への動機づけを確保しなければならなくなる．しかし，それが成功したとしても，所詮強制でしかなく，学校社会からの全体化の圧力とより一層個別化し私事化していこうとする子ども達とは嚙み合わないまま並存するだけである．それはますます離れていこうとする作用とますます組み込んでいこうとする作用との分裂した並存である．いいかえるならば充足価値と献身価値とは，子ども達の内面から発する拮抗関係とはならず，むしろ両価値の「分散状態」を作り出すだけである．したがって，いま学校社会に必要なことは，子ども達の充足価値に見合ったインセンティブをどれだけ提供し組織の中に埋め込みつつ，献身価値を主体的に引き出す方途を見い出すかである．

しかし，この方途は過去への後戻りを強いるものではない．現代社会の意識状況は，献身価値を欠いた充足価値の肥大化であり，価値のバランスを極端に欠いた状態である．それは欲望のエゴイズムであり，閉ざされた私的空間への内閉化を意味する．しかし，私的欲求の解放と意味の充足は否定さるべきものではなく，社会の近代化が果たそうとして求めてきた不可逆の流れである．したがって，求められることは，歴史の針を逆回転させることではなく，公的フィールドへの関心を確保しつついかにして私的領域への意味探求行動を保証するかである．もとよりそこには緊張関係が存在している．しかし，それは全体化の方向と私事化の方向とをすれ違ったまま対立させ，相反する方向に分散させるのではない．献身価値と充足価値とのバランスをいかにして取りながら全体化の方向と私事化の方向とを関係づけるかにかかっている．それは，社会と個人との関係をどのように形成するかという社会学の基本問題でもある．子ども達の問題に引き寄せれば，学校社会の中へ自立的主体である個人としての生徒をどう位置づけつつ学校社会を形成していくかを問う作業でもある．

注

1) 本書では,「privatization」を日本社会の動向に適用する場合には,「私事化」という訳語を使用し,「私化」という訳語を使用している文献については,そのまま「私化」という訳語をあてることとする.なお,「私事化」という用語を用いるのは「privatization」の日本的展開の特殊性を考慮したためである.このことについては第10章であらためて論議することとする.
2) 丸山真男「個人析出のさまざまなパターン」M. B. Jansen(ed.), 1965, *Changing Japanese Attitudes toward Modernization.* Princeton University Press. 細谷千博編訳『日本における近代化の問題』岩波書店,1968年,372頁
3) 丸山真男,前掲書,373-375頁
4) たとえば,宮島は,現代のような消費と大衆化のメカニズムのなかでは,私的なフィールドでさえ「他律化された競争的なフィールドの性格を帯び」,「公的フィールドとの関連では退行的であっても,必ずしも心理的には安定的ではなく」,強迫的な充足志向,焦燥,欲求不満といったデュルケム的アノミー・テーゼが現われてくることは避けがたいことを指摘している(宮島喬「私化へのアプローチと若干の論点」現代社会学,18,1984年 132頁).
5) 片桐雅隆『日常世界の構成とシュッツ社会学』時潮社,1982年,51頁.片桐は,この書の中で,シュッツ(A.Schutz)やバーガー(P.L.Berger)をはじめとする一連の現象学的社会学やシンボル的相互作用論の一連の理論群が,「私化」現象に関する理論化であったことを明らかにしており,現代の日本社会における私事化現象を考察する上でも示唆的な研究である.
6) Berger,P., Berger,B. & H.Keller,1973., *The Homeless Mind : Modernization and Consciousness.* New York, Random House.馬場伸也他訳『故郷喪失者たち——近代化と日常意識——』新曜社,1977年,第1章及び第2章.片桐雅隆,前掲書.
7) Tocqueville, A. de, 1888., De la Démocratie en Amérique. 井伊玄太郎訳『アメリカの民主政治』講談社,1972年.
8) Durkheim,E.,1897., *Le Suiside: Étude de Sociologie.* 宮島喬訳『自殺論』中央公論社,1968年,156頁.
9) こうした指摘に対して,片桐は,「私的領域での意味探求を,退行現象としてネガティブに評価するのではなく,この現象を不可避的現象として捉え,そこでの意味の探求の中にむしろポジティブな人間行動の姿を見出そうとする点に,バーガーら『現象学的』社会学の共通の現代社会像があると言える」と述べ,「私化」現象を現代社会のポジティブな過程として積極的に位置づけている.片桐雅隆,前掲書,51頁.
10) バーガー他,前掲訳書,216頁.
11) バーガー他,前掲訳書,217-218頁.
12) 宮島喬,前掲論文,135頁.

13) 同上論文, 136頁.
14) たとえば,「自国のために役立つことがしたいかどうか」という設問に対して, 日本の青年は比較対象国11ヵ国中西独についで低く,「そのためには私自身の利益を犠牲にしてもよい」という意見の割合は最も低い（総務庁青少年対策本部『世界の青年との比較からみた日本の青年』大蔵省印刷局, 1981年). また, 総務庁が「壮丁調査」以来継続的に実施している青少年意識調査では,「金や名誉を考えずに自分の趣味にあった暮らし方をする」という意見と「その日その日をのんきに, くよくよしないで暮らす」という二つの意見が戦後急速に増加してきたことを示している（総務庁青少年対策本部『現代の青少年』大蔵省印刷局, 1985年).
15) 作田啓一「価値と行動」, 作田啓一他編著『文化と行動』培風館, 1963年, 104頁.
16) 作田啓一, 同上論文, 105-106頁.
17) たとえば, 作田は, デュルケムの自殺の類型を社会の価値体系と対応させ, 一方向の価値が個人を過度に引きずっていくときに特定のタイプの自殺が生じると考え, アノミー的自殺は, 充足価値の突出した社会類型の自殺タイプであり, 集団本意的自殺は献身価値の突出した社会類型の自殺タイプであると解釈している（作田啓一, 前掲論文, 106-107頁).
18) 教育現象における「メリトクラシーの神話」と私事化の関係については, 森田洋司「社会変動と青少年」（山口透・森田洋司・今津孝次郎『青少年社会学』高文堂出版, 1984年, 第2章）で分析している.
19) 芹沢俊介は, 山崎哲の戯曲から引用しつつ, ここでいう「人生のチェーン連鎖」を「システム社会の"鎖の輪"」と表現し, 現代社会の子ども達の犯罪, いじめ, 自殺などの現象を, システム社会の"鎖の輪"からの離脱として捉えている. 芹沢俊介「他界と遊ぶ子供たち」芹沢俊介他『異界が覗く市街図』青弓社, 1988年, 182-215頁. しかし, ここでは, システム社会からの離脱という図式は妥当するものの,"鎖の輪"が離脱を促すほどには重い軛（くびき）ではなくなってきていることを第二次私事化過程として定式化している.
20) ニコルズらは, 能力概念の発達が, 加齢に伴い, 中学段階になるとそれまでの能力と努力の未分化な状態から努力が分化し, 能力が努力とは無関係に単独で結果をもたらすことを認識するようになることを明らかにしている. Nicholls,J.G. & A.T. Miller,1984., "Development and its Discontents," in Nicholls,J.G.(ed.) *Advances in Motivation and Achievement.* Greenwich,Connecticut: JAI Press.
21) 鈴木広は,「私化」論が,「全体性」との関連で分析することを閑却していることを指摘し, たえず私化する私性という主観の傾向と, たえず全体化する全体性という客観的過程が一見したところ背反過程であるように見えるが, 実際には現代社会の存立機構として互いに前提しあっている過程であるとみなしている. 鈴木の論文は, 日本社会学会シンポジュウムのコメント論文であるため, それ以上の具体的な分析はないが, 従来の「私化」論が, 一方の私化のみを強調した現状分析に陥りがちであったことを指摘した点では重要な提言である. 鈴木広「たえず全体化する全

体性と,たえず私化する私性」社会学評論,134号,1983年,162頁.
22) 作田啓一は,デュルケムの『自殺論』の自殺類型の要素となっている価値原理に着目し,デュルケムは肥大化する欲求を文化が抑圧するという方向でアノミー状況からの救済を考えていたわけではなく,矛盾し合う価値が個人を異なった方向に牽引する際のバランスにあると考えていたと解釈している.そこから,作田は,献身価値,充足価値,業績価値,和合価値などの諸価値が矛盾しつつも相互に関係づけられた動的均衡を社会モデルとして構成し,現代社会は献身価値が低下したことだけが問題ではなく,四つの価値がバラバラに「分散」していることを指摘している(作田啓一,前掲論文,106-112頁).この指摘には,社会問題論に対して重要な分析枠組みが示唆されている.それは,一つは,従来から着目されていた分析枠組みであり,特定の価値原理の突出ないし肥大化への焦点化である.もう一つは,価値原理の動的均衡を欠いた「分散状態」である.日本の社会問題論においては,第一の枠組みが優勢であったため,第二の視点は,これまで等閑視され,具体的な現実分析には適用されてこなかったが,現代社会の問題分析にはきわめて有効な視座を提供するものである.

第9章 ボンド理論による不登校生成モデル

第1節 意味を求める子ども達

　最近の子ども達は「こらえ性がなくなった」とか「我慢ができなくなった」といわれている．この傾向は，自分の欲求を忠実に表現するという意味では，「私」性へのこだわりの一形態であり，私事化現象の表徴でもある．これを第8章で分析した私事化社会の価値の文脈で考えれば，充足価値の肥大化とみなすことができる．表9-1は，欲求耐性について自己評価させた結果である．表からも明らかなように，「我慢できない」という意見に肯定的な反応を示した生徒が全体群で半数近くに及んでいる．なお，この傾向は，「出席群」に比べて「不登校群」に多くみられる．表9-1では，「欲しいものがあったとき」というように，物質的な欲求についての設問設定がおこなわれているが，それは，私事化の促進要因として，消費欲求の解放が一定の役割を果たし，今日の子ども達の欲求の増幅も高度大衆消費社会と無関係ではないからである．したがって，個人の解放や充足価値の増幅と消費社会の問題は，不登校問題を考えるにあたっても考慮すべきことであるが，ここでは分析の焦点を学校社会に設定しているため，別の機会にゆずりたい．ともあれ，ここでは「我慢ができない」子ども達が少なくないことだけを実態として明らかにするにとどめる．

　しかし，不登校問題を考えるとき，「我慢ができない」とか「耐えることを知らない」という耐性欠如を単純化して不登校の要因とする前に，この問題をもう一段掘り下げてみる必要がある．それは今の子ども達が何のために我慢し，何のために耐えて学校へ登校する必要があると感じているのか，そのためには学校は彼らに何を提供しているのかという点である．もし学校生活のどこかに，子ども達が生き生きとして輝ける場を見い出しているならば，多少の我慢や忍

表9-1 欲求耐性についての自己評価

欲しいものがあるとどうしても我慢できない	「そう思う」・「どちらかといえばそう思う」	「そうは思わない」「どちらかといえばそうは思わない」	計
出 席 群	1819 43.2%	2395 56.8%	4214 100.0%
不 登 校 群	753 53.5%	655 46.5%	1408 100.0%
全 体 群	2572 45.7%	3050 54.3%	5622 100.0%

耐は相殺されよう．第8章で述べたように，現代の子ども達には充足価値の肥大化傾向がみられるだけに，充足価値に対応するインセンティブの存在が彼らを中間集団につなぎ止める重要な要素となる．それは，私事化現象が，単なる欲求の解放による快楽原則の追求だけではなく，意味のある自己実現への模索をも含む現象であるからである．しかし，学校生活に何の意味も見い出せず，苦痛だけが多ければ，子ども達の学校生活へのつながりの糸は細くなり，耐性が弱くなっているだけに些細なことによって容易に断ち切られてしまうことになる．

不登校現象は，こうした欲求の解放と意味探求行動の結果として理解することができよう．現代の不登校現象のいちじるしい増加を前にして，「昔は学校へ行くことが当り前だと思っていたし，そのことに誰もが疑いをもっていなかった」という声をしばしば耳にする．そこには，学校へ登校することを，絶対的で選択の余地のない義務として受け止めていた世代の戸惑いがある．第Ⅱ部第4章の図4-1でみたように，不登校で欠席した子ども達の約半数は，休んだことに後ろめたい罪障感を感じてはいるが，三分の一の生徒には「当然だ」「何も思わない」という現象が現われている．そこには，登校することが，もはや無条件に服従しなければならない義務的規範体系に属する行為ではなく，選択的体系に属する行為であるという認識が現われつつあることをうかがわせる．この傾向は，登校義務だけでなく，学校生活のさまざまな領域で進行してきている．

たとえば，校則やきまりを守るのがいやになったとき，「きまりは守られなければならないと思うので我慢して守る」と答える生徒は33.5％でしかなく，「いやなものは守れない」（11.4％）と拒否感情をあらわにする生徒や，「納得できないものは無理して守る必要がないと思うから守らない」（20.8％）として校則の意味や妥当性を考える生徒や，校則の意味を問い直し「先生や友達にそのきまりをなくすように働きかける」とする生徒（2.4％）が現われてきている（巻末調査結果集計表・質問18-1）．もちろん比較に耐え得る過去のデータがないため実証的に検証することはできないが，現代社会の私事化の進行に伴って，現代の子ども達の意識のあり方が欲求充足と意味のある生活経験を志向する傾向を強く含んできていることを考え合わせてみれば，現代の子どもたちが以前にもまして「学校生活が自分にとってどのような意味をもっているのか」を考える傾向が強まってきていることはたしかである．

　ところで，現代の子どもたちが「自分にとってどういう意味をもつか」を考えるとき，それは将来の自分にとってという軸よりも現在の自分にとってという軸が優先される傾向があることは注意しておく必要がある．総務庁が戦前から実施してきている青少年調査にも現われているように，現代の青少年は，以前に比べて立身出世や金銭的成功という将来の目標よりも「その日その日をのんびりと」「趣味にあった暮らし」を望む傾向が強くなっている．それは，価値の次元では，将来の達成志向に基礎づけられた「手段的（instrumental）価値」によって欲求充足を図ろうとする意識から，「コンサマトリー（consummatory）な価値」によって欲求充足を図ろうとする意識への転換でもある．村上泰亮によれば，人びとを手段的価値の極へと引きつける力は，手段が奉仕すべき目的の訴えかけの強さと，手段が目的を達成するという因果関係の確かさとの二つであると規定している．これらの要因が弱体化するとき，人びとの行動原則は，手段的価値の極からコンサマトリーな価値の極の方向に引きつけられていく．[1)]

　この傾向は子どもたちにも広がっており，現在の生活を将来のために位置付けるという風潮は薄れ，「明日は明日でなんとかなる」という感覚を身につけてきている．豊かさの中で常に欲求は満たされ，場合によっては望んでもいない

のにまわりから先回りして与えられる生活を送ってきた現代の子ども達にとって，それは当然の傾向であろう．豊かさは，将来の物質的な動機づけの力さえも弱体化する．生活の安定と向上を獲得する手段としての教育への誘引は弱まり，「勤勉」と「努力」という価値理念は色あせたものとして映ることになる．欲しいものは努力して摑みとらなければという感覚ではなく，なんとかなるという「なりゆきまかせ」のドリフト感覚が人生観の中核に居座ることになる．[2]

　こうして，子ども達は，「いま」の学校生活に関心を集め，学校生活の中で自分にとって意味のあるものを探ろうという傾向がより強くなる．不登校現象は，一つには学校生活の中に意味を見い出そうとする子ども達のまなざしと学校社会の現実とのはざまの中で発生していると考えることができる．したがって，不登校現象を理解するためには，子ども達の視点にたち，彼らにとって学校社会がどのように見えており，どのように意味づけられているのかを知ることから始めなければならない．「私」性への関心が強まり，「私」性の中心に据えられた欲求や感性によって行動が決定される傾向が強まってきている現代社会では，子ども達の目によって構成された学校社会の現実を理解する作業がますます必要になってきているといえる．

　なお，不登校問題の理解にあたって，もう一つ注意しておかなければならないことは，この「いま」に収斂したドリフト感覚の人生観は，従来の青少年論が想定していたような確固たるアイデンティティの確立にむかう青少年像とは異なっていることである．川本三郎が指摘するように，彼らのアイデンティティの中核は，統一的な世界観や信念でもなく，また，一貫した強固なアイデンティティでもない．彼らの「私」の中心にあるのは，「好み」や「気分」であり，好きか嫌いか，自分にフィットするかしないかという感性的基準である．[3]それは自我やアイデンティティ形成の準拠となる価値のゆらぎ，流動化する社会状況，溢れる情報の渦の中で子ども達が摑みとってきた生き方であり，現代社会への適応の一様式でもある．

　「学校ぎらい」と表現される不登校現象は，一面ではこうした子ども達のフ

ィットネス感覚から生まれていることは確かである．しかし，事態はそれほど単純ではない．こうしたドリフト感覚やフィットネス感覚が現代社会の適応の一様式であるだけに，他方では，逆に固定された単一型のアイデンティティや強固な自我や防衛的な自我がかえって不適応を引き起こしかねないのも現代社会であるといえる．多様な形態を含む不登校生徒への理解にあたっては，こうした多様な複眼的視点が要請されるゆえんでもある．

第2節　ボンド理論

デュルケムによれば，社会の近代化は，一方では，人びとを拘束していた伝統的な枠組みが弱まり，個人が自立するプロセスであるとともに，他方では，私的な欲求が解放され，その結果，人びとは，私的な欲求への関心をますます高め，その充足を絶え間なく追い求めることになる．デュルケムが現代社会の分析にも，いまなお有効性をもっているといわれているのは，社会の近代化の過程で生じてくるこのような社会の「凝集力の低下」への鋭い指摘を含んでいるからである．

このデュルケムの命題を発展させ，犯罪原因論として展開したのがハーシィ(T.Hirschi)のボンド理論(social bond theory)である．この理論の特徴と思想的背景，および理論の有効性と限界については，旧稿で詳細に分析しているので，ここでは要約して概説するにとどめる．

ボンド理論とは，犯罪行動が行動として表われるのを抑制している要素，いいかえれば人びとを規範的な世界に押しとどめている要素に着目する理論であり，犯罪はこれらの要素が弱まったり，欠如する場合に発生すると考える．マートンをはじめとする緊張理論などの従来の原因論が「なぜ人びとが規範に従わないのか」あるいはなぜ逸脱に走るのかを説明しようとする理論であるとすれば，ボンド理論は，この問いを逆転させ，「なぜ人びとは規範に従っているのか」，あるいはなぜ人びとは逸脱に走らないのかを説明しようとする理論である．つまり人びとを犯罪へと向かわせる逸脱へのメカニズムの究明ではなく，犯罪へ

と走ることを押し留めている同調確保のメカニズムの究明となるところにボンド理論の特徴があるといえる．

　不登校現象が逸脱かどうかは社会的な定義過程のあり方に依存することであるが，その行動を社会学的に分析する場合，特定の生徒が不登校に陥る要因に着目して行動を説明する方法もあろうが，これを裏返して，不登校に陥ることを押しとどめている要因に着目し，これらの要因の作用の欠如ないし弱化によって不登校行動を説明する方法も有効な視点を提供することができる．それは，現代の不登校現象が，学校へ行くのがいやだという登校回避感情の広範な広がりを背景として起こっているからである．ハーシィが，ボンド理論の前提仮説に設定したのは，人間が本来的に逸脱への可能性をもち，これまでの逸脱原因論が要因としてきたストレスやフラストレーションは現代社会の人間に共通した心的機制であるという点である．それは，今日の日本の不登校現象にも妥当する事態である．第Ⅰ部および第Ⅱ部でみてきたように，今日の子ども達ならば誰しもが不登校への可能性をもっているといっても過言ではない事態である．こうした事態の中では，子ども達がなぜ不登校行動を起こすのかという問いでは，事態を十分説明することはできないという限界をもつ．むしろ「子ども達は，登校回避感情をもちつつもなぜ登校するのか」あるいは「たとえ不登校行動がこれまでにあったとしても，なぜ彼らの多くが長期不登校や就学不能という事態に陥らなかったのか」という問いのたて方が必要である．

　この問いの中からハーシィが見つけ出した回答は，人を制度や集団や他者に結びつけているのが社会的な絆という要素であり，人はその絆の強弱によって逸脱行動を押しとどめたり，逸脱に走ったりするというのである．不登校現象の場合には，生徒を学校社会につなぎとめている要素に着目し，学校社会が子ども達を引きつけることによって彼らの登校を確保し，学校という社会の枠組みの中に彼らを組み込むことを可能にしている要素に着目することである．この社会的絆を生徒個人の側から見れば，生徒が学校社会へと結びつきつながっていく要素，つまり，生徒が学校社会に見い出している意味とその実現の度合，学校生活への関わり方などに着目することである．したがって，生徒と学校社

会との社会的絆が強ければ，子ども達は学校生活に強く引きつけられ登校行動は確保されることになる．不登校行動は，これを裏返せば，社会的絆の弱まりによって発生するというロジックによって説明されることになる．

もちろん，ボンド理論が，同調確保のメカニズム，つまり逸脱を思いとどまらせる要因の究明を意図するという点では，「コントロール理論」に含めて考えることに不自然さはない．しかし「コントロール」という用語は，社会学においてはこれまで社会システムが「上から」の作用として「個人にたいして」働きかける過程であったのに対して，ボンド理論における「コントロール」とは，個人が「下から」「社会にたいして」結びついていく過程，および社会と相互に「働きかけ働きかけられる」過程に焦点をあて，その結果としてのその結びつきの度合に関する社会状態ないし集団状態をさす概念である．

これまでにも考察してきたように，現代社会における私事化現象は，日本人をつなぎとめていた共同体や集団，社会関係の絆が相対的に弱まることを意味している．このことは社会の側から見れば，コントロールの弱化であり，個人を既存の価値・規範体系の中に構造化しにくくなったことを意味している．他方，これを個人の側から見れば，自分のレリバンスの準拠点を全体社会や集団や人間関係の中にこれまでほどには求めようとしなくなったことを意味する．しかし，私事化する人びとの意識に対して，他方では社会システムの中ではこれを全体化する作用が進行することも事実である．ボンド理論がもつ「上から」のコントロールと「下から」の意味を求める行動との相互作用への視点は，その意味では私事化社会の人びとの行動を説明するのに適した視点を備えているといえる．

ハーシィがボンド理論を組み立てるにあたってデュルケムの命題を援用したように，この理論は，その背後仮説の中に，当初よりデュルケムが突き当たっていた社会の近代化に伴うジレンマというテーゼを背負い込んでいる．ここでは近代化を共同体の紐帯からの解放と見るか，ペシミスティックに紐帯の弱化と見なすかという論議に立ち入るつもりはないが，社会の近代化に伴う個人析出の過程と共同体の凝集性の確保のジレンマは，デュルケム社会学の基本問題

であったように，現代のボンド理論にとっても避けてとおることができない問題である．

　それでは，社会的絆とはどのような要素からなっているのであろうか．ハーシィは，社会的絆の要素として，アタッチメント(attachment)，コミットメント(commitment)，インボルブメント(involvement)，信念(belief)の四要素を挙げ，非行発生はこれらの要素の弱まりによることを実証的に明らかにしている．[8] ボンド理論が，ラベリング理論衰退の後，アメリカの犯罪社会学の中でとくに幅広い支持を得ているのは，この理論の実証性の高さにあり，その他の理論に比べて高い説明力をもっていることが立証されているからである．

　しかし，これらの四要素は，アメリカ社会における非行行動の説明のために作成されたリストであり，逸脱への幅広い適用可能性があるとされてはいるものの，不登校行動について適用するにあたっては細部の修正を要する点がある．したがって，ここではこれまでに検討してきた不登校行動の実態およびその社会的背景をなす私事化現象を組み込み，それが学校社会の生徒の行動として発生していることを考慮した上で，次の四要素について以下検討することとする．[9]

　(1) 対人関係によるボンド——ハーシィの「アタッチメント」の要素にそのまま対応する．アタッチメントとは，両親，教師，友人など子どもにとって大切なキィ・パーソンに対して抱く愛情や尊敬の念，あるいは他者の利害への配慮などによって形成される対人関係上のつながりを意味する．

　(2) 手段的自己実現によるボンド——ハーシィの「コミットメント」に対応する．ハーシィでは，犯罪に関わることがもたらすコスト＝ベネフィットと同調行動をとることからもたらされる利害得失のバランス・シートのなかで，「同調への賭」を大きく見て「同調への賭」を実行することを意味する．同調に賭けることとは，たとえば，教育をうけ，飲酒，喫煙は大人になるまで我慢し，将来の目標に向かって努力するなど，子どもとして期待される理想像にコミットすることがあげられている．ここでは，この要素の基本的構成素である人間のコスト＝ベネフィットのバランス・シートによる合理的選択過程を判断軸として残し，コミットメントをあてがう対象を，現在の学校生活における学習活動

をはじめとする活動や役割とし，これらの活動や役割を将来の目標達成の手段として位置づけ関わっていく行動として修正している．なお，ここでの将来とは，成人後の社会活動のように長い時間的広がりをもつものもあろうし，今度のテストではとか，明日にはといった近未来の目標もある．

(3) コンサマトリーな自己実現によるボンド——ハーシィの「インボルブメント」では，少年が合法的な活動にどれだけ多くの時間とエネルギーとをかけて関わっているかを意味する．いいかえれば，もし少年が合法的な生活に関わる機会や時間が多くなれば，それだけ逸脱行動にはしるチャンスや時間が少なくなる．この場合に少年は合法的世界によくインボルブされているというのである．この要素は非行少年の生活構造に着目したものであるが，不登校行動においては，合法・非合法の区分そのものが意味をもたないため，ここでは上記の手段的な欲求充足活動に対応させ「コンサマトリー」な欲求充足を，学校生活の諸活動からどの程度得ているのかを学校社会へのつながりの要素とする．

(4) 規範的正当性への信念によるボンド——ハーシィの「ビリーフ」にそのまま対応する．「ビリーフ」とは法の威信ないし正当性に対する信念を意味する．これは単に法を破ることがよくないことだという信念を意味するだけでなく，法が納得のいく妥当なものだという信念をも含んでいる．また，正当性や威信は，法を執行する警察や裁判所，校則を適用する教師が正当な運用を行っているかどうか，それを行うに値する機関や人物であるかどうかについての信念をも意味している．なお，この規範への正当性は，価値態度レベルでは，権威構造に対する受容的態度を背景としていることには注意しておく必要がある．

第3節　対人関係

第5章第4節では，不登校に陥ったさまざまな理由を因子分析にかけたところ，説明力の最も高い第1因子として友人関係性不安軸が抽出された．なかでも「友達とうまくいかない」という項目については，第1因子軸を構成している項目のなかでも最も高い固有値を示していた．また，教師との関係について

も，第3因子軸として抽出され，子ども達が不登校に陥る原因の中でも，学校内の人間関係が大きな比重を占め，不登校行動を強く規定していることが明らかとなった．そこで，本節では，対人関係不安をもたらす背景となる子ども達の対人関係の実態とその接し方についてさらに検討を加えることとする．

まず，学級内の友人との関わり方についてみてみよう．表9-2は，休み時間や放課後，子ども達がどの範囲の友人と過ごすことが多いかを調べた結果である．表からも明らかなように，全体的な傾向としては，少人数の親しい人たちだけで何かをしていることが多いという「ミニ・グループ型」が優勢であり，全生徒の6割近くを占めている．これに対して，親しい人間だけでなく，多くの人間と交わろうとする「多人数型」の生徒は，4割弱となっている．私事化現象には，対人関係レベルでは，ごく親しい友人や家族との関係へと閉じ込もる傾向が含まれているが，学級における子ども達の世界でもこの傾向が優勢となってきていることは注目すべきことである．

この子ども達の私事化の傾向は，関係レベルだけでなく，空間の変容という点からも興味ある事実を含んでいる．学級集団は，当然のことながら気の合う人間も気の合わない人間もが共棲する集団であり，休み時間や放課後は，これらの関係が交錯する空間でもある．社会化という視点から考えると，こうした異質でときには反発や緊張を含む場であるからこそ，さまざまな対人関係での接し方や他者理解が習得され，深みのある人間観が形成される場となることができる．それは，休み時間や放課後がもつ教育的機能であり，公的側面である．これに対して子ども達が，その空間を親しい関係だけの場として機能させているということは，まさに字義どおり課業から解放された私的空間として認識されていることを意味している．

それは，公的空間としての意味を組み替え私的空間として認知することである[10]．この意味の組み替えを促進させるのは，休み時間や放課後がもっている離脱機能である．この空間は，既述のように，学校社会という制度的システムの中の「飛び地」であり，子ども達にとっては一種のアジールとしての機能をもつ解放空間である．この「飛び地」への離脱志向は，制度的システムによる拘

表9-2 休み時間や放課後の過ごし方

	多人数型	ミニ・グループ型	孤立型	計
出席群	1638 38.8% 77.0% (2.9)	2463 58.4% 74.3% (−1.2)	119 2.8% 61.0% (−4.5)	4220 100.0% 74.8%
不登校群	489 34.5% 23.9% (−2.9)	854 60.2% 25.7% (1.2)	76 5.4% 39.0% (4.5)	1419 100.0% 25.2%
全体群計	2127 37.7% 100.0%	3317 58.8% 100.0%	195 3.5% 100.0%	5639 100.0% 100.0%

(上段：実数，中段：横行%，縦列%，下段：調整標準化カイ2乗残差)

束感や抑圧感が強ければ強いほど，高まってくる．いいかえれば，制度的システムの中で意味の充足を求めることができなければできないほど離脱空間への志向性は高くなる．

離脱の回路は，第2章で述べたように，欲求の解放と充足をはかる機能だけでなく，制度の枠内にあって制度的機能を補完する機能をもっている．したがって，休み時間や放課後がアジールとしての機能をもち，子ども達が親しい人間とだけの関係の中で意味の充足をはかることができるとすれば，それは，一方では子ども達を親密なミニ・グループへと内閉化させ，学級内の広い多様な人間関係から後退することを意味しているが，他方では，学校社会の教育的機能を補完する場となる．

しかし，親密な関係への内閉化にはいくつかの問題をはらんでいる．いじめや不登校の要因として，対人関係技術の社会化不全が関わっていることはしばしば指摘されているところである．この対人関係技術の社会化不全の背景には，地域社会の子ども集団や人間関係が変容ないしは解体したことが一つの要因とされている．この地域社会の関係性の解体を補うための残された空間が学校社

会の友人関係および休み時間や放課後という空間である．しかし，現代の子ども達には，この空間さえもが気の合う同年齢のごく少数の人間に限定されているということは，異質な人間との対人関係の取り方を社会化する場が縮小していくことを意味する．業間・放課後の親密な関係への内閉化が，アジール機能をもつという点では子ども達の欲求を充足させ，やすらぎを与えているが，他方では，社会化機能を縮小するという問題を抱え，それが不登校問題にも影響していることは考慮しておく必要がある．

　表9-2では，ひとりだけで過ごすことの多い「孤立型」については，全体の生徒の中では出現率の低いタイプであるため，私事化という全体傾向の分析からは，除外していた．しかし，不登校行動を考える場合には，このタイプが重要な位置を占めている．それは，出席群と不登校群との間に統計的な有意差を作り出すのに最も影響しているのがこの「孤立型」の存在であるからである．表に記載されているように，残差分析の値は「孤立型」のセルが4.5と最も高い統計量を示している．つまり，休み時間や放課後の場面で，友人関係とのボンドを欠いた「孤立型」が，出席群と不登校群との間の最も大きな違いであり，不登校生徒を特徴づける特性となっていることをこのデータは示している．

　それでは，最も優勢なタイプであるミニ・グループ型の子ども達が築いている「親しい友人」との関係ではどのようなつながり方をしているのであろうか．既に第3章の表3-2で詳細に分析したように，現代の子ども達は「いくら親しい間柄でも人には打ち明けられないことがあるものだ」という意見に肯定的な反応を示す傾向が強く，全生徒の82.9％を占めていた．不登校生徒には，この傾向をもつ子どもが多く現われてはいるが，第3章で述べたように，むしろそれは不登校生徒を特徴づける特性というよりも現代社会の成人をも含めた一般的な「私秘化」の傾向の反映であると解釈すべきである．したがって，友人関係の私事化を表徴するミニ・グループ型の子ども達が，一見したところボンドを形成しているかにみえる「親しい友人」とは心の扉を開ききった親しさではなく，「私秘化」という現代の私事化現象を反映した親しさであり，「私秘化」という皮膜を通して形成されるつながりである．

以上にみてきたように，友人関係における私事化は，一つには親しい関係への収束であり，もう一つは，内面の私秘化という形で進行している．これらの現象は不登校生徒だけでなく，出席群にも優勢な傾向であるが，不登校現象は，これらの私事化という学級集団の対人関係へのボンドの稀薄化を背景としつつ，第1因子軸のさまざまな友人関係性不安やこじれを理由として発生しているものと解釈される．

　次に，教師との関係について検討することとする．表9-3は，休み時間や放課後，教師と話をしたり，遊んだりすることがどの程度あるかについて質問した結果である．生徒全体の一般的傾向としては，「よくある」と答えた生徒は全体の3.9%でしかない．これに「ときどきある」と答えた生徒を含めても，教師と話をしたり遊んだりする経験をある程度もっている生徒は，全体の2割強にしかすぎない．これに対して，教師とのつながりの薄い生徒は全体の8割弱を占めている．また，出席群と不登校群の生徒の間の差はわずかであるが，統計的な有意差が検出され，不登校生徒では，「まったくない」という反応に調整残差が高く現われている．

　このような休み時間や放課後に教師との関係があまりないことの背景には，教師に対する反発感情が横たわっている．表9-4の結果はこのことを明らかにしている．まず，生徒全体の傾向では，約半数の子ども達が，教師への反発を感じることが「よくある」「ときどきある」と回答している．この傾向は，不登校生徒に顕著にみられ，不登校生徒の三分の二の生徒が「よくある」ないし「ときどきある」と答えている．とりわけ「よくある」と回答した生徒が不登校生徒の37.6%を占めていることは注目すべきである．もちろん，不登校生徒の教師に対する反発感情は，不登校に陥る前から存在し，それが不登校への誘因となったために不登校生徒に反発感情をもつ生徒が多いのか，それとも不登校に陥ったとき，あるいはそれ以降の教師の対応の仕方に問題があったために不登校生徒に反発感情をもつ生徒が多いのかは，このデータだけでは明らかにすることができない．しかし，第5章で検討したように，不登校に陥ったときのさまざまな理由の基底にある説明因子の第3因子軸として「対教師関係」軸が抽

表9-3 休み時間や放課後の教師とのつきあい

先生と話したり遊んだりすること	よくある	ときどきある	あまりない	まったくない	計
出席群	168 4.0%	754 17.9%	1606 38.0%	1696 40.2%	4224 100.0%
不登校群	53 3.7%	269 18.9%	451 31.7%	650 45.7%	1423 100.0%
全体群	221 3.9%	1023 18.1%	2057 36.4%	2346 41.5%	5647 100.0%

表9-4 教師への反発

	よくある	ときどきある	たまにはある	まったくない	計
出席群	759 18.0%	1090 25.9%	1758 41.7%	604 14.3%	4211 100.0%
不登校群	532 37.6%	405 28.6%	376 26.6%	101 7.1%	1414 100.0%
全体群	1291 23.0%	1495 26.6%	2134 37.9%	705 12.5%	5625 100.0%

出され，そこでは「教師とうまくいかない」という理由と「先生がひどく叱る」という理由がともに高い固有値を示していたことを考えあわせると，教師への反発感情が，不登校発生と密接な関係にあることは否定できない．

なお，教師は学校社会の制度的体系の担い手としての象徴的存在であるため，教師に対する反発感情の存在は，学校社会の権威構造への否定的態度とも密接な関連をもっている．このことについては，ボンドの第四の要素である「規範の正当性」の箇所で改めて検討することとする．

以上にみてきたように，友人関係にしろ対教師関係にしろ，関係性へのボンドが日常的に薄まってきていることが不登校の背景因を構成しており，そこにきっかけ要因が加わり不登校行動が発現するものと解釈できる．しかも，この背景因は，出席群の生徒にも共通にみられる要因であり，これにきっかけとな

る引き金要因が付加されれば，出席群の生徒も不登校に陥る可能性は否定できない．

第4節　手段的自己実現

　社会的なボンドの第二の要素は，将来の目標への繋がりとそこでの自己実現である．ハーシィの理論では，非行行動への説明が目的であったため，この将来への目標志向は，社会的に望ましいとされる目標，つまり規範的に制度化された目標への志向性に限定されていた．それは進学や就職などさまざまな将来の社会的に望ましいとされている目標への志向，社会的に期待される役割への志向，社会的に望ましいとされている生き方や人間のあり方へと自己を方向づけることなどを通して自己実現を図っていくことであった．非行は，一般社会の法規範体系を侵犯する行動であるだけに，社会からのサンクションも強く，そのために非行を犯すことが当人の将来にマイナスとなって跳ね返ってくるところが大きい．したがって，規範的に制度化された目標構造にコミットメントをもっているかどうかが，現在の当人の規範的な行動へのコミットメントの強さを測定する操作的な変数としての有効性を充分備えている．

　これに対して，不登校行動は法規範に抵触する行動ではないため，社会的な処罰が加えられることもないし，社会に出てからの活動に対する烙印の効果もない．したがって，行動決定の選択にあたっては，規範を犯すかどうかが中心的な関心事ではなく，欠席したり，遅刻することによって学校社会でのなんらかの活動を行わないことがマイナスかプラスか，あえて出席することのコスト＝ベネフィットはどうかというバランスシートが規準となる．

　ハーシィのボンド理論では，教育にしろ職業にしろ自分の到達目標を高く位置づけ，その目標に向かって自分を方向づける子どもほど非行に走る傾向が少ないことを明らかにしている．つまり社会的な目標への絆をもち当人がこうした目標に向かってどれだけ取り組んでいるのか，いいかえればどれだけコミットしているかが非行に走るか走らないかを左右する要因になるというのである．

それは教育にしろ職業にしろ、より高い目標を設け、それを達成することによって自己実現を図ろうとするものにとっては、自分のチャンスを危険にさらす行為を回避する傾向があり、非行行動は目標達成を脅かす最も大きな要因となるからである。このコスト＝ベネフィットのロジックによる合理的選択規準は、不登校行動にも適用することができる。

しかし、この場合、注意しなければならないのは目標を高くもちながらもそれが実現されないという見通しをもっている子ども達の存在である。この子ども達は目標と実現の可能性とのズレの中でフラストレーションを抱くことになる。目標が高ければズレは大きくなり、実現性のない目標に向かって努力すればするほど、挫折感は高まろう。いわゆるマートンのアノミー仮説である。ボンド理論では社会的な成功目標へのアスピレーションが非行を抑止するものとされていたのに対して、アノミー仮説ではむしろ逆にこのアスピレーションが非行を動機づけるものと見なされている。そのためにアメリカの犯罪学では両仮説を巡ってさまざまな論争や折衷案が出されている。以下では、この論争に含まれている「目標へのアスピレーション」をはじめ「実現の可能性」「目標への努力」「充足感」という変数連関を日本の社会的現実の中で生起している不登校現象を解明するにあたって考慮すべき点について検討を加えることとする。

「目標へのアスピレーション」という変数を考えるにあたっては、まず、目標そのものが訴える魅力が問題となる。目標構造には、一方の極に「強制された目標構造」があり、もう一方の極には、目標が訴える魅力に引きつけられ、現実世界から自分の関心に沿って切り取られた「主体的に選択された目標構造」とがあり、目標の魅力性の度合は、この両極の間の連続体軸上に分布している。親や教師から押しつけられた進学や目的もないままに人が進学するから自分も進学するという動機づけなどがもたらす問題は、近年、高校中退、学習意欲の喪失、無気力、不本意入学、ステューデント・アパシーなど一連の社会問題の主要な背景因となっている。これらは「強制された目標構造」がもたらす問題性であり、不登校問題にも当然のことながら影を落としている問題である。また、目標が訴える魅力性は、社会の風潮や私事化現象が反映するところでもあ

る．とりわけ，前章で述べたように，私事化社会における献身価値の極度な低下によって，献身価値と結びついた目標への魅力は，色あせて認識される傾向がある．また，業績価値の低下は，これまで人びとを動機づけてきた社会的成功などの目標への魅力を失わせることになる．

「目標へのアスピレーション」という変数には，上記の下位変数に加えて，アスピレーションの高さや目標を実現するまでに要する時間的な長さという変数も関連しようし，「目標の実現可能性」とも関連する．既述のような近年の青少年の，「人生の長いストーリー」よりも「いま」の時間をいかに過ごすかを考える傾向などは，こうした目標のアスピレーションを低下する方向に作用する．あるいは，「身の丈にあった」目標を掲げるといわれる現代の青少年の特質は，彼らが実現できない法外な野望よりも「実現可能な目標」を志向する傾向の現われでもあるが，これらの傾向は，目標のアスピレーションに現実主義的な性格を与え，目標を現実に適応させ縮小する方向に作用する特性である．

もちろん不登校や非行の中には，目標へのアスピレーションの高さや実現可能性から閉ざされたことに起因する満たされないフラストレーションやストレスが認められる．たとえば授業を抜け出したいと思うことが「よくある」および「ときどきある」と答える生徒は，出席群の39.2％に対し不登校群では70.3％に達しているが（巻末調査結果集計表質問5参照），他方では，不登校群の子ども達の96.4％は，高校へ進学したいと考えており，この群の53.0％の子ども達は大学までの進学を考えている（巻末調査結果集計表質問F6参照）．このことは，不登校群の生徒が，進学という目標については，強制であれ，主体的であれ，自分の目標構造に組み込んでいることを示している．しかし，現実には，巻末調査結果集計表（質問F6）にみるように，不登校生徒の三分の一を占める34.1％（出席群16.8％）は，自分の成績は「下の方」にあるとみている．これに「まん中より下」を加えると，不登校群の57.6％の生徒が，自分の成績を低い方に位置づけて認識している．進学先へのアスピレーションの高さにもよるが，一般的には，成績が低ければ希望どおりの進学先へ合格する確率は低いとみなすであろうし，確率があるとしても実現可能性への不安感は大きくなろう．

不登校生徒に，成績が低いという認知が顕著に多いということは，それだけ不登校群の生徒に，目標の実現に際して問題を呈する生徒が多く含まれていることを予想させる．

　もとより，不登校にはさまざまなタイプがある．進学一つを取り上げても，成績の不振や第5章の不登校理由の第2因子軸を構成している理由のように勉強のつまずきとの関係で不登校が現われる場合もあれば，授業という手段的活動が高校入試に役立たないという学校不信感と結びつきつつ学校へのボンドを弱めていく場合もある．ちなみに授業の入試への有効性に疑いを示す生徒は不登校群に多く，不登校生徒の25.0％（出席群14.8％）を占めている（巻末調査結果集計表質問1参照）．

　また，目標にコミットし努力しているにもかかわらずよい結果が表われないために，なんとなくやる気を失い無気力となったり，学習意欲を喪失して不登校となる場合もある．あるいは，目標へのコミットメントが強いために，焦りや不安や自信喪失から不登校へと発展する場合もある．これらのタイプは，目標へのコミットメントの有無だけが問題となるのではなく，生徒が目標にコミットしていることやその達成に向けて行動していることに充足感をもっているかどうかが関わっていることを示唆している．ここでのボンドの要素を「手段的活動」とせず，手段的「自己実現」と名付けたゆえんである．私事化現象が自分なりの私的な意味の充足を求める意識が優勢な動向であるだけに，目標と手段の系列行動に子ども達がどれだけ充足感をもっているかが，その手段的活動の場となる集団へのつながりの強弱を左右するものとなる．

　本節では，進学という目標構造だけを例示的に取り上げたが，それは，現代の中学生の目標の中でも主要な位置を占めているからであり，進学をめぐって不登校のみならずさまざまな問題行動が派生しているからである．しかし，子ども達の学校生活には，それ以外にもさまざまな目標と手段の系列に位置づけられる活動があり，その活動をめぐって自己実現が図られたり，損なわれたりしている．不登校現象は，これらのさまざまな目標や手段的活動と生徒の充足感との連関構造の結果として生まれる学校社会とのつながりの強弱によって影

響を受けている．しかも，その連関構造は一様ではなく，そこから生み出されてくる不登校のタイプも連関構造のあり方によってさまざまである．したがって，その連関構造と不登校タイプとの関係や生成のメカニズムについては，今後とも実証的に解明されねばならない課題である．ここでは，その必要性についての指摘にとどめ，今後の課題としたい．

第5節　コンサマトリーな自己実現と離脱の回路

　第4節では，自己実現による充足行動を目標とし手段の中で系列化された行動のレベルで考察した．これに対して，コンサマトリーな自己実現へのボンドとは，現在の活動それ自体の中に充足価値を満足させるものがあるかどうかによってその活動の場へのつながりの強弱が左右されることを意味している．既述のように，手段的活動への自己実現が阻害されれば，コンサマトリーな自己実現への志向性が高まる傾向がある．加えて，第8章で述べたように，今日の子ども達の行動規準が，私事化現象に伴い業績価値や献身価値への志向性を弱め，充足価値へと強く傾斜していることを考えあわせると，コンサマトリーな自己実現が学校社会のなかで求められるかどうかは，子ども達が形成する学校社会へのボンドの強弱に大きな影響を及ぼす要因となろう．

　表9-5は，学校社会のさまざまな生活領域のなかで子ども達がどのように感じているのかを一覧表にして示したものである．表からも明らかなように，「放課後・業間」を除くその他の活動領域で子ども達は窮屈さや苦痛を訴える生徒が多い．「授業」の場では，抜け出したいと感じている子ども達が，出席群の4割に対して不登校群では6割に達している．また，自分達の学校生活について考えたり，問題を解決する場である「学級会活動」を苦痛に思っている生徒は，出席群でやはり4割弱に対して不登校群では5割強となっている．放課後の「部活動」は，自主的な活動の場であるが，入部していたにもかかわらず退部した生徒は，出席群で12.5％，不登校群で21.8％に達し，また，現在部活動をしている生徒で，活動を無意味に感じたり，苦痛に思っている生徒は出席群の4割，

不登校群では5割に達している．また，「学校行事」に対して窮屈さを感じている生徒は出席群でも57.0%にのぼり，不登校群ではさらに多く7割に達している．

表9-5 学校生活領域での意識

		出席群	不登校群
授業を抜け出したい	（質問5）	39.2%	60.8%
学級会活動は苦痛に思う	（質問24）	38.0%	51.9%
部活動をやっていたが退部した	（質問22）	12.5%	21.8%
部活動を無意味・苦痛に感じる	（質問22-2）	39.4%	49.9%
放課後・業間は苦痛に思う	（質問14）	1.5%	3.0%
学校行事は窮屈に感じる	（質問13）	57.0%	69.6%
学校生活の繰り返しがいやだ	（質問7）	49.2%	75.5%

注）項目欄中，括弧内の質問番号は，巻末調査結果集計表所収の質問番号に対応する．
また，回答の選択肢が4反応のものは，2反応形式にまとめて表現している．詳細は巻末収録結果表を参照されたい．

以上のように，授業，学級会，放課後の部活動，学校行事などの活動領域で，窮屈さや苦痛感を訴えたり，無意味さを感じている生徒が出席群でも少なくないが，不登校群では一段と多くなっている．しかも，注目すべきことは，自主的な活動の場であり，自己実現を図りつつ生徒の資質や能力を伸ばして個性化を図っていく場である部活動に対して，不登校生徒の半数が苦痛や無意味さを訴えていることである．また，学校行事は，単調になりがちな学校生活のサイクルにアクセントをつけるイベント的な色彩をもつ活動である．遠足，文化祭，体育祭などは，そのためお祭り的な要素をもち，いわば学校生活の「ハレ」の部分として機能している活動である．しかし，日常性の「ケ」を破り，再び「ケ」への活動を促進する学校行事が，多くの子ども達からは，「ハレ」のもつ伸びやかさとしてではなく，窮屈なものとして受け止められていることには注意しておかなければならない．

既述のように，部活動や学校行事は，学校社会の中の制度化された「離脱の回路」としての機能を果たす場である．しかし，「離脱」といっても，学校社会から離れてしまうことを意味するものではない．また，第2章で述べたように，「離脱」と「逸脱」とは異なっている．離脱の回路とは，その社会の日常のルーティン化された活動や制度化された活動の中に埋め込まれた相対的に自由な空間であり，そこで自己表出や自己実現を可能にする活動の場である．つまり，離脱行動は，集団にとって機能的な行動であり，それゆえに集団からのサンクションは，通常離脱行動には行使されない．これに対して，逸脱とは，制度的枠組みから外れ集団にとっては逆機能的であると位置づけられた行動であり，そのために，なんらかのサンクションが行使される行動である．

　コーエン（S.Cohen）は，この離脱空間を現象学のタームを援用して「活動＝飛び地」(activity enclaves)と名付けている．[11] 制度化された公的フィールドにおける離脱の回路は，学校行事や部活動である．学校行事は明らかに学習活動であるが，同時に，授業と勉強の退屈ともいえる単調さを打ち破り，日常性の「ケ」の場に非日常的な「ハレ」の要素を持ち込む可能性を与える場であるという点では，制度的に埋め込まれた離脱の回路である．また，部活動も学習活動であるが，自分の好きな活動を主体的に選択して関わりながら個性を伸ばし自分らしさを感じさせてくれるという点では，制度的な枠組みの中で実施される離脱の回路といえる．

　私事化の文脈でみるならば，公的フィールドに埋め込まれた離脱の回路に，離脱としての十全な意味をもたせ，生徒がこれを自由な空間とすることが「ワタクシゴト化」である．これに対して，離脱空間を学習の場とみなし，完全に教育活動の一環に組み込んでしまうことは，離脱空間の「オオヤケ化」という全体化への作用である．教育活動へと傾斜すれば，体育祭や文化祭は，日常の授業の延長となり，日常の授業が文化祭や体育祭の発表を中心に組み立てられる．遠足や小旅行は，校外学習として実施され，学習計画がたてられ，レポートや作文が宿題として課される．部活動には，評価が加わり，地域によっては高校入試の内申書にも影響する場合がある．学校行事や部活動が，このような

学習の場と化せば,そこは授業と同じ場として生徒に認識されることになる.

子ども達が学校行事を窮屈なものとして感じたり,部活動に無意味さや苦痛を感じるのは,こうした離脱の回路に全体化の作用が働き「教育化」された場となっていることを反映している.表9-5では,「学校生活の繰り返しがいやだ」という反応が,出席群の半数を占め,不登校群では四分の三を占めるに至っている.この反応比率の高さは,これらの離脱の回路が,日常生活のルーティン性から子ども達を離脱させる機能を極度に縮小してしまっていることを示すものである.

上記の離脱の回路は,制度化された学習活動に埋め込まれた回路であるが,もう一つの離脱の回路は,授業の合間に設定された「業間」という自由時間である.表9-5にみるように,出席群,不登校群ともに,この「業間」の場を苦痛に感じている生徒はほとんどない.それは,「業間」が学校社会の離脱の回路として現在のところ充分に機能しているからである.したがって,もしこの場が第Ⅰ部で述べたような学校社会の可視化のメカニズムで絡めとられたり,学級内の対人関係のこじれやいじめの場となれば,子ども達の離脱の回路は閉ざされてしまう.表9-5では,わずかではあるが不登校群に放課後や業間を苦痛に感じる生徒が多くあらわれていることには注意しておく必要がある.

現代の学校社会はさまざまな社会システムからよせられる期待によって教育,学習機能をますます強める傾向にある.離脱の回路は,従来の集団論に対応させれば,課題遂行機能から生じるストレスやフラストレーションを解消させる表出的な (expressive) 機能領域に相当する.集団が課題遂行機能を強めれば強めるだけ,表出的機能は,成員の課題への動機づけを確保し,逸脱への圧力を吸収させるために不可欠な領域となる.表9-5の結果にみたように,子ども達が学校生活のさまざまな領域で息詰まる思いをしているのは,学校社会からこうした表出的機能が失われ,離脱の回路が閉ざされてきていること示している.

もし,学校社会の離脱の回路が閉ざされれば,子ども達は,教育,学習という課題遂行への動機づけを弱め,学習意欲を低下させたり,逸脱への潜在的圧力を強めることになる.あるいは,学校社会の外に離脱の回路を求めようとす

る方向もあらわれる．現代社会では，こうした学校社会外の離脱の回路としてさまざまなものを提供している．アニメ，ファミコン，音楽，ファッションなどは，子ども達の離脱の回路をめぐる消費市場を形成している．しかし，学校社会の外でいかに離脱の回路が提供されようとも，学校社会の内部のルーティン性がもたらす単調さや息詰まるような窮屈さに変わりはない．

　コンサマトリーな自己実現とは，学校社会のさまざまな活動領域に関わること自体が即時達成的な充足感を満たすことを意味している．したがって，授業という課題遂行領域であっても，それが知的好奇心を沸きたたせ子ども達の興味を引きつけるものであればコンサマトリーな充足感はえられる．しかし，それが課題遂行領域であるかぎりは，フラストレーションやストレスも避けることはできない．学校行事や部活動などの制度化された離脱の回路は，たとえ学習機能を帯びた課題遂行領域にあるとしても，同時に表出的機能をもち，課題遂行からもたらされるフラストレーションやストレスを吸収し，逸脱への圧力を弱める補完的機能領域である．したがって，(1)課題遂行領域がそれ自体でコンサマトリーな自己実現としての意味をもたず，(2)制度化された離脱の回路が，課題遂行機能としての性格を帯び教育活動として性格づけられるために表出的機能を失い，コンサマトリーな自己実現としての意味をもたず，(3)制度的な離脱の回路ではあるが課題遂行機能からは相対的に自由な空間である業間，放課後などが可視化された場合に，学校社会外での離脱行動や逸脱行動及び学校社会の内部の制度化の裂け目や不可視空間での離脱行動や逸脱行動は最大化されよう．もし，業間や放課後が相対的に自由な不可視空間であり，(1)および(2)の過程が進行すれば，業間，放課後での離脱行動や逸脱行動が最大化されてこよう．その場合には，業間や放課後への可視化の圧力が強まり，(3)の過程が進行し，残された離脱の回路までが閉ざされることになる．

　なお，近年の青少年の意識傾向として，コンサマトリーな充足価値への傾斜が私事化社会のなかで強まってきていることは，これまでにも説明してきたところであり，ここではこれ以上の分析は差し控える．子ども達の意識傾向がコンサマトリーな充足価値へと傾斜しているだけに，学校社会の中にこれを充足

させる機能をいかにして埋め込み，子ども達の動機づけを確保して無気力や学習意欲の喪失を防ぐとともに，逸脱への圧力を低下させるかは，重要な課題である．それは，子ども達にとって学校へ登校し，学校社会にコミットメントするに足る意味をいかにして見つけ出させ，学校生活をいかにして伸びやかな生き生きとした空間にするかという作業でもある．

第6節　規範的正当性への信念

　ボンドを構成する第四の要素は，「規範へのつながり」である．規範へのつながりとは，法律や校則が正当なものであるという信念を内容としている．規範は，一般的には，集団のメンバーに対してこれを守らなければならないという道徳的義務の感情を人に引き起こすものと考えられがちであるが，規範が存在するだけでは，集団のメンバーに対してこの感情を引き起こすことはない．規範が，集団の構成員から妥当なものであり，規範を遵守することに，それなりの有益性が認められる場合にかぎって，規範はその集団のメンバーを順法的世界につなぎとめることができる．もし，規範が正当性の信念を確保できないままに，規範が要請する秩序を保とうとするならば，集団成員の恣意性を封じ込める強大な強制力を必要とする．集団の成員の内発的な抑制が期待できなければ，強制力は，個人の外から行使される罰への脅威に依らざるを得ない．

　問題行動の中でも，規範的正当性への信念によるボンドが最も説明力を有するのは，犯罪・非行領域である．それは，犯罪・非行行為それ自体が規範に対する個人の構えや態度や信念を含んでいるからである．しかし，不登校問題においても，規範へのつながりを子ども達がどのように形成しているかは，問題の現われ方に影響を及ぼす重要な要素である．なぜなら学校に時間どおりに登校し，授業に出席することは，規範を構成する重要な部分であり，いずれの学校でも，その遵守義務については校則やきまりとして明文化されている．

　しかし，第4章第2節で分析したように，不登校現象の中でも「現代型」不登校として現象化している部分では，登校や出席に関する道徳的義務感情が揺

らぎ始め，休んでも遅刻や早退をしても別段罪障感を感じない生徒が増えてきている．この部分では，明らかに規範の正当性が基盤を失いつつあるといえる．その背景には，学校教育への異議申し立てや塾産業の隆盛など教育をめぐる環境の変化や社会の評価が影響していよう．あるいは，家庭が登校や出席を絶対的なものとみなす傾向が薄らいできたこともあろう．また，子ども達が，本章で考察してきたように学校社会に意味を感じなくなり充足価値を満たしてくれる存在ではないと考えはじめていることも影響していよう．いずれにしても，「現代型」不登校の部分では，これまでほどに学校へ時間どおり登校することや授業に出席することが絶対的なものではなくなりつつあることはたしかである．

また，規範の正当性によるボンドを考える場合には，登校時間や出席に関する規範だけでなく，校則やきまりを構成している規範的世界全体に対する正当性が関連することには注意しておく必要がある．いいかえれば，学校社会の規範的世界に対する正当性の損なわれ方によっては，その構成要素である登校時間や出席に関する規範に対する正当性も損なわれる事態が生じる可能性がある．表9-6は，このことを傍証するデータである．

表9-6 納得のいかない校則

校則の中でおかしいと思うものが	たくさんある	すこしはある	あまりない	まったくない	計
出 席 群	800 19.1%	1942 46.3%	1141 27.2%	311 7.4%	4194 100.0%
不 登 校 群	475 33.8%	605 43.0%	251 17.9%	75 5.3%	1406 100.0%
全 体 群 計	1275 22.8%	2547 45.5%	1392 24.9%	386 6.9%	5600 100.0%

表からも明らかなように，校則の中におかしいと思うものが「たくさんある」と答えている生徒は，出席群では19.1%であるのに対して不登校群では三分の一の33.8%に達している．これに「すこしはある」と回答している生徒を含めると，不登校生徒群の実に8割近くに達している．このように，不登校生

徒は，出席群の生徒に比べて，校則の中に正当性を欠いた納得できないものがあるとする生徒を多く含んでいる．もちろんここでは校則の具体的な内容にまで立ち入って聞いているわけではないので，不当だとしている校則が出欠扱いに関する規範や遅刻指導などに向けられたものであるのか，それとも，服装やその他の領域の行動規範に向けられた意識かを弁別することはできない．しかし，いずれにしても，規範への正当性の欠如と不登校行動とは関連があることをこのデータは示している．

　また，規範への正当性の信念は，規範それ自体の正当性だけでなく，規範の運用やサンクションの執行とも関連しつつ形成される意識である．たとえば，運用や執行にあたって，正直者が馬鹿をみるような状況があったり，扱いが選別的で不公平であれば，これを守ることが当然であるという規範の正当性は揺らいでしまう．このように，規範の正当性への信念は，単に守る側の「規範へのつながり」だけでなく，これを運用し執行する機関や人間の日常の行動，つまりその運用・執行が当を得たものであり，それにふさわしい人間によって担われ，公正の原則が貫徹されているかどうかも影響を及ぼす要因である．

　このことは，規範への正当性という概念が，規範的世界を構成している制度，規範，策定機関，これを維持運用する機関とそれに携わる人びとを含む全体の構造を受容する態度を含んでおり，そこに正当性を認めるということは，この制度的構造を権威ある存在として受容することを意味している．いいかえれば，規範の正当性は，成員が，その構造を権威あるものとして受容する態度に基礎づけられている．したがって，生徒が学校社会の権威構造を承認する態度を形成していれば，その生徒は構造とのボンドを形成しているとみなすことができようし，反対に，権威構造への反発感情を形成していれば，その生徒と学校社会とのボンドは，切れているとみなすことができる．校則は，学校社会の制度的規範体系の権威を表徴するものであり，教師は学校社会の制度的体系の具現者としての象徴的存在であり，子ども達からみれば教育行政機関をも含めた教育制度の担い手の権威を象徴する存在である．

　学校社会の権威構造の象徴的存在の一つである教師への反発感情の頻度は，

既述の表9-4でみたように，出席群に比べて不登校群に顕著に高くみられた．教師に反発を感じることが「よくある」と回答した生徒は不登校群37.6%にのぼり（出席群18.0%），これに「しばしばある」と回答した生徒を加えると不登校群の66.2%に達する（出席群43.9%）．このことは，不登校群の生徒では，規範への正当性を基礎づける権威の担い手への承認が崩れていることを意味しており，それだけ正当性の信念を媒介とした学校社会とのボンドが不登校群では形成されていないことを示している．

ところで，上述のような規範やその担い手の正当性を媒介としたボンドを欠くことによって発生する不登校は，現象の一部にすぎないという批判もあろう．たしかに，不登校現象にはさまざまなタイプが認められる．罪障感の希薄な「現代型」不登校は，第4章で示したように，不登校生徒全体の3割を占めるにすぎず，罪障感が明らかに認められる5割の生徒が依然として優勢な部分を占めていることは考慮しておく必要がある．これらの生徒は規範の正当性によるボンドは形成され学校社会と規範のレベルでは明らかにつながっている生徒である．

しかし，ボンド理論による不登校の説明モデルでは，不登校現象が，学校社会とのボンドの中の単一の要素だけで起こることを想定しているのではなく，これらの四つの要素の組合せによって生起する現象であることを想定している．したがって，四要素のすべてのボンドが切れている場合には，当然のことながら不登校の発生確率は極めて高くなるが，ボンド要素の一つないし複数の要素とつながっていても不登校は発生する．たとえば，規範の正当性へのボンドが形成されていても，コンサマトリーな自己実現が学校社会の中では充足することができず，また，手段的活動によって自己実現を図ることができなければ，学校社会とのボンドはきわめて細い繋がりとなろう．さらに，対人関係のボンドが断ち切られていれば，その繋がりの糸はますます細くなっていく．しかし，この場合には，規範へのボンドが強いために，かえって当人には，登校義務感情が脅迫的な抑圧のボンドとなる．つまり，規範的に要請される道徳的義務の感情では結びついていこうとするが，その他の要素では離れていこうとする志

向が生じ,両要素の葛藤は,ストレス事態となり,神経症的傾向への誘因となることもある.

このように,ボンド理論による説明モデルは,比喩的に表現すれば,四要素を束ねた学校社会と子ども達の間にあるつながり糸の太さをボンドの強弱とし,その束ねられた糸が細くなることによって不登校現象の発生を説明するモデルである.また,規範の正当性によるボンドの強弱と他の三要素との組合せは,不登校のさまざまなタイプを説明するものともなる.本節の規範の正当性によるボンドにあてはめて考えれば,規範へのボンドが弱化ないし欠如していれば,「現代型」不登校タイプとなる可能性が高く,それが強ければ「伝統型」不登校となる可能性が高いことになる.これらの要素の組合せと不登校タイプ生成のメカニズムについては,今後とも検討すべき残された課題であるが,本章では,最後に以上の議論を踏まえ不登校現象のボンドモデルを図式化しておくこととする.

図9-1 不登校現象生成メカニズムのボンド・モデル

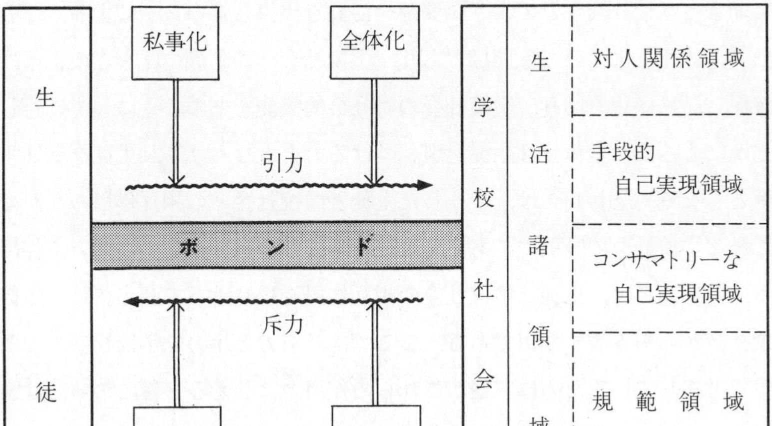

まず,学校社会は,授業,学校行事,部活動,学級活動,業間・放課後などのさまざまな生活領域から成っている.これらの生活諸領域のそれぞれには,

生徒が学校社会とのつながりの糸を構成する要素として四つの領域が埋め込まれている．その要素的領域が，本章で考察してきた対人関係，手段的自己実現，コンサマトリーな自己実現，および規範の正当性への信念に関する要素である．生徒がこれらの四要素を通じて学校社会へとつながるとき，および学校社会がこれらの四要素を通じて生徒を学校社会へと組み込もうとするときに規準として採用される価値原理が，献身価値，充足価値，業績価値，和合価値などの価値原理である．この価値原理のバランスを偏らせたり，拮抗させたり，バランスを逆転させたりするのが，個人の側に位置づけられる現代社会の動向としての「私事化」現象であり，学校社会ないしはその背後にある全体社会の側に位置する「全体化」の動向である．生徒は，私事化現象の中で学校社会の四要素へのつながりを薄めていく方向と反対につながりを強めていく方向とをもっている．私事化現象は，たしかに献身価値を低下させ，ボンドを稀薄化させるが，充足価値の肥大化に即応して新たな意味の探求領域を見い出すことによってボンドを強める方向に作用することもある．つまり，私事化がボンドの稀薄化のみを意味するものではない．ボンドの強弱は，私事化現象という生徒の側の要因に即して学校社会がどのような資源や活動を提供しているかによる．このことは「全体化」についても同様であり，学校社会への動機づけをどのようにして確保し，秩序化を図り，学校社会の対社会的機能をどのようにして遂行していくかによって，全体化は生徒を引きつける力ともなろうし，生徒を疎外する作用ともなる．「引力」とは，こうした生徒と学校社会との相互作用のなかで産出される学校社会の吸引力であり，生徒を学校社会へと結びつけていく作用である．「斥力」とは，生徒と学校社会の相互作用過程によって産出された生徒を学校社会から引き離す作用である．[13] ここでは，引力と斥力を学校社会との関係の中で考察しているために家庭がこれらの作用力に与える影響については触れていない．しかし，家庭の及ぼす影響は無視できない要因である．「ボンド」は，これらの一連の過程から生じる生徒と学校社会とのつながりの糸の束であり，比喩的に表現すれば，糸の撚り合わせ方や太さによって不登校現象は多様な現われ方をする．

もちろん、つながりの糸が細くなったとしても、子ども達は不登校に走らず学校へ登校している生徒もいる．第1章でみたように、学校へ行くのがいやになりながらも我慢して登校している生徒は全生徒の42.0％にのぼっている．また、多くの子ども達は、不登校に陥ったとしても、そのまま長期不登校へと陥る子どもは少なく、ほとんどの子ども達は、再び学校へと戻り登校を続けている．しかし、これらの子ども達は、学校社会とのつながりの糸が太くなったために戻ることができたのではない．これまでにみてきたように、現代の学校社会では子ども達と学校社会とをつなぐ糸は、きわめて細く切れやすく、その状況は不登校群だけでなく出席群にも共通している．

　今の子どもたちは、ふとしたことがきっかけとなって「不登校」に陥ったり、もっともな理由が見当たらないままにずるずると学校を休んだりする傾向が目立ってきているといわれている．これを「ひ弱くなった」という言葉だけで片付けてしまうのはあまりにも皮相的な解釈である．むしろ問題は、わずかなことによって切れてしまうほどに脆い子供たちと学校社会とのつながり方にある．勉強のつまづき、教師との関係の行き違い、級友との葛藤など不登校の理由としてあげられるものは、弱まった絆にかかるわずかな力にすぎない．学校や教師は、子供たちが「ひ弱くなった」と歎く前に、子どもたちにどのような学校生活を提供し、子ども達を学校社会へとつなぎとめようとしているのかを改めて問い直してみる必要がある．

　不登校現象をボンド理論の枠組みで解釈すれば、子どもたちが学校社会へのつながりを弱めていこうとする傾向と、親や教師が子どもたちを学校や教育へとつなぎとめようとする圧力の「綱引き」の中で発生している．あるいは、子ども達が学校社会へとつながっていこうとする傾向と、学校社会から疎外されていく傾向との「綱引き」の中で発生しているともいえる．いずれにしても、綱引きが生じるのは、不登校群、出席群を含めた多くの生徒達と学校社会とのつながりの糸が細く弱くなっていることによる．しかも、綱引きによって事態は好転せず、ますますつながりの糸を細める結果となっている．既述のように、このつながりの糸は細くなればなるほどわずかなきっかけによって容易に切れ

てしまう．現代の不登校問題の裾野が広いのは，このような子ども達と学校社会とのつながりの脆さを共通の背景としているからである．

注
1) 村上泰亮『産業社会の病理』中央公論社，1975年，86-87頁．
2) ここでの「ドリフト感覚」という用語は，「豊かさ」という条件によって，「成功」という目標に向けての野望や一途な努力をかえって拒否せしめ，一種の"成り行きまかせ"の生き方を選ばせるようになったことを称して宮島が「ドリフト」と使用していることによった（宮島喬「社会意識の変化——プライバタイゼーションとの関連で——」宮島喬他編『文化と社会意識』リーディングス日本の社会学12，東京大学出版会，1987年，62頁）．
3) 川本三郎『都市の感受性』筑摩書房，1984年，64頁．
4) デュルケムのこの命題の定式化は『社会分業論』および『自殺論』の著作の中で展開されている．
5) Hirschi,T.,1969., *Causes of Delinquency*, University of California Press.
6) 森田洋司「犯罪社会学における実証主義的思潮とボンド・セオリー」人文研究，第38巻第11分冊，1986年，9-40頁．森田洋司「アメリカの犯罪原因論における新たな動向——コントロール理論を中心として——」犯罪と非行，第72号，1987年，38-63頁．森田洋司「コントロール理論の系譜と近年の動向」日本社会病理学会編『現代の社会病理Ⅳ』垣内出版，1989年，44-80頁．
7) Hirschi,T., op. cit., p.10．
8) Hirschi,T., op. cit., pp.16-26．
9) ハーシィの四要素は，実証性が高いとされているだけに，ここでは四要素に含まれている理論的構成要素については根本的な変更を加えていない．しかし，四要素の中でもコミットメントおよびインボルブメントについては，ハーシィの調査では妥当性が実証されたものの，その後の調査研究では，必ずしも妥当しないデータが提出されている．それは，この二要素が調査対象の特性や測定される非行深度の程度によって異なった結果を示すからである．したがって，ここでは不登校という行動の性質を考慮し，この二要素に限定して修正している．
10) 休み時間や放課後の学校空間はさまざまな子ども達が自由に関係を結び，校内のさまざまな空間に自由に出入りすることができるという意味で公共的性格を帯びる．しかし，その空間を特定の子ども達だけが占拠したり，他の子ども達の迷惑や被害を顧みず自分達のグループや自分だけの空間であるかのような行動に出るとき，それは公的空間の「ワタクシゴト化」となる．この行動は，公共的空間における関係原理の未熟さによってもたらされた結果である．ここでの「公的空間としての意味を組み替え私的空間として認知する」行為が必ずしも問題事態につながるわけではないが，問題事態の発生は，この組み替えにあたって公共的空間としての認知が欠

如していたり，それを無視することによって起こる．

11) コーエンは，ルーティン化された日常性に近いレベルの例として，趣味，ゲーム，賭け事，セックスを取扱い，これに空想を行為化するために休暇や新しい体験，未知への探索活動を利用する「新しい風景探索」（休暇，大衆文化，芸術など）と，心の内部の航海が行われる「内的風景探索行」（薬物，精神療法など）とを例示している．S.コーエン/L.ティラー『離脱の試み——日常生活への抵抗——』（石黒訳）法政大学出版局，1984年，123-176頁．

12) ここでは，離脱の回路を制度化された回路に限定して論じている．しかし，制度的には保証されていないが私的に行う離脱の回路は日常生活の中に無数にある．授業の場面で子ども達がギャグを飛ばしたり，役割の中に遊びの要素を盛り込んだり，ゴッフマンのいう「役割距離」を設けたりすることも私的な離脱の回路の創出行動である．あるいは，離脱の回路は，許容された逸脱の領域にもまたがって創り出されていく性質がある．後述するように，制度化された離脱の回路が閉ざされれば，逸脱への圧力が強まるのは，離脱への志向性がこうした許容された逸脱領域へと行き場を求め，さらには逸脱領域へと溢れ出していくためである．

13) 田村雅夫は，学校生活領域での不登校生成のメカニズムをここでの「引力」と「斥力」によって説明している．田村雅夫「授業・学級の活動・校則」森田洋司・松浦善満編著『教室からみた不登校』東洋館出版社，1991年，3章．

第10章　学校社会における「私」性の存立構造

第1節　日本社会における「公」と「私」の関係

　日本社会における近代化はたしかに解放的な側面を社会にもたらした．それは，個人を家族，親族，地域社会などの共同体の規制から解放し，人々の欲求の多様な開花をもたらし，「個人の幸福」を豊かさの中で実現しているように見受けられる．西欧社会の近代化にとっての解放とは，個人が共同体の規制から逃れることだけではなく，何よりも自主自立した個人の確立を伴うことであり，個人を中心とした価値を内実とするイデオロギーや倫理体系を社会の中に確立することであった．今日の日本社会の状況に照らして，このことが妥当しているのかは，私事化現象を考察するときに問われなければならないことである．

　もとより，これまでの分析の中で考察してきたように，現代の子ども達にも，全体社会や集団や社会関係からの後退現象が観察された．また，その背後には献身価値の極端な低下と充足価値の肥大化がみられ，私的領域への関心の高まりと私的領域の中心にある「私」への関心の集中が観察された．したがって，現象としては，現象学的社会学やシンボル的相互作用論の指摘する「私化」現象が，日本社会でも進行していると判断することができる．しかし，本書のこれまでの「私事化」の議論は，主として現象面での個人の意識の変化に焦点をあててきたため，従来の「私化」論が前提としてきた近代的な個我の確立については検討してこなかった．

　第8章で扱った丸山真男の近代化論における「私化」は，結社形成の度合が低いという特性に加えて，政治的な権威と一体化しない特性を備えた個人の社会でのあり方に対して名付けられている．この政治的な権威の中心に対していだく距離の意識が「遠心的」であるという点では，丸山の「私化」の概念は「自

立化」と同一平面にある意識として位置づけられている[1]．また，片桐雅隆は，バーガーらの「私化」の概念が，個人の自主的な自立した意味探求行動に積極的な意義を見い出しているものとして位置づけている[2]．

　したがって，現代の子ども達にも欧米型の「私化」現象が及んでいるかどうかを判断するためには，次の点について検討しておく必要がある．その第一は，子ども達の公的領域から私的領域への意味探求の変更が，主体的な動機づけによるものかどうかの検討である．第二は，意味探求領域の変更が，個人の解放と自立を背景としたものであるかどうかである．検討さるべき第三は，日本社会における公的領域と私的領域の関係はどのように位置づけられているのか，また，日本社会の「公」と「私」との関係の中で個人はどのように位置づけられてきたのかという点であり，広く考えれば現代日本社会や集団と個人との関係の検討でもある．もしこの検討がなされないままに，近代的個人主義の社会像や人間像を前提とした「privatization」の概念を，現象上の類似性だけに着目して日本の現実分析に使用したとすれば，それは同じタームを用いながらも似て非なる現象となるばかりでなく，現象をもたらしている日本の社会構造の深層に迫る分析概念となることはできない．また，以上の検討を通じて，これまで何も規定することなく使用してきた「私事化」の概念と現象学的社会学やシンボル的相互作用論で用いている「私化」の概念との異同も明らかにすることができる．

　まず第一の，意味探求領域の変更が主体的な動機づけによる選択結果かどうかであるが，この点については既に第8章および第9章で分析してきたところである．今日の不登校問題の裾野の広がりは，ボンド・モデルに示されるように，学校社会と生徒とを繋ぐボンドがきわめて弱く細くなっていることを背景としている．このボンドの弱さは，子ども達が学校社会のさまざまな生活領域で意味の充足を求めることができないことからもたらされた結果である．しかし，子ども達のこの状況は主体的に動機づけられた意味探求領域の変更ではなく，公的領域での意味探求の閉塞状況によってもたらされた一種の疎外と諦観と逃避の混成体として現われてくるところに今日の学校社会の私事化の日本的

特殊性がある．いいかえれば，不登校問題は，こうした学校社会の私事化の日本的特殊性を背景として発生しているといえる．

検討すべき第二の点および第三の点は，日本社会における「公」と「私」の関係を分析することによって検討することとする．「公」と「私」の関係構造に着目して，日本封建社会構造を分析したのは，有賀喜左衛門であった．彼によれば，日本社会には，集団ごとに公と私があり，それらが図10-1のごとく重層的な階層構造の中で汲み上げられながら全体社会の公と私へと統合されるという図式を提出している．まず，最小単位の家では，家長が家という集団としての「公」を代表し，家族成員は，家長に服従し奉仕する「私」として位置づけられている．「私」を犠牲にして「公」に奉仕するという「滅私奉公」の倫理である．また，家長は家集団では「公」であるが，より上位の集団の「公」に対しては「私」となる．このロジックは，封建社会の主従関係のロジックであり，主人という「公」に対して従者である「私」が服従し奉仕するところに忠義の倫理があり，奉公が成り立つとされていた．この主従関係の倫理を基盤として庶民の主従関係を規定したのが戦前の「家」制度であり，「公」の頂点に位置するのが，当時の天皇であった．[3]

図10-1 社会構造と公私の観念

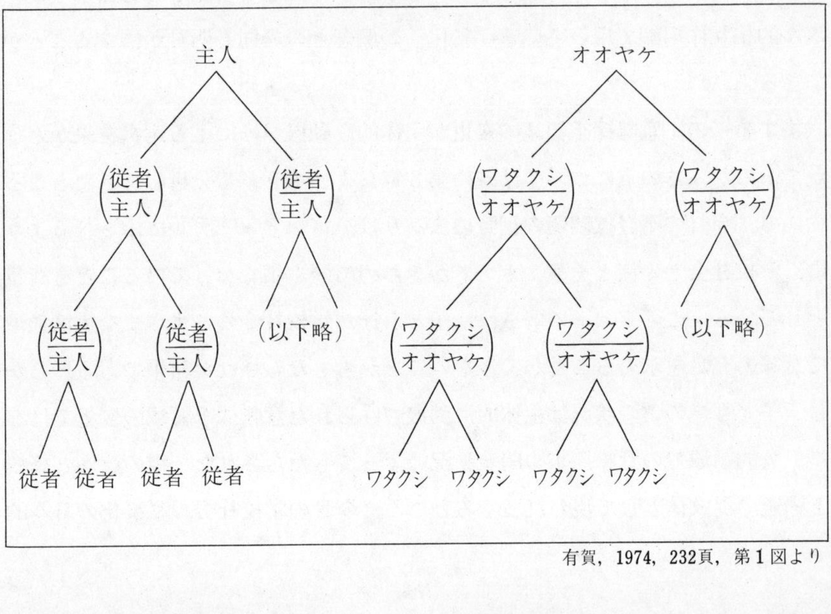

有賀，1974，232頁，第1図より

この有賀の図式は，日本社会の「公私関係のプロトタイプ（原型）」と見なすことができる．戦後の日本社会では，「滅私奉公」の対象が国家や天皇ではなくなったが，「第一次私事化」の段階では，企業がこれに変わる奉公の対象となり，多くの「会社人間」を産み出したことは周知の事実である．既述の「献身価値」は，この日本的公私関係を一つの重要な要素として組み込んだ価値理念である．したがって日本社会における私事化現象が，献身価値の低下を一つの特徴としているということは，こうした日本社会の従来の公私関係に関する意味の組み替えと見なすことができる．

日本社会の「公私関係のプロトタイプ」として，有賀の図式をはじめ，近年の「公私」論に関する一連の論稿から，次の四つの特性を抽出することができる[4]．第一の特性は，規範概念としての「公」と「私」である．欧米における「public」と「private」には，規範的な意味は含まれていない．むしろ西欧近代の考え方からすれば「private」も「public」もともに尊重されるべき価値であろう．しかし，日本語における「公」と「私」には，善悪，聖俗，浄穢，表裏，真偽などの規範的意味を含んでいる．丸山真男は，これに関して次のように述べている．「我が国では私的なものが端的に私的なものとして承認されたことが未だ曾てないのである．（中略）従って私的なものは，即ち悪であるか，もしくは悪に近いものとして，何程かのうしろめたさを絶えず伴っていた」[5]．この「公」と「私」に含まれる規範性は，中国の「公と私」が重ねられた結果であることを安永寿延は指摘し，日本社会の「公」と「私」の観念の特殊性を明らかにしている．「公」は，普遍性であり，公正を意味し，正義となる．これに対して，「私」は，私欲であり，恣意性を含み，よこしまなこととなり，両者は善悪の関係として設定されることになる．その結果，日本的な語法での「公」は常に規範となり，「私」は自分勝手な欲望を欲しいままにするよこしまな存在であり，「公」からの逸脱として切り捨てられるべきものとなる[6]．

第二の特性は，「私」の「公」に対する従属関係である．そのため，欧米型の「public」と「private」の関係のように，両者がときには並立したり拮抗したり，場合によっては「private」が「public」を陵駕する関係とはならない．日

本社会では，第一の特性である規範概念が集団間の関係や身分制秩序や個人対集団の関係などに適用されることによって，「公」を担った組織体や集団と「私」を担った組織体や集団との関係や，個人と集団との関係が公と私の関係として現われてくる．「私」としての個人や下位集団は「公」に対して切り捨てられるべき関係となり，無私，滅私によって成り立つ服従関係となる．

　第三の特性は，集団ないしは個人との一体化である．つまり，「公」と集団とは分離されず，同一のものとして認識され，そのため両者の間に緊張関係が生じないのが日本的「公」である．ときには，それが，擬人化され，集団人格を代表する個人にまで拡大されたのが，「公」としての主人，天皇，家長などである．これに対して，中国では「公」は正義，公正などの規範概念であり，国家であれ集団であれ，場合によっては「公」から逸脱したり，緊張関係が生じる．西欧市民社会における「public」の概念は，「個人と個人とをなんらかの普遍的原理によって結合する，共同性と公開の場である」[7]．それは，対等な個人と個人との関係の上に成り立つ公共の場を意味し，ときには，同格な市民と市民との関係概念ともなる．「public」の構成単位は個人であり，場の主役は国家や集団ではなく市民である．日本社会においては，「公」をその担い手の集団と一体化して認識するため，国家や集団は正義となり，個人は庇護されるべき存在となる．

　一体化は，また「私」についても起こる．日本社会では，「私」は個人と一体化されて認識され，個人の人格さえもが「私」であるために「公」の下に服従を強いられることになる．西欧の近代市民社会が「private」の中核に揺るぎない不可侵な個の人格を設定する理念とはまったく異なった個人のあり方を生み出すことになる．安永は，西欧近代のこうした理念が，私的領域の中にプライバシーという独自の世界を構築し，これに接続する人権という不可侵な絶対放棄することのない領域をその中核に確立させたとし，市民社会を経過しなかった日本社会のプライバシーと人権の状態が混沌としたアノミー状況を生み出し，利己的利害の擁護と他者の利害や人権に無感覚な「滅他」主義を呈していることを明らかにしている[8]．

第四の特性は、「公」と「私」の境界の曖昧さである．「公」が「私」である私的領域やプライバシーや個我の壁を乗り越え侵食することは，上記の第二の特徴から容易に導き出されることである．これに対して，「私」による「公」の侵食は，安永によれば，次のようなことを背景としている．その一つは，「市民間で共有する公的原理がひよわであるために，私権の貪婪な拡張を抑制する力をもたない」ことによる．このことは，「公」の場では否定されたかに装う「私」性が，「公」のタテマエをたてつつホンネとして潜在化し，「公」の統制・監視機能が作用しないところや抜け道で無制限に噴出し広がることをも助長する．もう一つは，「公」の担い手である国家や組織体，集団自身に「公」性の自覚が曖昧であるために，それらが利権の源泉となり，私権としての諸個人はこれらに物質的に寄生することになる．このような公私混同は，官と民の間だけでなく，さまざまの領域で形を変えてびっしりと根をはることになる[9]．こうして「公」と「私」の境界の曖昧さは，「私」による「公」の「ワタクシゴト化」や「私物化」を生み出すとともに，「私」は「公」への従属関係だけでなく，寄生関係をも生み出すことになる．

　さらに，「ワタクシゴト化」は，個人の側だけでなく，「公」と「私」の境界が曖昧なために，「公」の担い手の側にも起こる．「公」による「公」および「私」の「ワタクシゴト化」である．既述の「公」の担い手による「公」の利権化は「公」による「公」の「ワタクシゴト化」である．また，組織体や集団は，自らを「公」と一体化させることによって，「私」である私的領域やプライバシーや個我を隷属させ，本来は「公」であるべき市民と市民との公共性をも従属させつつ自らの正義を実現する．しかし，その正義は，普遍的な原理としての「公」ではなく，組織や集団の利害に沿った私的原理によって設定された正義であり，「公」の名を借りた私権の拡大にすぎない．

　以上のようなプロトタイプの特性は，戦後社会の中で形を変えたが，その基本構造は今日の社会の中にも残っている．大きく変化したのは，否定されていた「私」性の中の欲求に関する権利だけが主張されはじめたことである．そのために，「公」によってときには否定され，ときには抑制されていた私的欲求が

公共的空間の中で「公的原理」という歯止めをなくして無際限に拡張することになる．「公」の裏側でホンネとして潜在化していた私欲が，戦後社会の中では，公然と主張されるようになる．神島二郎が「欲望自然主義」と呼んだ現象[10]も，鈴木広が「私化」現象における私性の意識の本質を「快楽原則に準拠する自己愛であり，行動様式は充足，適応を志向する『欲望主義』」[11]にあると規定したのも，戦後社会の「私」性の無際限な拡張に着目したものである．

この無際限な「欲望主義」は，欲求が解放されながら，新たな「公」ないし「public」の観念も「私」ないし「private」の観念も，また両者の関係に関する理念もが未成熟なことによる．個人と個人とが共有する公的領域に関する関係概念としての「public」の観念を欠き，私的領域の中核に位置すべき不可侵な放棄することのできない個我としての人格も育っていない．そのために，安永が指摘したように，欲望主義がもたらす私権の主張には執着するが，他者の私権には無感覚であり，容易に相手の人格を踏みにじる体質を形成することになる．「公」と「私」の境界は相変わらず曖昧であり，「私」性は軽視され，「公」の「ワタクシゴト化」は依然として続いている．欲望だけは解放されたが，プロトタイプの基本特性には大きな変化はない．本書が，西欧近代市民社会の理念を背景として登場してきた現象学的社会学やシンボル的相互作用論の「私化」という訳語を採用せず，現代の日本社会の現実を「私事化」と規定したのは，こうした日本社会の動向を考慮したためである．

第2節　学校社会の中の「私」性

鈴木のいう「私化」に含まれる「快楽原則に準拠した自己愛」や「欲望主義」は，現代の大人社会だけでなく，子ども達にもみられる風潮である．これを欲求の解放だけでなく，個人の解放と見なし，自立した人格主体としての個我の成立の芽生えと評価できるかどうかは，学校社会の子ども達の現実の意識や行動と突き合わせてみる必要がある．

これまでの調査結果の分析から明らかなように，現代の子ども達は，学校生

活のさまざまな活動に息苦しさや疲れを感じ，苦痛や無意味さを訴えている．学校へ行くのがいやだと答える子ども達が想像以上に多く，登校回避感情が不登校生徒だけでなく，そうでない生徒にまで及んでいることはその現われである．しかし，彼らは，学校生活に背を向けてしまったわけではない．しかし，彼らは積極的に関わっているわけでもない．次のデータは，彼らの学校生活への関わり方を象徴するデータである．

表10-1は，体育祭，文化祭，遠足，音楽祭などの学校行事やその準備にどのように関わっているのかを生徒に聞いた結果である．第9章でみたように，学校行事は学習活動の一環ではあるが，制度化された離脱の回路としての機能をもち，また学校へ行くのがいやだという登校回避感情にも大きな影響を及ぼしている日常生活のルーティン性による単調さにアクセントをつける機能をもつ活動である．学校行事を窮屈に感じることが多いと答えた生徒は，不登校群では69.6%に及び，出席群でも57.0%に達していた．この出席群と不登校群の差はそのまま行事への関わり方に反映しているが，ここでは両群間の差だけでなく全体の傾向にも注目してみよう．

表10-1 学校行事へのかかわり方

	一生懸命取り組んでいる	割り当てられたことはきちんとやる程度	やりたくはないが参加する	ほとんどかかわらない	計
出席群	769 18.7%	2588 63.0%	603 14.7%	149 3.6%	4109 100.0%
不登校群	166 11.9%	735 52.8%	380 27.3%	110 10.6%	1391 100.0%
全体群計	935 17.0%	3323 60.4%	983 17.9%	259 4.7%	5500 100.0%

まず，行事に積極的に関わっている生徒は全体の17.0％である．これらの生徒が学校行事に積極的な意義を認めて関わっているのか，それとも学校の行事だから一生懸命に取り組んでいるのか，その深層の動機についてはわからないが，いずれにしても積極的な姿勢を示している生徒である．これに対して，「割り当てられたことをやる程度」あるいは「やりたくはないが参加する」という生徒が8割近くを占めている．これらの8割の生徒は，行事には参加し，決められた仕事はこなすものの，主体的に関わり，そこに充足感を見いだしている生徒ではない．いうならば，教育の枠組みに便宜的に関わっている生徒であり，魂を失った生徒である．

　第9章でも示したように，疲れた，窮屈だ，無意味だ，苦痛だという吐息は，学校行事だけでなく，学校生活のさまざまな領域から聞こえてくる．もちろん，すべての生徒がこうした感情を訴えているわけではない．また，生活領域によって，こうした感情を訴える生徒が相対的に多い領域と少ない領域とがある．また，いずれの領域にも満足し，学校へ行くのがいやだと感じていない生徒がいることも確かである．しかし，既述のように，不登校生徒に，こうした訴えをする生徒が学校生活のすべての領域にわたって多く，ここでの学校行事についても，不登校生徒に消極的な関わりを示す生徒が多く現われている．彼らの訴えは，欲求は解放されたものの，その欲求の充足や意味の実現を学校社会の中にみいだせないでいる生徒といえる．

　解き放たれた欲求は，いきおい学校の外に広がる私的な領域へと向かわざるをえない．その姿は，企業社会に現われた余暇と私生活への志向に通じるものがある．この新たな動向は仕事と私生活を分離するという考え方の登場であり，生活構造の中に私生活領域を確保することであり，そのかぎりでは，滅私奉公型の伝統が部分的ながら変質してきたといわれている．[12]

　しかし，学校社会は社会的に企業社会と異なった性格づけをされた教育的空間である．つまり，そこでは，子ども達が自己実現を図るべき場であり，疎外される場ではないという位置づけを負わされた空間である．したがって，学校社会の中で窮屈さや無意味さを訴える子ども達が，学校外に広がる溢れるモノ

と情報によって欲求の充足を図ることができたとしても，学校社会のもつ問題性は解決されたことにはならない．それでは，もし，学校生活の中に子ども達が自己実現できる空間や機会が提供されていれば，問題はそれで解決するのであろうか．これまでに検討してきたように，現在の学校生活のさまざまな領域は必ずしも多くの子ども達にとって満足すべき場ではなかった．したがって，子ども達の意味の探求を引き出すような機会や場が学校社会の中に与えられていれば，たしかに問題は解消されるように見受けられる．しかし，学校社会の中で，依然として「私」性が否定され，個性化が図られていなければ，自立した欲求主体となることはできない．つまり，「私」性の存立基盤が脆いままに，いくら自己実現を図る機会や場を提供したとしても，そこに自分なりの意味を求めて関わり，充足された自己実現を図る主体となることができない．

現代の青少年に関するさまざまな調査やモノグラフからは，集団の圧力から自立し，主体性のある個性的な姿は見あたらない．自分を大切にするという傾

表10-2 友達と接するときに気を使うところ

			体臭	口臭	ツメ	ニキビ	フケ	からだの成長	体型	くせ	計
同性の友だちと接するとき	性別集計	男子	148 31.0	245 51.4	71 14.9	94 19.7	167 35.0	48 10.1	86 18.0	226 47.4	477 49.6
		女子	197 40.6	308 63.5	76 15.7	99 20.4	210 43.3	57 11.8	118 24.3	166 34.2	485 50.4
	合計		345 35.9	553 57.5	147 15.3	193 20.1	377 39.2	105 10.9	204 21.2	392 40.7	962 100.0
異性の友だちと接するとき	性別集計	男子	210 43.1	295 60.6	123 25.3	137 28.1	227 46.6	74 15.2	149 30.6	247 50.7	487 50.1
		女子	230 47.4	330 68.0	132 27.2	164 33.8	245 50.5	69 14.2	201 41.4	199 41.0	485 49.9
	合計		440 45.3	625 64.3	255 26.2	301 31.0	472 48.6	143 14.7	350 36.0	446 45.9	972 100.0

(上段：実人数，下段：構成比)

注) 1. 本表は，1989年に大阪市立大学社会学研究室が大阪府下および鳥取県Ｉ町で実施した中学2年生に対する「現代中学生の人間関係に関する調査」の結果による．
2. 回答に際しては複数選択を求めたため横行比の計は100％をこえる．

向はみられるが，それは既述のような快楽原則に忠実であろうとすることからもたらされた傾向であり，加えて，傷つくことを恐れる自己保身と自己愛からもたらされた傾向でもある．そのため，他者のまなざしに過敏に反応し，目立つ行動は極力控えるという同調志向は今までの大人社会同様依然として強い．

たとえば，表10-2は，大阪市立大学社会学研究室が1989年に大阪府下および鳥取県Ⅰ町の中学2年生に実施した調査の結果である．これによれば，子ども達は，同性に対してもまた異性に対しても「口臭」を気遣う子どもが最も多く，ついで「癖」，「フケ」，「体臭」に神経質な子どもが多くみられる．

ここには，級友のまなざしに過敏に反応し，非難されたり不愉快さを引き起こすことのないように神経質なまでに気をつかう子ども達の姿が現われている．朝シャンといわれる現象が話題になったり，口臭を消す商品が売行きを伸ばしているのも一時の風俗現象ではなく，以前にもまして，他者の反応に神経質になってきていることの現われである．そこには，他者の視線の圧力から自立した主体的な個性は感じられない．むしろ自己を肯定できない自信のなさえうかがわれる．

しかし，現代の若者は，消費行動では個性化されているといわれているが，それも同調の中のわずかな差異化にすぎないともいわれている．上記の大阪市立大学社会学研究室調査では，所持品についての態度を聞いているが，最も優勢なタイプは同調の中の差異化志向であり，調査対象生徒の42.3%を占めている[13]．また，差異化は志向せず同調志向だけを示す生徒は13.0%であった．したがって，両者を併せると同調型は，55.3%を占めている．これに対して個性派といわれる差異化志向は26.2%にすぎない．

これらの結果に加えて，現代の子ども達の同調志向という特性や集団圧力ないし力による圧力への弱さという特性が，何よりも顕著に現われるのは「いじめ」の場面である．周知のように，異質なものを皆でよってたかって非難したり排除したり，あるいは特定の子どもを無視して口もきかないなどという行動を学級の全員がとることは，「いじめ」の場面ではしばしば観察される．そこには，主体的な自立した判断主体の姿を想定することは不可能である．また，見

て見ぬふりをする傍観者は，いじめの場面では常に最も多く現われるタイプである．それは，自己保身であるとともに，「いじめ」という力の圧力に対して黙従する行動である．

　このように考えてくると，現代の子ども達の「私」性の存立基盤である自主自立した主体的個人の確立した姿は学校社会の中では見い出すことができない．したがって，学校社会の中に子ども達の「私」性の存立基盤を形成するために望まれることは，一つには，自己実現の可能な機会と場を子ども達に提供することである．しかし，それは与えられたものや押しつけられたものではなく，子ども達自らがそこに意味の探求をみいだしていく契機となるものでなくてはならない．そのためには，そこに，もう一つの要件が必要となる．それは，子ども達が，主体的な欲求の担い手となることである．学校社会に「私」性の存立基盤を形成するために望まれるもう一つのことは，主体的な欲求の担い手の前提となる自主自立した個我の形成を阻んでいる要因を現代の日本社会の中で改めて問い直し，その形成と確立を促す教育を実現していくことである．

　これまでは，子ども達が，学校生活の中で窮屈だとかあるいは無意味だと感じている側面や領域に焦点をあてて論じてきた．しかし，学校生活領域の中でも子ども達が楽しいとみなしている空間がある．既述のように，その代表的な場が休み時間や放課後であり，窮屈さや無意味さをほとんどの子ども達が訴えない唯一の例外的な場である．そこでは，子ども達はたしかに解放され自由に行動し，課業で抑圧されていた「私」性が一挙に噴き出す離脱空間として機能している．そのため，一見，制度化された枠組みの中では，「私」性の存立基盤が確立した唯一の領域であるかのように見受けられる．しかし，この一見自由で解放された空間も，「私」性の存立基盤という視点からみるといくつかの問題をはらんでいる．

　休み時間は，さまざまな子ども達の関係が交錯する学校社会の「public」な空間である．しかし，第9章でみたように，子ども達の多くは，親しい少数の友人だけの関係に閉じ込もろうとする傾向が顕著であった．もちろん，この傾向の中に子ども達が異質で多様な人間との関係性の形成を阻む要因が含まれてい

るとしても，彼らが親しい人間関係のふれあいの中に意味を求めようとする傾向が，それなりに意味の充足感を与え，彼らの自己実現を図る場であれば，否定的に評価されるべきものではない．

しかし，調査結果の中で既にみてきたように，現実の彼らの人間関係は，親しい友人に対しても心を開かない関係であった．表層化し脆いことを知っているだけに彼らは関係を壊すまいとして賑やかにはしゃぎ，冗談を飛び交わせて関係性を取り繕い安定化させようと懸命になる．現代の子ども達が，友人関係に神経質なまでに気をつかうのは，攻撃されたり，傷つくことを嫌うことにもよるが，学校社会の意味充足空間が友人との関係の場にあまりにも収束しすぎているからである．もしも友人関係がこじれたり，満たされぬものであれば，子ども達の充足空間は学校社会ではまったく閉ざされることにもなりかねない．休み時間や放課後の人間関係が，学校社会に残されたわずかな意味の充足の場であるとすれば，それを壊すまい，うまくわたりたいとする意識が強く働くのも当然である．ウィン（L. Wynne）のいう「擬相互性（pseudo-mutuality）」である．[14] 第5章でみたように，不登校生徒の欠席理由に最も強い影響を与える基底要因が友人関係の不安であり，関係のつまずきであった．今日の不登校の発生は，意味の探求を満たす場が学校空間の限定された場であること，それが友人関係の領域に限られつつあること，およびその関係があまりにも不安定で脆いために，解き放たれた欲求を満たすための友人空間がかえってストレス要因や不安要因となっていること，また，現実にその脆さを露呈する「いじめ」や非難攻撃が日常化し，防御反応と傍観者心理が学級社会に構造化されていること，およびその反動としての明るさを装い冗談を交え賑やかにはしゃぐ安定化に腐心しなければならない「擬相互性」状況などが背景となっている．

休み時間や放課後が自由な欲求の解放空間であることは，それ自体として否定さるべきことではないが，それが自由で解放的空間であるために必要な社会的装置が子ども達の間に形成されていなければ，この解放空間はもう一つの問題的状況を呈する．それは，「公」の場としての課業では否定されたかに装っていた私的な欲求が，「公」の統制・監視機能の作用しないこれらの不可視空間

で，無制限に噴出し広がることである．これを抑制する社会装置とは，生徒が学校社会のいずれの空間をも自立した個人と個人とが営む「public」な空間として認知することであり，自立した私権の主張と同時に他者の人格の不可侵性と他者の私権の主張をも認めるという公共性の場の価値原理を生徒間に自律的に共有させ，成熟させることである．もし，この原理が生徒間関係の中に形成され自律的に作用させることができなければ，学校社会の不可視空間では，私欲の拡張と他者の権利の侵害が無制限に広がることになる．いじめや生徒間暴力，校内非行などの問題行動は，共有された公的空間の関係価値を欠き，不可視空間に溢出した私欲の無制限な拡張である．この私欲の無制限な拡張という今日の子ども達の状況は，公共性の場の自律的な価値原理を欠いているという意味で公的領域の「ワタクシゴト化」と呼ぶことができよう．生徒によって，自律的に抑制できないならば，そこに学校が介入する．残された離脱の回路が私欲の無制限な拡張を秩序化するために可視化されれば，子ども達の意味の充足空間はますます閉ざされることになる．

　以上のように，一見自由な欲求の解放の場であり，子ども達も現実には窮屈さや無意味さを訴えることがなく，自己実現を図っているように見受けられる休み時間や放課後の場の中にもいくつかの問題を抱え，それが不登校の発生と密接に関わっている．しかも，それは行き着くところ今日の子ども達が，自立した人格主体の形成と，これに基づきつつ相互に共有された公共的な場における関係性に関する価値原理を成熟させることができていないことにある．このことが，学校社会の中での「私」性をエゴイスティックな私欲の拡張に偏らせ，ひいては「私」性を存立させる基盤の形成を阻害することにもなる．

　ここでこのような子ども達を作り出したのは，今の学校が悪いからだ，受験戦争が悪いからだというのは簡単である．今日の子ども達の問題には少なからずこれらがもたらす弊害を否定することはできない．しかし，既述のように，欲求のアノミックな拡張や他者の権利の侵害が，現代社会では，大人社会の公的領域にも蔓延している．しかも，大人社会ですらこれらを抑制する力をもちえず，公的な原理すら成熟させることができないでいる．不登校現象の原因を

学校だけの問題に帰着させて短絡化した結論を出す前に,現代の生徒たちを取り巻く社会の状況や家庭の状況をもう一度掘り下げて考えてみる必要がある.

本書では,学校生活に焦点をあててきたために,家庭の問題には触れてこなかった.自立した人格を育み,個人と個人とが共有する空間の公的な原理や関係価値を成熟させていくのは,ひとり学校社会の責任だけではなく,毎日の生活の中で学校とならんで大きな部分を占めている家庭の課題であり責任でもある.学校であれ,家庭であれ,そこが気ままな放縦の世界であったり抑圧と拘束の世界であれば,ともにのびやかな自立した自我の育成を阻む場となる.[15]

甘やかされた放任の世界からは自分の利害だけを満たし,他を顧みない子ども達がつくられてくる.他者の利害との調整を図り,これと共存させつつ自己の利害を図り社会の共同性を確保していくという近代的個我の育成と関係価値の創出基盤は家庭にも社会にも弱い有様である.それは,社会の「オオヤケ」への感覚が衰退し,公と私の境界の融合したケジメのない社会観であり,それは社会の公共的共有空間の「ワタクシゴト化」を誘発する.

他方,抑圧と拘束の世界からは,黙従し便宜的に同調する個性のない子ども達が生み出される.自立した人格は育たず,子ども達相互の関係の中で欲望のアノミックな拡張を自律的に規制する力も育むことができない.さらには,抑圧と拘束からもたらされた行き場のないフラストレーションは,自己利害の突出と耐性の欠如とが相俟って歪められた発露を求め,子ども達のさまざまな問題を形づくることになる.

公共的空間であっても,私的空間であっても,自己を守るためには自己の周りに「私」性を確保する砦が必要である.ただし,この砦がエゴイズムと異なる点は,他者の砦をも同時に尊重し,他者との共同生活空間を自己とともに共有していることを認識できることである.この砦は,既述のように,私的領域の周りにまず張り巡らされ,安永が指摘したように,その内側にプライバシーという私的世界の砦が構築され,これに接続して不可侵な放棄されることのない人権が位置する三層の砦から成っている.

ところが,家庭であれ学校であれ,そこが抑圧と拘束の世界となれば,多様

な個性の開花はみらず,自立した人格も育たない.それは三層の砦を薄く低いものにする.抑圧と拘束は,たえず「私」性を否定するところに成り立つからである.三層の砦が薄く低ければ,私的領域は外部から容易に浸食されてしまう.砦が低いために,外部世界の圧力は直接個人の内的世界に緊張やフラストレーションをもたらす.あらがえない圧力に対してシラケた無気力さも蔓延してこよう.

これに対して野放図な放任の世界は,自己の欲求を中心とした世界観を形成するが,それは自己と他者との間の砦を形成することなく,自他境界の融合した幼児的な自我を形成する.それは他者の砦を無視して相手の私的領域を平気で蚕食したり,抑圧と拘束に無防備な自我ともなる.

このように,不登校問題の根は,学校だけでなく,家庭にもあるが,これらを含めた全体社会の中にも根は広がっている.誇張を承知の上でいうならば,問題の根は,いまの子ども達が学校からも家庭からも,さらには個を踏みにじる日本社会の体質と欲望主義の無制限な拡張から抜け出さないかぎり自立した個我を形成することができない生活状況の中にある.大人社会の出社拒否症もストレス社会の産物といわれているが,子どもの不登校現象と同じ地平の問題であろう.不登校現象をきわめて日本的な現象であるという研究者もいるが,それは日本的な私事化現象の展開と個我の形成のあり方に関連しているからである.

第3節 残された課題

これまでは,分析の焦点を学校社会の中に置き,そこから不登校が生成されてくるメカニズムや要因とその実態を中心に議論を展開してきた.そのため,不登校生徒が,学校社会システムや全体社会のシステムのダイナミズムの中からはじき出されてくるメカニズムについては,社会学という限られた視点からのアプローチではあるが,解明を試み一定の結果を導き出すことができた.しかし,学校社会の外にはじき出された不登校生徒の実態とその社会的な受け皿

や方策についてはまったく検討することができなかった．とりわけ長期不登校生徒や，何度も不登校を繰り返す頻回型の生徒については，学校社会との関係を考える上でも，分析しておかなければならない問題群であった．

現在，これらの生徒のための社会的な受け皿として，さまざまな施設や相談機関，私塾，私設学校などが，多様な試みを行なっている．しかし，これらは学校教育制度の枠組みには入らないため，制度の外で行なわれている試みである．これに対して，学校教育の枠組みの中に受け皿を作ろうとする提案や試みもある．「適応学級」などはその例である．

社会学からのアプローチとしては，これらの生徒のその後の経過と社会へと関わっていくプロセスは一つの研究課題となるが，さらには，そこに含まれている「適応」という現象が，組織体や集団や教育制度と個人との関係という社会学の基本問題に関わる現象であるだけに，重要な研究課題でもある．また，既存の学校教育システムと新たに教育制度内に設定する適応学級のような仕組みと制度外のさまざまな組織や団体とが織りなすダイナミズムは，不登校問題への社会的対応への基本姿勢に関わる問題を提供するとともに，社会システムに埋め込まれる教育観，子ども観，問題行動観と社会の秩序化を支えている価値基盤にもつながる問題である．

非行問題については，司法，学校教育，福祉，労働などの各領域のダイナミズムの中で社会的対応のあり方が決定されてくる歴史的過程に関する分析やこれらを支える価値基盤についての分析がおこなわれている．わが国でも，徳岡秀雄は，国が親代わりとなって子どもを保護するという国親（パレンス・パトリェ parens patriae or in loco parentis）思想を手がかりとして，アメリカ社会における少年司法政策と救貧政策，および公立学校設立運動との関わりについて分析し，日本社会の「少年法」の根幹をなす「保護」の理念を解明した優れた研究が現われている．[16] 不登校問題についても，教育政策との関連で，今後こうした研究が望まれるところである．

これらの問題以外にも，本書には今後調査を重ねてさらに明らかにしなければならない点や論ずべき点が残されている．これらについては，いずれ稿を改

第10章 学校社会における「私」性の存立構造

めて検討するつもりである。なお、ここで本書の論稿を終えるにあたって、本文でも触れた点ではあるが誤解を避けるため改めて断わっておくべき点について残された紙幅を使うこととする。

本書では、中学生の実態調査を踏まえながら、現代の不登校現象とその生成のメカニズムを社会学的視点から分析してきた。第Ⅰ部では、調査という小さな覗き窓から学校社会だけでなく、その背景をなしている社会全体の秩序化の現代的メカニズムを見渡し、社会「問題」出現のメカニズムをシステムの作用から分析した。覗き窓は公式統計をはじめとする問題行動実態調査であった。この作業は、第Ⅰ部の論旨からも明らかなように、公式統計だけが俎上に上るわけではなく、著者自身がこれまで関わってきた児童生徒に関するさまざまな問題行動調査も俎上に載っていることはいうまでもない。したがって、第Ⅰ部は、研究者の自省的分析であるとともに、問題行動を研究対象として調査する研究者のジレンマの告白であり、調査方法論の社会学的考察でもある。

第Ⅱ部は、不登校生徒の実態を分析し、従来から「登校拒否」の主要なタイプとされてきた神経症的傾向をはじめとする情緒障害などによる不登校問題とは区別される「現代型」不登校タイプの存在を明らかにしている。それは、「現代型」不登校を引き起こす背景の中に、誰しもが不登校に陥っても不思議はないといわれる現代の不登校問題のグレイゾーンの広がりを解く鍵があると考えたからである。さらには、あまりにも神経症的傾向などのタイプに偏りすぎた従来の研究状況が、実際には、不登校問題のごく一部の現象にすぎないことを明らかにし、従来のタイプと同様に「現代型」不登校についても学校教育として正面から受け止めるべき問題であることを明らかにするためであった。もちろん、本書が、「現代型」不登校へ焦点をあてたからといっても、あくまでも不登校現象の一タイプであり、神経症的傾向をはじめとする情緒障害などによる不登校問題が消え去ったわけではない。

第Ⅲ部では、現代の不登校問題が、現代社会の「私事化」の動向と関連しつつ発生してくることを明らかにし、学校社会の不登校生成メカニズムをボンド・モデルとして図式化した。しかし、本章でも触れたように、学校社会と子ども

達の私事化現象や不登校生成メカニズムは，学校社会だけに責任を押しつけて解決できる問題ではない．問題の生成には家庭も大きな要因となっている．しかし，今日の不登校問題は，家庭や学校だけの問題でもなく，これらをも巻き込む現代日本社会の中に広く根をはった問題からも派生していることを改めて認識しておく必要がある．本書では学校社会に焦点をあてているため，学校社会外の問題については触れてこなかったが，いずれ改めて論じなければならない課題として残されている．その場合にも，現代日本社会の「私事化」現象は，不登校問題を解く重要なキーコンセプトの一つとなろう．

「不登校」は，たしかに当事者にとっては深刻な問題であるが，これらの問題の底流にあって，これらを引き起こしている大きな社会全体の流れの変化から見れば，学校社会の表層を流れる一つの渦である．今日の「いじめ」や「非行」や「校内暴力」も，「不登校」と同様，現代社会の底を流れる大きな私事化の動向の表面で波立つ渦である[16]．いいかえれば，学校社会の表層で浮んでは消え，形を変えてはまた渦を作っていく流れも，現代社会の深層を流れる大きな変化とつながっている．いま私達に求められていることは，「不登校」現象という社会的な記号を通して現代社会の深層の流れを読み取る作業であり，他方では，この作業を踏まえて「不登校」現象を現代社会の底流のなかで理解しつつ，適切な対応策を発掘していく作業である．それは，対症療法とはならないし，時間のかかる対応策となろう．しかし，より本質的な解決につながる最も近い道のりである．

注
1) 丸山真男「個人析出のさまざまなパターン」(細谷千博編訳)M.B.ジャンセン編『日本における近代化の問題』岩波書店，1968年，372-373頁．
2) 片桐雅隆『日常世界の構成とシュッツ社会学』時潮社，1982年，51頁．
3) 有賀喜左衛門「公と私——義理と人情——」有賀喜左衛門著作集IV『封建遺制と近代化』未来社，1974年．
4) 三戸公『公と私』未来社，1976年．安永寿延『日本における「公」と「私」』日本経済新聞社，1976年．また，日本社会心理学会編『公と私の社会心理学』年報社会心理学，第23巻，1982年に所収されている井上忠司，三宅一郎，安永延寿，三戸

公,船津衛,金児曉嗣,早坂泰次郎の論文は,多様なアプローチによる「公と私」の関係に関する論稿集である.
5) 丸山真男『現代政治の思想と行動』上巻,未来社,1956年,11-12頁.
6) 安永は,公私の原義を構成する基本的契機を整理して次のような表を掲げ,日本における「公と私」の概念が中国の規範的な意味を帯びた「公と私」の概念とオーバーラップしていることを明らかにしている(安永寿延,前掲書,1976年).なお,表は同書45頁より引用.

	基 本 的 契 機						派 生 的 契 機		
公	聖(屋)	規範	タブー	秩序	普遍	全体	共同	浄	献身	上位
私	俗(家)	混沌	自由	恣意	特殊	部分	個別	穢	利己	下位

7) 安永寿延,前掲書,78頁.
8) 安永寿延,前掲書,79頁.
9) 安永寿延,前掲書,72-73頁.
10) 神島二郎『近代日本の精神構造』岩波書店,1961年.
11) 鈴木広「たえず全体化する全体性と,たえず私化する私性」社会学評論,134号,1983年,162頁.
12) もし,彼らが,企業社会の中では便宜的に同調しながら,仕事で求められない充足感をただ仕事と分離された私的な空間や時間の中で満たそうとしているだけであれば,企業社会の基本的な構造には大きな変化は起っていないとみるべきであろう.この企業社会における「私」性の存立構造が変化したかどうかについての検討は,本書の目的から逸れるためここでは差し控えるが,改めて検討すべきことである.「私化」現象の検討は,一方では,従業員の意識傾向の検討によって明らかにすべきことではあるが,もう一方では,企業社会の「私」性の存立構造に基本的な変化が現われているかどうかを併せて検討すべきである.この従来の「私」性を存立させている基本構造に変化がもたらされたとき,はじめて「私化」現象が日本社会にも現われたといえる.
13) 所持品についての態度の質問文には次の二つの設問を設定した.(1)「友達の多くが持っている物はできるだけそろえたいと思いますか」,(2)「他の人が持っていないような物を持ちたいと思いますか」であり,前者を同調志向の現われとし,後者を差異化志向の現われとして,集計段階で,両設問への反応パターンを組み合わせ

て「同調の中の差異化志向の生徒」「差異化は志向せず同調志向だけの生徒」「同調志向はなく差異化志向を示す生徒」などのタイプを構成した。前出の表10-1およびここでの結果については，森田洋司編『現代中学生の人間関係に関する調査報告書』大阪市立大学社会学研究室刊，1990年に収録されている．

14) Wynne, L. et. al., "Pseudo-mutuality in the family relations of schizophrenies," Psychiatry, 1958, vol. 21, pp.205-220.

15) なお，学校社会と家庭という子ども達の生活構造の二領域にみられる「自由と放縦」および「拘束と抑圧」という二要素の断層と分裂によって発生する不登校要因については，森田洋司「『不登校』の原因と対策の現状」学校運営研究，No.366, 1990年，12-14頁で「生活構造ストレイン」として概念化している．また，これについては，森田洋司「不登校をどう理解するか」森田洋司・松浦善満編著『教室からみた不登校』東洋館出版，1991年にも採録されているのでここでは再説を避けた．

16) 「いじめ」問題と私事化現象との関係については，森田洋司「共同性の崩壊としての"いじめ"──いじめ集団の構造──」『日本教育年鑑1987年版』ぎょうせい，23-30頁，および森田洋司「"いじめ"と家族関係──"傍観者"心理と私化現象──」現代のエスプリ，第271号，1990年，110-118頁において分析．また，非行問題と私事化現象との関係については，森田洋司「"私化"社会における非行問題」法律のひろば，第42巻第8号，1989年，28-34頁で分析している．

17) 徳岡秀雄「アメリカ合衆国における『少年教護収容施設』の誕生」関西大学経済・政治研究所『研究双書』第49冊，1982年，35-71頁．同「少年司法における衡平法と救貧法の伝統──パレンス・パトリェをめぐって──」『関西大学社会学部紀要』22巻2号，1991年．

付．調査方法と調査結果集計表

Ⅰ．調査の方法と標本

　本書は，「まえがき」で記したように，「児童・生徒の問題行動とプライバタイゼーションの進行に関する総合的研究」の調査結果の中の「不登校」調査に関する分析である．本書の中でもたびたび述べてきたように，これらの調査結果から，不登校生徒とそうでない生徒との間の有意差が検出され，両生徒間の相違や不登校生徒の特徴を明らかにすることができる．
しかし，データを詳細に分析してみると，それ以上に，両生徒間に有意差を作り出しながら，現代の生徒に共通する学校生活の状況が浮かび上がり，この状況が，今日の不登校問題のグレイゾーンを形成し，ほとんどの生徒を巻き込むほどの裾野の広がりを生み出していることは，きわめて興味ある結果であった．
　したがって，本書の分析視点は，あくまでも不登校生徒に照準をあわせてはいるものの，今日の子ども達を取り巻く学校社会の状況と彼らが直面している問題状況にもおよぶものである．本書への調査結果の引用は，内容の関係からも，紙幅の関係からも，一部に限定せざるを得なかったが，この調査結果を不登校現象や今日の子ども達の学校生活の状況に関心をもつ人々に幅広く活用してもらい，新たな問題設定をしてもらうためにも，また本書の分析の不十分な点や残された点へとさらに分析を広げてもらうためにも，以下に本調査の調査方法と，生徒調査の調査結果を付記することとしたい．

（A）調査対象の限定

　本書は，全国の都市域に住む中学2年生を対象とした調査結果にもとづいている．本研究が分析の対象としているさまざまな問題行動の現われ方は，当然のことながら農山村部と都市とでは異なっていることが予想されるが，今回の研究では，農山村部との比較は行なっていない．とりわけ非行型の「不登校」

は都市域に高く，それだけ不登校問題を複雑なものとしていることが予想される．こうした地域特性による比較研究は，いずれ機会を改めて行なうつもりであるが，本書の分析結果を，都市域の中学生を母集団として集められたデータとして限定して解釈しておかなければならない．

次に本研究では調査対象を中学2年生としているが，その理由について若干付言しておく．もとより調査の対象の選択は全学年の児童生徒にわたって行なうことが最も望ましいことはいうまでもない．しかし，本研究では，「不登校」現象の実態について正確に把握することを期しているために，標本抽出の精度を保ちつつ最適な標本数を得るには小学校および中学校の全学年の中の一つの学年に限定せざるを得なかった．それは費用や労力が限定されているためだけではなく，一定数の長期不登校生徒のサンプルを確保し，統計的な処理及び検討に耐えるだけの大規模なサンプル数を確保する必要があるからである．

第二には，本研究が，生徒個人を分析の対象とするだけでなく，学級集団を単位とした分析をも意図しているからである．そのため比較可能な学級数を同一学年で相当数確保しなければならないからである．

第三には，「不登校」キャリアを分析するためである．生徒によってはかりに小学校低学年で不登校に陥ったとしても，学齢が上昇するにつれて不登校が解消する場合もしない場合もある．また，過去に発現経験をもたなくても中学になってから発現する場合など子どもによってさまざまな不登校キャリアをもっている．こうしたキャリア分析のためには，小学生よりも中学生を対象とする方が適切である．

第四には，下表の文部省実態調査（文部省初等中等教育局中学校課『児童生徒の問題行動の実態と文部省の施策について』昭和63年10月）に示すように，不登校の発現が小学生に比べて中学生に多く，問題が深刻であるとともに，一定数の「不登校生徒群」を確保し，「非不登校生徒群」と比較するためには，中学生を対象とする方が適切であるからである．この表の結果によれば，登校拒否児童生徒は，小学生，中学生ともに学年が進むにつれて増加し，また登校拒否児童生徒数は小学校に比べて中学校に多い．また，中学生の中でも，調査対

学年別登校拒否児童数

区		分	1年	2年	3年	4年	5年	6年	計
小学校	61年度	登校拒否児童数	234	393	501	706	1,073	1,483	4,390
		構成比	5.3	9.0	11.4	16.1	24.4	33.8	100.0
	62年度	登校拒否児童数	255	504	691	876	1,260	1,701	5,278
		構成比	4.8	9.5	13.1	16.4	23.9	32.2	100.0

区		分	1年	2年	3年	計
中学校	61年度	登校拒否児童数	5,325	10,168	14,063	29,556
		構成比	18.0	34.4	47.6	100.0
	62年度	登校拒否児童数	5,914	11,322	15,419	32,655
		構成比	18.1	34.7	47.2	100.0

象を2年生としたのは，この学年が中学校の中間年であるとともに，2年生の不登校生徒数が中学校の不登校総数の平均値を示していることによる．その根拠としたデータは上記に示した文部省実態調査である．「登校拒否生徒総数」は昭和61年度に比べて昭和62年度は増加しているものの，構成比は安定した傾向を示している．昭和61年度における中学2年生の構成比は34.4%であるのに対して昭和62年度におけるそれは34.7%とほとんど変化がなく，中学校の登校拒否生徒総数のほぼ平均値を示している．そこで本研究では，中学2年生を中学生を代表する学年とみなし，これを調査対象として選定した．

（B）調査の全企画の概要

本研究は以下の三次の調査からなる結果に基づいている．
第一次調査は「市民意識調査」であり，大阪市に住む成人を対象とし，主として「プライバタイゼーション」に関する意識調査である．この調査は現代日本社会における「プライバタイゼーション」の動向に関する調査として独立して分析することも可能であるが，本研究では，同一質問項目を「学級担任調査」

にも組み込むことによって，教師の意識を全体社会の中で位置付け，教師の意識の特徴を解明するために企画されている．本書ではこの調査結果の一部を活用したにすぎないが，この「市民意識調査」における「プライバタイゼーション」項目の一部は，子どもたちの生活構造に引き寄せて表現を修正し「生徒調査」にも組み込まれ，生徒の「プライバタイゼーション」の進行の位置付け，およびその特徴を解明するためにも比較調査として用いられている．

　第二次調査は「生徒調査」と「学級担任調査」とに分かれる．「生徒調査」は，政令指定都市11都市（札幌，仙台，川崎，横浜，名古屋，京都，大阪，神戸，広島，北九州，福岡）および東京都区部の中学2年生を対象として不登校などの問題行動の実態ならびに学校生活諸領域に関する調査および「プライバタイゼーション」に関する意識調査を実施した．また，「学級担任調査」は，これらの生徒調査の対象となった学級担任に対して，生徒への指導観，指導の実態ならびに「プライバタイゼーション」に関する意識調査を実施した．本書の分析はこの「生徒調査」および第三次調査の結果に基づいている．

　第三次調査は，第二次調査の対象となった学級を対象として，1988年度における「生徒の年間出欠状況調査」及び学級担任による「不登校類型判定調査」からなっている．不登校の実態調査に関しては，「生徒調査」の中で，生徒による自己報告調査として実施されている．しかし，不登校現象は，一般に「見えにくく」，生徒の不登校理由についても教師による判定が容易ではない．そこで，本研究では，こうした不登校による欠席についての教師と生徒の認識の仕方を明らかにするために，この第三次調査を実施した．とりわけ教師が欠席した子どもを「登校拒否」と判断する場合に，その判断の根拠がどこに設定されているのかは，子どもにとっても，また，指導を行なう教師にとっても重要な問題である．「不登校」現象は，第1章で定義したように，もともと欠席という客観的な事実に対して，生徒ないしは教師が主観的に付与した欠席動機に根拠をもつ現象である．そのために，こうした現象では，欠席する側とこれを判断する側との間に，事態の認識についてのズレが発生することは避けられない．「登校拒否」という判断がときとして負の評価を含むことがあるだけに，こう

した現象を扱う場合には，不当な「烙印」の問題を常に考慮しておかなければならない．また，逆に子どもたちが不登校に陥り，教師からなんらかの援助を必要としているにもかかわらず，教師が「不登校」と判断しなければ，この子どもに対しては，なんの援助の手も差し延べられないことになろう．第三次調査は，こうした教師の「不登校」判断のメカニズムを明らかにするために実施するものである．

第三次調査を実施したもう一つの理由は，長期にわたる不登校生徒や調査期間中に欠席している不登校生徒についても，出欠状況に関するデータだけは最低限確保するためである．調査期間中欠席していた生徒に関しては，学級担任から調査票を欠席生徒の家庭まで配布してもらい，大学宛に欠席生徒から直接送付してもらうよう依頼した．しかし，不登校の状態によっては調査票に書き込むことすら容易ではなく，かえって不登校傾向を悪化させてしまう生徒もいることが予測されるため，こうした生徒に関しても可能な限りデータを収集し分析の俎上に載せるための措置である．

（C）標本抽出の方法

「市民意識調査」では，1988年2月9日現在，大阪市に居住する20歳以上の市民1,955,468人を対象とし，選挙投票区人口に対する確率比例抽出法によって，50地点，1地点20票を抽出し，1,000標本をえた．

「生徒調査」では，既述のように，生徒個人の意識や行動の分析とともに，学級集団構造の分析をも意図している．そのため，調査対象の抽出最終単位を個人ではなく，学級に設定し，「生徒調査」は抽出された学級生徒全員を対象とし，「教師調査」は抽出された学級担任を対象とした．

標本数の算出にあたっては，過去の不登校生徒の出現確率のデータを算定の基礎とすることができる．全国規模の調査では文部省が実施した上記の実態調査がこれまでのところ唯一の資料である．この調査によれば，「登校拒否」生徒の昭和62年度における中学校での学校出現率は 60.6％となっている．しかし，

学級出現率は算出されておらず，加えて政令指定都市と東京都を含む大都市部でのデータは公表されていないため，算出の基礎となるデータを欠いている．そこで本調査では学級出現率を0.5と仮定して必要学級標本数を算出した．

抽出方法は，調査対象都市の公立中学2年生の単式普通学級の学級数に比例して無作為抽出する「確率比例抽出法」によって，58地点，1地点3学級を抽出し，174学級を得た．選定された中学校から3学級を抽出するにあたって，3学級以上を擁する学校ではくじ引きなどの方法によって学級を無作為に選定するよう要請した．

なお，昭和63年度の全国の公立中学校の単式普通学級数は，学校基本調査によれば，143,500学級である．そのうち本研究で対象とした都市域にある公立中学校の単式普通学級数は，25,077学級であり，全国の公立中学校の単式普通学級数の17.5%になる．また，全国の公立中学校の2年生の単式普通学級総数は48,171学級である．そのうち本研究で対象とした都市域にある公立中学校の2年生の単式普通学級数は8,390学級であり，全国の公立中学校2年生の単式普通学級総数の17.4%になる．

（D）調査の方法・時期

「市民意識調査」の実施時期は，1988年7月15日～7月17日である．調査方法は，質問紙による面接聴取法によった．

また，「生徒調査」の実施時期は，1989年3月10日～3月24日の期間に実施した．調査方法は，対象として抽出された学級生徒全員に対して質問紙による集団調査法を採用した．また，各学級で実施された調査日に欠席していた生徒については，後日登校時に改めて実施することとした．なお，調査期間中に登校できなかった生徒については学級担任から家庭に調査票を配布し，生徒もしくは保護者から直接大学宛送付するよう依頼した．

「教師調査」の実施時期は，1989年3月10日～4月7日の期間に実施し，調査法は，質問紙法によった．また昭和63年度における「生徒の年間出欠状況調

査」及び学級担任による「不登校類型判定調査」についても併せてこの期間に実施し，所定の調査用紙に記入するよう依頼した．

　調査の実施にあたっては，生徒のプライバシーを保護するよう配慮し，率直な回答が得られるように回収方法にも工夫し調査を実施した．

（E）回収結果

　「生徒調査」の有効回収学級数は，対象となった174学級のうち153学級であり，有効回収率は87.9%となる．これらの有効回収学級に含まれる生徒総数は6,036人であり，そのうち「生徒調査」に回答した有効回答数は5,934であった．

　「学級担任調査」の回収数は対象となった174人の教師のうち151人であるが，無効票2を含むため有効回収数は149であり，有効回収率は85.6%であった．また，学級担任に依頼した「生徒の年間出欠状況調査」及び「不登校類型判定調査」の有効回収学級数は132学級であり，有効回収率は75.9%である．

II．調査結果集計表

凡　例

1.　本統計表は，有効回収数5,934中，質問25および質問25-2の回答を組み合わせて出欠行動に基づいて五類型を作成し，両質問への無回答数を除いた5,652名の結果表である．なお，それぞれの統計表からは無回答数が除かれているため，総合計は表によって異なる．

2.　統計表中，各セル内の数字は次の統計量を表示している．

> 実　人　数
> 横　行　構　成　比
> 縦　列　構　成　比
> 調整標準化
> 　カイ2乗残差

3.　統計表は，出欠行動による五類型の結果とこれらの五類型をさらに出席群・不登校群別に小計することによって求められた二類型の結果を併記している．したがって，縦列構成比及び調整標準化カイ2乗残差は，五類型間及び二類型間のそれぞれの類型内の構成比と残差を示している．

4.　欄外の（　）内に記載された数字は，カイ2乗値及び危険率を示している．前者の括弧内の統計量は，出欠行動による五類型間の有意差検定の結果であり，後者の括弧内の統計量は，出席群・不登校群別の二類型間の有意差検定の結果である．

F1　あなたの性別は？

		男	女	計
出席群	登校回避感情のない出席生徒	983 59.4% 33.9% 7.9	671 40.6% 24.4% − 7.9	1654 100.0% 29.3%
	登校回避感情を示す出席生徒	1226 47.6% 42.3% − 5.1	1349 52.4% 49.0% 5.1	2575 100.0% 45.6%
	出席群　小計	2209 52.2% 76.2% 2.4	2020 47.8% 73.4% − 2.4	4229 100.0% 74.8%
不登校群	欠席だけの不登校生徒	259 52.0% 8.9% .3	239 48.0% 8.7% − .3	498 100.0% 8.8%
	遅刻早退だけの不登校生徒	244 48.7% 8.4% − 1.2	257 51.3% 9.3% 1.2	501 100.0% 8.9%
	欠席と遅刻早退を示す不登校生徒	188 44.3% 6.5% − 3.0	236 55.7% 8.6% 3.0	424 100.0% 7.5%
	不登校群　小計	691 48.6% 23.8% − 2.4	732 51.4% 26.6% 2.4	1423 100.0% 25.2%
	総計	2900 51.3% 100.0%	2752 48.7% 100.0%	5652 100.0% 100.0%

（$\chi^2=67.474$, $P<0.001$）（$\chi^2=5.610$, $P<0.179$）

☆まず，学校生活についてお聞きします。
◎授業について，次のようないろいろな意見があります。それぞれの意見について，あなたはどう思いますか。
質問1　授業は，自分の高校入試に役だっている。

		そう思う	そうは思わない	高校に行くつもりはない	計
出席群	登校回避感情のない出席生徒	1434 86.8% 31.2% 6.6	204 12.3% 20.8% - 6.4	15 .9% 21.4% - 1.5	1653 100.0% 29.3%
	登校回避感情を示す出席生徒	2140 83.2% 46.5% 3.1	420 16.3% 42.9% - 1.8	12 .5% 17.1% - 4.8	2572 100.0% 45.5%
	出席群小計	3574 84.6% 77.7% 10.6	624 14.8% 63.7% - 8.8	27 .6% 38.6% - 7.0	4225 100.0% 74.8%
不登校群	欠席だけの不登校生徒	358 71.9% 7.8% - 5.7	124 24.9% 12.7% 4.7	16 3.2% 22.9% 4.2	498 100.0% 8.8%
	遅刻早退だけの不登校生徒	394 78.6% 8.6% - 1.7	101 20.2% 10.3% 1.7	6 1.2% 8.6% - .1	501 100.0% 8.9%
	欠席と遅刻早退を示す不登校生徒	272 64.3% 5.9% - 9.4	130 30.7% 13.3% 7.6	21 5.0% 30.0% 7.2	423 100.0% 7.5%
	不登校群小計	1024 72.0% 22.3% -10.6	355 25.0% 36.3% 8.8	43 3.0% 61.4% 7.0	1422 100.0% 25.2%
総計		4598 81.4% 100.0%	979 17.3% 100.0%	70 1.2% 100.0%	5647 100.0% 100.0%

($\chi^2=192.714$, $P<0.001$) ($\chi^2=133.287$, $P<0.001$)

質問2　授業で習ったことは，自分が社会に出てから実際に役立つと思う。

		そう思う	そうは思わない	計
出席群	登校回避感情のない出席生徒	982 59.6% 35.0% 9.5	666 40.4% 23.5% − 9.5	1648 100.0% 29.2%
	登校回避感情を示す出席生徒	1234 48.0% 43.9% − 2.5	1338 52.0% 47.2% 2.5	2572 100.0% 45.6%
	出席群小計	2216 52.5% 78.9% 7.1	2004 47.5% 70.7% − 7.1	4220 100.0% 74.8%
不登校群	欠席だけの不登校生徒	216 43.5% 7.7% − 2.9	281 56.5% 9.9% 2.9	497 100.0% 8.8%
	遅刻早退だけの不登校生徒	227 45.3% 8.1% − 2.1	274 54.7% 9.7% 2.1	501 100.0% 8.9%
	欠席と遅刻早退を示す不登校生徒	149 35.2% 5.3% − 6.2	274 64.8% 9.7% 6.2	423 100.0% 7.5%
	不登校群小計	592 41.7% 21.1% − 7.1	829 58.3% 29.3% 7.1	1421 100.0% 25.2%
総計		2808 49.8% 100.0%	2833 50.2% 100.0%	5641 100.0% 100.0%

($\chi^2=114.537$, $P<0.001$) ($\chi^2=49.635$, $P<0.001$)

質問3 この学校の先生の中には、授業を受けているとき、親しみや引きつけられるものを感じる先生がいますか。

		たくさんいると思う	少しはいると思う	あまりいないと思う	まったくいないと思う	計
出席群	登校回避感情のない出席生徒	184 11.1% 41.4% 5.9	965 58.4% 31.1% 3.4	384 23.3% 24.8% − 4.5	118 7.1% 21.5% − 4.2	1651 100.0% 29.2%
	登校回避感情を示す出席生徒	159 6.2% 35.8% − 4.3	1454 56.5% 46.8% 2.1	747 29.0% 48.2% 2.4	214 8.3% 39.1% − 3.2	2574 100.0% 45.6%
	出席群小計	343 8.1% 77.3% 1.2	2419 57.3% 77.9% 5.9	1131 26.8% 73.0% − 2.0	332 7.9% 60.6% − 8.1	4225 100.0% 74.8%
不登校群	欠席だけの不登校生徒	47 9.5% 10.6% 1.4	241 48.5% 7.8% − 3.0	151 30.4% 9.7% 1.5	58 11.7% 10.6% 1.5	497 100.0% 8.8%
	遅刻早退だけの不登校生徒	36 7.2% 8.1% −.6	256 51.1% 8.2% − 1.8	138 27.5% 8.9% .0	71 14.2% 13.0% 3.5	501 100.0% 8.9%
	欠席と遅刻早退を示す不登校生徒	18 4.3% 4.1% − 2.9	188 44.4% 6.1% − 4.5	130 30.7% 8.4% 1.6	87 20.6% 15.9% 7.8	423 100.0% 7.5%
	不登校群小計	101 7.1% 22.7% − 1.2	685 48.2% 22.1% − 5.9	419 29.5% 27.0% 2.0	216 15.2% 39.4% 8.1	1421 100.0% 25.2%
総計		444 7.9% 100.0%	3104 55.0% 100.0%	1550 27.5% 100.0%	548 9.7% 100.0%	5646 100.0% 100.0%

($\chi^2=155.267$, $P<0.001$) ($\chi^2=79.144$, $P<0.001$)

質問4 授業の中で，自分ができたことや努力した結果を先生やクラスのみんなが認めてくれることがありますか。

		よくある	ときどきある	あまりない	まったくない	計
出席群	登校回避感情のない出席生徒	95 5.8% 42.0% 4.3	666 40.4% 33.2% 4.9	730 44.3% 27.9% − 2.1	156 9.5% 19.9% − 6.2	1647 100.0% 29.2%
出席群	登校回避感情を示す出席生徒	85 3.3% 37.6% − 2.5	941 36.6% 46.9% 1.4	1226 47.6% 46.8% 1.6	321 12.5% 41.0% − 2.8	2573 100.0% 45.5%
出席群	出席群小計	180 4.3% 79.6% 1.7	1607 38.1% 80.1 6.7	1956 46.4% 74.6% − .4	477 11.3% 60.9% − 9.7	4220 100.0% 74.9%
不登校群	欠席だけの不登校生徒	17 3.4% 7.5% − .7	165 33.3% 8.2% − 1.1	228 46.0% 8.7% − .3	86 17.3% 11.0% 2.3	496 100.0% 8.8%
不登校群	遅刻早退だけの不登校生徒	20 4.0% 8.8% .0	142 28.5% 7.1% − 3.5	244 49.0% 9.3% 1.2	92 18.5% 11.7% 3.1	498 100.0% 8.8%
不登校群	欠席と遅刻早退を示す不登校生徒	9 2.1% 4.0% − 2.0	92 21.8% 4.6% − 6.2	193 45.7% 7.4% − .3	128 30.3% 16.3% 10.2	422 100.0% 7.5%
不登校群	不登校群小計	46 3.2% 20.4% − 1.7	399 28.2% 19.9% − 6.7	665 47.0% 25.4% .4	306 21.6% 39.1% 9.7	1416 100.0% 25.1%
	総計	226 4.0% 100.0%	2006 35.6% 100.0%	2621 46.5% 100.0%	783 13.9% 100.0%	5636 100.0% 100.0%

($\chi^2=185.794$, $P<0.001$) ($\chi^2=113.101$, $P<0.001$)

質問5　あなたは授業を抜け出したいと思うことがありますか。

		よくある	ときどきある	あまりない	まったくない	計
出席群	登校回避感情のない出席生徒	57 3.5% 7.8% −13.6	325 19.7% 16.8% −14.7	600 36.4% 33.7% 5.0	668 40.5% 55.3% 22.5	1650 100.0% 29.2%
	登校回避感情を示す出席生徒	264 10.3% 36.3% −5.4	1011 39.3% 52.4% −7.4	895 34.8% 50.3% 4.8	404 15.7% 33.5% −9.5	2574 100.0% 45.6%
	出席群小計	321 7.6% 44.1% −20.5	1336 31.6% 69.3% −6.9	1495 35.4% 83.9% 10.7	1072 25.4% 88.8% 12.6	4224 100.0% 74.8%
不登校群	欠席だけの不登校生徒	109 21.9% 15.0% 6.3	213 42.9% 11.0% 4.3	107 21.5% 6.0% −5.0	68 13.7% 5.6% −4.4	497 100.0% 8.8%
	遅刻早退だけの不登校生徒	111 22.2% 15.2% 6.5	225 45.0% 11.7% 5.3	121 24.2% 6.8% −3.7	43 8.6% 3.6% −7.3	500 100.0% 8.9%
	欠席と遅刻早退を示す不登校生徒	187 44.1% 25.7% 19.9	155 36.6% 8.0% 1.1	58 13.7% 3.3% −8.2	24 5.7% 2.0% −8.2	424 100.0% 7.5%
	不登校群小計	407 28.6% 55.9% 20.5	593 41.7% 30.7% 6.9	286 20.1% 16.1% −10.7	135 9.5% 11.2% −12.6	1421 100.0% 25.2%
総計		728 12.9% 100.0%	1929 34.2% 100.0%	1781 31.6% 100.0%	1207 21.4% 100.0%	5645 100.0% 100.0%

($\chi^2=1172.23027$, $P<0.001$)　($\chi^2=600.751$, $P<0.001$)

質問6 あなたは，同じクラスの人がなにか困っているときに，力になってやることがどの程度ありますか。

		よくある	ときどきある	あまりない	まったくない	計
出席群	登校回避感情のない出席生徒	122 7.4% 29.5% .2	910 55.2% 30.8% 2.8	545 33.1% 27.0% − 2.7	72 4.4% 27.4% − .7	1649 100.0% 29.2%
	登校回避感情を示す出席生徒	164 6.4% 39.7% − 2.5	1370 53.2% 46.4% 1.3	955 37.1% 47.3% 1.9	86 3.3% 32.7% − 4.3	2575 100.0% 45.6%
	出席群小計	286 6.8% 69.2% − 2.7	2280 54.0% 77.3% 4.5	1500 35.5% 74.3% − .7	158 3.7% 60.1% − 5.6	4224 100.0% 74.8%
不登校群	欠席だけの不登校生徒	47 9.5% 11.4% 1.9	219 44.1% 7.4% − 3.8	193 38.8% 9.6% 1.5	38 7.6% 14.4% 3.3	497 100.0% 8.8%
	遅刻早退だけの不登校生徒	39 7.8% 9.4% .4	258 51.5% 8.7% − .4	178 35.5% 8.8% − .1	26 5.2% 9.9% .6	501 100.0% 8.9%
	欠席と遅刻早退を示す不登校生徒	41 9.7% 9.9% 2.0	193 45.6% 6.5% − 2.8	148 35.0% 7.3% − .3	41 9.7% 15.6% 5.1	423 100.0% 7.5%
	不登校群小計	127 8.9% 30.8% 2.7	670 47.1% 22.7% − 4.5	519 36.5% 25.7% .7	105 7.4% 39.9% 5.6	1421 100.0% 25.2%
総計		413 7.3% 100.0%	2950 52.3% 100.0%	2019 35.8% 100.0%	263 4.7% 100.0%	5645 100.0% 100.0%

($\chi^2=71.635$, $P<0.001$) ($\chi^2=46.993$, $P<0.001$)

質問7　あなたは，毎日の同じような学校生活の繰り返しが，いやになることがありますか。

		よくある	ときどきある	あまりない	まったくない	計
出席群	登校回避感情のない出席生徒	67 4.1% 7.1% −16.4	317 19.5% 14.6% −19.0	529 32.5% 35.9% 6.7	716 44.0% 71.4% 32.5	1629 100.0% 29.1%
	登校回避感情を示す出席生徒	413 16.1% 43.5% − 1.5	1262 49.3% 58.1% 14.8	667 26.1% 45.3% − .4	218 8.5% 21.7% −16.8	2560 100.0% 45.7%
	出席群小計	480 11.5% 50.5% −19.0	1579 37.7% 72.7% − 2.9	1196 28.6% 81.3% 6.6	934 22.3% 93.1% 14.7	4189 100.0% 74.8%
不登校群	欠席だけの不登校生徒	140 28.5% 14.7% 7.1	209 42.5% 9.6% 1.8	116 23.6% 7.9% − 1.4	27 5.5% 2.7% − 7.5	492 100.0% 8.8%
	遅刻早退だけの不登校生徒	131 26.5% 13.8% 5.9	230 46.6% 10.6% 3.7	109 22.1% 7.4% − 2.2	24 4.9% 2.4% − 7.9	494 100.0% 8.8%
	欠席と遅刻早退を示す不登校生徒	199 47.2% 20.9% 17.2	154 36.5% 7.1% − 1.0	51 12.1% 3.5% − 6.9	18 4.3% 1.8% − 7.6	422 100.0% 7.5%
	不登校群小計	470 33.4% 49.5% 19.0	593 42.1% 27.3% 2.9	276 19.6% 18.8% − 6.6	69 4.9% 6.9% −14.7	1408 100.0% 25.2%
総計		950 17.0% 100.0%	2172 38.8% 100.0%	1472 26.3% 100.0%	1003 17.9% 100.0%	5597 100.0% 100.0%

($\chi^2=1627.325$, $P<0.001$)　($\chi^2=513.720$, $P<0.001$)

（質問7で1から3を選んだ人だけ答えてください）
質問7―1　そのときの，あなたの気持ちにいちばん近いものを，次の中から選んでください。

		いやだけれども，がまんしなくてはいけないと思う	しょせんこんなものだから，仕方がないと思う	できればこのような生活から逃れたいと思う	学校なんかなくなればいいと思う	計
出席群	登校回避感情のない出席生徒	504 56.0% 23.1% 5.3	310 34.4% 22.6% 3.1	46 5.1% 9.2% ― 6.4	40 4.4% 8.3% ― 6.7	900 100.0% 19.9%
	登校回避感情を示す出席生徒	1196 51.7% 54.8% 4.9	665 28.8% 48.6% ― 2.1	231 10.0% 46.0% ― 2.4	220 9.5% 45.8% ― 2.4	2312 100.0% 51.0%
	出席群小計	1700 52.9% 77.9% 10.0	975 30.4% 71.2% .4	277 8.6% 55.2% ― 8.2	260 8.1% 54.2% ― 8.5	3212 100.0% 70.8%
不登校群	欠席だけの不登校生徒	186 40.5% 8.5% ― 3.4	127 27.7% 9.3% ― 1.2	77 16.8% 15.3% 4.1	69 15.0% 14.4% 3.3	459 100.0% 10.1%
	遅刻早退だけの不登校生徒	177 37.9% 8.1% ― 4.7	159 34.0% 11.6% 1.9	71 15.2% 14.1% 3.0	60 12.8% 12.5% 1.7	467 100.0% 10.3%
	欠席と遅刻早退を示す不登校生徒	120 30.3% 5.5% ― 7.4	108 27.3% 7.9% ― 1.3	77 19.4% 15.3% 5.6	91 23.0% 19.0% 8.4	396 100.0% 8.7%
	不登校群小計	483 36.5% 22.1% ―10.0	394 29.8% 28.8% ― .4	225 17.0% 44.8% 8.2	220 16.6% 45.8% 8.5	1322 100.0% 29.2%
総計		2183 48.1% 100.0%	1369 30.2% 100.0%	502 11.1% 100.0%	480 10.6% 100.0%	4534 100.0% 100.0%

（$\chi^2=250.875$, $P<0.001$）（$\chi^2=176.698$, $P<0.001$）

◎学校行事には，体育祭・遠足・音楽祭など，いろいろありますが，これらの行事について，あなたの考えを聞かせてください。

質問8 あなたはこれらの学校行事やその準備に，どのようなかかわり方をしていますか。

		いっしょうけんめい取り組んでいる	割り当てられたことはきちんとやる程度	やりたくはないが，参加する	ほとんどかかわらない	計
出席群	登校回避感情のない出席生徒	356 22.1% 38.1% 6.5	1011 62.8% 30.4% 2.3	182 11.3% 18.5% - 8.2	61 3.8% 23.6% - 2.1	1610 100.0% 29.3%
	登校回避感情を示す出席生徒	413 16.5% 44.2% - .9	1577 63.1% 47.5% 3.7	421 16.8% 42.8% - 1.8	88 3.5% 34.0% - 3.8	2499 100.0% 45.4%
	出席群小計	769 18.7% 82.2% 5.8	2588 63.0% 77.9% 6.7	603 14.7% 61.3% -10.6	149 3.6% 57.5% - 6.5	4109 100.0% 74.7%
不登校群	欠席だけの不登校生徒	64 13.2% 6.8% - 2.3	256 52.9% 7.7% - 3.5	135 27.9% 13.7% 6.0	29 6.0% 11.2% 1.4	484 100.0% 8.8%
	遅刻早退だけの不登校生徒	62 12.5% 6.6% - 2.8	284 57.4% 8.5% - 1.5	124 25.1% 12.6% 4.4	25 5.1% 9.7% .4	495 100.0% 9.0%
	欠席と遅刻早退を示す不登校生徒	40 9.7% 4.3% - 4.1	195 47.3% 5.9% - 5.6	121 29.4% 12.3% 6.3	56 13.6% 21.6% 8.8	412 100.0% 7.5%
	不登校群小計	166 11.9% 17.8% - 5.8	735 52.8% 22.1% - 6.7	380 27.3% 38.7% 10.6	110 7.9% 42.5% 6.5	1391 100.0% 25.3%
総計		935 17.0% 100.0%	3323 60.4% 100.0%	983 17.9% 100.0%	259 4.7% 100.0%	5500 100.0% 100.0%

($\chi^2 = 262.813$, $P < 0.001$) ($\chi^2 = 179.215$, $P < 0.001$)

質問9　学校行事やその準備の中で，協力しない人や全体のことを考えて行動しない人についてあなたはどう思いますか。

		よくないことだと思う	よくないことだが仕方がない	別に何とも思わない	よくないことだとは思わない	計
出席群	登校回避感情のない出席生徒	1179 71.4% 32.4% 6.9	255 15.4% 24.2% − 4.0	201 12.2% 22.9% − 4.5	16 1.0% 24.2% −.9	1651 100.0% 29.3%
	登校回避感情を示す出席生徒	1743 67.8% 47.8% 4.6	477 18.6% 45.3% −.2	329 12.8% 37.4% − 5.3	22 .9% 33.3% − 2.0	2571 100.0% 45.6%
	出席群小計	2922 69.2% 80.2% 12.5	732 17.3% 69.4% − 4.5	530 12.6% 60.3% −10.8	38 .9% 57.6% − 3.2	4222 100.0% 74.8%
不登校群	欠席だけの不登校生徒	273 55.0% 7.5% − 4.6	113 22.8% 10.7% 2.5	104 21.0% 11.8% 3.5	6 1.2% 9.1% .1	496 100.0% 8.8%
	遅刻早退だけの不登校生徒	264 52.7% 7.2% − 5.8	118 23.6% 11.2% 2.9	113 22.6% 12.9% 4.5	6 1.2% 9.1% .1	501 100.0% 8.9%
	欠席と遅刻早退を示す不登校生徒	185 43.6% 5.1% − 9.4	91 21.5% 8.6% 1.5	132 31.1% 15.0% 9.2	16 3.8% 24.2% 5.2	424 100.0% 7.5%
	不登校群小計	722 50.8% 19.8% −12.5	322 22.7% 30.6% 4.5	349 24.6% 39.7% 10.8	28 2.0% 42.4% 3.2	1421 100.0% 25.2%
総計		3644 64.6% 100.0%	1054 18.7% 100.0%	879 15.6% 100.0%	66 1.2% 100.0%	5643 100.0% 100.0%

($\chi^2=227.805$, $P<0.001$) ($\chi^2=180.674$, $P<0.001$)

質問10 学校行事の中で，今までよりも親しくなった友人がいますか。

		いる	いない	計
出席群	登校回避感情のない出席生徒	1169 71.3% 31.8% 6.0	470 28.7% 24.2% − 6.0	1639 100.0% 29.1%
	登校回避感情を示す出席生徒	1648 64.2% 44.8% − 1.7	919 35.8% 47.2% 1.7	2567 100.0% 45.6%
	出席群小計	2817 67.0% 76.6% 4.3	1389 33.0% 71.4% − 4.3	4206 100.0% 74.8%
不登校群	欠席だけの不登校生徒	304 61.4% 8.3% − 2.0	191 38.6% 9.8% 2.0	495 100.0% 8.8%
	遅刻早退だけの不登校生徒	311 62.1% 8.5% − 1.6	190 37.9% 9.8% 1.6	501 100.0% 8.9%
	欠席と遅刻早退を示す不登校生徒	246 58.3% 6.7% − 3.2	176 41.7% 9.0% 3.2	422 100.0% 7.5%
	不登校群小計	861 60.7% 23.4% − 4.3	557 39.3% 28.6% 4.3	1418 100.0% 25.2%
総計		3678 65.4% 100.0%	1946 34.6% 100.0%	5624 100.0% 100.0%

（$\chi^2 = 42.391$, $P < 0.001$）（$\chi^2 = 18.068$, $P < 0.001$）

II. 調査結果集計表　309

質問11　学校行事の中で，今までよりも先生に親しみを感じるようになりましたか。

		親しみを感じるようになった	べつにかわらない	かえって嫌いになった	計
出席群	登校回避感情のない出席生徒	362 21.9% 37.2% 6.0	1222 73.9% 29.6% .8	69 4.2% 12.7% − 8.9	1653 100.0% 29.3%
	登校回避感情を示す出席生徒	401 15.6% 41.3% − 2.9	1932 75.1% 46.8% 3.0	239 9.3% 43.9% −.8	2572 100.0% 45.5%
	出席群小計	763 18.1% 78.5% 2.9	3154 74.7% 76.3% 4.4	308 7.3% 56.6% −10.3	4225 100.0% 74.8%
不登校群	欠席だけの不登校生徒	88 17.7% 9.1% .3	344 69.1% 8.3% − 2.2	66 13.3% 12.1% 2.9	498 100.0% 8.8%
	遅刻早退だけの不登校生徒	71 14.2% 7.3% − 1.9	362 72.3% 8.8% −.5	68 13.6% 12.5% 3.1	501 100.0% 8.9%
	欠席と遅刻早退を示す不登校生徒	50 11.8% 5.1% − 3.1	272 64.2% 6.6% − 4.4	102 24.1% 18.8% 10.5	424 100.0% 7.5%
	不登校群小計	209 14.7% 21.5% − 2.9	978 68.7% 23.7% − 4.4	236 16.6% 43.4% 10.3	1423 100.0% 25.2%
総計		972 17.2% 100.0%	4132 73.2% 100.0%	544 9.6% 100.0%	5648 100.0% 100.0%

（$\chi^2=200.275$，$P<0.001$）（$\chi^2=107.615$，$P<0.001$）

質問12 学校行事の中で，いっしょうけんめいやれば先生やクラスのみんなが，あなたを認めてくれると思いますか。

		そう思う	そうは思わない	計
出席群	登校回避感情のない出席生徒	1013 61.3% 35.7% 10.7	639 28.7% 22.8% -10.7	1652 100.0% 29.3%
	登校回避感情を示す出席生徒	1264 49.1% 44.6% -1.5	1308 50.9% 46.6% 1.5	2572 100.0% 45.6%
	出席群小計	2277 53.9% 80.3% 9.5	1947 46.1% 69.4% -9.5	4224 100.0% 74.9%
不登校群	欠席だけの不登校生徒	212 42.7% 7.5% -3.5	284 57.3% 10.1% 3.5	496 100.0% 8.8%
	遅刻早退だけの不登校生徒	199 39.9% 7.0% -4.9	300 60.1% 10.7% 4.9	499 100.0% 8.8%
	欠席と遅刻早退を示す不登校生徒	146 34.8% 5.2% -6.6	274 65.2% 9.8% 6.6	420 100.0% 7.4%
	不登校群小計	557 39.4% 19.7% -9.5	858 60.6% 30.6% 9.5	1415 100.0% 25.1%
総計		2834 50.3% 100.0%	2805 49.7% 100.0%	5639 100.0% 100.0%

($\chi^2 = 155.182$, $P < 0.001$) ($\chi^2 = 89.082$, $P < 0.001$)

質問13　学校行事にはいろいろありますが，あなたにとってきゅうくつに感じる行事が多いと思いますか。それとも，のびのびとした解放感を感じる行事が多いと思いますか。

		きゅうくつに感じる方が多い	どちらかといえば，きゅうくつに感じる方が多い	どちらかといえば，のびのびとした気持ちになる方が多い	のびのびとした気持ちになる方が多い	計
出席群	登校回避感情のない出席生徒	143 8.7% 15.6% − 9.9	620 37.6% 25.0% − 6.2	708 42.9% 38.6% 10.7	180 10.9% 43.2% 6.5	1651 100.0% 29.2%
	登校回避感情を示す出席生徒	432 16.8% 47.2% 1.1	1212 47.1% 48.8% 4.4	784 30.5% 42.7% − 3.0	146 5.7% 35.0% − 4.5	2574 100.0% 45.6%
	出席群小計	575 13.6% 62.8% − 9.1	1832 43.4% 73.8% − 1.5	1492 35.3% 81.4% 7.9	326 7.7% 78.2% 1.6	4225 100.0% 74.8%
不登校群	欠席だけの不登校生徒	113 22.7% 12.3% 4.1	239 48.0% 9.6% 1.9	122 24.5% 6.7% − 4.0	24 4.8% 5.8% − 2.3	498 100.0% 8.8%
	遅刻早退だけの不登校生徒	96 19.2% 10.5% 1.9	238 47.5% 9.6% 1.7	130 25.9% 7.1% − 3.3	37 7.4% 8.9% .0	501 100.0% 8.9%
	欠席と遅刻早退を示す不登校生徒	131 30.9% 14.3% 8.5	173 40.8% 7.0% − 1.4	90 21.2% 4.9% − 5.1	30 7.1% 7.2% − .3	424 100.0% 7.5%
	不登校群小計	340 23.9% 37.2% 9.1	650 45.7% 26.2% 1.5	342 24.0% 18.6% − 7.9	91 6.4% 21.8% − 1.6	1423 100.0% 25.2%
総計		915 16.2% 100.0%	2482 43.9% 100.0%	1834 32.5% 100.0%	417 7.4% 100.0%	5648 100.0% 100.0%

（$\chi^2 = 289.577$, $P < 0.001$）（$\chi^2 = 115.014$, $P < 0.001$）

質問14 休み時間や放課後に，友だちと話をしたり遊んだりすることは，楽しいことだと思いますか。それとも，楽しくないことだと思いますか。

		とても楽しい	少しは楽しいと思うことがある	少し苦痛に思うことがある	とても苦痛に思う	別に楽しいとか苦痛だとは感じない	計
出席群	登校回避感情のない出席生徒	1425 86.2% 32.5% 9.8	151 9.1% 19.1% - 6.8	8 .5% 9.9% - 3.9	7 .4% 28.0% - .1	63 3.8% 17.5% - 5.1	1654 100.0% 29.3%
	登校回避感情を示す出席生徒	1953 75.9% 44.5% - 3.1	409 15.9% 51.7% 3.7	42 1.6% 51.9% 1.1	6 .2% 24.0% - 2.2	164 6.4% 45.4% - .1	2574 100.0% 45.6%
	出席群小計	3378 79.9% 76.9% 6.8	560 13.2% 70.8% - 2.8	50 1.2% 61.7% - 2.7	13 .3% 52.0% - 2.6	227 5.4% 62.9% - 5.4	4228 100.0% 74.9%
不登校群	欠席だけの不登校生徒	357 71.8% 8.1% - 3.3	85 17.1% 10.7% 2.1	14 2.8% 17.3% 2.7	2 .4% 8.0% - .1	39 7.8% 10.8% 1.4	497 100.0% 8.8%
	遅刻早退だけの不登校生徒	376 75.0% 8.6% - 1.5	74 14.8% 9.4% .5	9 1.8% 11.1% .7	2 .4% 8.0% - .2	40 8.0% 11.1% 1.5	501 100.0% 8.9%
	欠席と遅刻早退を示す不登校生徒	279 66.1% 6.4% - 6.0	72 17.1% 9.1% 1.9	8 1.9% 9.9% .8	8 1.9% 32.0% 4.7	55 13.0% 15.2% 5.8	422 100.0% 7.5%
	不登校群小計	1012 71.3% 23.1% - 6.8	231 16.3% 29.2% 2.8	31 2.2% 38.3% 2.7	12 .8% 48.0% 2.6	134 9.4% 37.1% 5.4	1420 100.0% 25.1%
総計		4390 77.7% 100.0%	791 14.0% 100.0%	81 1.4% 100.0%	25 .4% 100.0%	361 6.4% 100.0%	5648 100.0% 100.0%

（$\chi^2 = 158.879$, $P < 0.001$）（$\chi^2 = 68.993$, $P < 0.001$）

質問15 休み時間や放課後に，あなたは先生と話をしたり，遊んだりすることがありますか。

		よくある	ときどきある	あまりない	まったくない	計
出席群	登校回避感情のない出席生徒	86 5.2% 38.9% 3.2	297 18.0% 29.0% － .2	653 39.5% 31.7% 3.1	617 37.3% 26.3% － 4.1	1653 100.0% 29.3%
	登校回避感情を示す出席生徒	82 3.2% 37.1% － 2.6	457 17.8% 44.7% － .6	953 37.1% 46.3% .9	1079 42.0% 46.0% .6	2571 100.0% 45.5%
	出席群小計	168 4.0% 76.0% .4	754 17.9% 73.7% － .9	1606 38.0% 78.1% 4.3	1696 40.2% 72.3% － 3.7	4224 100.0% 74.8%
不登校群	欠席だけの不登校生徒	14 2.8% 6.3% － 1.3	82 16.5% 8.0% － 1.0	171 34.3% 8.3% － 1.0	231 46.4% 9.8% 2.3	498 100.0% 8.8%
	遅刻早退だけの不登校生徒	22 4.4% 10.0% .6	110 22.0% 10.8% 2.3	166 33.1% 8.1% － 1.6	203 40.5% 8.7% － .5	501 100.0% 8.9%
	欠席と遅刻早退を示す不登校生徒	17 4.0% 7.7% .1	77 18.2% 7.5% .0	114 26.9% 5.5% － 4.2	216 50.9% 9.2% 4.1	424 100.0% 7.5%
	不登校群小計	53 3.7% 24.0% － .4	269 18.9% 26.3% .9	451 31.7% 21.9% － 4.3	650 45.7% 27.7% 3.7	1423 100.0% 25.2%
総計		221 3.9% 100.0%	1023 18.1% 100.0%	2057 36.4% 100.0%	2346 41.5% 100.0%	5647 100.0% 100.0%

($\chi^2=53.736$, $P<0.001$) ($\chi^2=20.349$, $P<0.001$)

質問16 休み時間，あなたはどのようにすごすことが多いですか。近いと思う方を選んでください。

		特に親しい人だけでなく，わりと多くの人と話をしたり遊ぶことの方が多い	小人数の親しい人たちだけで，なにかをしていることの方が多い	ひとりだけですごすことの方が多い	計
出席群	登校回避感情のない出席生徒	731 44.3% 34.4% 6.6	883 53.5% 26.6% − 5.2	36 2.2% 18.5% − 3.4	1650 100.0% 29.3%
	登校回避感情を示す出席生徒	907 35.3% 42.6% − 3.4	1580 61.5% 47.6% 3.7	83 3.2% 42.6% − .9	2570 100.0% 45.6%
	出席群小計	1638 38.8% 77.0% 2.9	2463 58.4% 74.3% − 1.2	119 2.8% 61.0% − 4.5	4220 100.0% 74.8%
不登校群	欠席だけの不登校生徒	175 35.2% 8.2% − 1.2	288 57.9% 8.7% − .4	34 6.8% 17.4% 4.3	497 100.0% 8.8%
	遅刻早退だけの不登校生徒	180 35.9% 8.5% − .9	302 60.3% 9.1% .7	19 3.8% 9.7% .4	501 100.0% 8.9%
	欠席と遅刻早退を示す不登校生徒	134 31.8% 6.3% − 2.6	264 62.7% 8.0% 1.7	23 5.5% 11.8% 2.3	421 100.0% 7.5%
	不登校群小計	489 34.5% 23.0% − 2.9	854 60.2% 25.7% 1.2	76 5.4% 39.0% 4.5	1419 100.0% 25.2%
総計		2127 37.7% 100.0%	3317 58.8% 100.0%	195 3.5% 100.0%	5639 100.0% 100.0%

（$\chi^2=70.077$, $P<0.001$）（$\chi^2=25.683$, $P<0.001$）

II. 調査結果集計表　315

質問17　あなたが，休み時間にいっしょに遊びたいと思う人は誰ですか。
　　　　同じクラスの中から，5人まで選んで，名簿を見ながら出席番号で答えてください。（もし，5人いない場合は，思いついた人の番号だけ書きなさい。）
　　　　　　（　　），（　　），（　　），（　　），（　　）

質問18　あなたは，学校のきまりや校則（生徒心得）を守るのがいやになることがありますか。

		よくある	ときどきある	たまにある	まったくない	計
出席群	登校回避感情のない出席生徒	193 11.8% 13.8% −14.6	290 17.7% 21.5% − 7.1	662 40.5% 33.8% 5.5	491 30.0% 55.2% 18.5	1636 100.0% 29.2%
	登校回避感情を示す出席生徒	642 25.1% 45.9% .2	692 27.1% 51.4% 4.8	932 36.5% 47.5% 2.0	290 11.3% 32.6% − 8.6	2556 100.0% 45.7%
	出席群小計	835 19.9% 59.7% −15.1	982 23.4% 73.0% − 1.9	1594 38.0% 81.3% 8.1	781 18.6% 87.8% 9.6	4192 100.0% 74.9%
不登校群	欠席だけの不登校生徒	157 31.9% 11.2% 3.7	127 25.8% 9.4% 1.0	160 32.5% 8.2% − 1.2	48 9.8% 5.4% − 3.9	492 100.0% 8.8%
	遅刻早退だけの不登校生徒	179 36.4% 12.8% 6.1	151 30.7% 11.2% 3.6	139 28.3% 7.1% − 3.3	23 4.7% 2.6% − 7.1	492 100.0% 8.8%
	欠席と遅刻早退を示す不登校生徒	227 54.2% 16.2% 14.3	86 20.5% 6.4% − 1.8	68 16.2% 3.5% − 8.4	38 9.1% 4.3% − 4.0	419 100.0% 7.5%
	不登校群小計	563 40.1% 40.3% 15.1	364 25.9% 27.0% 1.9	367 26.2% 18.7% − 8.1	109 7.8% 12.2% − 9.6	1403 100.0% 25.1%
総計		1398 25.0% 100.0%	1346 24.1% 100.0%	1961 35.0% 100.0%	890 15.9% 100.0%	5595 100.0% 100.0%

（$\chi^2 = 706.502$, $P < 0.001$）（$\chi^2 = 294.789$, $P < 0.001$）

(質問18で1～3を選んだ人だけ答えてください)
質問18-1　そのときあなたはどうしますか。

		きまりは守らなければならないと思うので,がまんして守る	守らなければおこられるので,がまんして守る	いやなものは守れないと思うから守らない	納得できないものは無理して守る必要はないと思うから守らない	先生や友だちに,そのきまりをなくすようにはたらきかける	計
出席群	登校回避感情のない出席生徒	489 43.2% 31.3% 7.9	341 30.1% 22.9% - 1.5	107 9.4% 20.2% - 2.4	169 14.9% 17.5% - 5.6	27 2.4% 24.3% .0	1133 100.0% 24.3%
	登校回避感情を示す出席生徒	798 35.5% 51.0% 2.7	774 34.4% 51.9% 8.4	202 9.0% 38.0% - 5.0	431 19.1% 44.5% - 2.6	46 2.0% 41.4% - 1.5	2251 100.0% 48.3%
	出席群小計	1287 38.0% 82.3% 10.6	1115 32.9% 74.8% 2.4	309 9.1% 58.2% - 7.9	600 17.7% 62.0% - 8.3	73 2.2% 65.8% - 1.6	3384 100.0% 72.5%
不登校群	欠席だけの不登校生徒	126 28.7% 8.1% - 2.2	140 31.9% 9.4% - .0	65 14.8% 12.2% 2.4	101 23.0% 10.4% 1.2	7 1.6% 6.3% - 1.1	439 100.0% 9.4%
	遅刻早退だけの不登校生徒	92 19.7% 5.9% - 6.7	150 32.1% 10.1% .1	77 16.5% 14.5% 3.7	133 28.5% 13.7% 4.3	15 3.2% 13.5% 1.2	467 100.0% 10.0%
	欠席と遅刻早退を示す不登校生徒	59 15.7% 3.8% - 7.6	86 22.9% 5.8% - 3.9	80 21.3% 15.1% 6.3	134 35.7% 13.8% 7.5	16 4.3% 14.4% 2.5	375 100.0% 8.0%
	不登校群小計	277 21.6% 17.7% -10.6	376 29.4% 25.2% - 2.4	222 17.3% 41.8% 7.9	368 28.7% 38.0% 8.3	38 3.0% 34.2% 1.6	1281 100.0% 27.5%
総計		1564 33.5% 100.0%	1491 32.0% 100.0%	531 11.4% 100.0%	968 20.8% 100.0%	111 2.4% 100.0%	4665 100.0% 100.0%

（$\chi^2 = 262.568$, $P < 0.001$）（$\chi^2 = 189.977$, $P < 0.001$）

質問19　学級での仕事（掃除や係など）をあなたは，どの程度やっていますか。

		決められたとおりにきちんとやっている	時にはさぼることがある	あまりしたことはない	まったくやっていない	計
出席群	登校回避感情のない出席生徒	659 40.7% 35.3% 7.2	847 52.3% 26.7% - 4.7	82 5.1% 21.4% - 3.5	30 1.9% 23.4% - 1.4	1618 100.0% 29.2%
	登校回避感情を示す出席生徒	863 34.1% 46.3% .7	1501 59.4% 47.3% 3.0	136 5.4% 35.5% - 4.1	29 1.1% 22.7% - 5.3	2529 100.0% 45.6%
	出席群小計	1522 36.7% 81.6% 8.4	2348 56.6% 74.0% - 1.5	218 5.3% 56.9% - 8.3	59 1.4% 46.1% -7.5	4147 100.0% 74.7%
不登校群	欠席だけの不登校生徒	149 30.3% 8.0% - 1.6	286 58.2% 9.0% .5	44 9.0% 11.5% 1.9	12 2.4% 9.4% .2	491 100.0% 8.8%
	遅刻早退だけの不登校生徒	113 22.8% 6.1% - 5.3	301 60.7% 9.5% 1.7	66 13.3% 17.2% 5.9	16 3.2% 12.5% 1.4	496 100.0% 8.9%
	欠席と遅刻早退を示す不登校生徒	81 19.5% 4.3% - 6.3	238 57.3% 7.5% .1	55 13.3% 14.4% 5.3	41 9.9% 32.0% 10.7	415 100.0% 7.5%
	不登校群小計	343 24.5% 18.4% - 8.4	825 58.8% 26.0% 1.5	165 11.8% 43.1% 8.3	69 4.9% 53.9% 7.5	1402 100.0% 25.3%
総計		1865 33.6% 100.0%	3173 57.2% 100.0%	383 6.9% 100.0%	128 2.3% 100.0%	5549 100.0% 100.0%

（$\chi^2=272.196$，$P<0.001$）（$\chi^2=167.564$，$P<0.001$）

質問20　学級での仕事（掃除や係など）をあなたは，どんな気持ちでやっていますか。

		当然やるべきことだから進んでやっている	決められた仕事だからやっている	みんながしているので，自分もしている	やらないとしかられるので，やっている	やったことはない	計
出席群	登校回避感情のない出席生徒	231 14.0% 40.2% 6.1	1095 66.4% 31.6% 4.9	165 10.0% 21.5% －5.1	130 7.9% 18.8% －6.5	27 1.6% 19.7% －2.5	1648 100.0% 29.2%
	登校回避感情を示す出席生徒	238 9.3% 41.5% －2.1	1634 63.6% 47.1% 2.9	354 13.8% 46.2% .3	319 12.4% 46.0% .2	26 1.0% 19.0% －6.3	2571 100.0% 45.6%
	出席群小計	469 11.1% 81.7% 4.0	2729 64.7% 78.7% 8.5	519 12.3% 67.7% －4.9	449 10.6% 64.8% －6.5	53 1.3% 38.7% －9.9	4219 100.0% 74.8%
不登校群	欠席だけの不登校生徒	37 7.4% 6.4% －2.1	287 57.7% 8.3% －1.8	74 14.9% 9.6% .9	81 16.3% 11.7% 2.9	18 3.6% 13.1% 1.8	497 100.0% 8.8%
	遅刻早退だけの不登校生徒	38 7.6% 6.6% －2.0	274 54.7% 7.9% －3.3	83 16.6% 10.8% 2.0	86 17.2% 12.4% 3.5	20 4.0% 14.6% 2.4	501 100.0% 8.9%
	欠席と遅刻早退を示す不登校生徒	30 7.1% 5.2% －2.2	178 42.2% 5.1% －8.5	91 21.6% 11.9% 5.0	77 18.2% 11.1% 3.9	46 10.9% 33.6% 11.8	422 100.0% 7.5%
	不登校群小計	105 7.4% 18.3% －4.0	739 52.0% 21.3% －8.5	248 17.5% 32.3% 4.9	244 17.2% 35.2% 6.5	84 5.9% 61.3% 9.9	1420 100.0% 25.2%
総計		574 10.2% 100.0%	3468 61.5% 100.0%	767 13.6% 100.0%	693 12.3% 100.0%	137 2.4% 100.0%	5639 100.0% 100.0%

（$\chi^2=327.381$，$P<0.001$）（$\chi^2=194.805$，$P<0.001$）

質問21 あなたの学級での仕事（掃除や係など）をきちんとやっている人をどう思いますか。

		責任感のある人だと思う	当然のことをやっているだけだと思う	仕方なくやっているのだと思う	その人は損をしていると思う	まじめすぎると思う	やりたい人がやっているのだと思う	計
出席群	登校回避感情のない出席生徒	1008 60.9% 32.1% 5.1	445 26.9% 31.6% 2.2	90 5.4% 18.6% -5.4	11 .7% 20.4% -1.4	64 3.9% 18.7% -4.4	36 2.2% 16.7% -4.2	1654 100.0% 29.3%
	登校回避感情を示す出席生徒	1461 56.8% 46.5% 1.5	633 24.6% 44.9% -.6	205 8.0% 42.4% -1.4	26 1.0% 48.1% .4	152 5.9% 44.4% -.4	97 3.8% 44.9% -.2	2574 100.0% 45.6%
	出席群 小計	2469 58.4% 78.5% 7.2	1078 25.5% 76.5% 1.6	295 7.0% 61.1% -7.3	37 .9% 68.5% -1.1	216 5.1% 63.2% -5.1	133 3.1% 61.6% -4.6	4228 100.0% 74.8%
不登校群	欠席だけの不登校生徒	258 51.9% 8.2% -1.8	118 23.7% 8.4% -.7	52 10.5% 10.8% 1.6	5 1.0% 9.3% .1	37 7.4% 10.8% 1.4	27 5.4% 12.5% 2.0	497 100.0% 8.8%
	遅刻早退だけの不登校生徒	237 47.3% 7.5% -3.9	125 25.0% 8.9% -.0	69 13.8% 14.3% 4.4	3 .6% 5.6% -.9	43 8.6% 12.6% 2.5	24 4.8% 11.1% 1.2	501 100.0% 8.9%
	欠席と遅刻早退を示す不登校生徒	180 42.6% 5.7% -5.6	89 21.0% 6.3% -1.9	67 15.8% 13.9% 5.6	9 2.1% 16.7% 2.6	46 10.9% 13.5% 4.3	32 7.6% 14.8% 4.2	423 100.0% 7.5%
	不登校群 小計	675 47.5% 21.5% -7.2	332 23.4% 23.5% -1.6	188 13.2% 38.9% 7.3	17 1.2% 31.5% 1.1	126 8.9% 36.8% 5.1	83 5.8% 38.4% 4.6	1421 100.0% 25.2%
総計		3144 55.7% 100.0%	1410 25.0% 100.0%	483 8.6% 100.0%	54 1.0% 100.0%	342 6.1% 100.0%	216 3.8% 100.0%	5649 100.0% 100.0%

（$\chi^2=175.493$, $P<0.001$）（$\chi^2=119.419$, $P<0.001$）

質問22 あなたは，放課後の部活動にどの程度参加していますか。

		1. 休まず熱心にやっている	2. 熱心にはいえないが休まず続けている	3. よく休むが，続けている	4. 入部しているが，出たことはない	5. やっていたが，退部した	6. やったことがない	計
出席群	登校回避感情のない出席生徒	361 22.1% 36.6% 5.6	537 32.8% 31.8% 2.7	413 25.2% 26.7% -2.5	40 2.4% 17.5% -4.0	206 12.6% 24.8% -3.0	79 4.8% 25.1% -1.7	1636 100.0% 29.2%
	登校回避感情を示す出席生徒	447 17.5% 45.3% -.2	855 33.5% 50.6% 4.9	717 28.1% 46.4% .7	90 3.5% 39.3% -2.0	316 12.4% 38.1% -4.7	129 5.1% 41.0% -1.7	2554 100.0% 45.6%
	出席群小計	808 19.3% 81.9% 5.6	1392 33.2% 82.3% 8.4	1130 27.0% 73.1% -1.8	130 3.1% 56.8% -6.5	522 12.5% 63.0% -8.6	208 5.0% 66.0% -3.7	4190 100.0% 74.9%
不登校群	欠席だけの不登校生徒	69 13.9% 7.0% -2.3	102 20.6% 6.0% -4.9	134 27.1% 8.7% -.3	32 6.5% 14.0% 2.8	117 23.6% 14.1% 5.8	41 8.3% 13.0% 2.7	495 100.0% 8.8%
	遅刻早退だけの不登校生徒	69 13.9% 7.0% -2.3	140 28.2% 8.3% -1.0	143 28.8% 9.3% .6	29 5.8% 12.7% 2.1	83 16.7% 10.0% 1.3	32 6.5% 10.2% .8	496 100.0% 8.9%
	欠席と遅刻早退を示す不登校生徒	41 9.9% 4.2% -4.3	57 13.7% 3.4% -7.6	138 33.3% 8.9% 2.7	38 9.2% 16.6% 5.4	107 25.8% 12.9% 6.5	34 8.2% 10.8% 2.4	415 100.0% 7.4%
	不登校群小計	179 12.7% 18.1% -5.6	299 21.3% 17.7% -8.4	415 29.5% 26.9% 1.8	99 7.0% 43.2% 6.5	307 21.8% 37.0% 8.6	107 7.6% 34.0% 3.7	1406 100.0% 25.1%
総計		987 17.6% 100.0%	1691 30.2% 100.0%	1545 27.6% 100.0%	229 4.1% 100.0%	829 14.8% 100.0%	315 5.6% 100.0%	5596 100.0% 100.0%

($\chi^2=255.597$, $P<0.001$) ($\chi^2=193.386$, $P<0.001$)

質問22－1　部活動について，次のようないろいろな意見があります。それについてあなたはどう思いますか。
1．自分の成績・高校入試に役立つ。

		そう思う	どちらかといえばそう思う	どちらかといえばそうは思わない	そうは思わない	計
出席群	登校回避感情のない出席生徒	263 19.6% 33.5% 2.1	460 34.3% 30.5% .1	354 26.4% 30.8% .4	266 19.8% 27.1% －2.5	1343 100.0% 30.4%
	登校回避感情を示す出席生徒	352 16.8% 44.9% －1.6	736 35.0% 48.7% 1.2	557 26.5% 48.5% .8	456 21.7% 46.5% －.7	2101 100.0% 47.5%
	出席群 小計	615 17.9% 78.4% .4	1196 34.7% 79.2% 1.5	911 26.5% 79.3% 1.3	722 21.0% 73.7% －3.6	3444 100.0% 77.9%
不登校群	欠席だけの不登校生徒	59 17.9% 7.5% .1	113 34.3% 7.5% .1	67 20.4% 5.8% －2.4	90 27.4% 9.2% 2.4	329 100.0% 7.4%
	遅刻早退だけの不登校生徒	69 18.4% 8.8% .4	129 34.5% 8.5% .2	101 27.0% 8.8% .5	75 20.1% 7.7% －1.0	374 100.0% 8.5%
	欠席と遅刻早退を示す不登校生徒	41 14.9% 5.2% －1.3	72 26.1% 4.8% －2.9	70 25.4% 6.1% －.2	93 33.7% 9.5% 4.8	276 100.0% 6.2%
	不登校群 小計	169 17.3% 21.6% －.4	314 32.1% 20.8% －1.5	238 24.3% 20.7% －1.3	258 26.4% 26.3% 3.6	979 100.0% 22.1%
総計		784 17.7% 100.0%	1510 34.1% 100.0%	1149 26.0% 100.0%	980 22.2% 100.0%	4423 100.0% 100.0%

（$\chi^2=40.264$，$P<0.001$）（$\chi^2=13.062$，$P<0.005$）
注．本表は質問22で1から4を選んだ生徒の結果である。

2．部活動でよい友だちができた。

		そう思う	どちらかといえばそう思う	どちらかといえばそうは思わない	そうは思わない	計
出席群	登校回避感情のない出席生徒	917 68.1% 33.9% 6.2	256 19.0% 27.2% − 2.4	100 7.4% 26.3% − 1.8	74 5.5% 18.5% − 5.4	1347 100.0% 30.4%
	登校回避感情を示す出席生徒	1287 61.3% 47.5% .1	461 21.9% 49.0% 1.1	176 8.4% 46.3% − .5	177 8.4% 44.4% − 1.3	2101 100.0% 47.4%
	出席群 小計	2204 63.9% 81.4% 7.0	717 20.8% 76.3% − 1.3	276 8.0% 72.6% − 2.6	251 7.3% 62.9% − 7.5	3448 100.0% 77.9%
不登校群	欠席だけの不登校生徒	173 52.1% 6.4% − 3.5	87 26.2% 9.3% 2.3	31 9.3% 8.2% .5	41 12.3% 10.3% 2.2	332 100.0% 7.5%
	遅刻早退だけの不登校生徒	207 55.6% 7.6% − 2.3	77 20.7% 8.2% − .3	41 11.0% 10.8% 1.8	47 12.6% 11.8% 2.6	372 100.0% 8.4%
	欠席と遅刻早退を示す不登校生徒	125 45.3% 4.6% − 5.6	59 21.4% 6.3% .1	32 11.6% 8.4% 1.8	60 21.7% 15.0% 7.6	276 100.0% 6.2%
	不登校群 小計	505 51.5% 18.6% − 7.0	223 22.8% 23.7% 1.3	104 10.6% 27.4% 2.6	148 15.1% 37.1% 7.5	980 100.0% 22.1%
総計		2709 61.2% 100.0%	940 21.2% 100.0%	380 8.6% 100.0%	399 9.0% 100.0%	4428 100.0% 100.0%

（$\chi^2=122.131$, $P<0.001$）（$\chi^2=78.398$, $P<0.001$）
注）本表は質問22で1から4を選んだ生徒の結果である。

3．部活動の先生に親しみや，魅力を感じる。

		そう思う	どちらかといえばそう思う	どちらかといえばそうは思わない	そうは思わない	計
出席群	登校回避感情のない出席生徒	187 14.0% 37.0% 3.5	321 24.0% 35.1% 3.5	380 28.4% 31.8% 1.3	448 33.5% 25.0% - 6.3	1336 100.0% 30.3%
	登校回避感情を示す出席生徒	210 10.0% 41.6% - 2.9	425 20.3% 46.4% - .8	581 27.7% 48.6% .8	882 42.0% 49.2% 1.8	2098 100.0% 47.6%
	出席群小計	397 11.6% 78.6% .4	746 21.7% 81.5% 2.9	961 28.0% 80.4% 2.4	1330 38.7% 74.3% - 4.9	3434 100.0% 77.9%
不登校群	欠席だけの不登校生徒	40 12.2% 7.9% .5	57 17.4% 6.2% - 1.5	72 22.0% 6.0% - 2.2	158 48.3% 8.8% 2.9	327 100.0% 7.4%
	遅刻早退だけの不登校生徒	36 9.7% 7.1% - 1.1	70 18.9% 7.7% - .9	108 29.2% 9.0% .9	156 42.2% 8.7% .6	370 100.0% 8.4%
	欠席と遅刻早退を示す不登校生徒	32 11.6% 6.3% .1	42 15.3% 4.6% - 2.3	54 19.6% 4.5% - 2.9	147 53.5% 8.2% 4.5	275 100.0% 6.2%
	不登校群小計	108 11.1% 21.4% - .4	169 17.4% 18.5% - 2.9	234 24.1% 19.6% - 2.4	461 47.4% 25.7% 4.9	972 100.0% 22.1%
総計		505 11.5% 100.0%	915 20.8% 100.0%	1195 27.1% 100.0%	1791 40.6% 100.0%	4406 100.0% 100.0%

（$\chi^2=70.146$，$P<0.001$）（$\chi^2=25.366$，$P<0.001$）
注）本表は質問22で1から4を選んだ生徒の結果である。

4．今の部の一員であることに誇りを感じる。

		そう思う	どちらかといえばそう思う	どちらかといえばそうは思わない	そうは思わない	計
出席群	登校回避感情のない出席生徒	360 27.0% 37.0% 5.2	403 30.2% 36.2% 4.9	354 26.6% 27.8% - 2.3	216 16.2% 20.8% - 7.6	1333 100.0% 30.3%
	登校回避感情を示す出席生徒	424 20.3% 43.6% - 2.8	508 24.3% 45.6% - 1.5	651 31.1% 51.1% 3.0	508 24.3% 49.0% 1.0	2091 100.0% 47.6%
	出席群小計	784 22.9% 80.7% 2.4	911 26.6% 81.8% 3.6	1005 29.4% 78.9% 1.1	724 21.1% 69.8% - 7.2	3424 100.0% 77.9%
不登校群	欠席だけの不登校生徒	66 20.2% 6.8% - .9	78 23.9% 7.0% - .6	86 26.3% 6.8% - 1.1	97 29.7% 9.4% 2.7	327 100.0% 7.4%
	遅刻早退だけの不登校生徒	69 18.6% 7.1% - 1.7	88 23.7% 7.9% - .8	110 29.6% 8.6% .3	104 28.0% 10.0% 2.1	371 100.0% 8.4%
	欠席と遅刻早退を示す不登校生徒	53 19.3% 5.5% - 1.1	37 13.5% 3.3% - 4.7	72 26.3% 5.7% - 1.0	112 40.9% 10.8% 7.0	274 100.0% 6.2%
	不登校群小計	188 19.3% 19.3% - 2.4	203 20.9% 18.2% - 3.6	268 27.6% 21.1% - 1.1	313 32.2% 30.2% 7.2	972 100.0% 22.1%
総計		972 22.1% 100.0%	1114 25.3% 100.0%	1273 29.0% 100.0%	1037 23.6% 100.0%	4396 100.0% 100.0%

（$\chi^2=132.310$, $P<0.001$）（$\chi^2=54.172$, $P<0.001$）
注）本表は質問22で1から4を選んだ生徒の結果である。

5．自分の得意なことや好きなことができる。

		そう思う	どちらかといえばそう思う	どちらかといえばそうは思わない	そうは思わない	計
出席群	登校回避感情のない出席生徒	549 41.3% 35.5% 5.6	394 29.6% 31.0% .7	255 19.2% 27.8% − 1.8	131 9.9% 20.0% − 6.2	1329 100.0% 30.3%
	登校回避感情を示す出席生徒	691 33.1% 44.7% − 2.8	626 30.0% 49.3% 1.5	448 21.5% 48.9% .9	322 15.4% 49.1% .8	2087 100.0% 47.6%
	出席群小計	1240 36.3% 80.3% 2.8	1020 29.9% 80.4% 2.6	703 20.6% 76.7% − 1.0	453 13.3% 69.1% − 5.9	3416 100.0% 77.9%
不登校群	欠席だけの不登校生徒	109 33.3% 7.1% − .7	88 26.9% 6.9% − .8	69 21.1% 7.5% .1	61 18.7% 9.3% 2.0	327 100.0% 7.5%
	遅刻早退だけの不登校生徒	112 30.3% 7.2% − 2.1	101 27.3% 8.0% − .7	94 25.4% 10.3% 2.2	63 17.0% 9.6% 1.2	370 100.0% 8.4%
	欠席と遅刻早退を示す不登校生徒	84 30.7% 5.4% − 1.6	60 21.9% 4.7% − 2.6	51 18.6% 5.6% − 1.0	79 28.8% 12.0% 6.7	274 100.0% 6.2%
	不登校群小計	305 31.4% 19.7 − 2.8	249 25.6% 19.6 − 2.6	214 22.0% 23.3 1.0	203 20.9% 30.9 5.9	971 100.0% 22.1%
総計		1545 35.2% 100.0%	1269 28.9% 100.0%	917 20.9% 100.0%	656 15.0% 100.0%	4387 100.0% 100.0%

（$\chi^2=96.919$, $P<0.001$）（$\chi^2=40.100$, $P<0.001$）
注）本表は質問22で1から4を選んだ生徒の結果である。

6. 部活動を通して，友だちや先生に自分を認めてもらえる。

		そう思う	どちらかといえばそう思う	どちらかといえばそうは思わない	そうは思わない	計
出席群	登校回避感情のない出席生徒	237 17.7% 36.3% 3.6	456 34.1% 34.9% 4.4	424 31.7% 30.9% .6	219 16.4% 20.3% − 8.3	1336 100.0% 30.3%
	登校回避感情を示す出席生徒	287 13.7% 44.0% − 2.0	613 29.2% 47.0% − .5	662 31.5% 48.3% .6	538 25.6% 49.8% 1.6	2100 100.0% 47.6%
	出席群 小　計	524 15.3% 80.2% 1.6	1069 31.1% 81.9% 4.2	1086 31.6% 79.2% 1.4	757 22.0% 70.0% − 7.2	3436 100.0% 77.9%
不登校群	欠席だけの不登校生徒	45 13.7% 6.9% − .6	80 24.4% 6.1% − 2.1	99 30.2% 7.2% − .4	104 31.7% 9.6% 3.2	328 100.0% 7.4%
	遅刻早退だけの不登校生徒	49 13.2% 7.5% − .9	105 28.3% 8.0% − .6	123 33.2% 9.0% .9	94 25.3% 8.7% .4	371 100.0% 8.4%
	欠席と遅刻早退を示す不登校生徒	35 12.7% 5.4% − 1.0	51 18.5% 3.9% − 4.2	64 23.2% 4.7% − 2.9	126 45.7% 11.7% 8.4	276 100.0% 6.3%
	不登校群 小　計	129 13.2% 19.8% − 1.6	236 24.2% 18.1% − 4.2	286 29.3% 20.8% − 1.4	324 33.2% 30.0% 7.2	975 100.0% 22.1%
総　計		653 14.8% 100.0%	1305 29.6% 100.0%	1372 31.1% 100.0%	1081 24.5% 100.0%	4411 100.0% 100.0%

（$\chi^2=136.300$, $P<0.001$）（$\chi^2=54.469$, $P<0.001$）
注）本表は質問22で1から4を選んだ生徒の結果である。

質問22-2　あなたは，今の部活動を無意味に感じたり，苦痛に感じて，やめたいと思うことがありますか。

		よくある	ときどきある	あまりない	まったくない	計
出席群	登校回避感情のない出席生徒	93 7.8% 18.8% - 6.0	280 23.6% 24.6% - 5.0	390 32.8% 30.3% .0	425 35.8% 42.5% 9.7	1188 100.0% 30.3%
	登校回避感情を示す出席生徒	242 13.0% 48.8% .6	586 31.4% 51.4% 3.1	636 34.1% 49.5% 1.7	401 21.5% 40.1% - 5.5	1865 100.0% 47.6%
	出席群小計	335 11.0% 67.5% - 5.9	866 28.4% 76.0% - 1.7	1026 33.6% 79.8% 2.0	826 27.1% 82.5% 4.1	3053 100.0% 77.8%
不登校群	欠席だけの不登校生徒	47 16.5% 9.5% 2.0	93 32.6% 8.2% 1.4	80 28.1% 6.2% - 1.8	65 22.8% 6.5% - 1.1	285 100.0% 7.3%
	遅刻早退だけの不登校生徒	57 16.9% 11.5% 2.4	104 30.8% 9.1% .7	117 34.6% 9.1% .7	60 17.8% 6.0% - 3.4	338 100.0% 8.6%
	欠席と遅刻早退を示す不登校生徒	57 23.2% 11.5% 5.1	76 30.9% 6.7% .7	63 25.6% 4.9% - 2.5	50 20.3% 5.0% - 1.9	246 100.0% 6.3%
	不登校群小計	161 18.5% 32.5% 5.9	273 31.4% 24.0% 1.7	260 29.9% 20.2% - 2.0	175 20.1% 17.5% - 4.1	869 100.0% 22.2%
総計		496 12.6% 100.0%	1139 29.0% 100.0%	1286 32.8% 100.0%	1001 25.5% 100.0%	3922 100.0% 100.0%

($\chi^2=148.675$, $P<0.001$)　($\chi^2=48.176$, $P<0.001$)
注）本表は質問22で1から4を選んだ生徒の結果である。

◎あなたの学級の学級会（クラス会）についておうかがいします。
質問23　学級会ではみんなが自分の意見を自由にいいあえる雰囲気がある。

		そう思う	そうは思わない	計
出席群	登校回避感情のない出席生徒	418 25.6% 36.6% 6.1	1213 74.4% 27.4% − 6.1	1631 100.0% 29.3%
	登校回避感情を示す出席生徒	458 18.0% 40.1% − 4.2	2081 82.0% 47.1% 4.2	2539 100.0% 45.6%
	出席群小計	876 21.0% 76.7% 1.5	3294 79.0% 74.5% − 1.5	4170 100.0% 75.0%
不登校群	欠席だけの不登校生徒	72 14.8% 6.3% − 3.3	415 85.2% 9.4% 3.3	487 100.0% 8.8%
	遅刻早退だけの不登校生徒	112 22.7% 9.8% 1.3	381 77.3% 8.6% − 1.3	493 100.0% 8.9%
	欠席と遅刻早退を示す不登校生徒	82 19.9% 7.2% − .3	330 80.1% 7.5% .3	412 100.0% 7.4%
	不登校群小計	266 19.1% 23.3% − 1.5	1126 80.9% 25.5% 1.5	1392 100.0% 25.0%
総計		1142 20.5% 100.0%	4420 79.5% 100.0%	5562 100.0% 100.0%

($\chi^2 = 47.041$, $P < 0.001$)　($\chi^2 = 2.189$, $P < 0.139$)

質問24　学級会活動の時間はすわっているのが苦痛だと思う。

		そう思う	そうは思わない	計
出席群	登校回避感情のない出席生徒	500 30.3% 21.4% −11.0	1149 69.7% 34.9% 11.0	1649 100.0% 29.3%
	登校回避感情を示す出席生徒	1103 43.0% 47.1% 2.0	1463 57.0% 44.4% − 2.0	2566 100.0% 45.5%
	出席群小計	1603 38.0% 68.5% − 9.2	2612 62.0% 79.3% 9.2	4215 100.0% 74.8%
不登校群	欠席だけの不登校生徒	241 48.4% 10.3% 3.3	257 51.6% 7.8% − 3.3	498 100.0% 8.8%
	遅刻早退だけの不登校生徒	255 51.1% 10.9% 4.5	244 48.9% 7.4% − 4.5	499 100.0% 8.9%
	欠席と遅刻早退を示す不登校生徒	241 57.1% 10.3% 6.8	181 42.9% 5.5% − 6.8	422 100.0% 7.5%
	不登校群小計	737 51.9% 31.5% 9.2	682 48.1% 20.7% − 9.2	1419 100.0% 25.2%
総計		2340 41.5% 100.0%	3294 58.5% 100.0%	5634 100.0% 100.0%

（$\chi^2 = 158.218$, $P < 0.001$）（$\chi^2 = 83.982$, $P < 0.001$）

質問25 あなたは，2年生になってから，学校に行くのがいやになったことがありましたか。

		1. よくあった	2. ときどきあった	3. たまにはあった	4. まったくなかった	計
出席群	登校回避感情のない出席生徒	0 .0% .0%	0 .0% .0%	0 .0% .0%	1654 100.0% 100.0%	1654 100.0% 29.4%
	登校回避感情を示す出席生徒	217 8.4% 38.3%	487 18.9% 57.5%	1866 72.6% 72.7%	0 .0% .0%	2570 100.0% 45.6%
	出席群小計	217 5.1% 38.3%	487 11.5% 57.5%	1866 44.2% 72.7%	1654 39.2% 100.0%	4224 100.0% 75.0%
不登校群	欠席だけの不登校生徒	110 22.3% 19.4%	129 26.1% 15.2%	255 51.6% 9.9%	0 .0% .0%	494 100.0% 8.8%
	遅刻早退だけの不登校生徒	79 16.1% 14.0%	111 22.6% 13.1%	301 61.3% 11.7%	0 .0% .0%	491 100.0% 8.7%
	欠席と遅刻早退を示す不登校生徒	160 37.8% 28.3%	120 28.4% 14.2%	143 33.8% 5.6%	0 .0% .0%	423 100.0% 7.5%
	不登校群小計	349 24.8% 61.7%	360 25.6% 42.5%	699 49.6% 27.3%	0 .0% .0%	1408 100.0% 25.0%
総計		566 10.0% 100.0%	847 15.0% 100.0%	2565 45.5% 100.0%	1654 29.4% 100.0%	5632 100.0% 100.0%

注）本表の類型間の有意差検定は，セル内に0を含むため検定に関する統計量を削除する。

(質問25で1～3を選んだ人だけ答えてください)
質問25-1 学校に行くのがいやになったのはどういう理由からでしょうか。あてはまるものすべてに，○印をつけてください。

(その1)

		友だちとうまくいかない	先生とうまくいかない	先生がひどくしかる	友だちにいじめられる	勉強したくない	授業がわからない	学校がこわい・不安だ
出席群	登校回避感情を示す出席生徒	663 68.1%	166 47.6%	73 45.3%	163 58.6%	891 58.6%	352 52.9%	91 47.6%
不登校群	欠席だけの不登校生徒	117 12.0%	49 14.0%	24 14.9%	43 15.5%	197 13.0%	95 14.3%	40 20.9%
	遅刻早退だけの不登校生徒	95 9.8%	63 18.1%	25 15.5%	30 10.8%	201 13.2%	89 13.4%	27 14.1%
	欠席と遅刻早退を示す不登校生徒	99 10.2%	71 20.3%	39 24.2%	42 15.1%	232 15.3%	130 19.5%	33 17.3%
総計		974 100.0% (24.4%)	349 100.0% (8.7%)	161 100.0% (4.0%)	278 100.0% (7.0%)	1521 100.0% (38.0%)	666 100.0% (16.7%)	191 100.0% (4.8%)

注）1．本表は複数選択のため横行構成比は記載していない。
　　2．総計欄の（　）内の％はこの質問のいずれかに回答した生徒3,998人に占める比率である。

(その2)

		学校でだれもかまってくれない	人と話すのがいやだ	ねむい・体がだるい	朝になると学校に行けない	病気がち	家庭の事情	仲間から誘われた
出席群	登校回避感情を示す出席生徒	50 51.0%	84 48.8%	1718 62.2%	104 37.1%	111 33.8%	33 32.4%	13 29.5%
不登校群	欠席だけの不登校生徒	17 17.3%	31 18.0%	338 12.2%	47 16.8%	80 24.4%	18 17.6%	5 11.4%
	遅刻早退だけの不登校生徒	11 11.2%	23 13.4%	386 14.0%	46 16.4%	58 17.7%	19 18.6%	7 15.9%
	欠席と遅刻早退を示す不登校生徒	20 20.4%	34 19.8%	320 11.6%	83 29.6%	7.9 24.1%	32 31.4%	19 43.2%
総計		98 100.0% (2.5%)	172 100.0% (4.3%)	2762 100.0% (69.1%)	280 100.0% (7.0%)	328 100.0% (8.2%)	102 100.0% (2.6%)	44 100.0% (1.1%)

(その3)

		学校の外におもしろいことがある	精神的にショックなことがあった	親と離れたくない	その他	計
出席群	登校回避感情を示す出席生徒	128 49.2%	392 56.5%	8 38.1%	335 64.8%	2575 64.4%
不登校群	欠席だけの不登校生徒	26 10.0%	98 14.1%	5 23.8%	68 13.2%	498 12.5%
	遅刻早退だけの不登校生徒	44 16.9%	99 14.3%	3 14.3%	58 11.2%	501 12.5%
	欠席と遅刻早退を示す不登校生徒	62 23.8%	105 15.1%	5 23.8%	56 10.8%	424 10.6%
総計		260 100.0% (6.5%)	694 100.0% (17.4%)	21 100.0% (0.5%)	517 100.0% (12.9%)	3998 (100.0%)

質問25-2　そのとき，あなたはどうしましたか。

	1. それでも，一度も休んだことはない	2. 遅刻や早退をしたことがあるが，休まなかった	3. 休んだことがある	4. 遅刻や早退をしたこともあるし，休んだこともある	計
総　計	2575 64.4%	501 12.5%	498 12.5%	424 10.6%	3998 100.0%

注）本表は質問25で1から3を選んだ生徒の結果である。

質問25-2-1　学校へ行くのがいやで休んだのは，2年生になってから，合計で何日ぐらいありますか。
　　　　　（　　　　　日ぐらい）

（質問25-2で2・3・4を選んだ人だけ答えて下さい）
質問25-2-2　そのときのあなたの気持ちについて，教えてください。

		よくないと思いつつ欠席（遅刻・早退）した	どうしても欠席（遅刻・早退）したかったのだから仕方がない	欠席（遅刻・早退）したいときは，そうして当然だと思った	特に何も思わなかった	計
不登校群	欠席だけの不登校生徒	274 57.1% 39.6% 3.8	83 17.3% 33.9% - .3	22 4.6% 29.7% - .9	101 21.0% 27.2% - 3.6	480 100.0% 34.7%
	遅刻早退だけの不登校生徒	227 46.0% 32.8% - 2.3	93 18.8% 38.8% .8	24 4.9% 32.4% - .6	150 30.4% 40.3% 2.2	494 100.0% 35.7%
	欠席と遅刻早退を示す不登校生徒	191 46.7% 27.6% - 1.6	69 16.9% 28.2% - .5	28 6.8% 37.8% 1.6	121 29.6% 32.5% 1.5	409 100.0% 29.6%
総　計		692 50.0% 100.0%	245 17.7% 100.0%	74 5.4% 100.0%	372 26.9% 100.0%	1383 100.0% 100.0%

（$\chi^2=19.764$, $P<0.030$）

質問25-2-3　あなたが，学校を休んだり，早退・遅刻することについて，学級の友だちはどういっていましたか。

		「相談にのってあげる」，「いっしょに行こう」とはげまされた	「気持ちはわかる」と共感してくれた	口ではいわないが認めてくれているようだった	関心を持ってくれなかった	話題にしないようにしていた	計
不登校群	欠席だけの不登校生徒	31 6.6% 24.0% − 3.1	116 24.8% 34.7% − .7	76 16.2% 32.1% − 1.5	96 20.5% 42.9% 2.2	149 31.8% 40.9% 2.2	468 100.0% 36.3%
	遅刻早退だけの不登校生徒	55 12.9% 42.6% 2.4	112 26.2% 33.5% .2	92 21.5% 38.8% 2.1	65 15.2% 29.0% − 1.4	103 24.1% 28.3% − 2.3	427 100.0% 33.2%
	欠席と遅刻早退を示す不登校生徒	43 10.9% 33.3% .7	106 27.0% 31.7% .6	69 17.6% 29.1% − .5	63 16.0% 28.1% − .9	112 28.5% 30.8% .1	393 100.0% 30.5%
総　　計		129 10.0% 100.0%	334 25.9% 100.0%	237 18.4% 100.0%	224 17.4% 100.0%	364 28.3% 100.0%	1288 100.0% 100.0%

($\chi^2 = 22.172$, $P < 0.046$)
注）本表は質問25-2で2,3,4を選んだ生徒の結果である。

質問25-2-4　あなたが，学校を休んだり，早退・遅刻することについて，先生はどういっていましたか。

		相談にのって，力になってくれた	気持ちをわかって，はげましてくれた	自分の状態を認めてくれた	べつに何も言わなかった	このことに触れないようにしていた	計
不	欠席だけの不登校生徒	37 7.9% 45.7% 1.8	38 8.1% 36.2% .0	75 16.0% 29.8% -2.3	275 58.5% 36.1% .0	45 9.6% 44.1% 1.8	470 100.0% 36.1%
登校	遅刻早退だけの不登校生徒	15 3.4% 18.5% -3.0	33 7.6% 31.4% -.5	100 22.9% 39.7% 2.3	260 59.6% 34.2% .6	28 6.4% 27.5% -1.4	436 100.0% 33.5%
群	欠席と遅刻早退を示す不登校生徒	29 7.3% 35.8% 1.1	34 8.6% 32.4% .5	77 19.5% 30.6% .1	226 57.2% 29.7% -.6	29 7.3% 28.4% -.4	395 100.0% 30.4%
	総計	81 6.2% 100.0%	105 8.1% 100.0%	252 19.4% 100.0%	761 58.5% 100.0%	102 7.8% 100.0%	1301 100.0% 100.0%

（$\chi^2=17.492$，$P<0.254$）
注）本表は質問25-2で2，3，4を選んだ生徒の結果である。

質問25-2-5　そのときあなたは，どのようにすごすことが多かったですか。

		家で，ひとりで本など読んでじっとしていた	ごろごろしたり，ねたりしていた	家族と話などしていた	家を出て，人目につかないところでひとりですごした	街へ出て，ひとりで遊んだ	友だちといっしょに遊んだりしてすごした	その他	計
不	欠席だけの不登校生徒	151 31.5% 41.9% 2.5	250 52.1% 36.1% -.5	18 3.8% 36.7% .0	8 1.7% 32.0% -.5	3 .6% 13.0% -2.4	25 5.2% 26.0% -2.2	25 5.2% 39.1% .4	480 100.0% 36.6%
登校	遅刻早退だけの不登校生徒	98 22.9% 27.2% -2.6	244 57.0% 35.2% 2.1	16 3.7% 32.7% -.0	11 2.6% 44.0% 1.2	5 1.2% 21.7% -1.1	35 8.2% 36.5% .8	19 4.4% 29.7% -.5	428 100.0% 32.7%
群	欠席と遅刻早退を示す不登校生徒	111 27.6% 30.8% .1	199 49.5% 28.7% -1.6	15 3.7% 30.6% -.0	6 1.5% 24.0% -.7	15 3.7% 65.2% 3.6	36 9.0% 37.5% 1.5	20 5.0% 31.3% .1	402 100.0% 30.7%
	総計	360 27.5% 100.0%	693 52.9% 100.0%	49 3.7% 100.0%	25 1.9% 100.0%	23 1.8% 100.0%	96 7.3% 100.0%	64 4.9% 100.0%	1310 100.0% 100.0%

（$\chi^2=28.209$，$P<0.005$）
注）本表は質問25-2で2，3，4を選んだ生徒の結果である。

質問26 それでは，小学校に入学してから，中学1年生までの間で，学校がいやになって休んだことはありましたか。それぞれ，学年ごとに思い出して答えてください。また，休んだことが「あった」と答えた人は，それが1年間にあわせて何日ぐらいだったか書いてください。

小学校1年生の時

		あった	なかった	計
出席群	登校回避感情のない出席生徒	96 5.9% 22.5% − 3.2	1533 94.1% 29.9% 3.2	1629 100.0% 29.4%
	登校回避感情を示す出席生徒	159 6.3% 37.3% − 3.7%	2385 93.8% 46.6% 3.7%	2544 100.0% 45.9%
	出席群小計	255 6.1% 59.9% − 7.6	3918 93.9% 76.5% 7.6	4173 100.0% 75.2%
不登校群	欠席だけの不登校生徒	59 12.2% 13.8% 3.9	425 87.8% 8.3% − 3.9	484 100.0% 8.7%
	遅刻早退だけの不登校生徒	46 9.6% 10.8% 1.6	435 90.4% 8.5% − 1.6	481 100.0% 8.7%
	欠席と遅刻早退を示す不登校生徒	66 16.1% 15.5% 6.7	343 83.9% 6.7% − 6.7	409 100.0% 7.4%
	不登校群小計	171 12.4% 40.1% 7.6	1203 87.6% 23.5% − 7.6	1374 100.0% 24.8%
	総計	426 7.7% 100.0%	5121 92.3% 100.0%	5547 100.0% 100.0%

($\chi^2=72.222$, $P<0.001$) ($\chi^2=57.613$, $P<0.001$)

小学校2年生の時

		あった	なかった	計
出席群	登校回避感情のない出席生徒	73 4.5% 18.2% − 5.1	1555 95.5% 30.2% 5.1	1628 100.0% 29.4%
	登校回避感情を示す出席生徒	158 6.2% 39.4% − 2.7	2385 93.8% 46.4% 2.7	2543 100.0% 45.9%
	出席群小計	231 5.5% 57.6% − 8.5	3940 94.5% 76.6% 8.5	4171 100.0% 75.2%
不登校群	欠席だけの不登校生徒	55 11.4% 13.7% 3.7	427 88.6% 8.3% − 3.7	482 100.0% 8.7%
	遅刻早退だけの不登校生徒	51 10.6% 12.7% 3.0	430 89.4% 8.4% − 3.0	481 100.0% 8.7%
	欠席と遅刻早退を示す不登校生徒	64 15.6% 16.0% 6.8	345 84.4% 6.7% − 6.8	409 100.0% 7.4%
	不登校群小計	170 12.4% 42.4% 8.5	1202 87.6% 23.4% − 8.5	1372 100.0% 24.8%
総計		401 7.2% 100.0%	5142 92.8% 100.0%	5543 100.0% 100.0%

($\chi^2=86.104$, $P<0.001$) ($\chi^2=71.218$, $P<0.001$)

小学校3年生の時

		あった	なかった	計
出席群	登校回避感情のない出席生徒	90 5.5% 20.3% − 4.4	1538 94.5% 30.2% 4.4	1628 100.0% 29.4%
	登校回避感情を示す出席生徒	170 6.7% 38.4% − 3.3	2373 93.3% 46.5% 3.3	2543 100.0% 45.9%
	出席群小計	260 6.2% 58.7% − 8.4	3911 93.8% 76.7% 8.4	4171 100.0% 75.3%
不登校群	欠席だけの不登校生徒	56 11.6% 12.6% 3.1	426 88.4% 8.4% − 3.1	428 100.0% 8.7%
	遅刻早退だけの不登校生徒	54 11.3% 12.2% 2.8	425 88.7% 8.3% − 2.8	479 100.0% 8.6%
	欠席と遅刻早退を示す不登校生徒	73 17.8% 16.5% 7.6	336 82.2% 6.6% − 7.6	409 100.0% 7.4%
	不登校群小計	183 13.4% 41.3% 8.4	1187 86.6% 23.3% − 8.4	1370 100.0% 24.7%
総計		443 8.0% 100.0%	5098 92.0% 100.0%	5541 100.0% 100.0%

($\chi^2 = 88.985$, $P < 0.001$) ($\chi^2 = 70.190$, $P < 0.001$)

小学校4年生の時

<table>
<tr><th colspan="2"></th><th>あった</th><th>なかった</th><th>計</th></tr>
<tr><td rowspan="9">出席群</td><td>登校回避
感情の
な い
出席生徒</td><td>99
6.1%
19.0%
- 5.5</td><td>1529
93.9%
30.4%
5.5</td><td>1628
100.0%
29.4%</td></tr>
<tr><td>登校回避
感情を
示 す
出席生徒</td><td>209
8.2%
40.0%
- 2.8</td><td>2338
91.8%
46.5%
2.8</td><td>2547
100.0%
45.9%</td></tr>
<tr><td>出席群
小　計</td><td>308
7.4%
59.0%
- 9.1</td><td>3867
92.6%
77.0%
9.1</td><td>4175
100.0%
75.3%</td></tr>
<tr><td rowspan="6" style="writing-mode: vertical-rl;">不登校群</td></tr>
<tr><td>欠 席
だけの不
登校生徒</td><td>71
14.7%
13.6%
4.2</td><td>411
85.3%
8.2%
- 4.2</td><td>482
100.0%
8.7%</td></tr>
<tr><td>遅　刻
早　退
だけの不
登校生徒</td><td>59
12.3%
11.3%
2.3</td><td>421
87.7%
8.4%
- 2.3</td><td>480
100.0%
8.7%</td></tr>
<tr><td>欠席と
遅刻早退
を示す不
登校生徒</td><td>84
20.5%
16.1%
8.0</td><td>325
79.5%
6.5%
- 8.0</td><td>409
100.0%
7.4%</td></tr>
<tr><td>不登校群
小　計</td><td>214
15.6%
41.0%
9.1</td><td>1157
84.4%
23.0%
- 9.1</td><td>1371
100.0%
24.7%</td></tr>
<tr><td colspan="2">総　計</td><td>522
9.4%
100.0%</td><td>5024
90.6%
100.0%</td><td>5546
100.0%
100.0%</td></tr>
</table>

($\chi^2=105.568$, $P<0.001$) ($\chi^2=81.061$, $P<0.001$)

II. 調査結果集計表　341

小学校5年生の時

		あった	なかった	計
出席群	登校回避感情のない出席生徒	91 5.6% 16.1% − 7.3	1539 94.4% 30.9% 7.3	1630 100.0% 29.4%
	登校回避感情を示す出席生徒	210 8.2% 37.2% − 4.4	2337 91.8% 46.9% 4.4	2547 100.0% 45.9%
	出席群小計	301 7.2% 53.3% −12.8	3876 92.8% 77.8% 12.8	4177 100.0% 75.3%
不登校群	欠席だけの不登校生徒	93 19.3% 16.5% 6.9	389 80.7% 7.8% − 6.9	482 100.0% 8.7%
	遅刻早退だけの不登校生徒	74 15.4% 13.1% 3.9	407 84.6% 8.2% − 3.9	481 100.0% 8.7%
	欠席と遅刻早退を示す不登校生徒	97 23.8% 17.2% 9.4	311 76.2% 6.2% − 9.4	408 100.0% 7.4%
	不登校群小計	264 19.3% 46.7% 12.8	1107 80.7% 22.2% −12.8	1371 100.0% 24.7%
	総計	565 10.2% 100.0%	4983 89.8% 100.0%	5548 100.0% 100.0%

（$\chi^2=188.547$, $P<0.001$）（$\chi^2=162.542$, $P<0.001$）

小学校6年生の時

		あった	なかった	計
出席群	登校回避感情のない出席生徒	121 7.4% 15.6% − 9.0	1507 92.6% 31.6% 9.0	1628 100.0% 29.3%
	登校回避感情を示す出席生徒	259 10.2% 33.5% − 7.5	2288 89.8% 47.9% 7.5	2547 100.0% 45.9%
	出席群小計	380 9.1% 49.1% −18.2	3795 90.9% 79.5% 18.2	4175 100.0% 75.2%
不登校群	欠席だけの不登校生徒	130 26.8% 16.8% 8.6	355 73.2% 7.4% − 8.6	485 100.0% 8.7%
	遅刻早退だけの不登校生徒	121 25.1% 15.6% 7.4	361 74.9% 7.6% − 7.4	482 100.0% 8.7%
	欠席と遅刻早退を示す不登校生徒	143 35.0% 18.5% 12.8	265 65.0% 5.5% −12.8	408 100.0% 7.4%
	不登校群小計	394 28.7% 50.9% 18.2	981 71.3% 20.5% −18.2	1375 100.0% 24.8%
総計		774 13.9% 100.0%	4776 86.1% 100.0%	5550 100.0% 100.0%

($\chi^2=356.050$, $P<0.001$) ($\chi^2=327.878$, $P<0.001$)

中学1年生の時

		あった	なかった	計
出席群	登校回避感情のない出席生徒	132 8.1% 13.6% −11.8	1497 91.9% 32.7% 11.8	1629 100.0% 29.3%
	登校回避感情を示す出席生徒	262 10.3% 27.0% −13.0	2288 89.7% 49.9% 13.0	2550 100.0% 45.9%
	出席群 小計	394 9.4% 40.6% −27.5	3785 90.6% 82.6% 27.5	4179 100.0% 75.3%
不登校群	欠席だけの不登校生徒	219 45.2% 22.6% 16.8	265 54.8% 5.8% −16.8	484 100.0% 8.7%
	遅刻早退だけの不登校生徒	136 28.2% 14.0% 6.5	346 71.8% 7.5% −6.5	482 100.0% 8.7%
	欠席と遅刻早退を示す不登校生徒	221 54.2% 22.8% 20.3	187 45.8% 4.1% −20.3	408 100.0% 7.3%
	不登校群 小計	576 41.9% 59.4% 27.5	798 58.1% 17.4% −27.5	1374 100.0% 24.7%
	総 計	970 17.5% 100.0%	4583 82.5% 100.0%	5553 100.0% 100.0%

($\chi^2 = 869.478$, $P < 0.001$) ($\chi^2 = 755.021$, $P < 0.001$)

質問27 あなたは，校則の中でおかしいと思うものがありますか。

		たくさん ある	すこしは ある	あまりない	まったく ない	計
出席群	登校回避感情のない出席生徒	204 12.5% 16.0% −11.8	716 43.7% 28.1% − 1.7	524 32.0% 37.6% 7.9	194 11.8% 50.3% 9.4	1638 100.0% 29.3%
	登校回避感情を示す出席生徒	596 23.3% 46.7% .9	1226 48.0% 48.1% 3.4	617 24.1% 44.3% − 1.1	117 4.6% 30.3% − 6.3	2556 100.0% 45.6%
	出席群 小計	800 19.1% 62.7% −11.4	1942 46.3% 76.2% 2.1	1141 27.2% 82.0% 7.0	311 7.4% 80.6% 2.7	4194 100.0% 74.9%
不登校群	欠席だけの不登校生徒	146 29.7% 11.5% 3.8	210 42.7% 8.2% − 1.3	106 21.5% 7.6% − 1.8	30 6.1% 7.8% − .7	492 100.0% 8.8%
	遅刻早退だけの不登校生徒	156 31.5% 12.2% 4.9	247 49.9% 9.7% 2.1	71 14.3% 5.1% − 5.7	21 4.2% 5.4% − 2.4	495 100.0% 8.8%
	欠席と遅刻早退を示す不登校生徒	173 41.3% 13.6% 9.4	148 35.3% 5.8% − 4.3	74 17.7% 5.3% − 3.5	24 5.7% 6.2% − 1.0	419 100.0% 7.5%
	不登校群 小計	475 33.8% 37.3% 11.4	605 43.0% 23.8% − 2.1	251 17.9% 18.0% − 7.0	75 5.3% 19.4% − 2.7	1406 100.0% 25.1%
総計		1275 22.8% 100.0%	2547 45.5% 100.0%	1392 24.9% 100.0%	386 6.9% 100.0%	5600 100.0% 100.0%

($\chi^2=335.432$, $P<0.001$) ($\chi^2=146.220$, $P<0.001$)

質問28 あなたは，先生に反発を感じることがありますか。

		よくある	ときどきある	たまにはある	まったくない	計
出席群	登校回避感情のない出席生徒	196 11.9% 15.2% -12.7	301 18.3% 20.1% - 9.1	757 45.9% 35.5% 8.0	394 23.9% 55.9% 16.6	1648 100.0% 29.3%
	登校回避感情を示す出席生徒	563 22.0% 43.6% - 1.6	789 30.8% 52.8% 6.5	1001 39.1% 46.9% 1.6	210 8.2% 29.8% - 9.0	2563 100.0% 45.6%
	出席群小計	759 18.0% 58.8% -15.2	1090 25.9% 72.9% - 2.0	1758 41.7% 82.4% 10.2	604 14.3% 85.7% 7.1	4211 100.0% 74.9%
不登校群	欠席だけの不登校生徒	151 30.4% 11.7% 4.1	132 26.6% 8.8% - .0	172 34.6% 8.1% - 1.6	42 8.5% 6.0% - 2.9	497 100.0% 8.8%
	遅刻早退だけの不登校生徒	173 34.9% 13.4% 6.6	158 31.9% 10.6% 2.8	132 26.7% 6.2% - 5.4	32 6.5% 4.5% - 4.3	495 100.0% 8.8%
	欠席と遅刻早退を示す不登校生徒	208 49.3% 16.1% 13.4	115 27.3% 7.7% .3	72 17.1% 3.4% - 9.2	27 6.4% 3.8% - 4.0	422 100.0% 7.5%
	不登校群小計	532 37.6% 41.2% 15.2	405 28.6% 27.1% 2.0	376 26.6% 17.6% -10.2	101 7.1% 14.3% - 7.1	1414 100.0% 25.1%
総計		1291 23.0% 100.0%	1495 26.6% 100.0%	2134 37.9% 100.0%	705 12.5% 100.0%	5625 100.0% 100.0%

($\chi^2=662.330$, $P<0.001$) ($\chi^2=288.090$, $P<0.001$)

(質問28で1～3を選んだ人だけ答えてください)
質問28-1 それでは，反発を感じたとき，あなたはどうしますか．

		自分の気持ちを表面に出さないようにつとめる	直接，行動には表わさないが，自分の気持ちが伝わるように態度で示す	自分の気持ちを先生に説明して，わかってもらうようにする	自分の気持ちを直接行動に表わして反発する	計
出席群	登校回避感情のない出席生徒	650 52.3% 27.5% 3.3	321 25.8% 22.4% - 3.1	168 13.5% 32.6% 4.0	105 8.4% 17.8% - 4.5	1244 100.0% 25.4%
	登校回避感情を示す出席生徒	1229 52.3% 52.0% 5.4	699 29.7% 48.8% .7	209 8.9% 40.6% - 3.5	214 9.1% 36.3% - 6.1	2351 100.0% 48.0%
	出席群小計	1879 52.3% 79.5% 9.4	1020 28.4% 71.2% - 2.2	377 10.5% 73.2% - .1	319 8.9% 54.1% -11.3	3595 100.0% 73.3%
不登校群	欠席だけの不登校生徒	196 43.4% 8.3% - 2.2	141 31.2% 9.8% 1.0	48 10.6% 9.3% .1	67 14.8% 11.4% 1.9	452 100.0% 9.2%
	遅刻早退だけの不登校生徒	174 37.7% 7.4% - 4.7	150 32.5% 10.5% 1.6	55 11.9% 10.7% 1.0	82 17.8% 13.9% 4.0	461 100.0% 9.4%
	欠席と遅刻早退を示す不登校生徒	115 29.2% 4.9% - 7.9	122 31.0% 8.5% .8	35 8.9% 6.8% - 1.1	122 31.0% 20.7% 12.0	394 100.0% 8.0%
	不登校群小計	485 37.1% 20.5% - 9.4	413 31.6% 28.8% 2.2	138 10.6% 26.8% .1	271 20.7% 45.9% 11.3	1307 100.0% 26.7%
総計		2364 48.2% 100.0%	1433 29.2% 100.0%	515 10.5% 100.0%	590 12.0% 100.0%	4902 100.0% 100.0%

($\chi^2=243.852$, $P<0.001$) ($\chi^2=161.131$, $P<0.001$)

質問29 あなたは，友だちだと思っている人とどのようなつきあい方をしていますか。

		お互いに悩んでいることなどを打ち明けたり，相談しあったりしている	悩みを打ち明けたりすることはないが，よく遊んだり，話をしたりしている	つきあいはするけれども，とくに親しいとはいえないつきあい方をしている	できるならつきあいたくはないが，仕方なくつきあっている	友だちとしてつきあっている人はいない	計
出席群	登校回避感情のない出席生徒	682 41.6% 28.2% − 1.5	871 53.1% 31.4% 3.4	69 4.2% 22.8% − 2.6	4 .2% 11.4% − 2.3	15 .9% 20.8% − 1.6	1641 100.0% 29.3%
	登校回避感情を示す出席生徒	1087 42.5% 45.0% − .8	1294 50.6% 46.6% 1.5	136 5.3% 44.9% − .3	14 .5% 40.0% − .7	24 .9% 33.3% − 2.1	2555 100.0% 45.6%
	出席群小計	1769 42.2% 73.2% − 2.6	2165 51.6% 78.0% 5.4	205 4.9% 67.7% − 3.0	18 .4% 51.4% − 3.2	39 .9% 54.2% − 4.1	4196 100.0% 74.9%
不登校群	欠席だけの不登校生徒	204 41.5% 8.4% − .8	235 47.8% 8.5% − .8	34 6.9% 11.2% 1.5	4 .8% 11.4% .6	15 3.0% 20.8% 3.6	492 100.0% 8.8%
	遅刻早退だけの不登校生徒	231 46.7% 9.6% 1.7	218 44.0% 7.9% − 2.6	30 6.1% 9.9% .7	6 1.2% 17.1% 1.7	10 2.0% 13.9% 1.5	495 100.0% 8.8%
	欠席と遅刻早退を示す不登校生徒	213 51.0% 8.8% 3.3	156 37.3% 5.6% − 5.2	34 8.1% 11.2% 2.6	7 1.7% 20.0% 2.8	8 1.9% 11.1% 1.2	418 100.0% 7.5%
	不登校群小計	648 46.1% 26.8% 2.6	609 43.3% 22.0% − 5.4	98 7.0% 32.3% 3.0	17 1.2% 48.6% 3.2	33 2.3% 45.8% 4.1	1405 100.0% 25.1%
総計		2417 43.2% 100.0%	2774 49.5% 100.0%	303 5.4% 100.0%	35 .6% 100.0%	72 1.3% 100.0%	5601 100.0% 100.0%

($\chi^2=75.994$, $P<0.001$) ($\chi^2=53.561$, $P<0.001$)

質問30　あなたは，担任の先生とどのようなつきあい方をしていますか。

		自分の個人的な悩みまで打ち明けたり，相談できるような関係	悩みの相談はしないが，勉強のことなどでは相談する関係	相談するほどではないが，気軽に話をする関係	あいさつする程度の関係	できるなら話をすることは避けたい	計
出席群	登校回避感情のない出席生徒	84 5.1% 30.5% .5	223 13.6% 35.6% 3.7	854 51.9% 32.2% 4.7	357 21.7% 26.2% - 2.8	126 7.7% 17.7% - 7.2	1644 100.0% 29.2%
	登校回避感情を示す出席生徒	96 3.7% 34.9% - 3.7	294 11.4% 46.9% .7	1198 46.7% 45.2% - .6	668 26.0% 49.0% 2.9	312 12.1% 43.8% - 1.0	2568 100.0% 45.6%
	出席群小計	180 4.3% 65.5% - 3.7	517 12.3% 82.5% 4.7	2052 48.7% 77.4% 4.2	1025 24.3% 75.2% .4	438 10.4% 61.5% - 8.8	4212 100.0% 74.8%
不登校群	欠席だけの不登校生徒	34 6.8% 12.4% 2.1	39 7.8% 6.2% - 2.5	205 41.2% 7.7% - 2.8	136 27.3% 10.0% 1.7	84 16.9% 11.8% 3.0	498 100.0% 8.8%
	遅刻早退だけの不登校生徒	30 6.0% 10.9% 1.2	35 7.0% 5.6% - 3.1	238 47.7% 9.0% .3	114 22.8% 8.4% - .7	82 16.4% 11.5% 2.7	499 100.0% 8.9%
	欠席と遅刻早退を示す不登校生徒	31 7.4% 11.3% 2.5	36 8.6% 5.7% - 1.7	157 37.4% 5.9% - 4.2	88 21.0% 6.5% - 1.6	108 25.7% 15.2% 8.4	420 100.0% 7.5%
	不登校群小計	95 6.7% 34.5% 3.7	110 7.8% 17.5% - 4.7	600 42.3% 22.6% - 4.2	338 23.9% 24.8% - .4	274 19.3% 38.5% 8.8	1417 100.0% 25.2%
総計		275 4.9% 100.0%	627 11.1% 100.0%	2652 47.1% 100.0%	1363 24.2% 100.0%	712 12.6% 100.0%	5629 100.0% 100.0%

($\chi^2 = 175.980$, $P < 0.001$) ($\chi^2 = 108.410$, $P < 0.001$)

◎それでは,「いじめ」についてお聞きします。
質問31 あなたのクラスで,中2になってから「いじめ」がありましたか。

		あった	なかった	計
出席群	登校回避感情のない出席生徒	463 28.3% 21.4% －10.3	1173 71.7% 34.2% 10.3	1636 100.0% 29.3%
	登校回避感情を示す出席生徒	1024 40.1% 47.4% －2.0	1529 59.9% 44.6% －2.	2553 100.0% 45.7%
	出席群小計	1487 35.5% 68.8% －8.5	2702 64.5% 78.9% 8.5	4189 100.0% 75.0%
不登校群	欠席だけの不登校生徒	233 47.1% 10.8% 4.0	262 52.9% 7.6% －4.3	495 100.0% 8.9%
	遅刻早退だけの不登校生徒	235 47.8% 10.9% 4.3	257 52.2% 7.5% －4.3	492 100.0% 8.8%
	欠席と遅刻早退を示す不登校生徒	207 50.2% 9.6% 5.0	205 49.8% 6.0% －5.0	412 100.0% 7.4%
	不登校群小計	675 48.2% 31.2% 8.5	724 51.8% 21.1% －8.5	1399 100.0% 25.0%
総計		2162 38.7% 100.0%	3426 61.3% 100.0%	5588 100.0% 100.0%

($\chi^2=131.528$, $P<0.001$) ($\chi^2=71.347$, $P<0.001$)

（質問31で1を選んだ人だけ答えてください）
質問31-1　そのとき，あなたは？

		いじめられた	いじめられたが，いじめもした	いじめた	おもしろがってみていた	とめようとした	なにもしなかった	計
出席群	登校回避感情のない出席生徒	27 5.8% 10.7% -4.5	24 5.2% 12.1% -3.4	49 10.5% 21.7% .1	43 9.2% 20.7% -.3	59 12.7% 26.8% 2.0	264 56.7% 24.8% 3.7	466 100.0% 21.5%
	登校回避感情を示す出席生徒	121 11.8% 47.8% .2	88 8.6% 44.2% -.9	83 8.1% 36.7% -3.3	97 9.5% 46.6% -.2	97 9.5% 44.1% -1.0	538 52.5% 50.6% 3.1	1024 100.0% 47.2%
	出席群小計	148 9.9% 58.5% -3.7	112 7.5% 56.3% -4.0	132 8.9% 58.4% -3.5	140 9.4% 67.3% -.5	156 10.5% 70.9% .7	802 53.8% 75.4% 6.6	1490 100.0% 68.7%
不登校群	欠席だけの不登校生徒	44 19.0% 17.4% 3.7	26 11.3% 13.1% 1.2	27 11.7% 11.9% .7	23 10.0% 11.1% .2	18 7.8% 8.2% -1.3	93 40.3% 8.7% -2.8	231 100.0% 10.7%
	遅刻早退だけの不登校生徒	31 13.1% 12.3% .7	33 13.9% 16.6% 2.7	25 10.5% 11.1% .1	26 11.0% 12.5% .8	27 11.4% 12.3% .7	95 40.1% 8.9% -2.9	237 100.0% 10.9%
	欠席と遅刻早退を示す不登校生徒	30 14.2% 11.9% 1.2	28 13.3% 14.1% 2.2	42 19.9% 18.6% 4.7	19 9.0% 9.1% -.3	19 9.0% 8.6% -.6	73 34.6% 6.9% -4.4	211 100.0% 9.7%
	不登校群小計	105 15.5% 41.5% 3.7	87 12.8% 43.7% 4.0	94 13.8% 41.6% 3.5	68 10.0% 32.7% .5	64 9.4% 29.1% -.7	261 38.4% 24.6% -6.6	679 100.0% 31.3%
総計		253 11.7% 100.0%	199 9.2% 100.0%	226 10.4% 100.0%	208 9.6% 100.0%	220 10.1% 100.0%	1063 49.0% 100.0%	2169 100.0% 100.0%

（$\chi^2=99.873$, $P<0.001$）（$\chi^2=60.837$, $P<0.001$）

◎次に，ふだんのあなたの生活や考え方についていくつかお聞きします。

質問32 夏休みなどを利用して，地域の清掃をしたり，老人施設などで奉仕活動をする人がいます。もしあなたに時間があって，このような活動への参加の呼びかけがあれば，どうしますか。

		参加したいと思う	参加したくない	計
出席群	登校回避感情のない出席生徒	541 33.1% 33.0% 4.1	1091 66.9% 27.6% - 4.1	1632 100.0% 29.1%
	登校回避感情を示す出席生徒	747 29.2% 45.5% - .2	1814 70.8% 45.8% .2	2561 100.0% 45.7%
	出席群小計	1288 30.7% 78.5% 4.0	2905 69.3% 73.4% - 4.0	4193 100.0% 74.9%
不登校群	欠席だけの不登校生徒	127 25.7% 7.7% - 1.8	367 74.3% 9.3% 1.8	494 100.0% 8.8%
	遅刻早退だけの不登校生徒	131 26.5% 8.0% - 1.5	364 73.5% 9.2% 1.5	495 100.0% 8.8%
	欠席と遅刻早退を示す不登校生徒	95 22.7% 5.8% - 3.1	324 77.3% 8.2% 3.1	419 100.0% 7.5%
	不登校群小計	353 25.1% 21.5% - 4.0	1055 74.9% 26.6% 4.0	1408 100.0% 25.1%
総計		1641 29.3% 100.0%	3960 70.7% 100.0%	5601 100.0% 100.0%

（$\chi^2=25.576$, $P<0.001$）（$\chi^2=15.954$, $P<0.001$）

質問33　電車やバスで，お年寄りや体の不自由な人に席をゆずったことがありますか。

		ゆずった経験がある	気にはなったが，ゆずったことはない	あまり気にしたことがない	そういう場面に出会ったことがない	計
出席群	登校回避感情のない出席生徒	1185 71.8% 29.3% .2	202 12.2% 29.3% .0	67 4.1% 25.8% − 1.3	196 11.9% 30.2% .5	1650 100.0% 29.3%
	登校回避感情を示す出席生徒	1843 71.7% 45.6% .0	339 13.2% 49.1% 2.0	109 4.2% 41.9% − 1.2	281 10.9% 43.2% − 1.3	2572 100.0% 45.6%
	出席群小計	3028 71.7% 75.0% .3	541 12.8% 78.4% 2.3	176 4.2% 67.7% − 2.7	477 11.3% 73.4% − .9	4222 100.0% 74.9%
不登校群	欠席だけの不登校生徒	357 71.8% 8.8% .1	60 12.1% 8.7% − .1	24 4.8% 9.2% .2	56 11.3% 8.6% − .2	497 100.0% 8.8%
	遅刻早退だけの不登校生徒	354 70.8% 8.8% − .4	46 9.2% 6.7% − 2.2	38 7.6% 14.6% 3.3	62 12.4% 9.5% .6	500 100.0% 8.9%
	欠席と遅刻早退を示す不登校生徒	301 71.5% 7.5% − .1	43 10.2% 6.2% − 1.3	22 5.2% 8.5% .6	55 13.1% 8.5% 1.0	421 100.0% 7.5%
	不登校群小計	1012 71.4% 25.0% − .3	149 10.5% 21.6% − 2.3	84 5.9% 32.3% 2.7	173 12.2% 26.6% .9	1418 100.0% 25.1%
総計		4040 71.6% 100.0%	690 12.2% 100.0%	260 4.6% 100.0%	650 11.5% 100.0%	5640 100.0% 100.0%

($\chi^2 = 21.275$, $P < 0.465$) ($\chi^2 = 12.476$, $P < 0.059$)

質問34 あなたは，成績と将来の幸せとの関係について，次の1・2どちらの意見に近いですか。近い方を答えてください。

		いい成績をとることは将来の幸せにつながる	成績と将来の幸せとは関係がない	計
出席群	登校回避感情のない出席生徒	833 50.6% 31.9% 4.1	813 49.4% 26.9% − 4.1	1646 100.0% 29.2%
	登校回避感情を示す出席生徒	1195 46.6% 45.8% .2	1371 53.4% 45.4% − .2	2566 100.0% 45.6%
	出席群小計	2028 48.1% 77.6% 4.5	2184 51.9% 72.4% − 4.5	4212 100.0% 74.8%
不登校群	欠席だけの不登校生徒	202 40.6% 7.7% − 2.7	295 59.4% 9.8% 2.7	497 100.0% 8.8%
	遅刻早退だけの不登校生徒	228 45.7% 8.7% − .3	271 54.3% 9.0% .3	499 100.0% 8.9%
	欠席と遅刻早退を示す不登校生徒	154 36.6% 5.9% − 4.2	267 63.4% 8.8% 4.2	421 100.0% 7.5%
	不登校群小計	584 41.2% 22.4% − 4.5	833 58.8% 27.6% 4.5	1417 100.0% 25.2%
総計		2612 46.4% 100.0%	3017 53.6% 100.0%	5629 100.0% 100.0%

（$\chi^2 = 34.793$, $P < 0.001$）（$\chi^2 = 20.221$, $P < 0.001$）

質問35　町内や校区内での行事などに，あなたは積極的に参加する方ですか。参加しない方ですか。

		かなり積極的に参加する方	やや積極的に参加する方	あまり参加しない方	まったく参加しない	行事などは行なわれていない	計
出席群	登校回避感情のない出席生徒	88 5.3% 42.9% 4.4	484 29.4% 36.4% 6.6	740 44.9% 28.4% − 1.3	253 15.4% 21.8% − 6.3	83 5.0% 24.9% − 1.8	1648 100.0% 29.3%
	登校回避感情を示す出席生徒	75 2.9% 36.6 − 2.6	577 22.5% 43.4% − 1.8	1259 49.1% 48.3% 3.9	498 19.4% 42.9% − 2.0	157 6.1% 47.1% .6	2566 100.0% 45.6%
	出席群小計	163 3.9% 79.5% 1.6	1061 25.2% 79.9% 4.8	1999 47.4% 76.8% 3.1	751 17.8% 64.7% − 8.9	240 5.7% 72.1% − 1.2	4214 100.0% 74.8%
不登校群	欠席だけの不登校生徒	16 3.2% 7.8% − .5	91 18.4% 6.9% − 2.9	228 46.1% 8.8% − .1	131 26.5% 11.3% 3.4	29 5.9% 8.7% − .1	495 100.0% 8.8%
	遅刻早退だけの不登校生徒	16 3.2% 7.8% − .6	106 21.2% 8.0% − 1.3	225 45.0% 8.6% − .6	123 24.6% 10.6% 2.3	30 6.0% 9.0% .1	500 100.0% 8.9%
	欠席と遅刻早退を示す不登校生徒	10 2.4% 4.9% − 1.4	70 16.6% 5.3% − 3.5	152 36.1% 5.8% − 4.3	155 36.8% 13.4% 8.6	34 8.1% 10.2% 2.0	421 100.0% 7.5%
	不登校群小計	42 3.0% 20.5% − 1.6	267 18.9% 20.1% − 4.8	605 42.7% 23.2% − 3.1	409 28.9% 35.3% 8.9	93 6.6% 27.9% 1.2	1416 100.0% 25.2%
総計		205 3.6% 100.0%	1328 23.6% 100.0%	2604 46.3% 100.0%	1160 20.6% 100.0%	333 5.9% 100.0%	5630 100.0% 100.0%

（$\chi^2=169.182$, $P<0.001$）（$\chi^2=89.729$, $P<0.001$）

質問36 塾やその他の習いごとがあるときに，放課後，学校に残ってみんなで何かをすることに決まりました。そのとき，あなたならどうしますか。

		どちらかといえば学校に残る	どちらかといえば塾やおけいこごとにいく	計
出席群	登校回避感情のない出席生徒	1305 79.9% 30.2% - 2.9	328 20.1% 25.9% - 2.9	1633 100.0% 29.2%
	登校回避感情を示す出席生徒	1976 77.3% 45.7% - .1	580 22.7% 45.8% .1	2556 100.0% 45.7%
	出席群小計	3281 78.3% 75.9% 2.9	908 21.7% 71.8% - 2.9	4189 100.0% 74.9%
不登校群	欠席だけの不登校生徒	376 76.6% 8.7% - .4	115 23.4% 9.1% .4	491 100.0% 8.8%
	遅刻早退だけの不登校生徒	356 71.9% 8.2% - 3.0	139 28.1% 11.0% 3.0	495 100.0% 8.9%
	欠席と遅刻早退を示す不登校生徒	312 75.2% 7.2% - 1.1	103 24.8% 8.1% 1.1	415 100.0% 7.4%
	不登校群小計	1044 74.5% 24.1% - 2.9	357 25.5% 28.2% 2.9	1401 100.0% 25.1%
総計		4325 77.4% 100.0%	1265 22.6% 100.0%	5590 100.0% 100.0%

($\chi^2=15.754$, $P<0.034$) ($\chi^2=8.469$, $P<0.036$)

質問37　人のくらし方について，いろいろな考え方があります。あなたは，将来どんなくらし方をしたいと思いますか。あなたの考えにもっとも近いものを<u>ひとつだけ</u>選んでください。

		お金をもうける	えらい人になる	お金や名誉より自分の好きなように生きる	世の中や社会のためにつくすことを第一に考える	計
出席群	登校回避感情のない出席生徒	353 21.5% 26.9% − 2.1	88 5.4% 36.4% 2.5	953 58.0% 27.7% − 3.2	249 15.2% 40.0% 6.2	1643 100.0% 29.2%
	登校回避感情を示す出席生徒	600 23.4% 45.8% .1	100 3.9% 41.3% − 1.4	1612 62.8% 46.8% 2.2	253 9.9% 40.6% − 2.7	2565 100.0% 45.6%
	出席群小計	953 22.6% 72.7% − 2.1	188 4.5% 77.7% 1.0	2565 61.0% 74.5% − .9	502 11.9% 80.6% 3.5	4208 100.0% 74.9%
不登校群	欠席だけの不登校生徒	115 23.2% 8.8% − .1	25 5.0% 10.3% .8	313 63.1% 9.1% .9	43 8.7% 6.9% − 1.8	496 100.0% 8.8%
	遅刻早退だけの不登校生徒	131 26.3% 10.0% 1.6	18 3.6% 7.4% − .8	307 61.6% 8.9% .2	42 8.4% 6.7% − 2.0	498 100.0% 8.9%
	欠席と遅刻早退を示す不登校生徒	112 26.8% 8.5% 1.7	11 2.6% 4.5% − 1.8	259 62.0% 7.5% .3	36 8.6% 5.8% − 1.7	418 100.0% 7.4%
	不登校群小計	358 25.4% 27.3% 2.1	54 3.8% 22.3% − 1.0	879 62.3% 25.5% .9	121 8.6% 19.4% − 3.5	1412 100.0% 25.1%
総計		1311 23.3% 100.0%	242 4.3% 100.0%	3444 61.3% 100.0%	623 11.1% 100.0%	5620 100.0% 100.0%

（$\chi^2=55.834$, $P<0.001$）（$\chi^2=15.395$, $P<0.015$）

質問38 あなたは最近の1年間に下に書いてあるようなことをしようと思ったことがありますか。（あなたの迷惑になるようなことは，絶対にありませんから，正確に答えてください。）
1．タバコをすう

		ある	ない	計
出席群	登校回避感情のない出席生徒	107 7.0% 15.4% －8.7	1425 93.0% 31.4% 8.7	1532 100.0% 29.3%
	登校回避感情を示す出席生徒	204 8.6% 29.3% －9.0	2161 91.4% 47.6% 9.0	2365 100.0% 45.2%
	出席群小計	311 8.0% 44.7% －19.4	3586 92.0% 79.0% 19.4	3897 100.0% 74.5%
不登校群	欠席だけの不登校生徒	104 22.6% 14.9% 6.2	356 77.4% 7.8% －6.2	460 100.0% 8.8%
	遅刻早退だけの不登校生徒	124 26.4% 17.8% 8.8	346 73.6% 7.6% －8.8	470 100.0% 9.0%
	欠席と遅刻早退を示す不登校生徒	157 38.7% 22.6% 15.7	249 61.3% 5.5% －15.7	406 100.0% 7.8%
	不登校群小計	385 28.8% 55.3% 19.4	951 71.2% 21.0% －19.4	1336 100.0% 25.5%
	総計	696 13.3% 100.0%	4537 86.7% 100.0%	5233 100.0% 100.0%

（$\chi^2=428.749$, $P<0.001$）（$\chi^2=372.800$, $P<0.001$）

2．親にことわらずに外泊をする

		ある	ない	計
出席群	登校回避感情のない出席生徒	116 7.6% 17.9% − 6.8	1416 92.4% 30.9% 6.8	1532 100.0% 29.3%
	登校回避感情を示す出席生徒	237 10.0% 36.5% − 4.8	2129 90.0% 46.4% 4.8	2366 100.0% 45.2%
	出席群小計	353 9.1% 54.4% −12.5	3545 90.9% 77.3% 12.5	3898 100.0% 74.5%
不登校群	欠席だけの不登校生徒	76 16.5% 11.7% 2.8	386 83.5% 8.4% − 2.8	462 100.0% 8.8%
	遅刻早退だけの不登校生徒	85 18.2% 13.1% 4.0	383 81.8% 8.4% − 4.0	468 100.0% 8.9%
	欠席と遅刻早退を示す不登校生徒	135 33.3% 20.8% 13.3	270 66.7% 5.9% −13.3	405 100.0% 7.7%
	不登校群小計	296 22.2% 45.6% 12.5	1039 77.8% 22.7% −12.5	1335 100.0% 25.5%
総計		649 12.4% 100.0%	4584 87.6% 100.0%	5233 100.0% 100.0%

（$\chi^2=229.880$, $P<0.001$）（$\chi^2=156.269$, $P<0.001$）

3．学校で禁止されている服装，髪形で登校する

		ある	ない	計
出席群	登校回避感情のない出席生徒	383 25.0% 20.8% − 9.8	1151 75.0% 33.8% 9.8	1534 100.0% 29.2%
	登校回避感情を示す出席生徒	777 32.7% 42.3% − 3.1	1596 67.3% 46.8% 3.1	2373 100.0% 45.2%
	出席群小計	1160 29.7% 63.1% −13.8	2747 70.3% 80.6% 13.8	3907 100.0% 74.5%
不登校群	欠席だけの不登校生徒	189 40.7% 10.3% 2.7	275 59.3% 8.1% − 2.7	464 100.0% 8.8%
	遅刻早退だけの不登校生徒	238 50.5% 13.0% 7.4	233 49.5% 6.8% − 7.4	471 100.0% 9.0%
	欠席と遅刻早退を示す不登校生徒	250 61.9% 13.6% 11.8	254 38.1% 4.5% −11.8	404 100.0% 7.7%
	不登校群小計	677 50.6% 36.9% 13.8	662 49.4% 19.4% −13.8	1339 100.0% 25.5%
	総計	1837 35.0% 100.0%	3409 65.0% 100.0%	5246 100.0% 100.0%

（$\chi^2=258.082$, $P<0.001$）（$\chi^2=189.960$, $P<0.001$）

4. 友だちをおどして、お金や物を取り上げる

		ある	ない	計
出席群	登校回避感情のない出席生徒	26 1.7% 17.9% − 3.1	1505 98.3% 29.6% 3.1	1531 100.0% 29.3%
	登校回避感情を示す出席生徒	42 1.8% 29.0% − 4.0	2319 98.2% 45.7% 4.0	2361 100.0% 45.2%
	出席群小計	68 1.7% 46.9% − 7.7	3824 98.3% 75.3% 7.7	3892 100.0% 74.5%
不登校群	欠席だけの不登校生徒	18 3.9% 12.4% 1.5	443 96.1% 8.7% − 1.5	461 100.0% 8.8%
	遅刻早退だけの不登校生徒	19 4.1% 13.1% 1.8	447 95.9% 8.8% − 1.8	466 100.0% 8.9%
	欠席と遅刻早退を示す不登校生徒	40 9.9% 27.6% 9.1	363 90.1% 7.1% − 9.1	403 100.0% 7.7%
	不登校群小計	77 5.8% 53.1% 7.7	1253 94.2% 24.7% − 7.7	1330 100.0% 25.5%
総計		145 2.8% 100.0%	5077 97.2% 100.0%	5222 100.0% 100.0%

（$\chi^2=96.686$, $P<0.001$）（$\chi^2=58.510$, $P<0.001$）

5．学校のもの（窓・机・いす・壁など）をわざとこわす

		ある	ない	計
出席群	登校回避感情のない出席生徒	92 6.0% 15.5% − 7.9	1440 94.0% 31.1% 7.9	1532 100.0% 29.3%
	登校回避感情を示す出席生徒	229 9.7% 38.6% − 3.5	2136 90.3% 46.1% 3.5	2365 100.0% 45.2%
	出席群小計	321 8.2% 54.0% −12.2	3576 91.8% 77.2% 12.2	3897 100.0% 74.6%
不登校群	欠席だけの不登校生徒	72 15.6% 12.1% 3.0	389 84.4% 8.4% − 3.0	461 100.0% 8.8
	遅刻早退だけの不登校生徒	99 21.2% 16.7% 7.0	369 78.8% 8.0% − 7.0	468 100.0% 9.0%
	欠席と遅刻早退を示す不登校生徒	102 25.4% 17.2% 9.2	299 74.6% 6.5% − 9.2	401 100.0% 7.7%
	不登校群小計	273 20.5% 46.0% 12.2	1057 79.5% 22.8% −12.2	1330 100.0% 25.4%
総　計		594 11.4% 100.0%	4633 88.6% 100.0%	5227 100.0% 100.0%

（$\chi^2=181.963$, $P<0.001$）（$\chi^2=147.456$, $P<0.001$）

6. 学校の授業をさぼる

		ある	ない	計
出席群	登校回避感情のない出席生徒	120 7.8% 11.0% -15.0	1414 92.2% 34.1% 15.0	1534 100.0% 29.3%
	登校回避感情を示す出席生徒	413 17.5% 37.8% -5.5	1953 82.5% 47.1% 5.5	2366 100.0% 45.2%
	出席群小計	533 13.7% 48.7% -21.9	3367 86.3% 81.2% 21.9	3900 100.0% 74.4%
不登校群	欠席だけの不登校生徒	139 30.0% 12.7% 5.1	324 70.0% 7.8% -5.1	463 100.0% 8.8%
	遅刻早退だけの不登校生徒	183 38.9% 16.7% 10.1	287 61.1% 6.9% -10.1	470 100.0% 9.0%
	欠席と遅刻早退を示す不登校生徒	239 58.9% 21.8% 19.6	167 41.1% 4.0% -19.6	406 100.0% 7.7%
	不登校群小計	561 41.9% 51.3% 21.9	778 58.1% 18.8% -21.9	1339 100.0% 25.6%
総計		1094 20.9% 100.0%	4145 79.1% 100.0%	5239 100.0% 100.0%

($\chi^2=645.873$, $P<0.001$) ($\chi^2=479.112$, $P<0.001$)

7. 授業時間に人のじゃまをする

		ある	ない	計
出席群	登校回避感情のない出席生徒	271 17.7% 22.7% − 5.7	1260 82.3% 31.3% 5.7	1531 100.0% 29.3%
	登校回避感情を示す出席生徒	502 21.3% 42.1% − 2.5	1859 78.7% 46.1% 2.5	2361 100.0% 45.2%
	出席群小計	773 19.9% 64.8% − 8.7	3119 80.1% 77.4% 8.7	3892 100.0% 74.5%
不登校群	欠席だけの不登校生徒	113 24.6% 9.5% .9	347 75.4% 8.6% −.9	460 100.0% 8.8%
	遅刻早退だけの不登校生徒	152 32.5% 12.8% 5.2	315 67.5% 7.8% − 5.2	467 100.0% 8.9%
	欠席と遅刻早退を示す不登校生徒	154 38.3% 12.9% 7.7	248 61.7% 6.2% − 7.7	402 100.0% 7.7%
	不登校群小計	419 31.5% 35.2% 8.7	910 68.5% 22.6% − 8.7	1329 100.0% 25.5%
総計		1192 22.8% 100.0%	4029 77.2% 100.0%	5221 100.0% 100.0%

($\chi^2=106.640$, $P<0.001$) ($\chi^2=75.870$, $P<0.001$)

8. 学校でけんかや争いを起こす

		ある	ない	計
出席群	登校回避感情のない出席生徒	197 12.9% 21.7% − 5.5	1335 87.1% 30.9% 5.5	1532 100.0% 29.3%
	登校回避感情を示す出席生徒	354 15.0% 39.0% − 4.1	2005 85.0% 46.5% 4.1	2359 100.0% 45.2%
	出席群小計	551 14.2% 60.7% −10.4	3340 85.8% 77.4% 10.4	3891 100.0% 74.5%
不登校群	欠席だけの不登校生徒	104 22.6% 11.5% 3.1	356 77.4% 8.2% − 3.1	460 100.0% 8.8%
	遅刻早退だけの不登校生徒	118 25.2% 13.0% 4.7	351 74.8% 8.1% − 4.7	469 100.0% 9.0%
	欠席と遅刻早退を示す不登校生徒	134 33.3% 14.8% 8.8	269 66.7% 6.2% − 8.8	403 100.0% 7.7%
	不登校群小計	356 26.7% 39.3% 10.4	976 73.3% 22.6% −10.4	1332 100.0% 25.5%
総 計		907 17.4% 100.0%	4316 82.6% 100.0%	5223 100.0% 100.0%

(χ^2=130.365, P<0.001) (χ^2=108.315, P<0.001)

9. 他校生とけんかや争いを起こす

		ある	ない	計
出席群	登校回避感情のない出席生徒	66 4.3% 17.2% −5.4	1466 95.7% 30.3% 5.4	1532 100.0% 29.4%
	登校回避感情を示す出席生徒	110 4.7% 28.6% −6.8	2248 95.3% 46.5% 6.8	2358 100.0% 45.2%
	出席群小計	176 4.5% 45.8% −13.4	3714 95.5% 76.8% 13.4	3890 100.0% 74.5%
不登校群	欠席だけの不登校生徒	46 10.0% 12.0% 2.3	413 90.0% 8.5% −2.3	459 100.0% 8.8%
	遅刻早退だけの不登校生徒	70 15.0% 18.2% 6.6	398 85.0% 8.2% −6.6	468 100.0% 9.0%
	欠席と遅刻早退を示す不登校生徒	92 22.9% 24.0% 12.4	310 77.1% 6.4% −12.4	402 100.0% 7.7%
	不登校群小計	208 15.7% 54.2% 13.4	1121 84.3% 23.2% −13.4	1329 100.0% 25.5%
	総計	384 7.4% 100.0%	4835 92.6% 100.0%	5219 100.0% 100.0%

($\chi^2=232.615$, $P<0.001$)　($\chi^2=178.277$, $P<0.001$)

10. 夜中まで，外で遊ぶ

		ある	ない	計
出席群	登校回避感情のない出席生徒	170 11.1% 15.5% −11.3	1360 88.9% 32.9% 11.3	1530 100.0% 29.3%
	登校回避感情を示す出席生徒	443 18.7% 40.4% − 3.6	1923 81.3% 46.5% 3.6	2366 100.0% 45.3%
	出席群小計	613 15.7% 55.9% −15.9	3283 84.3% 79.5% 15.9	3896 100.0% 74.5%
不登校群	欠席だけの不登校生徒	134 29.0% 12.2% 4.4	328 71.0% 7.9% − 4.4	462 100.0% 8.8%
	遅刻早退だけの不登校生徒	164 35.0% 15.0% 7.8	304 65.0% 7.4% − 7.8	468 100.0% 9.0%
	欠席と遅刻早退を示す不登校生徒	185 46.0% 16.9% 12.8	217 54.0% 5.3% −12.8	402 100.0% 7.7%
	不登校群小計	483 36.3% 44.1% 15.9	849 63.7% 20.5% −15.9	1332 100.0% 25.5%
	総計	1096 21.0% 100.0%	4132 79.0% 100.0%	5228 100.0% 100.0%

($\chi^2=323.138$, $P<0.001$) ($\chi^2=251.195$, $P<0.001$)

II. 調査結果集計表　367

質問39　あなたは，次のようなことについて，自分にどのくらいあてはまると思いますか。それぞれ，○をつけてください。
1. 自分を犠牲にしてまで，他人に奉仕したくない

		そう思う	どちらかといえばそう思う	どちらかといえばそうは思わない	そうは思わない	計
出席群	登校回避感情のない出席生徒	239 14.7% 25.5% − 2.7	603 37.0% 29.2% .1	591 36.3% 30.9% 2.1	196 12.9% 29.2% .0	1629 100.0% 29.2%
	登校回避感情を示す出席生徒	393 15.4% 41.9% − 2.6	988 38.7% 47.9% 2.5	890 34.9% 46.5% .9	282 11.0% 42.0% − 2.0	2553 100.0% 45.7%
	出席群小計	632 15.1% 67.4% − 5.8	1591 38.0% 77.1% 2.9	1481 35.4% 77.4% 3.2	478 11.4% 71.2% − 2.3	4182 100.0% 74.9%
不登校群	欠席だけの不登校生徒	104 21.2% 11.1% 2.7	175 35.7% 8.5% − .6	144 29.4% 7.5% − 2.4	67 13.7% 10.0% 1.2	490 100.0% 8.8%
	遅刻早退だけの不登校生徒	96 19.3% 10.2% 1.6	175 35.2% 8.5% − .8	164 33.0% 8.6% − .6	62 12.5% 9.2% .3	497 100.0% 8.9%
	欠席と遅刻早退を示す不登校生徒	106 25.4% 11.3% 4.9	123 29.5% 6.0% − 3.3	124 29.7% 6.5% − 2.0	64 15.3% 2.2% 2.2	417 100.0% 7.5%
	不登校群小計	306 21.8% 32.6% 5.8	473 33.7% 22.9% − 2.9	432 30.8% 22.6% − 3.2	193 13.7% 28.8% 2.3	1404 100.0% 25.1%
総計		938 16.8% 100.0%	2064 36.9% 100.0%	1913 34.2% 100.0%	671 12.0% 100.0%	5586 100.0% 100.0%

（$\chi^2 = 57.825$, $P < 0.001$）（$\chi^2 = 44.663$, $P < 0.001$）

2. しょせん人間は，ひとりで生きていかなければならない

		そう思う	どちらかといえばそう思う	どちらかといえばそうは思わない	そうは思わない	計
出席群	登校回避感情のない出席生徒	295 18.0% 23.7% - 4.9	352 21.5% 26.8% - 2.2	480 29.3% 30.8% 1.6	510 31.2% 34.3% 5.1	1637 100.0% 29.2%
	登校回避感情を示す出席生徒	550 21.5% 44.1% - 1.3	642 25.1% 48.9% 2.7	744 29.1% 47.7% 1.9	625 24.4% 42.1% - 3.3	2561 100.0% 45.7%
	出席群小計	845 20.1% 67.8% - 6.6	994 23.7% 75.7% .8	1224 29.2% 78.5% 3.8	1135 27.0% 76.4% 1.6	4198 100.0% 74.9%
不登校群	欠席だけの不登校生徒	131 26.6% 10.5% 2.4	112 22.8% 8.5% - .4	119 24.2% 7.6% - 1.9	130 26.4% 8.7% - .0	492 100.0% 8.8%
	遅刻早退だけの不登校生徒	136 27.3% 10.9% 2.8	132 26.5% 10.1% 1.7	129 25.9% 8.3% - 1.0	101 20.3% 6.8% - 3.3	498 100.0% 8.9%
	欠席と遅刻早退を示す不登校生徒	135 32.3% 10.8% 5.1	75 17.9% 5.7% - 2.7	88 21.1% 5.6% - 3.2	120 28.7% 8.1% 1.1	418 100.0% 7.5%
	不登校群小計	402 28.6% 32.2% 6.6	319 22.7 24.3% - .8	336 23.9% 21.5% - 3.8	351 24.9% 23.6% - 1.6	1408 100.0% 25.1%
	総計	1247 22.2% 100.0%	1313 23.4% 100.0%	1560 27.8% 100.0%	1486 26.5% 100.0%	5606 100.0% 100.0%

($\chi^2=94.045$, $P<0.001$) ($\chi^2=46.477$, $P<0.001$)

3. 自分のことばや行動が，相手を傷つけていないか不安になることがよくある

		そう思う	どちらかといえばそう思う	どちらかといえばそうは思わない	そうは思わない	計
出席群	登校回避感情のない出席生徒	575 35.1% 25.9% − 4.4	703 42.9% 30.4% 1.7	248 15.1% 34.4% 3.3	112 6.8% 31.5% 1.0	1638 100.0% 29.2%
	登校回避感情を示す出席生徒	1067 41.7% 48.1% 2.9	1062 41.5% 46.0% .4	306 12.0% 42.5% − 1.8	125 4.9% 35.1% − 4.1	2560 100.0% 45.7%
	出席群小計	1642 39.1% 74.0% − 1.3	1765 42.0% 76.4% 2.2	554 13.2% 76.9% 1.4	237 5.6% 66.6% − 3.7	4198 100.0% 74.9%
不登校群	欠席だけの不登校生徒	218 44.3% 9.8% 2.2	185 37.6% 8.0% − 1.7	60 12.2% 8.3% − .5	29 5.9% 8.1% − .4	492 100.0% 8.8%
	遅刻早退だけの不登校生徒	191 38.4% 8.6% − .6	209 42.1% 9.1% .4	55 11.1% 7.6% − 1.2	42 8.5% 11.8% 2.0	497 100.0% 8.9%
	欠席と遅刻早退を示す不登校生徒	169 40.4% 7.6% .4	150 35.9% 6.5% − 2.3	51 12.2% 7.1% − .4	48 11.5% 13.5% 4.5	418 100.0% 7.5%
	不登校群小計	578 41.1% 26.0% 1.3	544 38.7% 23.6% − 2.2	166 11.8% 23.1% − 1.4	119 8.5% 33.4% 3.7	1407 100.0% 25.1%
	総計	2220 39.6% 100.0%	2309 41.2% 100.0%	720 12.8% 100.0%	356 6.4% 100.0%	5605 100.0% 100.0%

($\chi^2=59.948$, $P<0.001$) ($\chi^2=18.677$, $P<0.001$)

4. いくら親しい間がらでも，人には打ち明けられないことがあるものだ

		そう思う	どちらかといえばそう思う	どちらかといえばそうは思わない	そうは思わない	計
出席群	登校回避感情のない出席生徒	757 46.2% 25.3% − 7.0	511 31.2% 30.9% 1.8	225 13.7% 39.4% 5.6	147 9.0% 9.0% 3.8	1640 100.0% 29.2%
	登校回避感情を示す出席生徒	1426 55.6% 47.6% 3.1	793 30.9% 48.0% 2.2	217 8.5% 38.0% − 3.9	127 5.0% 32.5% − 5.4	2563 100.0% 45.7%
	出席群小計	2183 51.9% 72.9% − 3.8	1304 31.0% 78.9% 4.4	442 10.5% 77.4% 1.5	274 6.5% 70.1% − 2.3	4203 100.0% 74.9%
不登校群	欠席だけの不登校生徒	302 61.3% 10.1% 3.7	120 24.3% 7.3% − 2.6	36 7.3% 6.3% − 2.2	35 7.1% 9.0% .1	493 100.0% 8.8%
	遅刻早退だけの不登校生徒	269 54.0% 9.0% .3	140 28.1% 8.5% − .7	52 10.4% 9.1% .2	37 7.4% 9.5% .4	498 100.0% 8.9%
	欠席と遅刻早退を示す不登校生徒	242 58.0% 8.1% 2.0	89 21.3% 5.4% − 3.8	41 9.8% 7.2% − .2	45 10.8% 11.5% 3.2	417 100.0% 7.4%
	不登校群小計	813 57.7% 27.1% 3.8	349 24.8% 21.1% − 4.4	129 9.2% 22.6% − 1.5	117 8.3% 29.9% 2.3	1408 100.0% 25.1%
総計		2996 53.4% 100.0%	1653 29.5% 100.0%	571 10.2% 100.0%	391 7.0% 100.0%	5611 100.0% 100.0%

($\chi^2=108.317$, $P<0.001$) ($\chi^2=27.336$, $P<0.001$)

5. そのとき自分がしたいことを，他人を気にせずに実行したい

		そう思う	どちらかといえばそう思う	どちらかといえばそうは思わない	そうは思わない	計
出席群	登校回避感情のない出席生徒	215 13.1% 22.5% －5.0	399 24.4% 26.7% －2.4	654 39.9% 31.9% 3.4	370 22.6% 33.3% 3.3	1638 100.0% 29.2%
	登校回避感情を示す出席生徒	415 16.2% 43.4% －1.6	669 26.1% 44.8% －.8	994 38.8% 48.5% 3.2	486 19.0% 43.7% －1.5	2564 100.0% 45.7%
	出席群小計	630 15.0% 65.9% －7.1	1068 25.4% 71.6% －3.5	1648 39.2% 80.4% 7.2	856 20.4% 77.0% 1.8	4202 100.0% 74.9%
不登校群	欠席だけの不登校生徒	97 19.7% 10.1% 1.6	149 30.2% 10.0% 1.9	148 30.0% 7.2% －3.1	99 20.1% 8.9% .1	493 100.0% 8.8%
	遅刻早退だけの不登校生徒	123 24.8% 12.9% 4.8	150 30.2% 10.1% 1.9	150 30.2% 7.3% －3.0	73 14.7% 6.6% －3.0	496 100.0% 8.8%
	欠席と遅刻早退を示す不登校生徒	106 25.4% 11.1% 4.7	125 29.9% 8.4% 1.6	103 24.6% 5.0% －5.2	84 20.1% 7.6% .1	418 100.0% 7.5%
	不登校群小計	326 23.2% 34.1% 7.1	424 30.1% 28.4% 3.5	401 28.5% 19.6% －7.2	256 18.2% 23.0% －1.8	1407 100.0% 25.1%
総計		956 17.0% 100.0%	1492 26.6% 100.0%	2049 36.5% 100.0%	1112 19.8% 100.0%	5609 100.0% 100.0%

($\chi^2=112.078$, $P<0.001$) ($\chi^2=85.844$, $P<0.001$)

6. お父さんといっしょにいると，なんとなく安心できる

		そう思う	どちらかといえばそう思う	どちらかといえばそうは思わない	そうは思わない	計
出席群	登校回避感情のない出席生徒	350 23.3% 35.0% 4.6	528 35.1% 32.6% 3.8	385 25.6% 26.8% − 2.3	242 16.1% 21.6% − 6.2	1505 100.0% 29.0%
	登校回避感情を示す出席生徒	403 17.1% 40.3% − 3.7	765 32.5% 47.2% 1.7	700 29.7% 48.6% 2.8	489 20.7% 43.6% − 1.5	2357 100.0% 45.5%
	出席群小計	753 19.5% 75.3% .6	1293 33.5% 79.8% 5.9	1085 28.1% 75.4% .9	731 18.9% 65.2% − 8.2	3862 100.0% 74.5%
不登校群	欠席だけの不登校生徒	90 19.8% 9.0% .3	113 24.8% 7.0% − 3.1	119 26.2% 8.3% − .8	133 29.2% 11.9% 4.1	455 100.0% 8.8%
	遅刻早退だけの不登校生徒	69 14.9% 6.9% − 2.5	123 26.6% 7.6% − 2.3	149 32.2% 10.4% 2.2	122 26.3% 10.9% 2.6	463 100.0% 8.9%
	欠席と遅刻早退を示す不登校生徒	88 21.9% 8.8% 1.4	91 22.7% 5.6% − 3.9	86 21.4% 6.0% − 2.9	136 33.9% 12.1% 6.2	401 100.0% 7.7%
	不登校群小計	247 18.7% 24.7% − .6	327 24.8% 20.2% − 5.6	354 26.8% 24.6% − .9	391 29.6% 34.8% 8.2	1319 100.0% 25.5%
総計		1000 19.3% 100.0%	1620 31.3% 100.0%	1439 27.8% 100.0%	1122 21.7% 100.0%	5181 100.0% 100.0%

($\chi^2=133.365$, $P<0.001$)　($\chi^2=76.730$, $P<0.001$)

7. お母さんといっしょにいると，なんとなく安心できる

		そう思う	どちらかといえばそう思う	どちらかといえばそうは思わない	そうは思わない	計
出席群	登校回避感情のない出席生徒	446 29.3% 32.0% 2.8	575 37.8% 30.3% 1.5	327 21.5% 27.4% − 1.4	172 11.3% 23.0% − 3.9	1520 100.0% 29.1%
	登校回避感情を示す出席生徒	610 25.7% 43.8% − 1.4	906 38.1% 47.7% 2.5	560 23.6% 47.0% 1.2	301 12.7% 40.2% − 3.1	2377 100.0% 45.4%
	出席群小計	1056 27.1% 75.8% 1.3	1481 38.0% 78.0% 4.4	887 22.8% 74.4% − .1	473 12.1% 63.2% − 7.6	3897 100.0% 74.5%
不登校群	欠席だけの不登校生徒	124 27.0% 8.9% .2	146 31.8% 7.7% − 2.1	103 22.4% 8.6% − .2	86 18.7% 11.5% 2.8	459 100.0% 8.8%
	遅刻早退だけの不登校生徒	109 23.1% 7.8% − 1.8	163 34.6% 8.6% − .8	120 25.5% 10.1% 1.5	79 16.8% 10.6% 1.6	471 100.0% 9.8%
	欠席と遅刻早退を示す不登校生徒	104 25.7% 7.5% − .4	109 26.9% 5.7% − 4.1	82 20.2% 6.9% − 1.3	110 27.2% 14.7% 7.7	405 100.0% 7.7%
	不登校群小計	337 25.2% 24.2% − 1.3	418 31.3% 22.0% − 4.4	305 22.8% 25.6% .1	275 20.6% 36.8% 7.6	1335 100.0% 25.5%
総計		1393 26.6% 100.0%	1899 36.3% 100.0%	1192 22.8% 100.0%	748 14.3. 100.0%	5232 100.0% 100.0%

($\chi^2 = 96.723$, $P < 0.001$) ($\chi^2 = 63.358$, $P < 0.001$)

8. 今, 自分には熱中できるものがある

		そう思う	どちらかといえばそう思う	どちらかといえばそうは思わない	そうは思わない	計
出席群	登校回避感情のない出席生徒	820 50.0% 31.6% 3.6	375 22.9% 30.2% .8	306 18.7% 29.4% .1	139 8.5% 19.1% − 6.5	1640 100.0% 29.3%
	登校回避感情を示す出席生徒	1128 44.1% 43.5% − 3.1	608 23.8% 49.0% 2.7	503 19.6% 48.3% 1.9	321 12.5% 44.1% − .9	2560 100.0% 45.7%
	出席群小計	1948 46.4% 75.1% .2	983 23.4% 79.2% 3.9	809 19.3% 77.7% 2.3	460 11.0% 63.2% − 7.8	4200 100.0% 74.9%
不登校群	欠席だけの不登校生徒	227 46.2% 8.7% − .0	99 20.2% 8.0% − 1.1	82 16.7% 7.9% − 1.1	83 16.9% 11.4% 2.7	491 100.0% 8.8%
	遅刻早退だけの不登校生徒	219 44.2% 8.4% − 1.0	105 21.2% 8.5% − .5	93 18.8% 8.9% .1	79 15.9% 10.9% 2.0	496 100.0% 8.8%
	欠席と遅刻早退を示す不登校生徒	201 48.1% 7.7% .8	54 12.9% 4.4% − 4.7	57 13.6% 5.5% − 2.7	106 25.4% 14.6% 7.8	418 100.0% 7.5%
	不登校群小計	647 46.0% 24.9% − .2	258 18.4% 20.8% − 3.9	232 16.5% 22.3% − 2.3	268 19.1% 36.8% 7.8	1405 100.0% 25.1%
総計		2595 46.3% 100.0%	1241 22.1% 100.0%	1041 18.6% 100.0%	728 13.0% 100.0%	5605 100.0% 100.0%

($\chi^2 =121.395$, $P<0.001$) ($\chi^2 =69.873$, $P<0.001$)

9．欲しいものがあるとどうしても我慢できない

		そう思う	どちらかといえばそう思う	どちらかといえばそうは思わない	そうは思わない	計
出席群	登校回避感情のない出席生徒	237 14.4% 23.7% − 4.2	412 25.0% 26.2% − 3.2	575 35.0% 31.6% 2.6	421 25.6% 34.3% 4.4	1645 100.0% 29.3%
	登校回避感情を示す出席生徒	418 16.3% 41.9% − 2.7	752 29.3% 47.8% 2.0	846 32.9% 46.4% .8	553 21.5% 45.0% − .5	2569 100.0% 45.7%
	出席群小計	655 15.5% 65.6% − 7.5	1164 27.6% 74.0% − 1.1	1421 33.7% 78.0% 3.6	974 23.1% 79.3% 4.0	4214 100.0% 75.0%
不登校群	欠席だけの不登校生徒	106 21.5% 10.6% 2.3	147 29.8% 9.3% .9	151 30.6% 8.3% − .9	89 18.1% 7.2% − 2.1	493 100.0% 8.8%
	遅刻早退だけの不登校生徒	110 22.2% 11.0% 2.7	145 29.2% 9.2% .6	151 30.4% 8.3% − 1.0	90 18.1% 7.3% − 2.1	496 100.0% 8.8%
	欠席と遅刻早退を示す不登校生徒	127 30.3% 12.7% 7.0	118 28.2% 7.5% .1	99 23.6% 5.4% − 4.0	75 17.9% 6.1% − 2.0	419 100.0% 7.5%
	不登校群小計	343 24.4% 34.4% 7.5	410 29.1% 26.0% 1.1	401 28.5% 22.0% − 3.6	254 18.0% 20.7% − 4.0	1408 100.0% 25.0%
総計		998 17.8% 100.0%	1574 28.0% 100.0%	1822 32.4% 100.0%	1228 21.8% 100.0%	5622 100.0% 100.0%

($\chi^2=102.195$, $P<0.001$) ($\chi^2=68.448$, $P<0.001$)

質問40 あなたは，最近の1年間に下に書いてあるようなことがどの程度ありましたか。
1．めまいやたちくらみがする

		たくさんあった	すこしあった	ぜんぜんなかった	計
出席群	登校回避感情のない出席生徒	166 10.1% 20.2% − 6.3	665 40.5% 25.6% − 5.8	813 49.5% 37.4% 10.5	1644 100.0% 29.4%
	登校回避感情を示す出席生徒	356 13.9% 43.3% − 1.5	1257 49.2% 48.3% 3.7	943 36.9% 43.3% − 2.8	2556 100.0% 45.6%
	出席群小計	522 12.4% 63.4% − 8.3	1922 45.8% 73.9% − 1.8	1756 41.8% 80.7% 7.9	4200 100.0% 75.0%
不登校群	欠席だけの不登校生徒	98 20.1% 11.9% 3.5	238 48.8% 9.1% 1.1	152 31.1% 7.0% − 3.7	488 100.0% 8.7%
	遅刻早退だけの不登校生徒	102 20.6% 12.4% 3.9	236 47.7% 9.1% .6	157 31.7% 7.2% − 3.4	495 100.0% 8.8%
	欠席と遅刻早退を示す不登校生徒	101 24.2% 12.3% 5.7	206 49.3% 7.9% 1.2	111 26.6% 5.1% − 5.4	418 100.0% 7.5%
	不登校群小計	301 21.5% 36.6% 8.3	680 48.5% 26.1% 1.8	420 30.0% 19.3% − 7.9	1401 100.0% 25.0%
総計		823 14.7% 100.0%	2602 46.5% 100.0%	2176 38.9% 100.0%	5601 100.0% 100.0%

（$\chi^2 = 170.151$, $P < 0.001$）（$\chi^2 = 98.227$, $P < 0.001$）

2. よくねむれない

		たくさんあった	すこしあった	ぜんぜんなかった	計
出席群	登校回避感情のない出席生徒	119 7.2% 15.0% －9.5	623 37.9% 24.5% －7.2	902 54.9% 39.7% 14.1	1644 100.0% 29.3%
	登校回避感情を示す出席生徒	336 13.1% 42.5% －1.9	1257 49.1% 49.4% 5.2	966 37.7% 42.5% －3.9	2559 100.0% 45.6%
	出席群小計	455 10.8% 57.5% －12.2	1880 44.7% 74.0% －1.6	1868 44.4% 82.1% 10.3	4203 100.0% 75.0%
不登校群	欠席だけの不登校生徒	96 19.7% 12.1% 3.7	247 50.6% 9.7% 2.5	145 29.7% 6.4% －5.1	488 100.0% 8.7%
	遅刻早退だけの不登校生徒	107 21.5% 13.5% 5.0	229 46.0% 9.0% .3	162 32.5% 7.1% －3.8	498 100.0% 8.9%
	欠席と遅刻早退を示す不登校生徒	133 31.8% 16.8% 10.8	186 44.5% 7.3% －.4	99 23.7% 4.4% －7.3	418 100.0% 7.5%
	不登校群小計	336 23.9% 42.5% 12.2	662 47.2% 26.0% 1.6	406 28.9% 17.9% －10.3	1404 100.0% 25.0%
総計		791 14.1% 100.0%	2542 45.3% 100.0%	2274 40.6% 100.0%	5607 100.0% 100.0%

($\chi^2=350.235$, $P<0.001$) ($\chi^2=192.065$, $P<0.001$)

3. おなかをこわす，おなかがいたい

		たくさんあった	すこしあった	ぜんぜんなかった	計
出席群	登校回避感情のない出席生徒	229 13.9% 20.3% − 7.4	936 56.9% 29.0% − .7	480 29.2% 38.3% 7.9	1645 100.0% 29.3%
	登校回避感情を示す出席生徒	470 18.4% 41.7% − 2.9	1511 59.1% 46.8% 2.1	577 22.6% 46.1% .4	2558 100.0% 45.6%
	出席群小計	699 16.6% 62.0% − 11.2	2447 58.2% 75.8% 1.7	1057 25.1% 84.4% 8.8	4203 100.0% 74.9%
不登校群	欠席だけの不登校生徒	146 29.9% 13.0% 5.6	279 57.1% 8.6% − .2	64 13.1% 5.1% − 5.1	489 100.0% 8.7%
	遅刻早退だけの不登校生徒	129 26.0% 11.4% 3.4	279 56.1% 8.6% − .7	89 17.9% 7.1% − 2.5	497 100.0% 8.9%
	欠席と遅刻早退を示す不登校生徒	153 36.5% 13.6% 8.7	224 53.5% 6.9% − 1.8	42 10.0% 3.4% − 6.3	419 100.0% 7.5%
	不登校群小計	428 30.5% 38.0% 11.2	782 55.7% 24.2% − 1.7	195 13.9% 15.6% − 8.8	1405 100.0% 25.1%
総計		1127 20.1% 100.0%	3229 57.6% 100.0%	1252 22.3% 100.0%	5608 100.0% 100.0%

($\chi^2=211.541$, $P<0.001$) ($\chi^2=161.348$, $P<0.001$)

4．頭痛がする

		たくさんあった	すこしあった	ぜんぜんなかった	計
出席群	登校回避感情のない出席生徒	155 9.4% 16.1% − 9.9	834 50.8% 27.2% − 3.9	654 39.8% 41.6% 12.6	1643 100.0% 29.3%
	登校回避感情を示す出席生徒	407 15.9% 42.4% − 2.3	1469 57.5% 47.9% 3.7	681 26.6% 43.3% − 2.2	2557 100.0% 45.7%
	出席群小計	562 13.4% 58.5% −13.0	2303 54.8% 75.1% .2	1335 31.8% 84.8% 10.6	4200 100.0% 75.0%
不登校群	欠席だけの不登校生徒	115 23.6% 12.0% 3.9	288 59.0% 9.4% 2.0	85 17.4% 5.4% − 5.5	488 100.0% 8.7%
	遅刻早退だけの不登校生徒	141 28.5% 14.7% 7.0	257 51.9% 8.4% − 1.3	97 19.6% 6.2% − 4.4	495 100.0% 8.8%
	欠席と遅刻早退を示す不登校生徒	143 34.2% 14.9% 9.6	218 52.2% 7.1% − 1.1	57 13.6% 3.6% − 6.8	418 100.0% 7.5%
	不登校群小計	399 28.5% 41.5% 13.0	763 54.5% 54.5% −.2	239 17.1% 15.2% −10.6	1401 100.0% 25.0%
総計		961 17.2% 100.0%	3066 54.7% 100.0%	1574 28.1% 100.0%	5601 100.0% 100.0%

($\chi^2=335.737$, $P<0.001$) ($\chi^2=220.686$, $P<0.001$)

5. はきけがする

		たくさんあった	すこしあった	ぜんぜんなかった	計
出席群	登校回避感情のない出席生徒	44 2.7% 15.2% − 5.4	395 24.1% 21.8% − 8.6	1203 73.3% 34.4% 10.8	1642 100.0% 29.3%
	登校回避感情を示す出席生徒	90 3.5% 31.0% − 5.1	842 32.9% 46.4% .7	1625 63.6% 46.5% 1.6	2557 100.0% 45.7%
	出席群小計	134 3.2% 46.2% −11.6	1237 29.5% 68.1% − 8.2	2828 67.3% 80.9% 13.2	4199 100.0% 75.0%
不登校群	欠席だけの不登校生徒	38 7.8% 13.1% 2.7	195 40.0% 10.7% 3.7	255 52.3% 7.3% − 4.8	488 100.0% 8.7%
	遅刻早退だけの不登校生徒	48 9.7% 16.6% 4.7	204 41.1% 11.2% 4.3	244 49.2% 7.0% − 6.4	496 100.0% 8.9%
	欠席と遅刻早退を示す不登校生徒	70 16.7% 24.1% 11.1	180 43.1% 9.9% 4.8	168 40.2% 4.8% − 9.7	418 100.0% 7.5%
	不登校群小計	156 11.1% 53.8% 11.6	579 41.3% 31.9% 8.2	667 47.6% 19.1% −13.2	1402 100.0% 25.0%
	総計	290 5.2% 100.0%	1816 32.4% 100.0%	3495 62.4% 100.0%	5601 100.0% 100.0%

($\chi^2 = 324.172$, $P < 0.001$) ($\chi^2 = 239.140$, $P < 0.001$)

6. 体がだるい

		たくさんあった	すこしあった	ぜんぜんなかった	計
出席群	登校回避感情のない出席生徒	204 12.4% 14.1% −14.7	825 50.2% 28.3% − 1.7	613 37.3% 49.4% 17.6	1642 100.0% 29.3%
	登校回避感情を示す出席生徒	670 26.2% 46.3% .6	1426 55.7% 48.9% 5.0	466 18.2% 37.5% − 6.6	2562 100.0% 45.7%
	出席群小計	874 20.8% 60.4% −14.8	2251 53.5% 77.2% 3.9	1079 25.7% 86.9% 11.0	4204 100.0% 75.0%
不登校群	欠席だけの不登校生徒	186 38.0% 12.9% 6.5	242 49.5% 8.3% − 1.2	61 12.5% 4.9% − 5.4	489 100.0% 8.7%
	遅刻早退だけの不登校生徒	175 35.4% 12.1% 5.1	257 51.9% 8.8% − .1	63 12.7% 5.1% − 5.3	495 100.0% 8.8%
	欠席と遅刻早退を示す不登校生徒	211 50.6% 14.6% 12.0	167 40.0% 5.7% − 5.1	39 9.4% 3.1% − 6.5	417 100.0% 7.4%
	不登校群小計	572 40.8% 39.6% 14.8	666 47.5% 22.8% − 3.9	163 11.6% 13.1% −11.0	1401 100.0% 25.0%
総計		1446 25.8% 100.0%	2917 52.0% 100.0%	1242 22.2% 100.0%	5605 100.0% 100.0%

($\chi^2=539.174$, $P<0.001$) ($\chi^2=264.201$, $P<0.001$)

7. 気分がぼんやりする

		たくさんあった	すこしあった	ぜんぜんなかった	計
出席群	登校回避感情のない出席生徒	156 9.5% 13.0% －14.1	668 40.7% 25.9% － 5.2	817 49.8% 45.0% 17.9	1641 100.0% 29.3%
	登校回避感情を示す出席生徒	572 22.4% 47.5% 1.4	1306 51.0% 50.6% 6.8	681 26.6% 37.5% － 8.5	2559 100.0% 45.7%
	出席群小計	728 17.3% 60.5% －13.2	1974 47.0% 76.5% 2.4	1498 35.7% 82.5% 9.0	4200 100.0% 75.0%
不登校群	欠席だけの不登校生徒	141 29.0% 11.7% 4.2	223 45.8% 8.6% － .1	123 25.3% 6.8% － 3.5	487 100.0% 8.7%
	遅刻早退だけの不登校生徒	158 31.9% 13.1% 5.9	223 45.1% 8.6% － .5	114 23.0% 6.3% － 4.7	495 100.0% 8.8%
	欠席と遅刻早退を示す不登校生徒	177 42.4% 14.7% 10.8	160 38.4% 6.2% － 3.3	80 19.2% 4.4% － 6.0	417 100.0% 7.4%
	不登校群小計	476 34.0% 39.5% 13.2	606 43.3% 23.5% － 2.4	317 22.7% 17.5% － 9.0	1399 100.0% 25.0%
総計		1204 21.5% 100.0%	2580 46.1% 100.0%	1815 32.4% 100.0%	5599 100.0% 100.0%

($\chi^2 = 485.721$, $P < 0.001$) ($\chi^2 = 193.822$, $P < 0.001$)

8．朝起きられない

		たくさんあった	すこしあった	ぜんぜんなかった	計
出席群	登校回避感情のない出席生徒	349 21.2% 20.4% − 9.7	580 35.3% 26.8% − 3.2	714 43.5% 41.1% 13.0	1643 100.0% 29.3%
	登校回避感情を示す出席生徒	795 31.0% 46.5% .8	1034 40.4% 47.8% 2.6	732 28.6% 42.1% − 3.5	2561 100.0% 45.7%
	出席群小計	1144 27.2% 66.9% − 9.2	1614 38.4% 74.6% − .4	1446 34.4% 83.2% 9.6	4204 100.0% 74.9%
不登校群	欠席だけの不登校生徒	176 35.8% 10.3% 2.7	198 40.3% 9.2% .8	117 23.8% 6.7% − 3.6	491 100.0% 8.8%
	遅刻早退だけの不登校生徒	183 36.8% 10.7% 3.2	205 41.2% 9.5% 1.3	109 21.9% 6.3% − 4.6	497 100.0% 8.9%
	欠席と遅刻早退を示す不登校生徒	207 49.5% 12.1% 8.8	146 34.9% 6.7% − 1.6	65 15.6% 3.7% − 7.1	418 100.0% 7.5%
	不登校群小計	566 40.3% 33.1% 9.2	549 39.0% 25.4% .4	291 20.7% 16.8% − 9.6	1406 100.0% 25.1%
総計		1710 30.5% 100.0%	2163 38.6% 100.0%	1737 31.0% 100.0%	5610 100.0% 100.0%

($\chi^2 = 257.410$, $P < 0.001$) ($\chi^2 = 122.786$, $P < 0.001$)

◎では最後に，あなた自身のことや家族のことについて，いくつか答えてください。

F3　お父さんの職業は？

		公務員・会社員などの仕事	医者・教師・専門技術者などの仕事	店員・工員・運転手・職人などの仕事	商店・工場などを自分でやっている	その他	いまは仕事をしていない	父はいない	計
出席群	登校回避感情のない出席生徒	750 50.5% 30.2% 1.5	84 5.7% 32.1% 1.0	309 20.8% 29.8% .5	239 16.1% 27.6% -1.2	17 1.1% 23.6% -1.1	9 .6% 23.7% -.8	77 5.2% 24.1% -2.1	1485 100.0% 29.2%
	登校回避感情を示す出席生徒	1193 51.7% 48.0% 3.6	110 4.8% 42.0% -1.2	439 19.0% 42.4% -2.2	402 17.4% 46.4% .6	33 1.4% 45.8% .1	15 .7% 39.5% -.7	115 5.0% 35.9% -3.5	2307 100.0% 45.4%
	出席群小計	1943 51.2% 78.2% 5.7	194 5.1% 74.0% -.2	748 19.7% 72.2% -2.1	641 16.9% 74.0% -.5	50 1.3% 69.4% -1.0	24 .6% 63.2% -1.6	192 5.1% 60.0% -6.2	3792 100.0% 74.7%
不登校群	欠席だけの不登校生徒	210 46.6% 8.5% -1.0	24 5.3% 9.2% .2	92 20.4% 8.9% -.0	69 15.3% 8.0% -1.0	7 1.6% 9.7% .3	5 1.1% 13.2% .9	44 9.8% 13.8% 3.2	451 100.0% 8.9%
	遅刻早退だけの不登校生徒	189 42.2% 7.6% -3.0	27 6.0% 10.3% .9	100 22.3% 9.7% 1.1	84 18.8% 9.7% 1.0	4 .9% 5.6% -1.0	3 .7% 7.9% -.2	41 9.2% 12.8% 2.6	448 100.0% 8.8%
	欠席と遅刻早退を示す不登校生徒	142 36.7% 5.7% -5.0	17 4.4% 6.5% -.7	96 24.8% 9.3% 2.2	72 18.6% 8.3% .8	11 2.8% 15.3% 2.5	6 1.6% 15.8% 1.9	43 11.1% 13.4% 4.1	387 100.0% 7.6%
	不登校群小計	541 42.1% 21.8% -5.7	68 5.3% 26.0% .2	288 22.4% 27.8% 2.1	225 17.5% 26.0% .5	22 1.7% 30.6% 1.0	14 1.1% 36.8% 1.6	128 10.0% 40.0% 6.2	1286 100.0% 25.3%
総計		2484 48.9% 100.0%	262 5.2% 100.0%	1036 20.4% 100.0%	866 17.1% 100.0%	72 1.4% 100.0%	38 .7% 100.0%	320 6.3% 100.0%	5078 100.0% 100.0%

（$\chi^2=83.189$, $P<0.001$）（$\chi^2=60.265$, $P<0.001$）

F 4　お母さんは働いていますか。

		毎日働きに出ている	1週間のうち数日だけ働きに出ている	家の仕事をして働いている（商工自営およびその家族従事者）	家で仕事をして働いている（内職）	その他	とくに仕事をしていない	母はいない	計
出席群	登校回避感情のない出席生徒	499 33.3% 26.5% −3.1	276 18.4% 26.7% .4	175 11.7% 30.1% .6	124 8.3% 29.0% −.0	7 .5% 20.0% −1.2	390 26.0% 32.8% 3.2	28 1.9% 25.2% −.9	1499 100.0% 29.1%
	登校回避感情を示す出席生徒	822 35.1% 43.7% −1.9	435 18.6% 46.8% .9	283 12.1% 48.7% 1.7	197 8.4% 46.1% .3	22 .9% 62.9% 2.1	541 23.1% 45.5% .1	40 1.7% 36.0% −2.0	2340 100.0% 45.4%
	出席群 小　計	1321 34.4% 70.2% −5.3	711 18.5% 76.5% 1.5	458 11.9% 78.8% 2.6	321 8.4% 75.2% .3	29 .8% 82.9% 1.1	931 24.3% 78.3% 3.5	68 1.8% 61.3% −3.2	3839 100.0% 74.5%
不登校群	欠席だけの不登校生徒	194 42.2% 10.3% 2.6	78 17.0% 8.4% −.6	40 8.7% 6.9% −1.8	32 7.0% 7.5% −1.1	2 .4% 5.7% −.7	94 20.4% 7.9% −1.4	20 4.3% 18.0% 3.4	460 100.0% 8.9%
	遅刻早退だけの不登校生徒	192 41.8% 10.2% 2.5	71 15.5% 7.6% −1.5	52 11.3% 9.0% .0	47 10.2% 11.0% 1.6	3 .7% 8.6% −.1	84 18.3% 7.1% −2.5	10 2.2% 9.0% .0	459 100.0% 8.9%
	欠席と遅刻早退を示す不登校生徒	175 44.1% 9.3% 3.3	70 17.6% 7.5% −.2	31 7.8% 5.3% −2.3	27 6.8% 6.3% −1.1	1 .3% 2.9% −1.1	80 20.2% 6.7% −1.4	13 3.3% 11.7% 1.6	397 100.0% 7.7%
	不登校群 小　計	561 42.6% 29.8% 5.3	219 16.6% 23.5% −1.5	123 9.3% 21.2% −2.6	106 8.1% 24.8% −.3	6 .5% 17.1% −1.1	258 19.6% 21.7% −3.5	43 3.3% 38.7% 3.2	1316 100.0% 25.5%
総　計		1882 36.5% 100.0%	930 18.0% 100.0%	581 11.3% 100.0%	427 8.3% 100.0%	35 .7% 100.0%	1189 23.1% 100.0%	111 2.2% 100.0%	5155 100.0% 100.0%

($\chi^2 = 67.760$, $P < 0.001$) ($\chi^2 = 46.625$, $P < 0.001$)

F5 あなたの学校での成績は，クラスの中でどのくらいにあると思いますか。

		上のほう	まん中より上	まん中くらい	まん中より下	下のほう	計
出席群	登校回避感情のない出席生徒	142 9.3% 34.1% 2.3	331 21.7% 31.7% 2.1	479 31.3% 30.9% 1.9	306 20.0% 27.2% - 1.6	270 17.7% 24.2% - 4.1	1528 100.0% 29.1%
	登校回避感情を示す出席生徒	209 8.8% 50.1% 2.1	537 22.6% 51.5% 4.5	739 31.1% 47.7% 2.3	503 21.2% 44.7% -.4	387 16.3% 34.7% - 8.0	2375 100.0% 45.2%
	出席群小計	351 9.0% 84.2% 4.8	868 22.2% 83.2% 7.3	1218 31.2% 78.7% 4.6	809 20.7% 71.9% - 2.1	657 16.8% 58.9% -13.4	3903 100.0% 74.4%
不登校群	欠席だけの不登校生徒	25 5.4% 6.0% - 2.1	62 13.4% 5.9% - 3.7	119 25.6% 7.7% - 1.9	113 24.4% 10.0% 1.6	145 31.3% 13.0% 5.5	464 100.0% 8.8%
	遅刻早退だけの不登校生徒	26 5.5% 6.2% - 2.1	70 14.8% 6.7% - 2.9	132 28.0% 8.5% -.8	116 24.6% 10.3% 1.7	128 27.1% 11.5% 3.3	472 100.0% 9.0%
	欠席と遅刻早退を示す不登校生徒	15 3.7% 3.6% - 3.3	43 10.5% 4.1% - 5.0	79 19.3% 5.1% - 4.7	87 21.2% 7.7% -.1	186 45.4% 16.7% 12.4	410 100.0% 7.8%
	不登校群小計	66 4.9% 15.8% - 4.8	175 13.0% 16.8% - 7.3	330 24.5% 21.3% - 4.6	316 23.5% 28.1% 2.1	459 34.1% 41.1% 13.4	1346 100.0% 25.6%
総計		417 7.9% 100.0%	1043 19.9% 100.0%	1548 29.5% 100.0%	1125 21.4% 100.0%	1116 21.3% 100.0%	5249 100.0% 100.0%

($\chi^2 = 272.954$, $P < 0.001$) ($\chi^2 = 223.134$, $P < 0.001$)

II. 調査結果集計表　387

F6　あなたは，将来どのくらいまで進学したいと思いますか。

		中学まで	高校（普通科）まで	高校（商業・工業科）まで	短大まで	大学（4年制）まで	計
出席群	登校回避感情のない出席生徒	18 1.2% 21.2% − 1.6	316 20.7% 28.5% −.5	172 11.3% 27.7% −.8	271 17.7% 26.6% − 1.9	751 49.1% 31.1% 2.9	1528 100.0% 29.1%
	登校回避感情を示す出席生徒	19 .8% 22.4% − 4.3	428 18.0% 38.7% − 5.0	230 9.7% 37.1% − 4.4	522 22.0% 51.3% 4.3	1177 49.5% 48.7% 4.6	2376 100.0% 45.3%
	出席群小計	37 .9% 43.5% − 6.6	744 19.1% 67.2% − 6.2	402 10.3% 64.8% − 5.8	793 20.3% 78.0% 2.9	1928 49.4% 79.8% 8.3	3904 100.0% 74.4%
不登校群	欠席だけの不登校生徒	21 4.5% 24.7% 5.2	116 25.0% 10.5% 2.2	66 14.2% 10.6% 1.7	82 17.7% 8.1% − 1.0	179 38.6% 7.4% − 3.4	464 100.0% 8.8%
	遅刻早退だけの不登校生徒	8 1.7% 9.4% .1	122 25.9% 11.0% 2.7	71 15.1% 11.5% 2.3	84 17.8% 8.3% −.9	186 39.5% 7.7% − 3.0	471 100.0% 9.0%
	欠席と遅刻早退を示す不登校生徒	19 4.7% 22.4% 5.1	125 30.9% 11.3% 5.0	81 20.0% 13.1% 5.3	58 14.3% 5.7% − 2.7	122 30.1% 5.1% − 6.7	405 100.0% 7.7%
	不登校群小計	48 3.6% 56.5% 6.6	363 27.1% 32.8% 6.2	218 16.3% 35.2% 5.8	224 16.7% 22.0% − 2.9	487 36.3% 20.2% − 8.3	1340 100.0% 25.6%
総計		85 1.6% 100.0%	1107 21.1% 100.0%	620 11.8% 100.0%	1017 19.4% 100.0%	2415 46.1% 100.0%	5244 100.0% 100.0%

（$\chi^2 = 194.879$, $P < 0.001$）（$\chi^2 = 146.784$, $P < 0.001$）

F7 あなたの家のくらしは，他の人の家とくらべて次のどれに近いと思いますか。

		よその家より生活は楽なほうだ	まん中ぐらいで普通だ	よその家より生活は苦しいほうだ	計
出席群	登校回避感情のない出席生徒	280 18.3% 32.4% 2.3	1141 74.6% 29.3% .5	109 7.1% 22.0% − 3.7	1530 100.0% 29.1%
	登校回避感情を示す出席生徒	351 14.7% 40.6% − 3.0	1813 76.1% 46.5% 2.9	219 9.2% 44.2% − .5	2383 100.0% 45.3%
	出席群小計	631 16.1% 73.0% − 1.0	2954 75.5% 75.8% 3.8	328 8.4% 66.1% − 4.4	3913 100.0% 74.4%
不登校群	欠席だけの不登校生徒	83 17.9% 9.6% .9	323 69.6% 8.3% − 2.3	58 12.5% 11.7% 2.4	464 100.0% 8.8%
	遅刻早退だけの不登校生徒	78 16.5% 9.0% .0	346 73.0% 8.9% − .6	50 10.5% 10.1% .9	474 100.0% 9.0%
	欠席と遅刻早退を示す不登校生徒	72 17.6% 8.3% .7	276 67.6% 7.1% − 3.1	60 14.7% 12.1% 3.8	408 100.0% 7.8%
	不登校群小計	233 17.3% 27.0% 1.0	945 70.2% 24.2% − 3.8	168 12.5% 33.9% 4.4	1346 100.0% 25.6%
総 計		864 16.4% 100.0%	3899 74.1% 100.0%	496 9.4% 100.0%	5259 100.0% 100.0%

($\chi^2 = 39.436$, $P < 0.001$) ($\chi^2 = 22.469$, $P < 0.001$)

F8 あなたは塾に通っていますか。

		通っている	通ったことはあるが，今は通っていない	通ったことはない	計
出席群	登校回避感情のない出席生徒	1028 62.5% 30.4% 2.3	289 17.6% 25.2% − 3.4	327 19.9% 30.1% .6	1644 100.0% 29.3%
	登校回避感情を示す出席生徒	1620 63.3% 47.9% 4.4	467 18.2% 40.7% − 3.7	472 18.4% 43.4% − 1.6	2559 100.0% 45.6%
	出席群小計	2648 63.0% 78.4% 7.4	756 18.0% 65.9% − 7.8	799 19.0% 73.4% − 1.2	4203 100.0% 74.9%
不登校群	欠席だけの不登校生徒	254 51.5% 7.5% − 4.1	129 26.2% 11.2% 3.3	110 22.3% 10.1% 1.7	493 100.0% 8.8%
	遅刻早退だけの不登校生徒	305 61.1% 9.0% .4	117 23.4% 10.2% 1.8	77 15.4% 7.1% − 2.3	499 100.0% 8.9%
	欠席と遅刻早退を示す不登校生徒	172 41.1% 5.1% − 8.3	145 34.6% 12.6% 7.5	102 24.3% 9.4% 2.7	419 100.0% 7.5%
	不登校群小計	731 51.8% 21.6% − 7.4	391 27.7% 34.1% 7.8	289 20.5% 26.6% 1.2	1411 100.0% 25.1%
総計		3379 60.2% 100.0%	1147 20.4% 100.0%	1088 19.4% 100.0%	5614 100.0% 100.0%

（$\chi^2=114.132$, $P<0.001$）（$\chi^2=72.064$, $P<0.001$）

質問41 最近，新聞やテレビなどで病気ではなく他の理由から学校に行かない子，行きたくない子が増えているといわれています。このことについて，あなたが日頃感じていること，考えていることがありましたら書いてください。

索　引

ア行

アイデンティティ　　171, 214, 217, 237, 238
アタッチメント　　241, 242-248
アノミー　　216, 220, 231, 233, 280
有賀喜左衛門　　268-269
暗数　　23-24, 29
異議申し立て　　128
トクヴィル　　216
いじめ　　64, 69, 85, 111-113, 120-123, 153, 155-158, 160, 164, 170, 193-197, 217-218
いじめの傍観者　　197
一過性　　11, 191-192
逸脱境界　　125
逸脱行動　　4, 59, 66, 69, 74-75, 85, 101, 109-110
意味探究領域の変更　　216
インボルブメント　　241
引力と斥力　　262, 265
思い込み　　34, 36, 85
大村英昭　　21

カ行

快楽原則　　224
学習意欲の喪失　　149, 152, 173
学歴志向　　223
可視化資源の動員　　64-68
可視化のメカニズム　　58-59, 63-82, 85
課題遂行機能　　255
片桐雅隆　　214, 231-232, 267
価値の「分散状態」　　231
学級会活動　　130, 252
学校行事　　156, 253-255, 273-274
学校恐怖症　　2, 135
学校嫌い　　1-2, 120
学校の仕事　　129, 156

感性的基準　　5, 237
擬相互性　　278
機能的課題　　61-63
機能要件　　221
規範　　63, 66-67, 69, 100-101, 104, 257-264
規範的正当性によるボンド　　242
規範の許容性　　67, 85, 100-101
きまり　　236
逆機能　　75, 91, 254
教育化　　255
業感　　64
教師との関係　　130, 163-167, 170, 173-175, 242
教師とのコミュニケーション回路　　97-100, 102, 107, 246-247
凝集性　　238, 240
業績価値　　90, 223
共同性　　270
共同体の紐帯　　92, 240
近代化　　213-218
近代市民社会　　270
緊張理論　　238
グレイゾーン　　8, 23-33, 212
訓育(dressage)　　70, 74-79, 87, 102
欠席取扱事項　　16, 87
欠席日数　　154-167
権力　　77-78, 84, 242
権威　　81, 84, 87, 93, 242, 259-260
原子化　　213-214
現象学的社会学　　215, 266
献身価値　　220, 230-231
献身対象　　220
「現代型」不登校　　5, 9, 122-144, 177, 212
「現代型」問題行動　　121
倦怠感　　149-152, 172-176
公共的空間　　264
攻撃型問題行動　　200

公私関係のプロトタイプ　179-181, 190, 269
公式統計　20-23, 30, 58, 106-113, 283
構造化　13, 60, 81, 83, 101, 171
構造的洗練　81-82
校則　67, 103, 236, 258-259
公的価値　223
公的空間の関係価値　279
公的領域　215, 267
行動化率　153-154
「公」と「私」の分化　90, 93
「公」と「私」の関係　90, 267-272
校内暴力　64
後発型不登校　191
合理的選択過程　241
コーエン　253, 254, 265
個我　266, 272
個人化　94
個人主義　90, 216
個人主義の契機　91-97
個人析出の過程　94, 119, 213
コスト＝ベネフィット　241
コミットメント　241
コンサマトリーな価値　236
コンサマトリーな自己実現によるボンド　257

サ行

差異化　69, 221
サイコソマティック尺度　49-50, 134, 136-142
サイコマティック症状　45-47, 136-137, 159, 200, 202-207
罪障感　125-131
差異性の排除　90
作田啓一　220-222, 232
私化　213-217, 266-267
自己肯定感　171
自己実現　235
私事化　214, 267, 272
私性の研磨作用　90
視線の作用　73, 76, 99, 115

視線のネットワーク　67-68, 99
自他境界の融合　281
実現可能性　249-251
私秘化　86, 89-107, 245
社会化　244
社会制御　59, 64, 73, 80-83, 87
社会的絆の要素　241
社会的地位　225
社会的定義過程　6-13
社会的反作用　6
社会統制　82-84
社会分化過程　94
充足価値　220
集団主義　221-223
集団の可視性　34-37, 73, 89-90
授業　129, 252
塾　258
受験戦争　224
手段の価値　236
手段的自己表現によるボンド　241, 248-252
出欠行動による類型　132, 133, 134
シュッツ　34, 53, 215, 233
小学校高学年初発型　187-188, 190
小学校中学年初発型　187-187, 190
状態概念としての不登校　1-2, 14, 178
情緒障害　3, 5, 9, 283
自律性　279
自立性　213-214, 221, 231, 276
ジレンマ問題　37, 56, 59, 62, 80-82
人格の不可侵性　279
心気症状　158-159
神経症的傾向　9-11, 14, 39-41, 50-51, 134-142, 158, 173, 283
人権　5, 270
身体反応　12, 89, 173, 176
心的機制　13-14, 239
信念　241
シンボル的相互作用論　215, 266

ジンメル　　　87, 91-92, 94, 111, 117
神話コード　　61-62, 80, 83
鈴木広　　230, 233, 272
ストレス　　100, 239
成績　　162-164, 225-229
正当化　　58-59, 80, 86-88
正当性　　85, 242, 257, 264
制度化　　59
生徒指導　　59, 72, 75, 78, 82, 189-190
芹沢俊介　　233
前傾初発型　　184-186, 189-190
潜在群　　25, 30-33, 148
全体化　　230-231
疎外　　105, 158, 257, 262

タ行

第一次私事化　　218-224
怠学　　2, 39-47, 50-51, 126
怠学判定　　41
怠業　　15
対人関係技術　　244
対人関係によるボンド　　241
第二次私事化　　224-231
タンネンバウム　　7
調査の移送機能　　59, 70
調査の科学化　　55-56, 64-68
秩序化　　73, 78, 80-82, 90, 102, 105-106
中核群　　10, 14, 131, 134
中間集団　　222, 235
長期不登校　　28-29, 31, 71-72, 140, 239
定義主体　　7
適応　　5, 42, 282
デュルケム　　6, 91-92, 94, 117, 233, 238
伝統型不登校　　5, 131
伝統型問題行動　　121
動機構成　　2, 4, 14, 86
統計法　　58
登校回避感情　　8-9, 15, 25-27, 30, 132-133, 146-154, 176, 178, 194-195, 202-209
登校回避感情尺度　　209
同調　　101, 239
同調への賭　　241
逃避　　267
徳岡秀雄　　282
閉じたシステム　　222
飛び地　　66, 253
ドリフト感覚　　237

ナ行

二次的増幅過程　　160, 167
日常性　　265
日常生活のルーティン性　　255
媒介集団　　222

ハ行

バーガー　　215, 217, 231, 267
ハーシィ　　238-242, 248, 264
罰への脅威　　257
パノプティコン（一望監視装置）　　73-81
public　　269-270, 272, 277, 279
「ハレ」と「ケ」　　253
非行　　21, 44, 48, 64, 69, 193, 201
「非行」型不登校　　41
秘密　　91
表出的機能　　255
頻回再発型　　188-189
フィットネス感覚　　238
不可視性　　64, 66-68, 89
複眼的視点　　238
フーコー　　69-70, 73-79, 115
藤木秀雄　　123
不登校カテゴリーの付与　　7-8
不登校現象の一般化　　131
「不登校」と「登校拒否」の概念　　2-6
不登校の定義　　14-16
不登校の発現パターン　　180
不登校への行動化　　8, 149-154
不登校理由　　146, 149-176, 154
フューラーとマイヤーズ　　7, 120

プライバシー　　90
private　　269-270, 272
プライバタイゼーション　　92, 123, 213, 218, 267, 281
フラストレーション　　100, 239
分化　　94
分離不安　　14, 48, 54, 155
ベッカー　　6
変換コード　　108-110
放課後と休み時間　　64, 164, 167, 233-246, 264, 277-279
放課後の部活動　　130, 156, 252, 256
宝月誠　　83
保健室　　42, 66, 89
ボンド理論　　238-242, 261-266

マ行

マートン　　62, 73, 75-79, 83, 100-101, 104
丸山真男　　94, 119, 213-214, 269
宮島喬　　217
無気力　　41, 45-47, 51, 149-152, 168-169, 172-176
村上泰亮　　236
滅私奉公　　269
「滅他」主義　　270
メリトクラシー　　223-224, 232

目標の実現可能性　　249
問題行動実態調査　　283
問題行動の外部化　　107
問題行動の複合　　201
問題性の判定基準　　6
問題行動への衝動性　　41-43, 49, 162-165, 198-208

ヤ行

安永寿延　　269-271, 285
友人関係性不安　　153, 170-172, 196
欲求耐性　　176, 234-235
欲求の肥大化　　224

ラ行

ライフ・スタイル　　219
烙印　　4, 44, 69
ラベリング理論　　6-7, 241
ランドバーグ　　57-58, 65
利己主義　　216
離脱型・非攻撃型問題行動　　200
「離脱」の回路　　66, 243-244, 253-256, 265, 277
類別化の過程　　69-73

ワ行

ワタクシゴト化　　223, 254, 271
「私」性の三層の砦　　280, 281

執筆者紹介

森田洋司(もりたようじ)
1941年生
1970年大阪市大学大学院博士課程
単位修得の上退学
現　職　大阪市立大学名誉教授
　　　　大阪樟蔭女子大学人間科学部教授
専　門　社会学・社会病理学
主　著　『青少年社会学』（高文堂出版）
　　　　『いじめ——教室の病い』（金子書房）

「不登校」現象の社会学

1991年2月28日　第一版第一刷発行
2005年9月20日　第二版第六刷発行

著　者　森田　洋司
印刷所　エイトシステム
発行所　㈱学文社
発行者　田中　千津子
　　　　東京都目黒区下目黒3-6-1 〒153-0064
　　　　電話 03(3715)1501　振替 00130-9-98842

落丁,乱丁本は,本社にてお取替え致します。
定価は売上カード,カバーに表示してあります。

検印省略

ISBN4-7620-0390-5